# 학대·폭력범죄

## 아동, 노인학대 · 가정, 학교, 성폭력

최 상 헌 저

사 단 법 인 대한무림합기도협회 출판부

## ◈ 최 상 헌

충남 공주 출생

**학력**

동국대학교 사범대학부속중 고등학교 졸업(봉사상 수상)
한국방송통신대학교 농학과 졸업 농학사
한국체육대학교 사회체육 대학원 졸업 체육학 석사
한국체육대학교 대학원 졸업(우수상 수상) 이학박사
한국체육대학교 스포츠최고경영자 과정 수료

**경력**

합기도 범무관 중앙본관장
제1회 전국화랑도 대회 시범단장
제1회 국제합기도 대회 기획조정실장
제1회 세계합기도 대회 조직위원장
제2회 세계합기도 대회 대회장
계간합기도 발행인
중앙대, 신구대 강사
동원대 레저스포츠과 겸임교수
국민생활체육협의회 자문위원
한국스포츠학회 부회장
현) 사회단체 세계합기도 중앙본부 총재
현) 사단법인 대한무림 합기도 협회장

**저서**

- 합기도 술기교본 초단편,
- 합기도 술기교본 3단편
- 삶 과 기,
- 근육통증과 경락경혈
- 합기도 술기교본 2단편,
- 성폭력 · 학교폭력예방,
- 활 인,

# 책을 내면서

우리나라는 지난 반세기 동안 도시화와 산업화의 물결 속에서 기적 같은 경제성장과 더불어 많은 변화를 가져와 물질적 풍요를 누리고 있게 되었지만 그에 못지않은 문제들이 발생되어 오늘을 살고 있는 이들에게 지혜로운 해결을 요구하고 있다.

이는 부존자원이 절대적으로 부족한 나라에서 36년간 일제강점기의 억압과 수탈을 겪다가 해방을 맞이하게 되었지만 기쁨을 맛볼 겨를도 없이 6.25전쟁을 겪게 되어 분단된 국토는 폐허가 되었다. 이러한 상황 속에서 오직 가난을 대물림 하지 않기 위해 잘살아보자는 신념으로 외국의 원조를 받으면서 이를 악물고 노력한 결과로 1인당 국민소득은 1960년 9,900원에서 2012년에는 2,584.7배가 증가한 25,589천원이 되어 세계에서 유일하게 원조 수원국(수혜국)에서 원조 공여국(제공국)으로 탈바꿈하였다.

또한 25세 이상 국민의 학력수준은 1955년 초등학교 졸업이하의 학력이 91.8%를 차지하고 있었으나 2010년에는 고졸(36.9%)과 대졸이상(35.8%)이 72.7%로 국민의 학력수준이 향상되었다. 그리고 국민의 평균수명은 이러한 경제성장과 더불어 식생활이 개선되고 아울러 의료기술의 발달과 의료제도의 개선 등으로 1960년 국민의 평균수명이 52.4세(남 51.1세, 여 53.7세)에서 2012년 81.4세(남 77.9세, 여 84.6세)로 52년만에 평균수명이 29세(남 26.8세, 여 30.9세)가 증가되었다.

하지만 이러한 성장과 변화 속에서 물질만능주의가 팽배해지고 개인주의와 이기주의가 만연하게 되었으며 평균수명의 증가는 노인인구(65세 이상)이 1960년 726천명(2.9%)에서 2000년 5,468천명(7.2%)가 되어 고령화 사회가 되었으며 2013년에는 6,138천명(12.2%)로 증가되고 오는 2018년에는 노인인구비율이 14%에 이르러 고령사회가 될 것으로 예상하고 있다.

이러한 노인인구의 증가는 미처 노후를 준비하지 못한 분들은 물론 가족과 사회적으로 노인부양에 따른 부담이 증가되고 이에 따른 노인학대 등의 여러 문제들이 발생되고 있는 현실이다. 또한 산업화와 도시화로 전통적인 대가족제도는 붕괴되어 1960년 가구당 평균인원이 5.71명에서 2010년 2.69명으로 감소되었으며 1인 노인가구수는 104만 가구가 넘는 상태이다. 그리고 출산율은 1960년 6.0%에서 2010년 1.23%로 감소되었으며 이혼은 1970년 11,615건에서 2012년에는 9.8배가 증가된 114,316건이 발생되고 이들 중 동거기간이 5년 미만인 이혼부부는 1970년 40.9%에서 2013년 24.6%였으나 같은 기간 20년 이상의 이혼부부는 7.6%에서 26.4%로 5년 미만의 젊은 부부의 이혼보다 역전되어 황혼이혼이 증가되고 있는 추세이다. 아울러 사별이나 이혼 등의 사유로 인한 한 부모 가정은 매년 증가되어 2010년 편부와 미혼자녀의 가정은 322천 가구였으며 편모와 미혼자녀 가정은 1,173천 가구 그리고 편조·모 가정은 69천 가구였다.

옛말에 가화만사성(家和萬事成)이요 수신제가치국평천하(修身齊家治國平天下)라는 말이 있다. 핵가족화와 1인노인가구수가 증가되고 이혼 등의 사유로 인한 결손가정의 증가와 맞벌이 부부의 증가 등은 전통적인 가족애와 윤리관 등이 결여되거나 약화되고 가정교육 또한 타인이나 타 기관에 위탁할 수밖에 없는 현실이 되었다. 이러한 가정의 와해로 가정폭력이 증가되고 폭력 환경에서 자란 자녀들은 부모의 무관심과 애정결핍, 훈육방법, 학대 등으로 가출이나 폭력, 비행 등에 쉽게 물들게 되고 대중매체를 통한 폭력에 대한 미화나 합리화 등은 청소년들에게 죄의식을 약화시키고 폭력성을 부추기는 결과를 초래하고 있다.

부모들 또한 몇 대 독자 잘못되어 대가 끊어질세라 오냐오냐 하면서 애지중지 받들어 키우다 보니 자립심보다 의타심을 키워주게 되어 장성한 나이에도 불구하고 캥거루가족처럼 늙은 부모에게 기대어 살거나 어차피 부모의 재산이 자기 것이 될 텐데 미리 나누어 쓰자며 손을 내밀거나 정신병자로 몰아 강제입원을 시키고 나아가서는 청부 살해를 하는 사건들이 벌어지고 있다.

오늘날 청소년들은 신체적 발달과 성적 성숙이 조숙해지고 있으나 범람하는 매체들과 유해환경에 노출되어 컴퓨터 채팅이나 휴대폰 등을 통한 성매매의 유혹과 더불어 성폭력 범죄가 증가되고 유해매체를 통한 학습효과를 보이고 있는 것이 오늘의 현실이다. 모두가 대오 각성하여 도덕을 재무장하고 맡은 바 각자의 소임에 충실함으로써 오늘의 문제들을 슬기롭게 대처하여 행복한 세상을 만드는데 노력을 하여야 할 것이다. 우리는 동방예의지국의 후손들이 아닌가! 또한 경제발전을 이룩한 국민들이 아닌가! 충분히 헤쳐 나갈 수 있는 저력을 가진 국민들로서 행복한 세상을 만들 수 있을 것이다.

그동안 궂은 일을 마다하지 않고 도움을 준 박효제 선생과 교육과학기술부, 보건복지부, 여성가족부, 경찰청, 통계청 경인지부 등 친절하게 많은 도움을 준 담당 공무원들과 성원을 보내주신 여러분들께 진심으로 감사를 드리면서 많은 분들께 조금이나마 도움이 되었으면 하는 바램으로 또다시 책을 내게 되었다.

2020년 9월

저자 최 상 헌

# 목 차

## 제Ⅰ부 가정폭력 / 17

## 제III부 성폭력 / 153

## 제Ⅳ부 아동학대 / 267

# 제 I 부

# 가정폭력

# 제1장

# 가족의 이해

## Ⅰ. 가족 및 가정의 정의

가족이란 어버이와 부부 형제자매 등의 관계로 맺어진 집단이며 가정은 한 가족이 살림하고 있는 집안으로 사회의 가장 작은 집단이라고 할 수 있다. 또한 민법에서는 가족을 호주의 배우자, 혈족과 그 배우자, 기타 본법에 의하여 그 가(家)에 입적한 자는 가족이 된다(친족편 779조)라고 정의하고 있다. 따라서 가족이란 각기 다른 부모에게서 태어나 서로 다른 환경에서 교육되고 성장한 남녀가 백년해로를 하고자 결합하는 것이 기본적으로 전제되어야 할 것이다.

결혼은 인륜지대사(人倫之大事)로써 이는 본인뿐만 아니라 그들이 속해있는 양가가 결합하여 친척관계를 맺는 것을 의미 하는 것으로 양가 어른들의 합의 여부에 따라 결정되는 전통적인 관례이다. 예전의 결혼은 비롯 신랑 신부 서로가 얼굴한번 보지 못한 상태에서 치르기도 하였지만 혼례를 치른 이들은 가족의 구성원이 되는 부부로서 자녀를 낳아 키우며 동고동락하는 어른이 되는 것이라 하겠다.

우리는 덕담으로 부부사이를 천생연분(天生緣分) 즉 하늘이 맺어준 인연이라고 하지만 불교의 화엄경에는 동석(同席) 대좌(對坐)는 500생(生)의 인연(因緣)이라 하고 있다. 따라서 남녀 각 500생의 인연을 합하여 천생연분(阡生緣分)이라 하고 있다. 이렇듯 500번의 태어나고 죽는 오랫동안의 인연이 있어야 부부가 될 수 있다는 말일 것이다. 옛 조상들의 결혼에 관련된 풍습들을 살펴보면

# II. 관례와 계례

보통 남자어린이들의 머리끝은 검은 댕기를 매어주거나 머리카락을 두 줄로 땋아 머리 양 쪽 끝에 별모양으로 동여 매었으며 여자어린이들에게는 붉은 댕기를 매어 남녀를 구별하였다가 어린이가 성장하여 성인이 되면 남자에게는 상투를 틀어주고 관을 씌우며 어른 옷으로 갈아입히고 새로 자와 관명(정식이름, 본명)을 지어주는 의례 즉 관례(冠禮)를 올렸다.

관례 이전에는 아명만을 가지고 있어서 누구나 그 아명을 부를 수 있었으나 관례를 한 다음에는 부모나 윗사람들도 자를 불렀으며 관명(본명)은 호적이나 족보 또는 혼례나 상제례와 같은 격식화된 의례 때와 축문에 사용하였으며 호를 지어주어 손아래사람이 부르도록 하였다. 또한 여자는 머리 태를 목뒤로 들어 올려 쪽을 지고 비녀를 꽂았으며 이러한 의례를 계례(笄禮)라고 하였다.

이러한 관례와 계례를 치르면 비록 혼례를 하지 않았어도 성인으로서의 자격을 가지고 그에 합당한 대우를 받았으나 관례를 치르지 않으면 비록 나이가 많아도 어른 대접을 받지 못하였다.

우리나라에서는 고대 이후 1895년 단발령으로 상투풍습이 없어질 때까지 남녀할 것 없이 미혼자와 기혼자의 머리모양을 달리하는 풍습이 있었다.

관례를 하는 나이는 12살부터 18살 사이에 주로 행해졌으며 조혼 풍습의 영향으로 보통 정혼이 결정되면 결혼을 하기 한 달 정도 앞두고 하는 행사가 되었다. 20살이 되어도 혼약을 정하지 않았을 때에는 20살이 되는 해 정월에 좋은 날을 골라 관례를 올렸으며, 여자들은 15살에 계례를 진행하여 비녀를 꽂고 20살에 시집을 가라고 하였지만 나이와 상관없이 혼사가 이루어지면 보통 혼례 3일 전에 계례를 하는 사례가 많았다.(김종혁,2002)

# III. 전통혼례

## 1. 중매혼

고구려 평원왕 때 평강공주가 미천한 온달을 찾아가 함께 살았다는 온달의 전설과 부모들이 정한 여자와의 혼인을 거부하고 대장이집 딸과 사랑을 맺은 신라 강수의 전설, 그리고 백제의 평민 서동이 신라의 선화공주를 만나 결혼을 하였다는 서동전설 등을 살펴볼 때 삼국시대와 고려시대의 남녀교제나 결혼상대의 선정은 조선시대 남녀가 7세가 되면 한자리에 같이 앉지도 못하고 여자는 함부로 문 밖 출입을 할 수도 없었으며 더욱이 혼사문제의 결정권이 없었던 것에 비하면 비교적 자유로웠다고 보여 지나 해모수가 하백의 딸 유화를 유인하여 야합을 한데 대하여 중매도 없이 남자를 따라간 것을 꾸짖고 우발수에서 귀양살이를 하게 하였다는 기록과 신라 김유신의 아버지 서현이 길거리에서 숙흘종의 딸인 어머니 만명을 보고 마음에 들어 중매도 없이 인연을 맺은 것을 숙흘종이 알고 딸을 집에 가둔 사실에서 알 수 있듯이 중매를 통하지 않고 혼인을 맺는다는 비난을 받은 것으로 보여 진다.(삼국유사 권제 1,2 삼국사기 권제 41,45,46)

## 2. 욕례

일반 서민들은 결혼에 있어 신랑 집에서 신부 집에 보내는 납폐는 고구려와 백제 및 신라 사람들은 결혼에 앞서 고기와 술을 보낼 뿐 재물을 보내는 예는 없었으며 혹시 재물을 받는 자가 있으면 그것은 딸을 파는 것이라 하여 사람들이 모두 부끄럽게 여겼으며, 이러한 풍습은 고려시대와 조선시대의 일반인들에게 계승되었으나 유교가 들어오면서 그에 따른 여러 가지 까다로운 절차와 예식들이 첨가되었다.

조선시대에는 주자학과 주자가례로 가족종범제도를 공고히 하려고 하였다. 그에 따라 가부장제도가 장려되고 또한 종손에 의하여 가족과 친척들을 통괄하게 하였으며 종가집의 재산과 제사권이 부여되고 조상의 위폐를 모시는 사당제도가 생겨났다. 주자학에 기초한 주자가례는 12세기 송나라 관리 주희(주자)가 공자, 맹자의 유교사상에 기초하여 만들어 놓은 당시 중국의 가정생활규범을 명나라 때 구준이 의례준칙들을 더 보충하여 완성한 가족제도의 규범으로서 이황의 퇴계상례문답이나 이이의 격몽요결 등에 주자가례를 소개 또는 해석을 하고 있다.

주자가례와 함께 우리나라에 소개된 혼례는 6례로써

- ■ 납채 : 신랑 집에서 신부 집으로 결혼을 청하는 것
- ■ 문명 : 신랑집에서 신부어머니의 성명을 묻는 것
- ■ 청기 : 신랑 집에서 혼인날을 택하여 신부 집에 의향을 묻는 글을 보내는 것
- ■ 납길 : 신랑 측에서 혼인날을 받아 신부 집으로 통지하는 것
- ■ 납징(폐) : 신랑집에서 신부집으로 예물을 보내는 것으로 봉채 또는 함이라 한다.
- ■ 친영 : 신랑이 신부 집에 가서 혼례를 올리고 당일 또는 3일만에 신부를 직접 맞아 데려오는 것이었으나 전통혼인풍습과 실정에 따라 간단해지거나 복잡하게 변하였으며 일반적으로 의혼(약혼), 납채, 납폐, 친영의 4례가 통용되게 되었다.(송재용 2007, 김종혁 2002)

## 3. 결혼의 형태

삼국시대에는 남녀가 결혼을 한 후 처갓집에서 살림을 시작하고 아이들이 큰 다음에 신랑 집으로 가는 것이 전통적인 풍습이었다고 볼 수 있다. 특히 고구려에서는 사위의 집이라는 뜻으로 서옥이라 하여 신부 집 뒤에 작은집을 짓고 생활을 하였다.

고려시대 역시 처가살이혼 즉 결혼한 후 남자가 거처를 상당한 기간 처가에서 생활하였으며  부모의 나이가 50살이 되어 자녀의 혼인을 간절히 원하는 경우 또는 자식이 없는 가정에서 가계계승이나 재산상속과 자기 가문의 세력 확장을 위하여 예서라하여 남자를 여자 집에서 양육하여 어른으로 키운 다음 자기 딸과 결혼을 시키는 풍습과 반대로 어린 여자를 남자쪽에서 데려가 키워서 정식혼례를 치르는 민며느리혼이 있었다. 이는 여자를 미리 데려옴으로서 혼인비용을 덜고 노동력의 도움을 받을 수 있으며 여자 쪽에서는 양육문제를 해결하고 또한 결혼비용을 덜 목적으로 성립되었다고 볼 수 있다.(고려사 제27)

조선시대에는 고려 말 조선 초에 유교적인 가례를 끌어들이면서 처가살이혼의 풍습을 버리고 친영을(신랑이 신부 집에 가서 가례를 올리고 당일 또는 3일만에 신부를 직접 맞

아 신랑 집으로 데려오는 것)제창하면서 시비가 되고 특히 고려 말 정도전은 남자가 처가에 들어간 다음 부인들이 부모의 세력을 믿고 남편을 업신여길 뿐 아니라 부부사이에 반목하게 되니 이것은 윤리도덕을 영락되게 하는 길이라고 하면서 친영론을 제창하였다.(삼봉집 권7 혼인)

또한 유교 성리학자들은 주자가례의 철저한 보급, 동성동본 불혼의 강소, 처첩의 신분차별, 재혼금지와 함께 처가살이혼 대신 시집살이혼 즉 친영을 적극 주장하였다. 이후 1474년 국조오례의가 규정 되게 되었으며 세종이 친영을 한 것을 비롯하여(세종실록 권64)1512년 중종이 제2비를 친영하게 되자 양반 사대부들 중 이를 따르는 자가 점차 늘어나게 된 후(중종실록 권26) 18세기 이후에야 처가살이 유습은 그 흔적을 잃게 되었던 것이다.

조선시대 혼인형태는 시집살이혼 이외에 생활형편이 어렵거나 의탁할 곳이 없는 남자, 혼인대상자를 데려오기 어려운 경우 또는 장정이 없고 살림살이형편이 넉넉하지 못한 여자 집에 들어가 정혼을 하고 일정기간 처가살이를 하면서 여자 집을 도와준 다음 정식혼인을 한 후 계속 처가에 양자로 들어가 사는 방법과 여자를 데리고 분가하거나  자기 집으로 돌아가는 솔서 혹은 취서라 하는 데릴사위가 있었다.

또한 누이바꿈 또는 물레혼이라 하여 가정형편이 어려운 집에서 아들딸이 있는 가까운 두 세집에서 딸을 서로 바꾸어 혼인을 성립시키자는 목적에서 생겨났다. 이는 두 집(누이바꿈)과 3혼을 물레와 같이 돌려 혼인을 시킨다 하여 물레바꿈, 세틀혼, 세다리 혼이라 불렀다. 이러한 누이바꿈이나 물레바꿈은 혼인비용의 부담을 덜기 위한 것이었거나 우정이 남달리 두터운 사람들 사이 또는 문벌 간에 관습적으로 긴밀한 사이에 사돈을 맺음으로서 친분을 더 강화하자는 것이었다. 그 외에도 뱃속에 있는 아이들을 놓고 부모들이 미리 약속하여 결혼을 시키는 지부 결혼풍습도 부분적으로 있었다. 만일 두 집에서 똑같이 남자 또는 여자를 낳게 되면 의형제를 맺어주었다.(김종혁 2002)

## 4. 재혼

재혼에 대한 문제가 시비의대상이 되기 시작한 것은 고려시대 즉 12세기 중엽부터이다. 이는 유교도덕이 점차 보급되면서 재가는 실행(정조를 잃은 행실)으로 비난받게 되었다. 고려사에 의하면 산기이상 관리의 처로서 봉작을 받은 자는 재가를 하지 못하게 하고 판사이하 6품 관리의 처는 남편이 죽은 다음 3년 이내에 재가를 못하게 하되 위반하는 자는 절개를 잃은 것으로 단죄하는 논의가 1389년에 있었던 일이다. 그러나 민간에서는 과부의 재가가 시비되지 않았다. 이후 15세기  부터는 일체 과부의 재가가 허용되지 않았으며 그 자녀들의 벼슬길도 막혀 있게 된다.

고려시대 부부의 이혼 또한 부모와 합의 없이 마음대로 처를 버린 자는 벼슬을 빼앗고 일정지역에서 살게 하였으며 처가 마음대로 집을 떠났을 때 는 도형 2년에 처하고 남편 몰래 재가하면 2천리 밖으로 귀양을 보내며 이들에게 장가든 자도 같은 죄를 주었다. 그리고 남편이 아내를 구타하여 상처를 입히거나 연장으로 상처를 냈으면 곤장 80대를 , 이빨 한 대를 부러뜨렸으면 곤장 90대를 치는 등 자세한 규정까지 정하여 놓았다.(고려사 권제84)

특히 성종8년(1477년)에는 여자가 한번 시집가면 종신토록 재가하지 말아야 하며 재가한 여자의 자식은 벼슬을 시키지 말 것을 규정하였다. 그러나 경국대전 예전 제과조에 재가한 어머니의 남편 즉 계부가 사망하였을 경우에는 일정한 상복을 입는 것이 규정 되고 있던 사실은(형법대전제62조 친속) 여자의 재가 그 자체를 법적으로 금지한 것이 아니었다는 것을 의미한다.

과부재가 금지는 그 후 400여 년간 계속되어오다가 1894년 갑오개혁에 의하여 비로소 제도상 폐지되었다. 그러나 과부 재가 금지에 의한 법적 사회 도덕적 구속으로부터 벗어나려는 사회적 욕구를 반영하여 과부동이기와 같은 특수한 혼인형식이 생겨나게 된다. 이러한 풍습은 과부와 홀아비 간에서의 일이며 간혹 노총각인 경우도 있으나 처녀를 업어오는 일은 없었다. 과부 업어오기에서 약탈자들은 보통 사전에 약탈을 예고하는 일이 많았고 약탈현장에서 벌어지는 희극화된 난투는 대부분 여자편의 패배로 끝났으며 신랑 될 당사자에게는 손을 대지 않았다. 그리고 과부를 동여서 일단 문 밖으로 나서면 그 이상 추격을 하지 않았다. 물론 결사적인 저항으로 항거를 표시한 경우도 적지 않았다.

그리고 15세기 이후 동족성원들의 양적 증대와 거주지역의 확대와 더불어 방대한 수의 동족성원을 성으로써만 그 혈통의 멀고 가까운 것을 표기하기가 어렵게 되었다. 이로부터 동족의 계통표식으로써 본관의(시조의 고향 또는 조상들이 대를 두고 살아온 고장) 분화가 촉진 되었다. 조선시대에 성은 약300개가 되었지만 본관은 3,000개가 넘었다. 이수광(1563~1628)은 16세기말에 이미 성이 같고 본관이 다르면 동성이 아니라 하여 서로 혼인하는 것을 꺼려하지 않게 되었다고 지적하였던 것이다.(지봉유설 권17)

## 5. 조선시대 관복과 혼례복

조선시대의 신분제도는 양반, 중인, 상인, 천민으로 구분하였으며 복식 또한 신분에 비례하여 규정되었다. 백관복은 관료들의 신분이나 품계의 등위를 나타내는 것으로 적초의, 적초상에 폐슬을 늘리고 백초중단을 받쳐 입었으며 관복의 종류는 사대의례나 백관조하 등에 입는 조복과 삭일(朔日)과 망일(望日)의 백관조하(白官朝賀) 등에 입는 소례복에 해당하는 사무복인 공복 그리고 일상의 시무복인 상복과 제례복인 제복으로 구별하였다.

이들의 관복은 품계에 따라 격식을 달리하였으며 목잠은 관을 가로 자르는 나무로 된 비녀를 말하며 양(량)은 두관에 나타내는 세로로 표시하는 종선으로 그 수에 따라 품위를 구별하고 수는 예복(조복, 제복)을 입을 때 허리에 매어 뒤로 늘어뜨리는 것으로 수를 놓는 색실과 문양 및 달아 놓은 환의 종류로 구별하였다. 또한 대(혁대)의 장식 재료와 조복과 제복을 입을 때 허리의 양옆에 늘이어 차는 옥 즉 패옥으로 구별하고 손에 들었던 홀과 가슴에 달았던 흉배의 수를 놓은 문양에 따라 품위를 [표1-1]과 같이 구별하였다(이경자 2003).

이와 같은 관료들의 의복은  조선후기에 이르러 신분제도에 의한 복식제도가 문란해지면서 관료가 아닌 일반인들까지도 혼례 시에 혼례복으로 신랑은 사모관대의 관복을 입게 되었으며 신부 또한 궁중예식 때 입는 원삼과 양반 부녀자들과 궁녀들이 평상시 입던 예복을 사용하였다. 그러나 하층민들은 혼례복의 마련이 여의치 못한 사정으로 관가에서 빌리거나 상점에서 대여를 하여 생애 처음으로 신분의 굴레에서 벗어나 관복과 양반 부녀자들의 예복을 입고 혼례를 올리기도 하였다.

[표1-1] 조선시대 품계별 복장

| 구분 / 품계 | 관 | 수 | 대 | 홀 | 패옥 | 흉배 | |
|---|---|---|---|---|---|---|---|
| | | | | | | 문관 | 무관 |
| 1품 | 오량금관 | 황,녹,자,적,4색사 사용 운학 금 환수 | 서대 | 상아홀 | 번청옥 | 쌍학 | 쌍호 |
| 2품 | 사량금관 | 황,녹,자,적,4색사 사용 운학 은 환수 | 정2품삽금대 종2품소금대 | 상아홀 | 번청옥 | 쌍학 | 쌍호 |
| 3품 | 삼량금관 | 황,녹,자,적,4색사 사용 반학 은 환수 | 정3품삽은대 종3품소은대 | 상아홀 | 번청옥 | 쌍학 | 쌍호 |
| 4품 | 이량금관 | 황,녹,적,3색사 사용 연작 은 환수 | 소은대 | 상아홀 | 번백옥 | 단학 | 단호 |
| 5~6품 | 이량금관 | 황,녹,적,3색사 사용 연작 동 환수 | 흑각대 | 목 홀 | 번백옥 | 단학 | 단호 |
| 7~9품 | 일량금관 | 황,녹,2색사 사용 계칙 동 환수 | 흑각대 | 목 홀 | 번백옥 | 단학 | 단호 |

자료 : 백영자 외(2004), 이경자(2003) 재구성

# 6. 조선시대 무덤 및 비석의 규모와 종류

조선시대 관료들의 품계에 따른 복장은 물론 신분에 따른 차별과 사후 무덤의 크기나 비석 및 상석에 관한 규정 또한 [표1-2]와 그리고 [표1-3]과 [표1-4]를 통해서 알수 있듯이 구별을 하였다.

[표1-2] 무덤의 크기

| 품계 | 무덤둘레 | 반변의 길이 | 봉분의 높이 |
|---|---|---|---|
| 1품 | 90보(63m) | 22.5보(15.7m) | 11척(3.3m) |
| 2품 | 80보(56m) | 20보(14m) | 10척(3m) |
| 3품 | 70보(49m) | 17.5보(12.5m) | 9척(2.7m) |
| 4품 | 60보(42m) | 15보(10.5m) | 8척(2.4m) |
| 5품 | 50보(35m) | 12.5보(8.7m) | 7척(2.1m) |
| 6품 | 40보(28m) | 10보(7m) | 6척(1.8m) |
| 7품이하 평민 | 30보(21m) | 7.5보(5.2m) | 5척(1.2m) |

자료 : 김종혁 2002

[표1-3] 비석의 규격

| 품계 | 머리모양과 높이 | 몸체의높이 | 몸체의 너비 | 받침돌모양과 높이 |
|---|---|---|---|---|
| 1품 | 룡3척(90cm) | 8.5척(2.55m) | 3.4척(1.02m) | 거북이3.6척(1.08m) |
| 2품 | 봉황2.8척(84cm) | 8척(2.4m) | 3.2척(0.96m) | 거북이3.4척(1.02m) |
| 3품 | 지붕모양2.6척(78cm) | 7.5척(2.25m) | 3척(0.90m) | 거북이3.2척(0.96m) |
| 4품 | 둥근모양2.4척(72cm) | 7척(2.1m) | 2.8척(0.84m) | 4각3척(0.90m) |
| 5품 | 둥근모양2.2척(66cm) | 6.5척(1.95m) | 2.6척(0.78m) | 4각2.8척(0.84m) |
| 6품 | 둥근모양2척(60cm) | 6척(1.8m) | 2.4척(0.72m) | 4각2.6척(0.78m) |
| 7품이하 평민 | 둥근모양1.8척(54cm) | 5.5척(1.65m) | 2.2척(0.66m) | 4각2.4척(0.72m) |

자료 : 김종혁 2002

[표1-4] 석상의 종류

| 1품 | 돌사람2 | 돌범2 | 돌양2 | 돌말2 | 망주석2 |
|---|---|---|---|---|---|
| 1품 | 〃 | 〃 | 〃 | 〃 | 〃 |
| 2품 | | 〃 | 〃 | 〃 | 〃 |
| 3품 | | 〃 | 〃 | 〃 | 〃 |
| 4품 | | | 〃 | 〃 | 〃 |

자료 : 김종혁 2002

# Ⅳ. 수태와 태교

우리 선조들은 남녀가 성장하여 혼례를 올린 후 수태를 하여 건강한 아이를 낳아 자손을 번성시키고 나아가 훌륭하게 성장하여 가문의 명예를 드높여 주었으면 하는 마음이 간절하였다. 따라서 시집가는 딸에게는 1년 중 임신가능성이 큰 날(귀숙일)을 적은 달력을 보내는 풍속이 있었으며 남녀의 합방 또한 좋은 날을 택일하고 부부가 사전에 몸과 마음을 정갈히 하여 건강한 상태에서 합방.교합을 하였다.

또한 이러한 간절한 마음으로 수태를 하게 되면 이는 신께서 점지하여 주시고 아울러 조상님들의 은덕으로 이루어진 것으로 감사하고 경건한 마음으로 부부는 물론 가족구성원 모두가 건강하고 심성 고운 튼튼한 아이의 출산을 위하여 태교에 임하였다.

동의보감, 태교신기, 내훈 등의 문헌에는

## 1. 임부와 태아의 안전을 위하고 유산을 유발할 수 있는 행동들 즉

1) 밤길을 걷거나 급히 뛰거나 서둘러 걷는 것을 삼가고
2) 무거운 물건을 들거나 힘든 일을 삼가고
3) 높은 곳에 오르거나 험한 곳을 지나는 것을 삼가고
4) 가로 눕거나 찬 곳이나 더러운 곳에 있는 것을 삼가고
5) 해산달에는 머리를 감거나 발을 씻는 것을 삼가라고 하였다. 또한

## 2. 임부와 태아의 건강은 물론 태아의 성장발달을 위해 질병을 유발할 가능성이 있거나 음식물의 성분 등이 해로울 수 있는 것 들, 즉

1) 상하거나 설익은 과일 제사음식과 부정 탄 음식 등은 먹지 않으며
2) 초상집이나 병자 있는 집의 출입을 삼가고
3) 자극성 있는 음식이나 참외, 메밀 등의 성질이 찬 음식은 삼간다. 또한
4) 무분별한 보약이나 음주는 금하도록 하였다. 그리고

## 3. 임부의 정서적 안정을 위해

1) 살생을 하거나 하는 것을 보지 않으며
2) 다툼이나 욕설 악담 음탕한 언행 등 예가 아닌 것은 보지도 듣지도 말하지도 생각하지도 않으며
3) 놀래거나 화내거나 흥분하거나 곡을 하지 않도록 하고
4) 부부생활은 임신 초기와 말기에는 유산과 조산의 위험이 있으므로 삼가토록 하였으며 남편 또한 임부의 태교를 지원하고 함께 노력하도록 하는 등 가족 구성원 모두가 노력하였다.

이러한 태교법은 임부의 안전은 물론 영양 상태나 건강과 정서적 상태가 태아에 영향을 미친다는 전제하에 임부는 항상 평화로운 마음으로 바르고 아름다운 생각을 하고 실천할 수 있도록 하여 바른 자리에 단정하게 앉는 등 고귀한 귀품을 가질 수 있도록 함으로써 임부를 통한 태아의 건강한 성장발달은 물론 올곧은 심성을 갖추도록 교육을 하였던 것이다. 이는 비록 아직 세상에 태어나지는 않았지만 엄연한 생명체요 인격체로서 존중되고 교육되었다. 따라서 서양과 달리 태어나면서부터 나이가 1살을 먹은 것으로 간주하지 않았나 생각된다.

이렇게 가족구성원 모두의 관심과 노력 속에서 귀하게 태어나 교육되고 성장하였던 자녀들이었는데 산업화와 더불어 전통적인 가족제도가 해체되고 전통적 사고마저 물질만능의 사고에 희석되어 약화되면서 고슴도치도 제 새끼는 예뻐 한다는 말이 무색하게도 언제부터인지 고아수출국이라는 오명을 쓰게 되고 듣지도 못하였던 아동학대라는 험악한 용어가 스스럼없이 회자되는 현실이다.

# Ⅴ. 가족의 특성

가족이란 부부와 혈연관계로 맺어진 구성원들이 공동생활을 하며 삶을 영위하는 사회집단으로써 다른 집단과 구별되는 몇 가지 특징을 지니고 있다고 볼 수가 있다.

1. 가족은 혈연 및 종족보존의 집단이다.

   가족은 부부를 기초로 하여 그와 연관된 부모 자식 그리고 형제 등의 혈연관계로 이루어진 집단으로서 자녀를 출산하여 양육하는 등 종족을 보존하는 역할을 하는 집단이라 할 수가 있다.

2. 가족은 1차적 사회집단이다.

   수신제가 치국평천하와 가화만사성의 말과 같이 사회와 국가구성의 근간이 되는 집단으로서 구성원 상호간의 가족애와 형제간의 우애 등 유대감과 소속감이 강한 집단이라 할 수 있다.

3. 가족은 폐쇄적 집단이다.

   가족은 의지나 선택이 아닌 출생과 더불어 소속과 신분 및 구성원간의 지위가 결정되며 개인의의지에 따라 구성원의 자격을 취득하거나 포기할 수 없는 집단이라 하겠다.

4. 가족은 문화 계승 및 전달의 집단이다.

   가족은 가정교육 등을 통하여 그들 집단의 가풍 및 가훈 등 전통을 이어 받고 또한 후대에 전달하는 역할을 하는 집단이라 볼 수 있다.

5. 가족은 공동사회 집단이다.

   가족은 공동생활과 아울러 생산과 소비를 함께 하며 서로간의 애정과 이해는 물론 희생과 아울러 서로를 보호하며 공동체를 영위하는 집단이라 할 수 있다.

# Ⅵ. 가족기능의 변화

전통적인 농경사회에서는 대체로 집성촌을 이루어 살면서 협업생활을 하는 것이 보편적인 일이었다. 따라서 부모형제는 물론 먼 친척이나 이웃이라 할지라도 하나가 되어 유대를 돈독히 하면서 우리라는 공동체 의식이 강화되는 삶을 살았다고 볼 수가 있다. 그러나 산업화가 가속화 되면서 대가족제도는 붕괴되어 핵가족화 되고 자녀의 출산율 또한 낮아지다 보니 자연히 가족의 규모는 작아질 수밖에 없게 되었다. 따라서 가까웠던 친척들은 얼굴마저도 서로 알아보지 못하는 먼 친척이 되었으며 자녀들은 같이 지낼 형제나 가족이 없다보니 부모에게 같이 놀아주지 않는다고 불만이다.

이러한 핵가족화 현상은 인간에게 있어 가장 기초적인 가정교육과 사회화 기능이 약화되어 집안마다 전해져 내려오는 전통이나 어른들의 삶의 지혜 들 마저 단절되어 가고 어린자녀들의 양육이나 교육을 걱정하면서 다른 기관에 위탁하게 되는 현실이다. 또한 국민의 학력수준이 높아지고 부모들의 경제활동이 증가되어 맞벌이 가정이 증가함으로서 가장으로서 가족의 부양의무나 보호기능은 감소되고 권위 또한 약화되어 가고 있다.

이러한 가족 간의 유대와 가족의 기능이 약화되고 이기주의로 인하여 이혼율이 증가되어 가족해체현상이 늘어나 가족의 형태 또한 편부모 가정이나 조손가정이 증가되는 추세이다. 특히 젊은 부부의 이혼율보다 결혼생활을 20년 넘게 한 부부들의 황혼이혼율의 증가는 많은 문제를 야기하고 있다. 아울러 경제성장과 더불어 식생활이 개선되고 의료정책 및 기술의 발달로 평균수명이 증가되었으나 출산율의 저하와 생산인구의 감소로 고령화 사회를 지나 고령사회의 진입을 눈앞에 두고 있는 현실에서 독거노인의 수가 증가되고 노인의 부양비 또한 증가하게 됨에 따라 자녀는 물론 사회적으로 문제가 되고 있다.

# Ⅶ. 가족구조의 변화

## 1. 핵가족화 현상

우리나라는 그동안 경제개발계획 등의 성공으로 경제성장과 더불어 농경사회에서 산업사회로 이행하게 되었다. 이러한 산업화는 도시화와 핵가족화를 촉진시켜 전통적인 대가족제도의 변화와 가족에 대한 가치관과 기능을 약화시키고 개인주의적 사고가 만연하는 부작용을 초래하고 있어 많은 문제들이 발생되고 있다.

[표1-5] 가구의 세대수별 분포(1960년~2018년)

(단위:천가구, %)

| 세대 \ 구분 | | 1960 | | 1970 | | 1980 | | 1990 | | 2000 | | 2010 | | 2018 | |
|---|---|---|---|---|---|---|---|---|---|---|---|---|---|---|---|
| | | 가구수 | 비율 | 가구수 | 비율 | 가구수 | 비율 | 가구수 | 비율 | 가구수 | 비율 | 가구수 | 비율 | 가구수 | 비율 |
| 계 | | 4,371 | 100.0 | 5,576 | 100.0 | 7,969 | 100.0 | 11,355 | 100.0 | 14,312 | 100.0 | 17,339 | 100.0 | 48,665 | 100 |
| 1세대 가 구 | | 326 | 7.5 | 377 | 6.8 | 658 | 8.3 | 1,220 | 10.7 | 2,034 | 14.2 | 3,027 | 17.5 | 7,305 | 15.0 |
| 2세대가구 | 계 | 2,798 | 64.0 | 3,906 | 70.0 | 5,457 | 68.5 | 7,529 | 66.3 | 8,696 | 60.8 | 8,892 | 51.3 | 30,548 | 62.8 |
| | 부부+ 자녀 | – | – | 3,091 | 79.0 | 4,573 | 83.8 | 5,895 | 78.3 | 6,892 | 79.3 | 6,416 | 72.2 | 22,091 | 72.3 |
| | 편부(모) +자녀 | – | – | 592 | 15.2 | 805 | 14.7 | 889 | 11.8 | 1,124 | 12.9 | 1,594 | 17.9 | 4,823 | 15.8 |
| | 부부+ 양(편)친 | – | – | 77 | 2.0 | 48 | 0.9 | 92 | 1.2 | 137 | 1.6 | 160 | 1.8 | 427 | 1.4 |
| | 양(편)조부모 손자녀 | – | – | 110 | 2.8 | – | – | – | – | 45 | 0.5 | 51 | 0.6 | 298 | 1.0 |
| | 기 타 | – | – | 36 | 1.0 | 31 | 0.6 | 653 | 8.7 | 498 | 5.7 | 671 | 7.5 | 2,909 | 9.5 |
| 3세대 가 구 | | 1,177 | 26.9 | 1,230 | 22.1 | 1,312 | 16.5 | 1,383 | 12.2 | 1,176 | 8.2 | 1,063 | 6.1 | 4,167 | 8.6 |
| 4세대이상 가구 | | 70 | 1.6 | 64 | 1.1 | 42 | 0.5 | 35 | 0.3 | 22 | 0.2 | 13 | 0.1 | 49 | 0.1 |
| 1인가구 | | – | – | – | – | 383 | 4.8 | 1,021 | 9.0 | 2,224 | 15.5 | 4,142 | 23.8 | 5,849 | 12.0 |
| 비친족가구 | | – | – | – | – | 117 | 1.5 | 166 | 1.5 | 159 | 1.1 | 202 | 1.2 | 747 | 1.5 |

주)1. 자료 : 경제기획원 인구주택총조사 1960.1970
통계청 인구주택총조사 1990, 2000, 2010, 2018 재구성

[표1-5]를 살펴보면 1960년도 이후 2010년도까지 지난 50년 동안 우리나라 가구의 세대구성 또한 많은 변화를 가져왔다. 특히 핵가족화가 되면서 3세대 가구는 1960년 26.9%의 비율에서 감소를 거듭하여 2010년에는 6.1%를 차지하고 2018년은 8.6%를 차지하고 있다. 2세대 가구 또한 1960면 64.0%이었던 비율이 감소를 거듭하여 2010년 51.3%를 나타났으나 2018년에는 62.8%를 나타내고 있다. 그러나 1세대 가구는 취업 등에 의한 젊은 층과 농촌의 노령 층의 증가로 1960년 7.5%에서 매년 증가하여 2010년 17.5%를 차지하고 2018년은 15%를 나타내고 있으며 1인가구는 1980년 4.8%에서 2010년 23.8%의 높은 증가를 보이다가 2018년에는 12%를 차지하고 있다. 이러한 핵가족화로 인하여 부부맞벌이 가정의 자녀양육문제에 있어 어려움이 대두되고 있으며 핵가족 중 노부부 가구나 노인 1인 가구 또한 증가하고 있어 부양 및 돌봄 문제가 대두되고 있다.

## 2. 가구당 인구감소

대가족제도의 붕괴와 더불어 가족규모 또한 축소되어 소가족화 되는 현상이 나타나고 있다. 이러한 현상은 저출산과 함께 결혼연령이 늦어지게 되는 경향에서 계속될 것으로 여겨진다.

[표1-6] 연도별 인구 및 가구당 평균 가구원(1960년~2018년)

(단위:천명, 천가구, 원)

| 분류 \ 년도 | 1960 | 1970 | 1980 | 1990 | 2000 | 2010 | 2018 |
|---|---|---|---|---|---|---|---|
| 인 구 | 24,989 | 31,466 | 37,407 | 43,411 | 45,985 | 48,875 | 51,635 |
| 가구수 | 4,378 | 5,863 | 7,969 | 11,355 | 14,312 | 17,339 | 19,979 |
| 평균가구원 | 5.71 | 5.37 | 4.62 | 3.71 | 3.12 | 2.69 | 2.47 |

주)외국인 가구 제외
자료 : 경제기획원 한국통계연감 1975
통계청 인구주택총조사 2018, 2012, 1993

[표 1-6]에 나타난 연도별 가구당 평균 가구원을 살펴보면 1960년 5.71명이었던 평균 가구원이 매년 감소되어 2010년에는 가구당 평균 2.69명이었으며 2018년에는 2.47명으로 되었다. 이러한 핵가족화현상은 1980년 5인 이상 가족이 49.9%에서 1985년 39.0%로 감소되었으며 1990년 이후에는 4인 가족이 30% 전후의 비율로 주를 이루어오다가 2010년에는 2인 가족이 24.3%, 1인 가족이 23.9%를 차지하고 있다.

## 3. 평균수명의 증가

### 1) 인구규모 및 구조의 변화

저출산과 더불어 평균수명의 증가 등은 우리나라 인구구조의 변화를 초래하여 많은 문제를 야기하고 있다.

[표1-7] 연도별 인구규모 및 인구구조(1960년~2018년)

(단위:천명, %)

| 구분 / 연도 | 총인구 (천명) | 인구성장율 (%) | 연령 계층별 인구구조 | | | 노령화지수 (100명당) | 노년부양비 (100명당) |
|---|---|---|---|---|---|---|---|
| | | | 0~14세 | 15~64세 | 65세 이상 | | |
| 1960 | 24,989 | 2.88 | 10,588<br>42.3 | 13,698<br>54.8 | 726<br>2.9 | 6.9 | 5.3 |
| 1970 | 31,435 | 2.21 | 13,709<br>42.5 | 17,540<br>54.4 | 991<br>3.1 | 7.2 | 5.7 |
| 1980 | 38,124 | 1.57 | 12,951<br>34.0 | 23,717<br>62.2 | 1,456<br>3.8 | 11.2 | 6.1 |
| 1990 | 42,869 | 0.99 | 10,974<br>25.6 | 29,701<br>69.3 | 2,195<br>5.1 | 20.0 | 7.4 |
| 2000 | 47,008 | 0.84 | 9,911<br>21.1 | 33,702<br>71.7 | 3,395<br>7.2 | 34.3 | 10.1 |
| 2010 | 49,410 | 0.46 | 7,975<br>16.1 | 35,983<br>72.8 | 5,452<br>11.0 | 68.4 | 15.2 |
| 2018 | 51,635 | 0.37 | 6,681<br>12.9 | 37,574<br>72.8 | 7,380<br>14.3 | 110.5 | 19.6 |

주1) 노령화지수 : 0~14세 인구에 대한 65세 이상 인구의 비율
2) 노년부양비 : 15~64세 연령층이 부양해야 하는 65세 이상 인구의 비율
자료 : 통계청 한국통계연감 2001, 2011, 2018

[표1-7]는 1960년도부터 2018년도까지 우리나라 인구규모 및 인구구조를 나타낸 것이다. 표에서 알 수 있듯이 총인구는 1960년 약 2,499만 명 정도이던 것이 50년 후 2010년에는 약 4,941만 명, 2018년에는 51,635만 명으로 증가하였으나 인구성장률은 1960년 2.88%에서 매년 감소되어 2010년에는 0.46%, 2018년에는 0.37%에 이르고 있다. 인구의 연령구조를 살펴보면 14세 이하 어린이는 1960년 약 1,059만 명 정도였으나 매년 감소되어 2010년 약798만 명 정도이며 2018년에는 약668만 명으로 14세 이하 연령이 차지하고 있는 비율 또한 1960년 42.3%에서 2010년 16.1% 2018년 12.9%를 나타내고 있다.

노령화 지수를 알 수 있는 65세 이상 노인인구는 1960년 약73만 명에서 계속 증가추세를 보여 2010년 약 545만 명, 2018년에는 738만 명으로 증가 되었다. 이러한 노인 인구의 증가는 인구구조에서 노인인구가 차지하는 비율 또한 증가하게 되어 1960년 2.9%에서 매년 증가하게 되어 2000년 7.2%가 되어 고령화 사회로 접어들었으며 2010년 11.0%, 2018년에는 14.3%의 비율로 고령화 사회가 되었으며 또한 통계청의 장래추계인

구를 볼 때 2026년에는 20%에 이르러 초 고령화 사회가 될 것으로 전망을 하고 있다.

또한 15세 이상 64세 미만의 생산가능인구가 65세 이상의 노인을 부양해야 하는 노인부양비(노인부양비=(65세 이상 인구/15~64세)×100)는 노인인구의 계속된 증가로 인하여 1960년 생산가능 인구(15세~64세 연령대) 100명이 노인인구 5.3명을, 2010년에는 15.2명, 2018년에는 19.6명을 부양해야 했으나 2030년 37.3%, 2050년에는 69.4%로 계속 높아질 전망이다. 또한 1960년 노령화 지수는[(14세 이하/65세 이상 노인인구)×100] 14세 미만 어린이 100명당 노인인구는 6.9명이었으나 2010년에는 68.4명으로 2018년 110.5%와 2020년 119.1%로 어린이인구보다 노인인구가 많아지게 되어 가족들에게 노인부양비는 커다란 부담이 될 수밖에 없는 현실이다.

## 2) 고령화 사회

국제연합(U.N)과 국제협력기구(OECD) 회원국들은 15세 이상 64세까지의 인구를 생산연령인구로 보고 65세 이상의 인구를 노인으로 규정하고 있으며 65세 이상 인구의 비율이 4% 미만인 국가를 청년국가, 4% 이상 7% 미만인 국가는 장년국가, 7% 이상인 국가는 노령국가로 구분하고 있다. 우츠미요이치(内海洋一,1992)는 65세 이상 인구가 7%이상 14% 미만인 국가를 고령화 사회로 14% 이상 20% 미만인 사회를 고령사회, 20% 이상인 사회를 초 고령사회로 구분하고 있다.(최성재,장인협2010) 이러한 고령화 현상은 경제발전과 더불어 생활환경이 개선되고 의료기술의 발달과 혜택 등으로 평균수명이 증가되고 사망률이 감소되는데 반하여 출산율의 감소 등으로 기인하는 것이라 할 것이다.

우리나라 인구의 평균수명은 [표1-8]과 같이 1960년 52.4세, 1970년 63.2세, 1980년 65.8세, 1990년 71.6세, 2000년 75.9세로 매년 증가되어 2006년 OECD의 평균수준을 넘어서고 2010년 80.8세, 2017년 82.7세로서 지난 57년 동안 전체 평균수명은 30.3세가 증가되었으며 남자는 평균 수명이 1960년 51.1세에서 2017년 79.7세로 28.6세가 증가되었으며 여자는 1960년 53.7세에서 2017년 85.7세로 32세가 증가되었음을 알 수가 있다. 남녀 간 평균수명의 차이는 1960년 2.6세에서 급격한 차이를 보여 1970년 6.9세, 1980년 6.4세, 1990년 8.0세를 정점으로 하여 2010년 6.9세 2017년 6세로 다소나마 차이가 좁혀지고 있으나 미미한 수준에 그치고 있다고 볼 수 있다.

[표1-8] 연도별 기대수명 (1960년~2017년)

(단위:세)

| 연도 / 성별 | 1960 | 1970 | 1980 | 1990 | 2000 | 2010 | 2017 |
|---|---|---|---|---|---|---|---|
| 전체 | 52.4 | 63.2 | 65.8 | 71.6 | 75.9 | 80.8 | 82.7 |
| 남 | 51.1 | 59.8 | 62.7 | 67.7 | 72.1 | 77.2 | 79.7 |
| 여 | 53.7 | 66.7 | 69.1 | 75.7 | 79.5 | 84.1 | 85.7 |
| 차이(여-남) | 2.6 | 6.9 | 6.4 | 8.0 | 7.4 | 6.9 | 6.0 |

자료 : 통계청, 장래 인구추계 2001
통계청, 한국통계연감 2001,2011,2018

[표1-9] 나라별 고령화 속도

(단위:년, %)

| 기간 / 국가 | 도 달 연 도 | | | 증가소요 연수 | |
|---|---|---|---|---|---|
| | 고령화사회 (7%) | 고령사회 (14%) | 초고령사회 (20%) | 7~14% | 14~20% |
| 한 국 | 2000년 | 2018년 | 2026년 | 18년 | 8년 |
| 일 본 | 1970년 | 1994년 | 2006년 | 24년 | 12년 |
| 프랑스 | 1864년 | 1979년 | 2018년 | 115년 | 39년 |
| 스웨덴 | 1887년 | 1972년 | 2011년 | 85년 | 39년 |
| 영 국 | 1929년 | 1976년 | 2026년 | 47년 | 50년 |
| 이탈리아 | 1927년 | 1988년 | 2006년 | 61년 | 18년 |
| 미 국 | 1942년 | 2015년 | 2036년 | 73년 | 21년 |
| 독 일 | 1932년 | 1972년 | 2009년 | 40년 | 37년 |

자료 : 통계청 장래인구추계 2006

인구의 고령화 속도를 선진 국가와 비교해 보면 [표1-9]에 나타난 바와 같이 나라별로 많은 차이를 보이고 있음을 알 수가 있다. 나라별 고령화 속도를 살펴보면 노령인구의 구성비가 7% 이상인 고령화 사회에서 14%이상인 고령사회와 20% 이상인 초 고령사회로 진입하는데 소요되는 기간을 표에서 알 수 있듯이 고령화 사회에서 고령사회로 되는데 프랑스는 115년, 스웨덴은 85년, 미국 73년, 이탈리아 61년, 영국 47년, 독일 40년, 일본

24년 등이 걸린데 반하여 우리나라는 18년의 단시간에 고령사회가 되었다.

또한 초 고령사회가 되는데 영국 50년, 프랑스와 스웨덴이 각 39년, 독일 37년, 미국 21년, 이탈리아 18년, 일본 12년 등이 소요되었거나 될 것으로 예상하고 있는데 반하여 우리나라는 최단시간인 2026년(8년)에 초 고령사회가 될 것으로 예상하고 있다.

## 4. 결혼연령의 변화

### 1) 결혼에 대한 견해

국민의  평균학력이 증가됨과 아울러 여성의 경제활동이 증가되었으며 경제성장과 더불어 생활수준이 향상됨에 따라 결혼에 따른 제반 여건 또한 그에 상응하게 높아지게 되었다. 이러한 현상들로 인하여 결혼연령이 높아지고 자녀의 출산 또한 양육에 따른 여러 문제들로 출산율이 저하되고 있는 추세를 나타내고 있다.

[표1-10]과 [표1-11]에 나타난 결혼에 대한 견해를 살펴보면 결혼을 반드시 해야 한다와 하는 것이 좋다는 긍정적인 견해는 연령대가 높을수록 높았으며 성별에 있어서는 1998년 남자 79.5% 여자 67.9%, 2008년 남자 74.6% 여자 61.6%, 2018년 남자 52.8% 여자 43.5%로 남자가 여자보다 9.3%에서 13% 정도 높게 나타나고 있으나 그 비중은 감소되고 있다.

그리고 결혼을 하지 않는 것이 좋거나 말아야 한다는 견해는 1998년 남자 0.8% 여자 1.6%, 2008년 남자 2.2% 여자 3.6%, 2018년 남자 2.3%  여자 3.8%로 여자가 남자보다 높게 나타나고 있다.

결혼에 대한 학력 별 견해를 보면 결혼을 해야 한다는 견해는 초졸 이하의 학력에서 가장 높게 나타났으며 반대로 결혼을 하지 말아야 한다는 부정적인 견해는 1998년과 2008년에는 중졸 학력에서 2018년은 고졸 학력에서 높게 나타나 있음을 알 수가 있다.

[표1-10] 연령별 결혼에 대한 견해 (1998년~2018년)

(단위: %)

| 구분 \ 연령 | | 전체 | 15~19세 | 20~29세 | 30~39세 | 40~49세 | 50~59세 | 60세 이상 | 65세 이상 |
|---|---|---|---|---|---|---|---|---|---|
| 반드시 해야한다 | 1998년 | 33.6 | 20.1 | 19.95 | 22.45 | 34.85 | 49.75 | 61.6 | 69.2 |
| | 2008년 | 23.6 | 14.1 | 16.2 | 14.3 | 18.0 | 30.0 | 47.1 | 49.5 |
| | 2018년 | 11.1 | 3.7 | 5.1 | 4.7 | 5.6 | 11.7 | 25.8 | 28.8 |
| 하는 것이 좋다 | 1998년 | 39.9 | 40.8 | 44.4 | 44.65 | 42.5 | 36.15 | 28.6 | 22.2 |
| | 2008년 | 44.4 | 39.5 | 45.8 | 46.5 | 47.3 | 46.5 | 37.5 | 35.8 |
| | 2018년 | 37.0 | 24.6 | 28.4 | 31.4 | 36.3 | 44.0 | 45.4 | 44.4 |
| 해도 좋고 하지 않아도 좋다 | 1998년 | 23.8 | 32.4 | 32.95 | 30.25 | 20.6 | 12.8 | 8.5 | 6.4 |
| | 2008년 | 2.9 | 3.4 | 3.0 | 3.2 | 3.4 | 2.5 | 2.1 | 2.2 |
| | 2018년 | 46.6 | 58.5 | 58.4 | 58.7 | 53.9 | 40.7 | 25.6 | 23.2 |
| 하지 않는 것이 좋다 | 1998년 | 1.1 | 1.2 | 1.05 | 1.45 | 1.15 | 0.6 | 0.7 | 0.5 |
| | 2008년 | 2.4 | 2.8 | 2.6 | 2.8 | 2.8 | 2.1 | 1.6 | 1.6 |
| | 2018년 | 2.5 | 4.0 | 3.8 | 3.2 | 2.4 | 1.8 | 1.4 | 1.6 |
| 하지 말아야 한다 | 1998년 | 0.2 | 0.2 | 0.15 | 0.3 | 0.15 | 0.2 | 0.2 | 0.1 |
| | 2008년 | 0.5 | 0.6 | 0.4 | 0.4 | 0.6 | 0.4 | 0.5 | 0.6 |
| | 2018년 | 0.6 | 0.9 | 1.5 | 0.4 | 0.5 | 0.2 | 0.2 | 0.2 |
| 잘모르겠다 | 1998년 | 1.4 | 5.3 | 1.5 | 0.9 | 0.75 | 0.5 | 0.5 | 1.6 |
| | 2008년 | 1.4 | 4.1 | 1.3 | 1.1 | 1.1 | 0.9 | 1.3 | 1.5 |
| | 2018년 | 2.2 | 8.3 | 2.9 | 1.6 | 1.3 | 1.5 | 1.6 | 1.8 |
| 계 | 각년도별 | 100 | 100 | 100 | 100 | 100 | 100 | 100 | 100 |

주) 1. 자료 : 통계청 사회조사 보고서 1998, 2008, 2018

[표1-11] 학력 및 성별의 결혼에 대한 견해 (1998년~2018년)

(단위: %)

| 성별 및 학력 \ 구분 | | 반드시 해야 한다 | 하는 것이 좋다 | 해도 좋고 하지 않아도 좋다 | 하지 않는 것이 좋다 | 하지 말아야 한다 | 잘 모르겠다 | 계 |
|---|---|---|---|---|---|---|---|---|
| 남자 | 1998년 | 36.9 | 42.6 | 18.4 | 0.7 | 0.1 | 1.4 | 100 |
| | 2008년 | 27.4 | 47.2 | 2.2 | 1.8 | 0.4 | 1.3 | 100 |
| | 2018년 | 12.0 | 40.8 | 42.3 | 1.9 | 0.4 | 2.7 | 100 |
| 여자 | 1998년 | 30.5 | 37.4 | 28.9 | 1.4 | 0.2 | 1.5 | 100 |
| | 2008년 | 20.0 | 41.6 | 3.6 | 3.1 | 0.5 | 1.5 | 100 |
| | 2018년 | 10.3 | 33.2 | 50.8 | 3.1 | 0.7 | 1.9 | 100 |
| 초졸이하 | 1998년 | 57.0 | 29.4 | 11.0 | 0.8 | 0.2 | 1.7 | 100 |
| | 2008년 | 42.9 | 37.5 | 2.7 | 2.1 | 0.6 | 1.8 | 100 |
| | 2018년 | 24.5 | 38.1 | 30.8 | 2.1 | 0.3 | 4.3 | 100 |
| 중졸 | 1998년 | 31.1 | 40.5 | 24.3 | 1.3 | 0.2 | 2.7 | 100 |
| | 2008년 | 23.7 | 42.9 | 3.6 | 3.1 | 0.5 | 2.9 | 100 |
| | 2018년 | 14.6 | 36.5 | 41.7 | 2.9 | 0.4 | 3.9 | 100 |
| 고졸 | 1998년 | 26.0 | 42.8 | 28.6 | 1.2 | 0.2 | 1.2 | 100 |
| | 2008년 | 19.0 | 45.5 | 3.3 | 2.7 | 0.5 | 1.3 | 100 |
| | 2018년 | 9.2 | 36.3 | 48.6 | 2.8 | 0.7 | 2.2 | 100 |
| 대졸이상 | 1998년 | 25.1 | 45.6 | 27.9 | 0.9 | 0.2 | 0.4 | 100 |
| | 2008년 | 19.4 | 47.3 | 2.3 | 1.9 | 0.3 | 0.6 | 100 |
| | 2018년 | 7.1 | 37.3 | 51.8 | 2.2 | 0.5 | 1.0 | 100 |

주) 1. 자료 : 통계청 사회조사 보고서 1998, 2008, 2018

## 2) 결혼연령의 추이

[표1-12] 결혼연령 추이(1960년~2018년)

(단위:천건, 세, %)

| 구분<br>년도 | 평균 초혼 연령 | | | 평균 재혼 연령 | | |
|---|---|---|---|---|---|---|
| | 남 | 여 | 평균 | 남 | 여 | 평균 |
| 1960 | 25.4세 | 21.6세 | 23.5세 | - | - | - |
| 1970 | 27.1세 | 23.3세 | 24.65세 | 39.0세 | 33.7세 | 33.7세 |
| 1980 | 27.3세 | 24.1세 | 24.8세 | 38.9세 | 33.9세 | 36.4세 |
| 1990 | 27.8세 | 24.8세 | 26.3세 | 38.9세 | 34.0세 | 36.5세 |
| 2000 | 29.3세 | 26.5세 | 27.9세 | 42.1세 | 37.5세 | 39.8세 |
| 2010 | 31.8세 | 28.9세 | 30.5세 | 46.1세 | 41.6세 | 43.9세 |
| 2018 | 33.2세 | 30.4세 | 31.8세 | 48.9세 | 44.6세 | 46.7세 |

자료 : 통계청, 인구동태 통계연보 1999,2001,2010,2012.2018

청춘남녀라면 누구나가 사랑하는 사람을 만나 가정을 꾸려 행복하게 살고 싶은 마음은 모두가 같을 것이다. 그러나 산업화가 이루어지게 되고 평균수명 또한 늘어나는 현실 속에서 예전과는 달리 고학력시대에 있어 교육을 받는 기간 또한 연장되었으며 구직 또한 힘들다 보니 삶을 영위하기 위한 경제적 기반을 마련하는데 어려움이 따르는 등 많은 장애요인들로 인하여 선남선녀들에게 결혼을 주저하게 하여 혼인율의 저하와 함께 결혼연령 또한 늦어지는 현상이 일어나고 있다.

[표 1-12]의 혼인 연령의 추이를 살펴보면 1960년 초혼연령은 남자가 25.4세이며 여자는 21.6세로 남녀평균 23.5세 이었던 것이 2010년 남자 31.8세, 여자 28.9세로 평균 30.5세의 나이로 결혼연령이 매년 늦어지고 있으며 2018년도엔 이러한 추세가 계속되어 남자 33.2세, 여자 30.4세로 평균 31.8세의 나이로 결혼연령이 더욱 늦어지고 있다. 재혼연령 또한 1970년 남자가 39세 이던 것이 2010년 46.1세, 2018년에는 48.9세로 여자는 33.7세 정도이던 연령이 2010년 41.6세, 2018년 44.6세로 재혼연령 또한 더욱 높아지고 있다. 이러한 재혼연령이 높아지고 있는 현상은 만혼에 의한 이혼과 중년이후 황혼이혼에 의한 재혼 등으로 재혼연령에 영향을 미친 것으로 보여 진다.

# 5. 결혼형태의 변화

## 1) 결혼형태별 구성

[표1-13] 혼인형태별 구성(1970년~2018년)

(단위:천건,%)

| 구분 / 년도 | 총혼인건수 (천건) | 조혼인율 (인구천명당) | 남초혼+여초혼 | 남초혼+여재혼 | 남재혼+여초혼 | 남재혼+여재혼 |
|---|---|---|---|---|---|---|
| 1970 | 295.1 | 9.2% | 91.5% | 0.9% | 4.1% | 3.5% |
| 1980 | 403.0 | 10.5% | 92.2% | 1.2% | 3.5% | 3.1% |
| 1990 | 399.3 | 9.3% | 89.3% | 2.3% | 3.6% | 4.7% |
| 2000 | 332.8 | 7.0% | 81.9% | 4.9% | 3.4% | 9.6% |
| 2010 | 326.1 | 6.5% | 78.1% | 5.6% | 4.3% | 12.0% |
| 2018 | 257.6 | 5.0% | 77.6% | 6.2% | 4.0% | 11.9% |

주) 1. 조혼인율 =(혼인수/해당연도인구)×1000
2. 자료 : 통계청 한국통계연감 2012.2017
통계청 인구동태통계연보 2000.2010, 2018 재구성
통계자료의 미상은 제외

[표1-13]의 혼인형태별 구성을 살펴보면 1970년 약29만 5천 건과 1980년 약 40만3천 건이 발생된 이후 매년 감소추세를 보여 2010년에는 약 32만 6천 건이 발생되었으며 2018년에는 25만 7천 600건이 발생되었다. 아울러 인구 천 명당 혼인 건수를 나타내는 조혼인율 또한 1970년 인구 천 명당 9.2%와 1980년 10.5%이었던 것이 매년 감소되어 2010년 6.5%와 2018년 5.0% 이었으나 계속 감소되는 혼인율의 저하는 많은 우려를 자아나게 한다.

혼인형태에 있어 전체 혼인건수 중 남,녀 모두 초혼인 경우가 다수를 차지하고는 있으나 그 비율은 1980년 92.2% 이후 감소되어 2010년 78.1%와 2018년 77.6%를 나타내고 있는 반면에 남녀 모두 재혼인 경우 이혼율의 증가와 더불어 1970년 3.5%에서 매년 증가되어 2010년 12.0%를 나타내고 있으며 2018년은 11.9%를 나타내고 있다. 또한 남 초혼과 여 재혼 또한 1970년 이후 0.9%에서 2010년 5.6% 2018년 5.6%로 꾸준한 증가를 보이고 있다. 그리고 남 재혼과 여 초혼은 1970년 4.1%, 1980년 3.5%, 1990년 3.6%, 2000년 3.4%, 2010년 4.3%, 2018년 4.3%로 구성비의 증감이 반복되어 나타나고 있다.

### 2) 한국남성과 외국여성의 결혼

[표1-14] 한국남성과 외국여성의 결혼(1990년~2018년)

(단위:건,%)

| 국별 년도 | 계 | 중국 | 베트남 | 필리핀 | 일본 | 캄보디아 | 태국 | 미국 | 몽골 | 우즈베키스탄 | 네팔 | 러시아 | 기타 |
|---|---|---|---|---|---|---|---|---|---|---|---|---|---|
| 1990 | 619 | 88 | – | – | 175 | – | – | 268 | – | – | – | – | 88 |
| | (100.0) | (14.2) | – | – | (28.3) | – | – | (43.3) | – | – | – | – | (14.2) |
| 1995 | 10,365 | 8,450 | – | – | 1,412 | – | – | 188 | – | – | – | – | 315 |
| | (100.0) | (81.5) | – | – | (13.6) | – | – | (1.8) | – | – | – | – | (3.0) |
| 2000 | 6,945 | 3,566 | 77 | 1,174 | 819 | 1 | 240 | 231 | 64 | 43 | 2 | 70 | 658 |
| | (100.0) | (51.3) | (1.1) | (16.9) | (11.8) | (0.0) | (3.5) | (3.3) | (0.9) | (0.6) | (0.0) | (1.0) | (9.5) |
| 2005 | 30,719 | 20,582 | 5,822 | 980 | 883 | 157 | 266 | 285 | 561 | 332 | 16 | 234 | 601 |
| | (100.0) | (67.0) | (19.0) | (3.2) | (2.9) | (0.5) | (0.9) | (0.9) | (1.8) | (1.1) | (0.1) | (0.8) | (2.0) |
| 2010 | 26,274 | 9,623 | 9,623 | 1,906 | 1,193 | 1,205 | 438 | 428 | 326 | 317 | 202 | 119 | 894 |
| | (100.0) | (36.6) | (36.6) | (7.3) | (4.5) | (4.6) | (1.7) | (1.6) | (1.2) | (1.2) | (0.8) | (0.5) | (3.4) |
| 2015 | 14,252 | 4,545 | 4,651 | 1,006 | 1,030 | 524 | 543 | 577 | 145 | 244 | 61 | 110 | 836 |
| | (100.0) | 31.9 | 32.6 | 7.1 | 7.2 | 3.7 | 3.8 | 4.0 | 1.0 | 1.6 | 0.4 | 0.8 | 5.9 |
| 2018 | 16,608 | 3,671 | 6,338 | 852 | 987 | 455 | 1,560 | 567 | – | – | – | – | 2,178 |
| | (100.0) | 22.1 | 38.2 | 5.1 | 5.9 | 2.7 | 9.4 | 3.4 | – | – | – | – | 13.1 |

주) 1. 자료 : 통계청 인구동태통계연보 1999. 2010. 2015. 2018 재구성
2. ( )은 분포 백분율

[표1-14]의 한국남성과 외국여성과의 결혼을 살펴보면 1990년 619건 1995년 10,365건 2000년 6,945건 2005년 30,719건 2010년 26,274건 그리고 2015년 14,252건과 2018년 16,608건으로 증감을 반복하는 경향이나 1990년 이후 많은 증가를 보이고 있으며 여성의 출신국가 또한 다양화 되고 있는 추세이나 2~3개 국가와의 국제결혼이 주를 이루고 있다.

여성들의 출신국가를 보면 1990년 619건중 ①미국 268건(43.3%) ②일본 175건(28.3%)이었다. 1995년에는10,365건중 ①중국 8,450건(81.5%) ②일본 1,412건(13.6%)이었으며 2000년에는 6,945건으로 ①중국 3,566건(51.3%) ②필리핀 1,174건(16.9%)이었으며 2005년은 30,719건중 ①중국 20,582건(67%) ②베트남 5,822건(19%)이며 2010년에는 26,274건중 ①중국 9,623건(36.6%)과 베트남 9,623건(36.6%), ②필리핀 1,906건(7.3%)순이었으며 2015년에는 14,252건 중 ①베트남 4,651건(32.6%) ②중국 4,545건(31.9%)순이었다. 그리고 기타 국가로는 대만(233건) 캐나다(188건) 인도네시아(110건) 오스트레일리아(96건) 라오스(82건) 카자흐스탄(49건) 뉴질랜드(36건) 말레이시아(21건) 등으로 나타나고 있다.

### 3) 한국여성과 외국남성의 결혼

[표1-15] 한국여성과 외국남성의 결혼(1990년~2015년)

(단위;건,%)

| 국별<br>년도 | 계 | 중국 | 일본 | 미국 | 캐나다 | 영국 | 호주 | 독일 | 베트남 | 파키스탄 | 기타 |
|---|---|---|---|---|---|---|---|---|---|---|---|
| 1990 | 4,091<br>(100) | 94<br>(2.3) | 1,749<br>(42.8) | 2,029<br>(49.6) | -<br>- | -<br>- | -<br>- | -<br>- | -<br>- | -<br>- | 219<br>(5.4) |
| 1995 | 3,129<br>(100) | 207<br>(6.6) | 1,751<br>(56.0) | 891<br>(28.5) | -<br>- | -<br>- | -<br>- | -<br>- | -<br>- | -<br>- | 280<br>(8.9) |
| 2000 | 4,660<br>(100) | 210<br>(4.5) | 2,630<br>(56.4) | 1,084<br>(23.3) | 150<br>(3.2) | 64<br>(1.4) | 78<br>(1.7) | 82<br>(1.8) | -<br>- | 36<br>(0.8) | 326<br>(7.0) |
| 2005 | 11,637<br>(100) | 5,037<br>(43.3) | 3,423<br>(29.4) | 1392<br>(12.0) | 283<br>(2.4) | 104<br>(0.9) | 101<br>(0.9) | 85<br>(0.7) | -<br>- | 219<br>(1.9) | 993<br>(8.5) |
| 2010 | 7,961<br>(100) | 2,293<br>(28.8) | 2,090<br>(26.3) | 1,516<br>(19.0) | 403<br>(5.1) | 178<br>(2.2) | 194<br>(2.4) | 135<br>(1.7) | -<br>- | 102<br>(1.3) | 1050<br>(13.2) |
| 2015 | 6,026<br>(100.0) | 1,434<br>23.8 | 808<br>13.4 | 1,612<br>26.8 | 465<br>7.7 | 196<br>3.3 | 254<br>4.2 | 130<br>2.2 | -<br>- | 65<br>1.1 | 1,062<br>17.6 |
| 2018 | 6,090<br>(100.0) | 1,489<br>24.4 | 313<br>5.1 | 1,439<br>23.6 | 402<br>6.6 | -<br>- | 189<br>3.1 | -<br>- | 587<br>9.6 | -<br>- | 1,671<br>27.4 |

주) 1. 자료 : 통계청 인구동태 통계연보 1999, 2010, 2015, 2018 재구성
  2. ( )은 분포 백분율

[표1-15]를 살펴보면 한국여성과 외국남성과의 결혼은 2000년 이전에는 3~4천건의 국제결혼이 이루어졌으나 2005년 11,637건과 2010년 7,961건 2015년 6,026건 2018년 6,090건으로 감소하는 경향을 보이고 있다. 외국남자의 국적은 다양화 되고는 있으나 1990년에는 4,091건중 ①미국 2,029건(49.6%) ②일본 1,749건(42.8%)이었으며, 1995년은 3,129건중 ①일본 1,751건(56.0%) ②미국 891건(28.5%)이었다. 2000년에는 4,660건중 ①일본 2,630건(56.4%) ②미국 1,084건(23.3%)으로 일본과 미국의 남성이 많은 비중을 차지하였으나 2005년에는 11,637건중 ①중국 5,037건(43.3%) ②일본 3,423건(29.4%)이었으며 2010년에는 7,961건중 ①중국 2,293건(28.8%) ②일본 2,090건(26.3%)으로 중국과 일본의 남성이 높은 비율을 차지하고 있다. 또한 2015년에는 ①미국 1,612건(26.8%) ②중국 1,434건(23.8%)이었으며 기타 국가로는 1,062건 중 베트남(432건) 프랑스(177건) 대만(141건) 뉴질랜드(80건) 이탈리아(49건) 필리핀(40건) 스리랑카(37건) 스위스(31건) 네덜란드(27건) 방글라데시(20건) 인도(18건) 네팔(10건) 등의 국적을, 그리고 2018년에는 ①중국 1,489(24.4%)건 ②미국 1,439(23.6%)건 ③베트남 587(9.6%)건 등의 순으로 국적을 가진 남성들이 포함되어 있다.

# 6. 출산율의 변화

[표1-16] 연도별 출산율과 출생아 추이(1960년~2018년)

(단위:여자천명당, 천명,%)

| 구분 \ 연도 | 1960 | 1970 | 1980 | 1990 | 2000 | 2010 | 2018 |
|---|---|---|---|---|---|---|---|
| 출산율 | 6.0 | 4.53 | 2.82 | 1.57 | 1.47 | 1.23 | 0.98 |
| 출생아수 | 368.4 | 1006.6 | 826.8 | 649.7 | 634.5 | 470.2 | 326.8 |

자료 : 통계청, 한국통계연감 1961,1971,2010
통계청, 인구동태통계연보 1999.2018
통계청, 통계로 본 한국의 발자취 1995

[표 1-16]은 1960년부터 2010년까지의 출생률과 출생아수를 나타내고 있는 것으로 총 출생아 수는 1970년 약 101만 명을 기점으로 매년 감소되어 2010년 약 47만 명 2018년 326.822명의 신생아가 태어났다. 출산율은 여성인구 천 명당 1960년에 6명, 1970년 4.53명, 1980년 2.82명, 1990년 1.57명, 2000년 1.47명, 2010년 1.23명 2018년 0.98명을 낳아 2017년 OECD 평균출산율 1.65보다 낮은 출산율을 보이고 있어 많은 우려를 자아내게 하고있다. 이러한 현상은 평균수명의 연장과 학업 및 취업을 위한 많은 준비기간의 소요, 생활과 자녀의 양육에 따른 경제적 여건 등 복합적인 요인에 기인한 것이겠지만 그래도 예비군 훈련장에 찾아와 정관수술을 받으라며 수술을 받을 시 당일 훈련을 면제해 주겠다고 설득하던 그들, 둘만 낳아 잘 기르자고 홍보하다 딸 아들 구별 말고 잘 키운 자식하나 열 아들 부럽지 않다고 설득하던 그들 이제는 애기 낳으면 얼마주고 뭐해준다고 설득하던 그들, 그들은 진정 젊은 부부들이 자녀 갖기를 망설이는 이유를 알고 있는지 조차도 궁금하다. 좀 더 근본적이고 적극적인 방법을 강구하여야 할 것이다.

# 7. 결혼상태별 인구

[표1-17] 결혼상태별 인구(15세 이상)(1960년~2015년)

(단위:천명, %)

| 구분<br>년도 | 총 수 | | 미 혼 | | 유 배 우 | | 이 혼 | | 사 별 | |
|---|---|---|---|---|---|---|---|---|---|---|
| | 남 | 여 | 남 | 여 | 남 | 여 | 남 | 여 | 남 | 여 |
| 1960 | 7,285<br>(100.0) | 7,551<br>(100.0) | 2,644<br>(36.4) | 1,706<br>(22.7) | 4,362<br>(60.1) | 4,562<br>(60.7) | 41<br>(0.6) | 66<br>(0.9) | 218<br>(3.0) | 1,181<br>(15.7) |
| 1970 | 8,928<br>(100.0) | 9,266<br>(100.0) | 3,335<br>(37.4) | 2,303<br>(24.9) | 5,342<br>(59.8) | 5,476<br>(59.1) | 40<br>(0.4) | 81<br>(0.9) | 211<br>(2.4) | 1,407<br>(15.2) |
| 1980 | 12,209<br>(100.0) | 12,542<br>(100.0) | 4,933<br>(40.4) | 3,601<br>(28.7) | 7,005<br>(57.4) | 7,197<br>(57.4) | 44<br>(0.4) | 78<br>(0.6) | 226<br>(1.9) | 1,666<br>(13.3) |
| 1990 | 15,991<br>(100.0) | 16,266<br>(100.0) | 6,114<br>(38.2) | 4,517<br>(27.8) | 9,483<br>(59.3) | 9,570<br>(58.8) | 110<br>(0.7) | 139<br>(0.9) | 283<br>(1.8) | 2,037<br>(12.5) |
| 2000 | 17,881<br>(100.0) | 18,366<br>(100.0) | 6,317<br>(35.1) | 4,617<br>(25.1) | 11,010<br>(61.2) | 11,014<br>(60.0) | 324<br>(1.8) | 381<br>(2.1) | 323<br>(1.8) | 2,350<br>(12.8) |
| 2010 | 19,800<br>(100.0) | 20,403<br>(100.0) | 7,041<br>(35.6) | 5,271<br>(25.8) | 11,606<br>(58.6) | 11,608<br>(56.9) | 721<br>(3.6) | 889<br>(4.4) | 433<br>(2.2) | 2,636<br>(12.9) |
| 2015 | 21,211<br>(100.0) | 21,513<br>(100) | 7,632<br>(36.0) | 5,744<br>(26.7) | 12,170<br>(57.4) | 11,730<br>(54.5) | 959<br>(4.5) | 1,223<br>(5.7) | 450<br>(2.1) | 2,816<br>(13.1) |

注) 2000년 남 미상 6,375명, 여 미상 5,212명은 계산에 넣지 못함
자료 : 경제기획원 한국통계연감 1976,1983
통계청 한국통계연감 1993,2001,2010
인구주택총조사 2015

우리나라 인구 중 1960년부터 2015년까지 15세 이상의 혼인상태를 살펴보면 [표 1-17] 남자는 1960년 436.2만명에서 2015년 2,121.1만명으로 여자는 1960년 456.2만 명에서 2015년 2,151.3만 명으로 증가되었다. 이들의 유배우의 비중을 보면 1960년 이후 남녀모두 감소추세를 보이다가 1990년과 2000년에는 증가되고 2015년에는 다시 감소되었다. 또한 1960년 이후 남녀의 유배우율이 같은 수준에서 유지되어 오다가 2015년에는 남자의 국제결혼 증가 등으로 남자(57.4%)와 여자(54.5%)의 유배우율의 차이를 보이고 있다. 미혼인구의 비중은 남녀 모두 1960년 이후 증가하였으나 1980년 이후에는 감소세를 보이다가 2015년 이후에는 미혼율(남 36.0%, 여 26.7%)이 증가되고 있다. 이혼인구의 비중을 보면 남녀모두 1960년 이후 감소추세를 보이다가 1990년 이후 증가되어 2015년 남자(4.5%)와 여자(5.7%) 모두 높은 중가를 나타내고 있다. 사별인구의 비중은 남녀 모두 1960년 이후 사망률이 낮아짐에 따라 감소세를 보이다가 2010년 이후 남녀 모두 증가되었다. 남녀 간의 많은 사별인구 비중 차이는 남녀 간 평균수명의 차이와 사별 후 재혼율의 차이 등의 영향으로 보여진다.

## 8. 결혼상태별 가구주 분포

[표1-18] 결혼상태별 가구주분포(1980년~2018년)

(단위:천가구,%)

| 구분 / 년도 | 계 | | 미 혼 | | 유배우 | | 사 별 | | 이 혼 | |
|---|---|---|---|---|---|---|---|---|---|---|
| | 남 | 여 | 남 | 여 | 남 | 여 | 남 | 여 | 남 | 여 |
| 1980 | 6,800 (100) | 1,169 (100) | 320 (4.7) | 183 (15.7) | 6,317 (92.9) | 260 (22.3) | 139 (2.0) | 679 (58.1) | 24 (0.4) | 46 (3.9) |
| 1990 | 9,568 (100) | 1,787 (100) | 575 (6.0) | 365 (20.4) | 8,728 (91.2) | 316 (17.7) | 190 (2.0) | 1,006 (56.3) | 75 (0.8) | 100 (5.6) |
| 2000 | 11,659 (100) | 2,653 (100) | 890 (7.6) | 568 (21.4) | 10,300 (88.3) | 440 (16.5) | 223 (2.0) | 1,339 (50.5) | 246 (2.1) | 307 (11.6) |
| 2010 | 12,842 (100) | 4,497 (100) | 1,503 (11.7) | 1,001 (22.3) | 10,468 (81.5) | 1,079 (24.0) | 325 (2.5) | 1,696 (37.7) | 546 (4.3) | 722 (16.0) |
| 2018 | 13,680 (100) | 6,072 (100) | 1,928 (14.1) | 1,436 (23.7) | 10,624 (77.7) | 1,616 (26.6) | 344 (2.5) | 1,863 (30.7) | 784 (5.7) | 1,157 (19.0) |

주) 1. 자료 : 통계청 장래가구추계 2012, 2018
2. ( )은 분포 백분율

[표1-18]에 나타난 1980년 이후 혼인상태별 가구주분포의 추이를 살펴보면 미혼의 남녀가구주중 1980년 미혼의 남자 가구주는 32만 가구(4.7%)에서 2018년 192.8만 가구(14.1%)로 증가되었다. 미혼의 여자가구주는 1980년 18.3만 가구(15.7%)에서 2018년 143.6만 가구(23.7%)로 증가되었다. 그리고 배우자가 있는 남자가구주는 1980년 631.7만 가구(92.5%)에서 2018년 1,062.4만 가구(77.7%)로 여자가구주는 같은 기간 26만 가구(22.3%)에서 161.6만 가구(26.6%)로 가구 수는 증가되었음을 알 수가 있다.

그리고 사별인 경우 1980년 남자가구주는 13.9만 가구(2.0%)에서 2018년 34.4만 가구(2.5%)로 나타나고 여자가구주 또한 같은 기간 67.9만 가구(58.1%)에서 186.3만 가구(30.7%)를 나타내고 있다. 이러한 사별에 의한 남녀가구주의 차이는 남자의 평균수명이 짧고 부부 중 남자가 연상인 경우가 대부분인데다가 사별 시 남자의 재혼율이 높기 때문이라 생각된다.

이혼상태의 남자가구주는 1980년 2.4만 가구(0.4%)에서 2018년 78.4만 가구(5.7%)로 여자가구주는 같은 기간 4.6만 가구(3.9%)에서 115.7만 가구(19.0%)로 증가되었다. 이러한 현상은 이혼율의 증가와 이혼 시 남자의 재혼율이 높은 관계로 남녀가구주의 많은 차이가 나타나고 있다.

# 9. 재혼에 대한 견해

[표1-19 ] 연령별 재혼에 대한 견해(1998년~2018년)

(단위:%)

| 구분 | 연령 | 전체 | 15~19세 | 20~29세 | 30~39세 | 40~49세 | 50~59세 | 60세 이상 | 65세 이상 |
|---|---|---|---|---|---|---|---|---|---|
| 재혼은 반드시 해야한다 | 1998년 | 2.5 | 1.6 | 1.55 | 2.0 | 2.35 | 3.1 | 4.6 | 5.5 |
| | 2008년 | 1.5 | 0.7 | 1.2 | 1.1 | 1.2 | 2.0 | 2.8 | 3.3 |
| | 2018년 | 0.8 | 0.3 | 0.4 | 0.4 | 0.6 | 0.7 | 1.8 | 2.1 |
| 재혼은하는 것이 좋다 | 1998년 | 17.4 | 12.2 | 15.7 | 16.7 | 18.05 | 19.75 | 22.9 | 21.2 |
| | 2008년 | 21.2 | 14.2 | 18.5 | 18.9 | 21.7 | 23.5 | 27.2 | 27.4 |
| | 2018년 | 11.6 | 7.3 | 8.2 | 8.6 | 10.6 | 12.5 | 17.3 | 18.4 |
| 재혼은 해도 좋고 하지 않아도 좋다 | 1998년 | 52.2 | 56.8 | 60.95 | 53.35 | 51.7 | 49.3 | 42.5 | 35.3 |
| | 2008년 | 55.0 | 60.4 | 63.3 | 60.7 | 54.0 | 50.4 | 42.9 | 41.6 |
| | 2018년 | 64.6 | 66.5 | 73.8 | 7.29 | 67.4 | 62.7 | 51.8 | 49.2 |
| 재혼은 하지 않는 것이 좋다 | 1998년 | 14.8 | 11.4 | 10.4 | 16 | 16.6 | 15.7 | 16.6 | 19.1 |
| | 2008년 | 12.6 | 8.6 | 6.9 | 10.9 | 14.4 | 15.3 | 17.6 | 18.1 |
| | 2018년 | 11.5 | 6.0 | 5.6 | 8.1 | 12.9 | 1.43 | 15.9 | 16.1 |
| 재혼은 하지 말아야 한다 | 1998년 | 4.4 | 2.5 | 2.0 | 3.45 | 4.75 | 5.75 | 7.1 | 10.2 |
| | 2008년 | 2.7 | 2.6 | 1.4 | 1.7 | 2.6 | 3.0 | 4.9 | 5.2 |
| | 2018년 | 3.4 | 2.2 | 2.0 | 2.6 | 2.6 | 3.5 | 5.9 | 6.3 |
| 모르겠다 | 1998년 | 8.7 | 15.5 | 9.45 | 8.55 | 6.5 | 6.4 | 6.3 | 8.6 |
| | 2008년 | 6.9 | 13.6 | 8.7 | 6.7 | 6.1 | 5.8 | 4.6 | 4.5 |
| | 2018년 | 8.1 | 17.6 | 10.1 | 7.4 | 5.8 | 6.3 | 7.4 | 7.8 |

주) 1. 자료 : 통계청 사회조사 보고서 1998, 2008, 2018

[표1-19]에 나타난 재혼에 대한 조사는 재혼을 반드시 해야 한다와 하는 것이 좋다는 긍정적인 견해는 연령대가 높아질수록 긍정적인 견해를 나타내고 있다. 또한 재혼을 하지 않는 것이 좋다와 하지 말아야 한다는 부정적 견해 또한 부정적 견해 또한 높게 나타내고 있다. 재혼에 대한 전체를 보면 해도 좋고 하지 않아도 좋다는 견해가 년도별 평균 50%를 넘게 나타나고 있으며 또한 재혼에 대한 긍정적인 견해는 1998년 19.9%, 2008년 22.7%, 2018년 12.4%로 나타나고 있으며 부정적인 견해는 1998년 19.2%, 2008년 15.3%, 2018년 14.9%로 나타나고 있다. 그리고 잘모르겠다는 평균 1998년 8.7%, 2008년 6.9%, 2018년 8.1%로 10대와 20대의 연령층에서 높은 비율을 차지하고 있다.

[표1-20] 학력 및 성별에 따른 재혼에 대한 견해(1998년~2018년)

(단위:%)

| 성별 및 학력 \ 구분 | | 재혼은 반드시 해야 한다 | 재혼은 하는 것이 좋다 | 재혼은 해도 좋고 하지 않아도 좋다 | 재혼은 하지 않는 것이 좋다 | 재혼은 하지 말아야 한다 | 잘모르겠다 | 계 |
|---|---|---|---|---|---|---|---|---|
| 남자 | 1998년 | 3.0 | 20.1 | 51.5 | 12.0 | 3.8 | 9.6 | 100 |
| | 2008년 | 1.8 | 25.0 | 53.8 | 9.7 | 2.2 | 7.5 | 100 |
| | 2018년 | 0.9 | 14.8 | 64.1 | 8.5 | 2.9 | 8.8 | 100 |
| 여자 | 1998년 | 2.1 | 14.7 | 53.0 | 17.4 | 4.9 | 7.9 | 100 |
| | 2008년 | 1.3 | 17.6 | 56.1 | 15.5 | 3.1 | 6.4 | 100 |
| | 2018년 | 0.7 | 8.5 | 65.1 | 14.4 | 3.9 | 7.4 | 100 |
| 초졸이하 | 1998년 | 4.2 | 19.9 | 40.8 | 18.0 | 8.3 | 8.8 | 100 |
| | 2008년 | 2.8 | 24.2 | 43.5 | 18.8 | 5.3 | 5.5 | 100 |
| | 2018년 | 1.8 | 14.4 | 51.0 | 14.6 | 6.1 | 12.1 | 100 |
| 중졸 | 1998년 | 2.3 | 16.0 | 52.6 | 14.6 | 3.8 | 10.7 | 100 |
| | 2008년 | 1.5 | 21.1 | 51.6 | 12.8 | 3.1 | 9.9 | 100 |
| | 2018년 | 0.8 | 12.4 | 59.6 | 11.4 | 4.4 | 11.4 | 100 |
| 고졸 | 1998년 | 2.1 | 16.8 | 54.8 | 14.5 | 3.2 | 8.6 | 100 |
| | 2008년 | 1.5 | 19.7 | 57.1 | 12.4 | 2.4 | 7.0 | 100 |
| | 2018년 | 0.8 | 11.3 | 64.3 | 12.2 | 3.5 | 7.9 | 100 |
| 대졸이상 | 1998년 | 1.6 | 17.0 | 59.8 | 11.8 | 2.9 | 6.9 | 100 |
| | 2008년 | 1.0 | 21.7 | 59.8 | 9.7 | 1.5 | 6.2 | 100 |
| | 2018년 | 0.5 | 10.7 | 71.3 | 9.7 | 2.1 | 5.8 | 100 |

주) 1. 자료 : 통계청 사회조사 보고서 1998, 2008, 2018

[표1-20]에 나타난 학력 및 성별에 따른 재혼에 대한 견해를 살펴보면 성별에 있어 남자가 여자보다 긍정적인 태도를 보이고 있으며 부정적인 견해는 여자가 남자보다 높게 나타나고 있다.

그리고 학력에 의한 견해로는 초졸이하가 긍정적이나 부정적인 면 모두에서 높게 나타나고 있으며 학력이 높을수록 긍정적인 견해와 부정적인 견해의 비율이 낮아지고 있다. 또한 1998년 이후 2008년과 2018년에는 긍정적인 견해와 부정적인 견해의 구성비가 낮아지고 있는 반면에 재혼을 해도 좋고 안해도 좋다는 견해는 학력이나 성별의 구별 없이 구성비가 증가되고 있음을 알 수가 있다.

# Ⅷ. 가족의 해체현상 증가

평균수명이 증가됨과 아울러 핵가족화와 개인주의화가 만연되어가는 현실에서 가정의 기능마저 약화되면서 이혼율은 매년 증가되고 있다.

## 1. 이혼에 대한 견해

[표 1-21]에 나타난 학력 및 성별에 따른 이혼에 대한 견해를 살펴보면 이혼에 대해 부정적인 견해는 남자가 여자보다 1998년 6.7%, 2008년 9.8%, 2018년 9.3%로 높게 나타나고 있는 반면에 이유가 있으면 하는 것이 좋다는 견해는 여자가 남자보다 1998년 2.4%, 2008년 2.6%, 2018년 4.3%로 높은 견해를 보이고 있으며 학력별로는 초졸이하가 안된다는 부정적인 견해를 가장 높게 나타내고 있으며 이유가 있으면 하는 것이 좋다는 견해는 고졸에서 높게 나타나고 있다.

또한 [표1-22]에 나타난 바와 같이 이혼에 대해 안된다는 부정적인 견해는 65세 이상의 연령에서 가장 높게 나타나고 있으나 1998년 60.3%, 2008년 58.6%, 2018년 33.2%로 낮아지는 경향인 반면에 이유가 있으면 하는 것이 좋다는 긍정적인 견해는 1998년 8.6%, 2008년 7.1%, 2018년 16.7%를 나타내고 있음을 알 수가 있다.

[표1-21] 학력 및 성별에 따른 이혼에 대한 견해(1998년~2018년)

(단위:%)

| 구분<br>성별 및 학력 | | 어떤 이유라도 이혼해서는 안된다 | 이유가 있더라도 가급적 해서는 안된다 | 할 수도 있고 않을 수도 있다 | 이유가 있으면 하는 것이 좋다 | 잘모르겠다 | 계 |
|---|---|---|---|---|---|---|---|
| 남자 | 1998년 | 19.9 | 43.8 | 26.7 | 7.3 | 2.2 | 100 |
| | 2008년 | 18.3 | 45.5 | 27.8 | 5.7 | 2.6 | 100 |
| | 2018년 | 8.9 | 29.0 | 43.3 | 14.5 | 4.3 | 100 |
| 여자 | 1998년 | 18.1 | 38.9 | 31.4 | 9.7 | 1.9 | 100 |
| | 2008년 | 15.3 | 38.4 | 35.8 | 8.3 | 2.2 | 100 |
| | 2018년 | 6.6 | 22.0 | 49.3 | 18.8 | 3.2 | 100 |
| 초졸 이하 | 1998년 | 36.1 | 39.1 | 17.0 | 5.3 | 2.6 | 100 |
| | 2008년 | 36.0 | 41.9 | 15.9 | 3.9 | 2.4 | 100 |
| | 2018년 | 18.3 | 33.1 | 30.5 | 11.9 | 6.2 | 100 |
| 중졸 | 1998년 | 16.3 | 40.3 | 30.6 | 9.3 | 3.5 | 100 |
| | 2008년 | 16.7 | 40.5 | 30.8 | 7.6 | 4.4 | 100 |
| | 2018년 | 11.0 | 25.8 | 40.2 | 17.0 | 6.1 | 100 |
| 고졸 | 1998년 | 13.5 | 42.3 | 32.8 | 9.7 | 1.6 | 100 |
| | 2008년 | 13.3 | 41.4 | 35.1 | 8.1 | 2.1 | 100 |
| | 2018년 | 6.1 | 24.5 | 48.1 | 17.8 | 3.5 | 100 |
| 대졸 이상 | 1998년 | 13.6 | 42.7 | 33.8 | 9.3 | 0.7 | 100 |
| | 2008년 | 11.3 | 43.1 | 36.9 | 7.1 | 1.7 | 100 |
| | 2018년 | 4.5 | 23.6 | 52.3 | 17.2 | 2.3 | 100 |

주) 1. 자료 : 통계청 사회조사 보고서 1998, 2008, 2018

[표1-22] 연령별 이혼에 대한 견해 (1998년~2018년)

(단위:%)

| 구분 | 연령 | 전체 | 15~19세 | 20~29세 | 30~39세 | 40~49세 | 50~59세 | 60세 이상 | 65세 이상 |
|---|---|---|---|---|---|---|---|---|---|
| 어떤 이유라도 해서는 안된다 | 1998년 | 19.0 | 10.0 | 9.3 | 13.75 | 18.25 | 24.8 | 36.1 | 48.7 |
| | 2008년 | 16.8 | 7.7 | 8.4 | 9.0 | 13.3 | 20.7 | 38.7 | 42.0 |
| | 2018년 | 7.7 | 3.6 | 3.8 | 4.6 | 4.5 | 6.8 | 17.1 | 19.9 |
| 이유가 있더라도 가급적 해서는 안된다 | 1998년 | 41.3 | 32.6 | 37.8 | 43.3 | 47.3 | 46.35 | 40.8 | 34.7 |
| | 2008년 | 41.8 | 32.2 | 34.9 | 41.5 | 45.6 | 48.2 | 43.3 | 41.8 |
| | 2018년 | 25.5 | 14.9 | 15.0 | 20.0 | 23.4 | 28.5 | 38.7 | 39.9 |
| 할 수도 있고 않을 수도 있다 | 1998년 | 29.1 | 38.1 | 38.7 | 33.45 | 26.2 | 21.15 | 16.3 | 10.0 |
| | 2008년 | 31.9 | 42.4 | 43.5 | 40.4 | 32.5 | 23.3 | 12.9 | 11.7 |
| | 2018년 | 46.3 | 50.3 | 51.4 | 54.2 | 53.9 | 47.1 | 29.9 | 26.7 |
| 이유가 있으면 하는 것이 좋다 | 1998년 | 8.6 | 12.1 | 6.15 | 4.15 | 3.67 | 3.37 | 5.6 | 4.0 |
| | 2008년 | 7.1 | 10.6 | 10.0 | 7.1 | 7.1 | 6.2 | 3.4 | 2.7 |
| | 2018년 | 16.7 | 19.2 | 24.5 | 18.0 | 16.1 | 15.3 | 11.6 | 10.4 |
| 잘 모르겠다 | 1998년 | 2.0 | 7.2 | 1.85 | 1.2 | 0.9 | 0.9 | 1.1 | 2.7 |
| | 2008년 | 2.4 | 7.0 | 3.2 | 2.0 | 1.5 | 1.5 | 1.8 | 1.9 |
| | 2018년 | 3.8 | 12.0 | 5.3 | 3.2 | 2.1 | 2.3 | 2.7 | 3.1 |
| 각 년도 별 계 | | 100 | 100 | 100 | 100 | 100 | 100 | 100 | 100 |

주) 1. 자료 : 통계청 사회조사 보고서 1998, 2008, 2018

## 2. 평균 이혼연령 및 조이혼인율

[표1-23] 평균 이혼연령 및 조이혼인율(1970년~2018년)

(단위:건,세,%)

| 구분 \ 년도 | | 1970 | 1980 | 1990 | 2000 | 2010 | 2018 |
|---|---|---|---|---|---|---|---|
| 평 균 이혼연령 | 남 | 35.8세 | 36.5세 | 36.9세 | 40.1세 | 45.0세 | 48.3세 |
| | 여 | 31.0세 | 31.9세 | 33.0세 | 36.5세 | 41.0세 | 44.8세 |
| 이 혼 | 총이혼건수 | 11,615 | 22,980 | 44,608 | 119,982 | 116,858 | 108.684 |
| | 조이혼율 | 0.4% | 0.6% | 1.0% | 2.5% | 2.3% | 2.1% |

자료 : 통계청, 인구동태통계연보 1990,1995,2000,2010.2018 재구성

1970년 이후 2010년까지 우리나라의 이혼건수와 연령 등을 살펴보면 [표1-23] 이혼건수는 1970년 11,615건 1980년 22,980건 1990년 44,608건 2000년 119,882건 2010년 116,858건 2018년 108,684건으로 지난 40년 동안 이혼건수는 약 10배가 증가되었다.

인구 천 명당 이혼건수를 가리키는 조이혼율 또한 1970년 0.4%이었던 것이 2010년 2.3%, 2018년 2.1%를 나타내고 있으며 평균 이혼연령은 매년 높아지는 추세로 남자가 1970년 35.8세에서 2010년 45.0세 2018년 48.3세로 12.5세가 많아졌으며 여자는 1970년 31.0세에서 2010년 41.0세 2018년 44.8세로 13.8세가 많아졌다. 이는 20년 이상 결혼생활을 한 부부들의 황혼이혼이 증가되고 있는 현실에서 평균 이혼연령이 높아지는 현상은 앞으로도 계속될 것으로 여겨진다.

## 3. 동거기간별 이혼

[표1-24] 동거기간별 이혼 구성비(1970년~2018)

(단위: 건,%)

| 기간 / 년도 | 총 이혼건수 | 평균 동거연수 | 0~4년 | 5~9년 | 10~14년 미만 | 15~19년 미만 | 20년 이상 |
|---|---|---|---|---|---|---|---|
| 1970 | 11,615 | 8.3 | **40.9%** | 28.5% | 15.8% | 7.2% | 7.6% |
| 1980 | 22,980 | 7.9 | **42.4%** | 28.2% | 16.8% | 7.2% | 5.4% |
| 1990 | 44,608 | 8.0 | **39.5%** | 29.2% | 18.2% | 7.9% | 5.2% |
| 2000 | 119,982 | 10.0 | **31.6%** | 23.0% | 19.0% | 15.4% | 10.9% |
| 2010 | 116,858 | 13.0 | **27.0%** | 18.8% | 15.9% | 14.5% | 23.8% |
| 2018 | 108,684 (100.0) | 15.6 | **21.4%** | 18.5% | 14.3% | 12.5% | 33.4% |

자료 : 1. 통계청 인구동태 통계연보 1980, 1990, 1995, 2000, 2010. 2018 재구성
2. ( ) 은 분포 백분율

[표 1-24]에 나타난 1970년부터 2010년까지 우리나라의 연도별 총 이혼건수 중 동거기간별 이혼 구성비를 살펴보면 결혼 0~4년차 부부의 이혼은 1970년 총 이혼건수 중 (11,615건) 40.9%의 비중을 차지하였으나 1980년 이후 매년 감소되어 2010년에는 총 이혼건수 중 (116,858건) 27.0%를 2018년은 총 이혼건수 108,684건 중 21.4%를 보이고 있는 반면에 결혼 15~19년차 부부의 이혼은 1970년 7.2%에서 매년 증가되다가 2010년 14.5%와 2018년 12.5%로 비중이 감소되고 있다.

그리고 평균수명의 연장과 경제적 여건의 개선 등의 영향으로 결혼 20년차 이상 부부의 이혼은 1970년 7.6%의 비중에서 더욱 증가되어 2010년에는 23.8%와 2018년 33.4%의 높은 비중을 나타내고 있다. 2013년 대법원의 사법연감을 보면 전체 114,316건의 이혼 건 중 결혼 4년차 부부의 이혼은 (28,204건) 24.6%로 계속된 감소추세를 보이고 있으나 결혼 20년차 이상 부부의 이혼은 (30,234건)26.4%로 더욱 비중이 증가되어 결혼 0~4년 차의 이혼보다 역전되었다. 이는 신혼자녀의 가정불화에 훈계하고 타이르던 부모들의 모습에서 오히려 신혼부부 자녀들이 부모들의 불화를 상담하고 타이르게 되는 일이 벌어지고 더욱이 부모들의 부양비 걱정까지 안겨주게 되었으니 씁쓸하기만 하다.

# 4. 이혼사유별 구성비

[표1-25] 이혼 사유별 구성비(1990년~2017년)

(단위: 천건,%)

| 구분 / 년도 | 부부 불화 | 배우자 부 정 | 정신적 육체적 학 대 | 가정 불화 | 경제 문제 | 성격 차이 | 건강상 | 기 타 | 계 |
|---|---|---|---|---|---|---|---|---|---|
| 1990 | 36.6 (82.1) | - | - | 1.6 (3.6) | 0.8 (1.8) | - | 0.6 (1.3) | 5.0 (11.2) | 44.6 (100.0) |
| 1995 | 56.7 (83.0) | - | - | - | 2.0 (2.9) | - | 0.7 (1.0) | 8.9 (13.0) | 68.3 (100.0) |
| 2000 | - | 9.7 (8.1) | 5.2 (4.3) | 26.3 (21.9) | 12.8 (10.7) | **48.2 (40.1)** | 1.1 (0.9) | 16.8 (14.0) | 120.1 (100.0) |
| 2005 | - | 9.7 (7.6) | 5.7 (4.4) | 12.2 (9.5) | 19.1 (14.9) | **63.2 (49.2)** | 0.8 (0.6) | 17.7 (13.8) | 128.4 (100.0) |
| 2010 | - | 10.0 (10.5) | 5.6 (5.9) | 8.6 (9.0) | 14.0 (14.7) | 53.0 (55.6) | 0.8 (0.8) | 3.4 (3.6) | 95.4 (100.0) |
| 2017 | - | 7.5 (7.8) | 3.8 (4.0) | 7.5 (7.8) | 10.7 (11.0) | 45.7 (47.0) | 0.6 (0.6) | 21.2 (21.8) | 97.0 (100) |

자료 : 통계청 인구동태 통계연보 2001, 2011. 2017

서로 다른 부모 밑에서 태어나 가르침을 받으면서 성장한 청춘 남녀들이 서로 만나 사랑하여 부부의 연을 맺어 가정을 꾸리고 자식을 낳아 생활하다 보면 부딪히는 일이 왜 없겠는가? 서로 사랑하여 결혼 할 때의 마음을 잊지 않고 서로를 이해하고 배려하는 마음이라면 좋으련만 우리나라의 연도별 이혼을 하게 된 사유를 살펴보면[표1-25] 1990년과 1995년에는 부부불화가 총 이혼건수 중 80%를 넘게 차지하고 있다. 이후 2000년

(40.1%), 2005년(49.2%), 2010년(55.6%), 2017년(47%)에는 성격차이가 높은 비중을 차지하고 있으며 다음으로 2000년에는 가정 불화(21.9%)가 2005년(14.9%)과 2010년(14.7%), 2017년(11.1%)에는 경제문제가 비중을 차지하고 있음을 알 수가 있다.

물론 성격차이로 서로 부딪히다 보면 의견충돌을 넘어 결국엔 악화되어 부부나 가족간의 불화에 이르는 최악의 상황을 맞이할 수도 있게 된다. 2017년도 총 이혼 건에서 성격차이와 불화가 차지하는 사유가 53.2% 이상을 차지하고 있어 가족구성원 서로 간에 좀 더 많은 대화의 시간을 갖는 것이 필요할 것이다.

기타 이혼사유중 배우자 부정으로 인한 이혼은 매년 7500건~10000 여건이 발생되고 있으며 정신적 또는 육체적인 학대로 인한 이혼 또한 매년 5~6천 건이 발생되어 오다가 2017년 3,800건으로 감소되기는 하였으나 간과할 수 없는 상황이다. 서로를 배려하는 마음과 개선방법 등을 건강가정과 건강한 사회를 위해 사회배려차원에서 강구되어야 할 것이다. 이혼은 당사자뿐만의 문제로 국한되지 않고 여러 사람 특히 유자녀인 경우에는 많은 후유증을 남기게 되기 때문이다.

# 5. 이혼당시 미성년자녀 유무별 구성비

[표1-26] 이혼당시 미성년자녀 유무별 구성비(1995년~2018년)

(단위: 천건,%)

| 구분 / 년도 | 1명 | 2명 | 3명이상 | 미성년 자녀없음 | 계 |
|---|---|---|---|---|---|
| 1995년 | 22.5<br>(32.9) | 22.5<br>(32.9) | 3.8<br>(5.6) | 19.5<br>(28.6) | 68.3<br>(100.0) |
| 2000년 | 38.1<br>(31.8) | 41.1<br>(34.3) | 5.3<br>(4.4) | 35.5<br>(29.6) | 120.0<br>(100.0) |
| 2005년 | 35.0<br>(27.3) | 40.3<br>(31.4) | 6.0<br>(4.7) | 47.1<br>(36.7) | 128.4<br>(100.0) |
| 2010년 | 30.0<br>(25.7) | 28.3<br>(24.3) | 4.6<br>(3.9) | 53.7<br>(46.1) | 116.6<br>(100.0) |
| 2015년 | 27.8<br>(25.6) | 21.2<br>(19.6) | 3.8<br>(3.5) | 55.6<br>(51.3) | 108.4<br>(100.0) |
| 2018년 | 27.0<br>(25.2) | 18.7<br>(17.5) | 3.7<br>(3.5) | 57.6<br>(53.8) | 107<br>(100.0) |

주) 1. 자료 : 통계청 인구동태 통계연보 2001, 2011, 2018
2. ( ) 은 분포 백분율
3. 미상은 제외

이혼 시 미성년 자녀 유무별 구성비를 살펴보면 [표1-26] 미성년 자녀가 없는 이혼 부부의 경우는 1995년 28.6%에서 계속 증가되어 2015년에는 51.3%, 2018년 53.8%로 과반수를 넘어서고 있다. 그리고 자녀의 수에 있어 2000년과 2005년에는 2명의 자녀를 가진 이혼 부부가 높았으나 이후 2010년 부터는 1명의 자녀를 가진 경우가 높게 나타나고 있다.

# 6. 국제결혼 부부의 이혼

다문화가족 지원법에는 재한 외국인 처우기본법상의 결혼 이민자 또는 국적법 제4조에 따라 귀화 허가를 받은 자와 출생 시부터 대한민국 국적을 취득한 자로 이루어진 가족을 말한다. 다문화 가족은 우리나라 여성들이 농촌총각과 결혼을 기피하면서 이러한 문제해결을 위한 대안으로써 1990년대부터 한국남성과 외국인 여성이 결혼하는 결혼이민의 형태가 늘어나면서 1990년 4,700쌍에서 2010년 12만 건으로 증가하게 되었다. 그러나 다문화가족은 가계경제 수준이 낮은 층과 결혼한 경우가 많고 언어소통이 원활하지 못하여 가족구성원간의 정서적 교류는 물론 문화적 차이의 극복에 많은 문제점들을 내포하고 있는 것이 현실이다.

한국인과 국제결혼한 부부들의 이혼건수 및 구성비를 보면[표1-27 , 표1-28] 다문화가정의 이혼에 있어 한국여성과 외국남성과의 이혼은 2000년 총 1,251건(일본 1,007건, 미국 192건)과 2005년 총 1,789건(일본 1,306건, 미국 217건)중 일본과 미국의 순서로 높게 나타났으며 2018년에는 총 1,966건(중국 816건, 일본 490건)으로 중국과 일본의 순으로 나타나고 있다. 한국남성과 외국여성과의 이혼은 2000년에는 247건으로 일본(112건)과 중국(94건)순으로 2005년에는 2,382건 중 중국(1,425건)과 베트남(289건)순이었다. 2010년에는 7,904건 중 중국(4,705건)과 베트남(1,552건)이었으며 2018년에는 5,174건 중 역시 중국 및 베트남여성과의 이혼이 높게 나타나고 있다. 한편 법무부가 적발한 위장결혼 건수는 2010년 30건 2011년 69건 2012년 72건이었으며 2013년도에는 9월까지 23건이었으나 이는 조족지혈에 불과할 것이다. 그리고 2010년 9월부터 2013년 8월까지 3년간 신분 세탁범은 9,041명으로 나타났다. 비자발급 시 좀 더 철저한 검증절차를 통한 진정성을 확인할 필요가 있다 하겠다.

[표1-27] 한국여성과 외국남성의 이혼건수 및 구성비(2000년~2018년)

(단위: 건,%)

| 국별<br>년도 | 일본 | 중국 | 미국 | 파키스탄 | 방글라데시(베트남) | 캐나다 | 기 타 | 합 계 |
|---|---|---|---|---|---|---|---|---|
| 2000 | 1,007<br>(80.5) | 29<br>(2.3) | 192<br>(15.3) | –<br>(0.0) | –<br>(0.0) | 2<br>(0.2) | 21<br>(1.7) | 1,251<br>(100.0) |
| 2005 | 1,306<br>(73.0) | 123<br>(6.9) | 217<br>(12.1) | 25<br>(1.4) | 11<br>(0.6) | 21<br>(1.2) | 86<br>(4.8) | 1,789<br>(100.0) |
| 2010 | 1,638<br>(50.6) | 1,025<br>(31.7) | 277<br>(8.6) | 38<br>(1.2) | 18<br>(0.6) | 43<br>(1.3) | 197<br>(6.1) | 3,236<br>(100.0) |
| 2015 | 893<br>(35.8) | 992<br>(39.8) | 230<br>(9.2) | 54<br>(2.2) | 36<br>(1.4) | 32<br>(1.3) | 257<br>(10.3) | 2,494<br>(100.0) |
| 2018 | 490<br>(24.9) | 816<br>(41.5) | 229<br>(11.6) | 43<br>(2.2) | 81<br>(4.1) | 49<br>(2.5) | 258<br>(13.1) | 1,966<br>(100.0) |

자료 : 통계청 인구동태 통계연보 2000, 2005, 2010, 2015. 2018 재구성

[표1-28] 한국남성과 외국여성의 이혼건수 및 구성비(2000년~2018년)

(단위: 건,%)

| 국별<br>년도 | 일본 | 중국 | 베트남 | 필리핀 | 몽 골 | 우즈베키스탄 | 캄보디아 | 기 타 | 합 계 |
|---|---|---|---|---|---|---|---|---|---|
| 2000 | 112<br>(45.3) | 94<br>(38.1) | 1<br>(10.4) | (0.0) | 1<br>(0.4) | 1<br>(0.4) | (0.0) | 38<br>(15.4) | 247<br>100.0) |
| 2005 | 116<br>(4.9) | 1,425<br>(59.8) | 289<br>(12.1) | 140<br>(5.9) | 116<br>(4.9) | 75<br>(3.1) | 6<br>(0.3) | 215<br>(9.0) | 2,382<br>(100.0) |
| 2010 | 259<br>(3.3) | 4,705<br>(59.5) | 1,552<br>(19.6) | 299<br>(3.8) | 154<br>(1.9) | 174<br>(2.2) | 167<br>(2.1) | 594<br>(7.5) | 7,904<br>(100.0) |
| 2015 | 235<br>(4.1) | 2,830<br>(49.2) | 1,480<br>(25.8) | 366<br>(6.4) | 미국<br>107<br>(1.9) | 태국<br>101<br>(1.7) | 137<br>(2.4) | 487<br>(8.5) | 5,743<br>(100.0) |
| 2018 | 180<br>(3.5) | 2,275<br>(44.0) | 1,570<br>(30.3) | 257<br>(5.0) | 태국<br>143<br>(2.8) | 117<br>(2.3) | 157<br>(3.0) | 475<br>(9.2) | 5,174<br>(100.0) |

자료 : 통계청 인구동태 통계연보 2000, 2005, 2010, 2015. 2018 재구성

## 7. 국제결혼부부 이혼의 동거기간 및 자녀수와 이혼사유

[표1-29]에 나타난 평균 동거기간은 한국남성과 외국여성의 경우 2000년(2.9년) 2005년(2.1년) 2010년(3.2년)이었으며 한국여성과 외국남성의 경우에는 2000년(5.5년) 2005년(5.7년) 2010년(6.0년)이었다. 이들의 이혼 시 미성년 자녀의 유무를[표1-30] 살펴보면 80% 이상이 자녀가 없었으며 자녀가 1명인 경우에는 2000년 9.4% 2005년 7.1% 2010년 8.5% 2015년 14.2% 2018년 16.9%였으며 2명인 경우는 2000년 3.6% 2005년 2.6% 2010년 2.1% 2015년 4.2% 2018년 5.6%였다. 그리고 자녀가  3명 이상인 경우에는 2000년 0.8% 2005년 0.4% 2010년 0.3% 2015년 0.5% 2018년 0.7%로 나타났다. 그리고 자녀가 없는 경우는 2000년 1,227건(86.1%) 2005년 3,617건(89.9%) 2010년 9,823건(89.0%) 2015년 6,523건(81.1%) 2018년 5,317건(76.8%)였다.

또한 이들의 2017년 이혼사유를 살펴보면 [표1-31] 한국남성과 외국여성의 경우  성격차이 1,666건(32%) 배우자부정 362건(7%)가족 간 불화 358건(6.9%) 경제문제204건(3.9%) 순으로 나타났으며 한국여성과 외국인 남편과의 이혼사유는 성격차이 657건(34.1%) 가족간 불화 117건(6.1%) 배우자부정 111건(5.8%) 순으로 나타났다. 결혼은 인륜지대사라 당연히 본인들이 누구보다도 신중이 고려하여 결정을 하였겠지만 그래도 결혼이민 허가 시 자격요건이나 결혼의 진정성 등 보다 면밀한 검토의 필요성과 함께 대한민국의 품안에서 가족과 함께 행복한 삶을 영위할 수 있도록 세심한 배려와 제도가 강구되어야 할 것이다.

### [표1-29] 국제결혼한 이혼부부의 평균 동거기간2000년~2010년)

(단위: 년)

| 년 도 / 구 분 | 2000 | 2005 | 2010 |
|---|---|---|---|
| 한국남성+외국여성 | 2.9 | 2.1 | 3.2 |
| 한국여성+외국남성 | 5.5 | 5.7 | 6.0 |

자료 : 통계청 인구 동태 통계연보 2000, 2005, 2010

## [표1-30] 외국인과 이혼 당시 미성년자녀 유무별 이혼건수 및 구성비(2000년~2018년)

(단위: 건,%)

| 국 별 / 년 도 | 1명 | 2명 | 3명이상 | 자녀없음 | 계 |
|---|---|---|---|---|---|
| 2000 | 133<br>(9.4) | 51<br>(3.6) | 11<br>(0.8) | 1,227<br>(86.3) | 1,422<br>(100.0) |
| 2005 | 287<br>(7.1) | 103<br>(2.6) | 16<br>(0.4) | 3,617<br>(89.9) | 4,023<br>(100.0) |
| 2010 | 943<br>(8.5) | 233<br>(2.1) | 33<br>(0.3) | 9,823<br>(89.0) | 11,032<br>(100.0) |
| 2015 | 1,138<br>(14.2) | 341<br>(4.2) | 41<br>(0.5) | 6,523<br>(81.1) | 8,043<br>(100.0) |
| 2018 | 1,173<br>(16.9) | 386<br>(5.6) | 49<br>(0.7) | 5,317<br>(76.8) | 6,925<br>(100.0) |

주) 1. 자료 : 통계청 인구 동태 통계연보 2000, 2005, 2010, 2015, 2018
 2. ( )은 분포 백분율
 3. 미상은 제외

## [표1-31] 이혼사유별 외국인과의 이혼(2017년)

(단위: 건, %)

| 년도 / 구분 | 배우자 부정 | 정신적 육체적 학대 | 가족간 불화 | 경제문제 | 성격차이 | 건강문제 | 기 타 | 미 상 | 계 |
|---|---|---|---|---|---|---|---|---|---|
| 한국남성+외국여성 | 362<br>(7.0) | 147<br>(2.8) | 358<br>(6.9) | 204<br>(3.9) | 1,666<br>(32.0) | 64<br>(1.2) | 1,830<br>(35.2) | 575<br>(11.0) | 5,206<br>(100.0) |
| 한국여성+외국남성 | 111<br>(5.8) | 54<br>(2.8) | 117<br>(6.1) | 100<br>(5.2) | 657<br>(34.1) | 19<br>(1.0) | 572<br>(29.7) | 294<br>(15.3) | 1,924<br>(100.0) |

주) 1. 자료 : 통계청 인구동태 통계연보 2017
 2. ( )은 분포 백분율

## 8. 한부모 한가정의 구성

한 부모 가정은 부모 중 일부의 사망이나 이혼, 별거, 유기 등으로 인하여 어느 한쪽이 없거나 역할을 할 수 없는 경우에 부 또는 모와 자녀로 이루어진 가족을 의미한다. [표 1-32]에서 알 수 있듯이 한 부모 가정은 매년 증가되고 있다. 2000년대 이전에는 사별에 의한 경우가  많았으나 2000년 이후에는 이혼의 증가로 인하여 이혼에 의한 한 부모 가정이 많아지고 있다.

한 부모 가정의 구성을 보면 편부가정은 1995년 17%에서 계속 증가되어 2018년에는 25%를 차지하고 있는 반면 편모가정은 1995년 79%에서 계속 감소되어 2018년에는 72%를 나타내고 있다. 그리고 손자녀 가정은 1995년 4%에서 이후 변동이 없었으나 2015년부터는 다소 낮아져 3%를 차지하고 있다. 이러한 한부모가정은 생활에 있어서 편모가정은 아버지의 부재로 인한 소득의 감소로 경제적 어려움을 겪고 있으며 편부가정은 어머니의 부재로 인한 가사문제의 어려움을 호소하고 있다. 그리고 손자녀 가정에서는 경제적 어려움은 물론 양육문제의 어려움을 호소하고 있다.

따라서 복지지원에 있어 특정상황에 따른 세심한 배려와 지원이 필요하다 하겠다.

[표1-32] 한부모 한가정의 구성(1995년~2018년)

(단위:천가구,%)

| 구 분 | 계 | 편부+미혼자녀 | 편모+미혼자녀 | 편조부모 + 미혼자녀 |
|---|---|---|---|---|
| 1995 | 995 (100) | 172 (17%) | 788 (79%) | 35 (4%) |
| 2000 | 1,169 (100) | 220 (19%) | 904 (77%) | 45 (4%) |
| 2005 | 1,434 (100) | 288 (20%) | 1,088 (76%) | 58 (4%) |
| 2010 | 1,564 (100) | 322 (21%) | 1,173 (75%) | 69 (4%) |
| 2015 | 2,131 (100) | 538 (25%) | 1,523 (72%) | 70 (3%) |
| 2018 | 2,085 (100) | 517 (25%) | 1,499 (72%) | 69 (3%) |

주) 1. 자료 : 통계청, 인구 주택 총조사 1995,2000,2005,2010,2015,2018 재구성

# 9. 소년 소녀 가장 세대현황

연도별 소년·소녀가장 세대현황을 살펴보면 [표1-33] 세대주와 세대원은 1985년 11,125명 1990년 13,778명 1995년 15,118명으로 증가되다가 2000년(9,579명)부터 매년 감소되어 2018년에는 33명으로 나타나고 있다.

세대원들의 재학별로는 미취학아동은 1985년 410명에서 2010년에는 9명으로 초등학생은 1985년 3,356명에서 2018년 1명으로 많은 감소를 보이고 있으며 중학생은 1985년 3133명에서 2018년 5명으로 고등학생은 1985년 1,135명에서 2018년 18명으로 감소되었음을 알 수가 있다.

[표1-33] 소년·소녀가장 세대현황(1985년~2018년)

(단위:명)

| 구분 / 년도 | 계 | 세대주 | 세대원 | 재 학 별 | | | | |
|---|---|---|---|---|---|---|---|---|
| | | | | 미취학 | 초 등 | 중 등 | 고 등 | 기 타 |
| 1985 | 11,125 | 4,901 | 6,224 | 410 | 3,356 | 3,133 | 1,135 | 3,091 |
| 1990 | 13,778 | 6,696 | 7,082 | 142 | 3,593 | 4,009 | 2,998 | 3,036 |
| 1995 | 15,118 | 8,107 | 7,011 | 124 | 2,914 | 5,261 | 4,392 | 2,427 |
| 2000 | 9,579 | 6,229 | 3,330 | 121 | 1,862 | 3,217 | 4,041 | 338 |
| 2005 | 4,332 | 2,755 | 1,577 | 85 | 901 | 1,343 | 1,923 | 80 |
| 2010 | 1,327 | 905 | 422 | 9 | 149 | 375 | 753 | 41 |
| 2015 | 183 | 129 | 54 | · | 6 | 39 | 121 | 17 |
| 2018 | 33 | 24 | 9 | · | 1 | 5 | 18 | 9 |

자료 : 보건복지부, 보건복지 통계연보 2001, 2011, 2019

# 10. 연도별 입양아동

[표1-33]의 연도별 입양아동수를 보면 1995년 3,205명(국내 1,025명, 국외 2,180명)과 2000년 4,046명의 아동이 국내(1,686명)와 국외(2,360명)로 입양되었으며 이후 전체적인 입양아동수는 매년 감소되는 경향을 보이고 있다. 또한 입양형태는 2010년부터 해외입양 아동보다 국내입양아동의 수가 많은 경향으로 2010년에는 2,475명의 아동이 국내(1,462명)와 국외(1,013명)로 2015년은 1,057명(국내 683명, 국외 375명) 2018년에는 681명(국내 378명 국외 303명)의 어린이가 낳아준 부모의 품에서 떨어져 새로운 보금자리에 안기게 되었다.

열 달을 고생하여 배 아파 낳은 자식을 키우지 못하고 남의 품에 맡겨야 하는 부모의 심정이야 오죽 하겠냐 마는 아무것도 모르는 어린아이는 그야말로 얼떨결에 태어나 전후 사정도 모른 체 타인의 의사에 의해 본인의 운명이 결정되었으니 참으로 안타까운 일이 아닐 수 없을 것이다.

간혹 매스컴에 해외 입양 아동들이 성장하여 뿌리를 찾고자 한국을 찾아와 애타는 모습을 볼 수가 있다. 입양 전 맡겨졌던 고아원이 없어졌거나 서류의 기록미비 또는 관리부실 등으로 인하여 찾지 못하고 뒤돌아 가야하는 실망한 그들의 안타까운 모습을 보면서 국가에서 그들에 관한 자료들을 관리하였다가 몇 십년 후 그들이 성장하여 뿌리를 찾고자 찾아 왔을 때 고국의 따뜻함과 함께 많은 정보와 도움을 주었으면 하는 바램이다.

**[표1-33] 연도별 입양 아동수(1995년~2015년)**

(단위:명)

| 구 분 | 1995 | 2000 | 2005 | 2010 | 2015 |
|---|---|---|---|---|---|
| 국내 | 1,025 | 1,686 | 1,461 | 1,462 | 683 |
| 국외 | 2,180 | 2,360 | 2,101 | 1,013 | 375 |
| 계 | 3,205 | 4,046 | 3,562 | 2,475 | 1,057 |

자료 : 보건복지부, 보건복지 통계연보 2011, 2017

# Ⅸ. 삶의 이야기

## 1. 뿌리

1980년도를 전 후하여 미국의 흑인 작가 알렉스 헤일 리가 쓴 뿌리가 선풍적인 인기를 끌고 있었다. 1976년 퓰리처상과 미국 도서 특별상을 수상하기도 하였으며 1977년에는 12부작으로 편성되어 ABC방송에서 방영되기도 하였다. 소설의 줄거리는 작가 알렉스 헤일 리가 흑인 노예로 잡혀 미국으로 팔려온 자기 조상의 발자취 즉 쿤타킨테→벨 → 키디 → 조오지 → 톰 → 신시어로 이어지는 뿌리를 찾는 내용으로 서부 아프리카 감비아의 쥬므레 마을의 오모로 킨테와 빈타 부부에게서 태어난 쿤타는 16살 때 백인에게 잡혀 미국의 농장 주 뭘러 에게 팔려온 후 다시 농장주의 형에게 팔리고 식모인 노예 벨과 결혼하여 키디라는 딸을 낳게 된다. 키디는 톰리라는 새로운 주인에게 팔린 후 주인에게 성폭행을 당하여 조오지를 낳게 된다. 조오지는 성장하여 마틸다와 결혼하여 5명의 자녀를 두었으나 주인의 빚으로 인하여 영국으로 보내지게 되고 영국에서 돈을 모은 후 5년 뒤 미국으로 돌아와 테네시 주의 개척지를 사들였다. 조오지의 넷째 아들 톰은 인디언의 혼혈 아이린과 결혼하여 7명의 자녀를 두었으며 그중 막내 딸 신시아가 작가 알렉스 헤일리 의 할머니인 것이다. 이와 같이 대를 이어 오면서 비록 노예의 신분이었지만 이들은 자식들에게 가족의 이야기를 들려주었으며 작가의 할머니 신시어 역시 알렉스 헤일 리가 어렸을 적부터 가족의 이야기를 들려주게 됨으로써 헤일리는 성장한 후 이야기 속에 나오는 조상들의 발자취를 찾는 다는 내용이다.

문제는 전날 체육관에 무단결석을 한 중학교 2학년 학생이 운동전 또래들을 모아놓고 뿌리에 나오는 이야기를 막힘없이 하고 있던 중 왜 무단결석을 하였냐고 사유를 묻게되었다. 이유인 즉 전날 자신의 생일이었는데 할아버지께서 저녁을 사준다고 나오라 하여 결석을 하게 되었단다. 다음부터는 꼭 전화를 하라고 이른 후 할아버지 연세를 묻자 잘 모르겠다는 대답이었다. 그럼 할아버지 성함이 무엇이냐 하니 대답을 못 한다. 할아버지 성함을 모르는 녀석이 할머니 성함을 알고 있을리 없겠지만 할머니 성함은 아느냐고 하니 모른다는 대답이었다. 그럼 부모님 이름은 아느냐 나이는 아느냐 생일은 아느냐는 연속적인 질문에 어머니 나이는 38세 인가 39세인가 헤매고 부모의 생일 달은 알고 있는데 날짜는 모르고 있는 상태였다. 아니 남의 나라 흑인의 족보는 줄줄 외우고 있으면서 정작 자신을 낳고 키워주는 부모의 나이와 생일은 모르고 더욱이 손주의 생일이라고 불러내 맛있는 저녁을 사주시는 할머니 할아버지의 나이와 이름도 모르고 있으니 이런 사실을 할아버지께서 아시게 된다면 기분이 어떻겠냐며 내일까지 모두 알아오라고 혼을 내게 되었다. 운동을 마치고 집으로 돌아간 녀석이 체육관에 다니기 싫다고 내일부터 안다닌다는 말에 어머니는 무슨 일이 있었냐며 체육관에 전화를 하였기에 전후 사정을 이야기 한 일이 기억이 난다. 물론 그 녀석 부모에게 엄청 혼이 나고 다음날 체육관에 나와 흑인의 족보가 아닌 자신의 족보를 줄줄 외우고 난 후 종결 되었지만 말이다.

몇 십 년이 지난 요즈음의 어린이들은 어떠할까? 인기인들의 사생활이나 관심 있는 운동종목의 팀과 선수들에 관해서는 줄줄 외우면서 정작 자신들의 뿌리 이야기는 모르고 있으니 누구의 잘못 이라고  하겠는가?

## 2. 금화 세 닢

서양의 어느 돈 많은 가정에서 자식이 방탕하게 자라 놀고 돈을 쓰는 데에만 열심이었던 모양이다. 어느 날 작심을 한 아버지는 돈을 달라는 아들에게 이제는 돈을 한 푼도 줄 수 없다면서 네가 금화 세 닢을 벌어오면 그 때 전 재산을 물려주겠노라 하였다. 아들은 회심의 미소를 지으면서 속으로는 이제 아버지의 전 재산이 내 것이 될 테니 마음껏 쓰겠지 하는 생각을 하면서 어머니에게 달려가 금화 세 닢을 달라고 하였다.

어머니가 큰돈을 어디에다 쓸려고 달라느냐고 묻자 아들은 아버지가 가져오란다고 대답을 하고 이에 어머니는 아무런 의심 없이 금고에서 금화 세 닢을 꺼내어 주었다. 아들은 어머니에게서 받은 금화 세 닢을 아버지에게 갖다 주자 아버지는 아무 말 없이 금화를 활활 타고 있는 벽난로 속으로 던지고는 즐거워하고 있는 아들에게 다시 금화 세 닢을 가져오라고 하였다. 신이 난 아들은 다시 어머니에게 달려가 금화를 달라고 하고 어머니는 이상하다 싶었지만 다시 금화 세 닢을 꺼내주었다. 아들은 금화를 아버지에게 다시 가져다주고 아버지는 금화를 벽난로에 넣으면서 다시 세 닢을 가져오라 하였다. 아들은 전 재산을 물려받는다는 생각에 들떠 다시 어머니에게 금화를 달라고 하였다. 어머니는 그 많은 금화를 한 번도 아니고 세 번씩이나 달라고 하니 이상하게 생각하여 아버지는 무슨 일이 있기에 갑자기 금화를 가져오라고 하느냐며 묻자  신이 난 아들은 아무생각 없이 자초지종을 이야기 하였다. 어머니는 그때서야 아버지의 의도를 알아채고는 돈을 못주겠다며 아들을 나무랬다. 아들은 화를 내면서 그까짓 금화 세 닢 언제까지 가져 올 테니 약속을 꼭 지키라며 큰 소리를 치고 집을 나왔다.

집을 나온 아들은 평소 함께 먹고 마시고 놀던 친구들을 만나 돈을 빌려달라고 하자 그들에게는 그만한 돈을 빌려줄 능력이 없었으며 그저 아들이 사주는 것을 공짜로 얻어먹고 노는 재미로 어울렸던 터였다. 금방 돈을 구해온다고 큰소리 치고 집을 나온 처지이고 보니 맨손으로 돌아갈 수도 없는 신세가 된 아들은 숙식을 친구들에게 의지하여야만 했으나 돈 없이 집을 나온 그에게 한 두 번의 숙식제공에 그칠 수 없는 상황에서 친구들은 점차 그를 피하고 만나주려고도 않았다.

마치 옛말에 정승 집 개가 죽으면 문상객이 대문 앞에 줄을 서지만 정승이 죽으면 파리만 날린다는 말과 같이 말이다. 배운 것도 아는 기술도 없이 방탕하게 놀기만 하였던 그에게 돈을 번다는 것은 쉽지가 않았다.

공사현장에서 막노동을 하면서 몇 년에 걸쳐 죽어라 돈을 모은 아들은 금화 세 닢을 가지고 집으로 돌아가 그동안 벌어 모은 돈을 아버지에게 주었으나 아버지는 예전과 같이 벽난로 속으로 던져 넣었다. 이에 놀란 아들은 벽난로로 달려가 활활 타는 장작불을 헤치면서 어떻게 번 돈인데 벽난로에 넣느냐며 재산을 물려주기 싫으면 관두라며 이제 아버지 재산은 필요 없다며 울먹이는 아들을 바라보던 아버지는 미소를 지으며 이제는 재산을 물려주어도 괜찮겠다고 하였다는 이야기가 새삼 떠오른다.

결혼을 하여 자식을 낳아 오래지 않아 할머니 할아버지가 될 나이임에도 집에서 퇴직한 부모의 현금이나 퇴직금 등을 타 쓰거나 부모가 벌어 놓은 재산은 어차피 자기 것이 될 터인데 미리 함께 쓰자며 집에서 컴퓨터 자판이나 두드리고 있는 자식들이 한 둘이 아닌 요즈음 그것은 어떻게 보면 양반인지도 모른다.

부모의 재산을 노리고 아버지를 살해한 후 거래용 위임장을 위조하여 아버지 소유 아파트를 매물로 내 놓고 아버지 신용카드로 공범에게 중고승용차를 사준 수원의 이 모(22세)군, 거액의 보험금을 노리고 방안에 연탄불을 피워 부모와 형을 살해한 전북의 박 모(25세)씨 사건과 거액의 보험금을 노리고 부모를 살해한 전남의 김 모(19세)씨, 아버지가 돈을 주지 않고 꾸중을 하자 아버지를 살해한 서울의 조 모(23세)씨 등 친족 간 살인사건은 지난 2012년에 259건이 발생하여 일일이 거론하기조차 무의미한 세상이 되고 말았다.

왜 이런 일이 일어나는 것일까? 외국에서는 고등학교만 졸업해도 경제적으로 독립하여 부모에게 의존하지 않는데 우리나라에서는 대학은 고사하고 결혼을 할 때나 결혼 후에도 손주들까지 보면서 중년의 자식들까지도 걸음마 배우는 어린 아기 보살피듯이 과잉보호하여 키우다 보니 그들에게 자립심보다 의타심만 심어주어 오히려 마마보이, 얼치기, 반푼이로 만든 것이 아닌가도 생각해 본다.

## 3. 사랑과 칭찬을 먹고 자란다

자식 키우는 부모는 남의 자식 잘못을 함부로 탓하는 것이 아니라며 내 자식은 밖에서 무슨 짓을 하고 다니는지 어떻게 아느냐? 너는 항상 행동 조심하고 다녀라. 그것이 부모 욕 먹이는 짓이라 시던 어머니의 당부말씀이 세뇌가 되어 머릿속 한편에 자리하고 있는 것 같다.

오래전 초등학교 1학년에 재학 중이던 한 제자의 어머니가 체육관을 찾아와 전후 설명도 없이 "지금 자녀의 학교에서 담임선생님을 만나고 오는 길이다"며 어떻게 했으면 좋겠냐는 질문에 진정하시고 자리에 앉아 천천히 이야기 하라고 자리를 권한 후 "똘똘하고 착한 녀석인데 무슨 일이 있었냐?"는 물음에 며칠 전에 아이가 학교에서 돈을 주워 담임선생님에게 주었단다. 그 일로 전교 합동 조례시간에 단상에 나가 교장선생님께 칭찬까지 받았는데 문제는 며칠이 지나지 않아 또다시 돈을 주웠다면서 담임선생님에게 가져다주어 이를 이상하게 생각한 담임이 자세하게 물어보게 되고 아이는 칭찬을 받고 싶어 반 친구의 가방에서 돈을 훔쳤단다.

시내 모여고 학생주임인 어머니는 내 자식이 이런 줄도 모르고 남의자식 잘못을 꾸짖으면서 지도하고 있었다며 휴직을 해야겠다면서 그동안 아이들에게 못해준 일들이 미안하다면서 서러운지 눈물을 흘리는 모습이 숭고하기만 하였다.

아이는 부모가 출근 한 후 누나와 함께 등교를 하고 방과 후에는 몇 개의 학원을 거쳐 어머니의 퇴근시간 전후에 집에 들어가는 생활이었으며 간단한 식사나 간식은 몇 군데 음식점을 정하여 먹으면 뒤에 부모가 찾아가 계산을 하곤 하였다. 참으로 가슴 찡한 일이지만 그 후 그 아이는 탈 없이 씩씩하게 잘 자라주었다.

## 4. 부자간의 신뢰

초등학교 때만 해도 꽤나 똑똑한 친구였는데 고등학교 2학년 여름방학에 우연히 만난 그 친구는 상상외로 변해 있었다. 요즈음 말로 불량청소년이 되어 있었으니 놀라지 않을 수 없었다. 도대체 무슨 일이 있었기에 이렇게 되었냐는 물음에 중학교 2학년 때 아버지께서 형과 함께 앉혀 놓고 공부 열심히 하라고 하시면서 반에서 3등 안에 들어가면 시계를 사주신다고 약속을 하였단다. 꿈에 그리던 시계가 갖고 싶어 열심히 하다 보니 반이 아니라 전교에서 3등을 하였는데 문제는 고등학생인 형도 아직 시계가 없는데 동생인 너는 다음에 꼭 사 주시겠다며 반에서 3등도 못한 형만 시계를 사주시더란다.

그 뒤 공부를 안 하고 놀러만 다니다 보니 불량서클에 가입을 하게 되고 성적은 곤두박질을 치게 되었는데 화가 난 아버지께서 종아리를 때리시는데 아프면서도 화난 아버지의 모습이 고소하기까지 하더란다. 결국 명문중학교에서 같은 명문 고등학교 입학시험에 떨어지고 2차 시험에 간신히 합격하여 다녔으나 서클 간 패싸움으로 퇴학을 맞아 지금은 퇴학생들의 집합소라는 학교에 억지로 다니고 있단다.

그래봐야 네 인생 네가 망치고 너만 손해이지 않느냐 면서 늦기 전에 정신 차리라는 충고에 자기도 알고 있다면서 새롭게 시작을 하려고 해도 제대로 안된다며 너무 늦은 것 같다며 자포자기하는 친구에게 그래도 힘내라면서 헤어진 친구가 오랫동안 마음에 걸렸었는데 얼마 전 우연찮게 중소기업사장으로 열심히 살고 있다는 그 친구의 소식을 듣고 그 날따라 기분이 좋아 과음을 좀 하였지만 자식을 키우면서도 순간순간 생각나게 하는 일이었다.

## 5. 콩 심은데 팥 나나?

20여 년 전 중학교 2학년에 재학 중인 한 학생의 어머니가 아들과 함께 체육관에 찾아와 입관문의를 하였다. 문제는 운동을 열심히 가르쳐달라는 것이 아니라 애가 학교공부와는 딴 세상 사람으로 컴퓨터 오락과 돈 쓰는 데만 관심이 있고 심지어는 부모의 돈을 훔치기까지 하니 사람을 만들어달라는 요구였다.

학생과 면담을 하다 보니 학생의 아버지는 모 자동차 회사의 과장으로 근무를 하고 있으며 어머니는 아버지가 다니는 자동차회사의 서비스센터를 운영하고 있기 때문에 바쁘고 퇴근한 아버지는 서비스센터에 들려 저녁 늦게 어머니와 함께 집에 오기 때문에 집에는 혼자 있으며 자기가 일찍 자는 날에는 부모의 얼굴을 못 보는 날이 더러 있단다. 이러다 보니 무료함을 덜기위해 컴퓨터를 자주 하게 되어 오락에 빠지게 되고, 밖으로 나돌다 보니 돈이 더 필요하여 용돈을 더 달라고 하면 퇴근한 어머니의 가방에는 매일 돈이 가득한데 돈이 없다고 안주니깐 많은 돈 중에서 조금 빼내면 잘 모른다며 설사 알아도 돈 잘 버는데 상관없다는 대답이었다.

열심히 노력하여 꿈을 이루고 훌륭한 사람이 되어야 하지 않겠느냐는 질문에 꿈같은 거 없다며 엄마 아빠가 돈을 잘 버는데 그 돈을 가지고 살면 되는데 왜 걱정을 하느냐면서 오히려 질문을 하는 나를 의아하게 쳐다보는 것이 아닌가. 황당하기도 하였지만 남에게 얻어맞는 것은 싫기 때문에 운동은 하고 싶다는 녀석에게 몇 가지 약속을 하고 지킬 결심이 서면 어머니와 상의를 한 후 다시 오라고 보내었다. 학생은 다음날부터 운동을 시작하였으나 문제는 그 뒤에도 두 차례에 걸쳐 돈을 훔치고 약속을 어기게 되었다. 결국 도둑이 제발에 저린 다고 마지막으로 한 약속 또한 어겼으니 체육관에 가면 혼나는 것은 고사하고 매를 맞게 생겼으니 체육관에 안 간다고 떼를 쓰며 어머니가 체육관에 전화하여 혼내지 않는 다면 가겠다는 아들의 협박 아닌 협박에 자식을 혼내지 말아 달라는 어머니의 요구에 요즈음 화두가 되고 있는 자녀 교육에 있어 체벌에 대한 의견 차이로 좀 더 훌륭한 곳을 알아보라며 체육관을 내보내었지만 간혹 그때의 일이 떠오를 때 마다 마음속에서 찬·반의 토론을 벌이기도 한다.

20여 년 전만해도 수련장을 쓸고 있으면 빈말이라도 제가 쓸겠다고 빗자루를 달라는 어린이가 많았었는데 요즈음에는 쳐다보고 있는 것은 고사하고 휘젓고 다니며 장난을 치고 있다. 그 뿐이랴 어머니는 쇼핑한 보따리를 들고 가는데 옆에 함께 가는 다 큰 녀석들은 당연한 듯 핸드폰만 들여다보고 가는 장면을 심심치 않게 목격을 하게 되고 대중버스의 노약자석을 당당히 차지하고 있는 젊은 녀석들은 임산부가 있던 나이 많은 어른들이 있던 모른 척 핸드폰의 게임에 열중하다가 옆에서 지켜보고 있던 어른들의 나무람에 이상한 사람 다 본다는 표정으로 마지못해 일어나는 장면들을 심심찮게 목격을 하게 된다.

이렇게 상전 모시듯 받들어 키워왔으니 궂은일과 힘든 일은 당연히 부모가 하는 것으로 각인이 되어 40이 넘은 건장한 자식들이 부모의 퇴직금이나 연금에 의지하여 살려 하고 부모가 벌어 놓은 재산이라도 있는 것을 알면 어차피 부모가 죽으면 내 것이 될 텐데 필요할 때 미리 안주냐면서 대들고 그래도 돈을 주지 않으면 알코올 중독이나 치매 등 정신병으로 몰아 강제로 정신병원에 입원을 시키거나 타인에게 의뢰하여 부모를 대신 죽여주면 부모가 들어놓은 보험금이나 상속재산으로 의뢰비를 주겠다며 살인을 교사하는 일들이 심심찮게 신문지상을 장식하는 일 들이 벌어지고 있는 것이 아닌가도 생각된다. 그 누구를 탓 하겠는가! 그런 자식을 낳아 키우고 교육시킨 사람이 누구였기에.

## 6. 졸부들의 합창

80년대 초에 지역의 경찰서에 소속된 청소년지도육성회에 가입하여 13 여 년간 청소년 선도위원으로 활동한 적이 있었다. 정확한 날짜는 가물하지만 관내 중학교 2학년에 재학 중이던 한 학생이 절도혐의로 경찰서에 잡혀왔었던 일이 있었다.

학생의 아버지는 소위 잘 나가는 회사의 중간 간부로 재직하고 있었으며 어머니는 일명 복부인으로 부동산에 손을 대어 돈을 벌었던 가정으로 지역에서는 제법 잘 산다는 축에 드는 집이었다. 당시 체육관의 한 달 수련비가 만 오천 원 정도이었던 시절에 학생의 한 달 용돈이 십 만원 이었으니 말이다. 문제는 학생의 어머니가 친구 누구는 몇 평에서 사느냐? 아니면 얼마나 잘 사느냐? 아버지는 무슨 일을 하느냐? 등을 물어 본 뒤 자신들보다 못한 처지인 경우에는 사귀지 말라고 강요하고 자신들보다 잘 살거나 부모의 직업에 잘 나간다는 "사"자라도 붙어 있으면 집으로 데려 오라고 하여 비싼 음식을 사주면서 친하게 지낼 것을 요구하는 가정이었다.

하지만 하나는 알고 둘은 모르는 듯 초대하여 극진히 대접하고 가깝게 지내기를 바랐던 아들 친구들 부모 역시 그들 보다 못한 학생이 자기자식과 가깝게 지내길 바랐겠는가? 문제의 학생은 그들과 어울리기 위해 그들에게 비싼 음식을 자주 사주게 되고 그들의 놀이 경비를 대주는 소위 물주 노릇을 하게 되었다.

이러한 상황이다 보니 문제의 학생은 용돈이 부족하게 되어 용돈을 더 달라고 하면 어머니는 지역의 또래 학생들은 한달 용돈이 어느 정도인데 너는 그 많은 돈을 어떻게 다 쓰고 용돈이 부족하다고 매일 돈을 달라고 하냐면서 주지 않게 되다 보니 학생은 필요한 돈을 마련하기 위해 남의 돈에 손을 대게 되고 결국엔 사고를 일으켜 붙잡혀 왔던 것이다. 잡혀온 자식에게 어머니는 제일 비싼 옷에 남들보다 몇 배 많은 용돈을 주는데 무엇이 부족하여 남의 돈에 손을 대어 잡혀왔느냐고 닦달을 하고, 잡혀온 아들은 씨○ 돈이라도 많이 주면서 잘나가는 집의 애들과 사귀라고 하던가, 돈을 주지 않으면서 나 보고 어떻게 하란 말이냐? 이럴 바에 왜 나를 낳았냐며 항변하는 아들을 보면서 씁쓸하게 소년계를 나오고 말았지만 몇 십 년이 지난 지금도 그 때의 일이 떠오르곤 한다.

## 7. 양반의 품격

1975년 5월경으로 기억이 된다. 강남구(당시에는 성동구였음) 학동에서 도장을 운영할 때이다. 아기를 업은 부인이 찾아와 한참을 머뭇거리다가 본인이 운동을 했으면 한단다. 이유인즉 평소엔 샌님 같은 남편이 술만 먹으면 개가 되어 손찌검을 하는 데 도저히 안 되겠다 싶어 보따리를 싸고 통행금지 해제시간을 기다리다 집을 나서면 술이 깬 남편은 언제 그랬냐는 듯이 손발이 닳도록 빌면서 맹세를 하는데 번번이 애들 생각에 망설이게 되고 이러지도 저러지도 못하는 상황이라 호신술이라도 배워 피하기라도 하면 남편의 폭력으로부터 골병은 들지 않겠느냐면서 남편을 때리려는 것이 아니라 몸을 보호하기 위해서 운동을 배우려고 한단다.

다음날부터 운동을 하겠다던 주부는 그 뒤 오지는 않았지만 지금 생각해도 얼마나 많은 고민 끝에 용기를 내어 찾아 왔겠는가? 지금은 70이 다 되어가는 노인이 되었겠지만 그 주부의 모습이 눈에 선하기만 하다.

조선시대 상류계급인 양반은 어전에서 동쪽에는 서열에 따라 문반(文班)이 서고 서쪽에는 계급에 따라 무반(武班)이 섰던 관계로 양쪽의 문반과 무반을 가르키는 말로서 글을 읽는 양반을 선비, 정사에 관여하는 양반을 대부 덕이 높은 양반을 군자라 하였다. 이러한 신분제도는 태어나면서부터 주어지는 세습되는 것으로 양반은 어릴 적부터 글을 배워 학문을 익히면서 인간관계에 중요한 예를 익히지만 상민은 낫 놓고 기역자도 모른 체 복종과 일을 익히게 됨으로써 신분제도는 더욱 공공해지지 않았나 생각 된다

영조 때 박지원이 지은 연암집의 양반전에는 양반은 화가 나더라도 아내를 때려서는 안 되며 물건을 발로 차서는 안 된다. 또한 천한 말과 행동을 하지 말아야 하며 노비를 꾸짖을 때에도 상스러운 욕설을 해서도 안 된다. 아무리 더워도 버선을 벗어서는 안 되고 추워도 곁불을 쬐어서도 안 된다. 또한 바쁘다 하여 뛰지 말며 걸음은 느릿느릿 걸으며 밥을 먹을 때는 맨 상투바람으로 먹지 않으며 국을 먼저 먹지 말며 소리 내어 마셔도 안 된다. 새벽에 일찍 일어나 등불을 밝히고 동래박의를 술술 외워야 하며 손으로 돈을 만지지 않는다는 등의 내용이 나온다.

조선시대 신분제도는 일제 강점기를 거치면서 쇠퇴되고 해방이후 와해되지만 서양문명이 들어오고 산업화가 가속화되면서 인간으로서 지켜야 할 윤리도덕 마저 함께 사라져가는 것 같아 안타깝기만 하다. 일찍이 2300여 년 전 공자의 손 공빈이 쓴 동이열전에는 동방예의지국이라 하여 공자도 살고 싶어 하였다는 나라이었는데 요즈음엔 얼마 안 되는 돈이면 만들 수 있는 족보 책을 가지고 무슨 공파 몇 대손 누구라 하며 양반인척 하지만 정작 하는 짓을 보면 상것 중에서도 상것이라 진정 소중히 지키고 이어가야 하는 것이 무엇인지를 망각하고 있는 것 같다.

2010년 가정폭력 실태조사에서 폭력을 경험한 아내의 도움요청 대상으로는 ①없음 62.7% ②가족 및 친족 17% ③쉼터 및 가정폭력 상담소 10% ④경찰 8.3%순이었으며, 남편은 ①없음 80% ②가족 및 친족 9.7% ③ 이웃, 친구 3.7% ④경찰 2.6%순으로 아내(62.7%)와 남편(80%) 모두가 주위의 도움요청 없이 지나가는 것으로 나타났다. 경찰에 도움을 요청하지 않는 이류로는 아내의 경우에는 ①폭력이 심각하지 않아서 29.1% ②집

안일이 알려지는 것이 창피해서 26.1% ③배우자를 신고할 수 없어서 ④자녀생각에 10.9%순으로 나타났으며, 남편은 ①폭력이 심각하지 않아서 42.1% ②배우자를 신고할 수 없어서 18.3% ③집안일이 알려지는 것이 창피해서 15.7% ④자녀생각이 15%순으로 부부 모두가 폭력이 경미하고 체면이나 주위를 의식하는 경향이 높게 나타나고 있다.

또한 여성 긴급전화(1366)나 가정폭력 상담소에 도움을 요청하지 않는 이유로는 아내의 경우 ①몰라서 31.5% ② 부부간에 알아서 해결할 일인 것 같아서 23.3% ③폭력이 심각하지 않아서 19.9% ④주변에 알려지는 것이 창피해서 10.3% 순이었으며 남편의 경우에는 ①폭력이 심각하지 않아서 33.5% ②부부간에 알아서 해결할 일인 것 같아서 24.1% ③주변에 알려지는 것이 창피해서 17.5% ④몰라서 14.2%순으로 부부 모두가 폭력의 경미함과 부부간에 자체해결 하려는 의지와 주변의 의식 등이 높게 나타났으나, 아내의 경우 여성 긴급전화제도를 몰라서가 31.5%로 제일 높게 나타나고 있어 제도의 홍보에 노력을 기울여야 할 부분이다.

신고 후 경찰의 조치내용으로는 ①출동하여 서로 잘 해결하라며 돌아감 50.5% ②출동하지 않고 서로 잘 해결하라고 권유 17.7% ③출동하여 상황을 기록하고 접수함 14%순으로 나타났으며, 신고 후 남편의 폭력행동 변화는 ①이전과 달라짐이 없다 46.5% ②폭력이 중단됨 21% ③폭력이 줄어 듦 17.7% ④폭력이 늘었다 14.8%순으로 나타나고 있다.

부부폭력 발생 시 서로 화해시켜 폭력사태를 중지시키는 것도 중요하겠지만 이들 부부간에 내재되어 있는 근본적인 문제를 해결하는데 필요한 대화방법이나 이해증진 등을 전문상담을 통하여 조언을 받고 습득하는 것이 근본적인 해결방법일 것이며 또한 부부가 함께 취미활동을 함으로써 좀 더 관계를 돈독하게 하는 것이 중요할 것이다.

## 8. 빚 갚고 빚 놓고 살자니 힘들다.

옛날 어느 젊은 선비가 열심히 공부하여 과거에 급제를 한 후 한 고을의 원님으로 내려가게 되었는데 고을의 살림살이와 민심을 살펴볼 겸 암행어사가 암행 감찰을 하듯이 신분을 감추고 고을에 내려가 민정을 살펴보았단다. 어느 날 땀을 흘리며 열심히 일을 하고 있는 대장장이에게 살기는 어떠하냐고 묻자, 대장장이는 남은 힘들게 일을 하고 있는데

별 것을 다 묻고 있다는 듯이 퉁명스럽게 빚 갚고 빚 놓고 살자니 힘이 들어 죽겠다는 대답을 하고는 하던 망치질을 계속 하더란다. 돈을 벌어 빚을 갚고 더욱이 빚까지 놓고 산다는 것은 살기가 괜찮다는 것인데 죽겠다는 말은 무엇인가? 대장장이의 말을 이해하지 못한 원님은 바쁘게 일을 하고 있는 대장장이에게 묻기도 뭣하여 후에 아전들에게 그 뜻을 물어 보았으나 아전들 또한 그 뜻을 알지 못하자 궁금함을 참지 못한 원님은 고을 사람들을 모아 놓고 빚 갚고 빚 놓고 살기가 힘들다는 뜻이 무엇인지 맞추는 자에게 후한 상을 내리겠다는 약속과 함께 문제를 내 놓았단다. 물론 대장장이가 맞추는 것이 당연 하였겠지만 대장장이 차례가 되자 원님은 그래 너는 "그 뜻이 무엇인지 아느냐" 하고 묻자 "부모님을 모시면서 부모님께 받은 은혜를 조금이나마 갚으려니 힘들고 자식을 낳아 키우려니 살기가 힘들다"는 대장장이의 대답이었다.

요즈음 노인학대의 원인중 노인부양에 따른 경제적 어려움 등이 높은 비중을 차지하고 있다. 옛 말에 곳간에서 인심난다는 말과 같이 쌀뒤주가 바닥을 드러나는 어려운 현실 속에서 죽을 지경이겠지만 고려장의 이야기와 같이 학대 행위자 또한 세월이 지나 늙어 노인이 될 것인데 또한 학대 행위들을 지켜보고 자라난 자녀들은 어떻게 하겠는가? 콩 심은데 콩 나지 팥이 나겠는가?

## 9. 작은 즐거움

70 · 80년대에 아파트가 많이 들어서기 시작하면서 고향에 내려가 아주머니들의 이야기를 들어보면 서울에는 사람 살 곳이 못 된단다. 왜 그러냐고 물으면 얼마 전에 자식 집에 갔었는데 닭장 같은 집에서 오도 가도 못하고 갇혀서 주는 밥만 먹다보니 소화도 안되고 답답해 죽을 뻔 했다는 이야기였다. 어쩌다 걸레질이라도 하려면 아들은 평생 고생한 어머니에게 청소를 시킨다고 며느리에게 화를 내고 며느리는 시킨 것이 아니라며 억울해 하며 골이나 퉁퉁거리니 있기도 불편하였다면서 답답하여 바깥 공기를 쐬려고 나갔다가 그 집이 그 집같이 똑같은지라 어림잡아 찾아가 문을 두드리면 남의 집이고 한참을 헤맸다는 이야기이다.

지금은 세상을 달리한 아주머니들이지만 집안의 대소사에 참석하여 뵙게 되어 근황을 묻게 되면 도시의 아들 집에서 손주들 보며 사신단다. 그런데 상체는 살이 쪄서 평생 운동한 나보다도 크고 하체는 가늘다 못해 상체를 지탱하기가 불안 할 정도인 상태라 다리에 힘이 없어 후들 거리고 숨이 차 많이 걷지를 못한단다. 그도 그럴 것이 평생을 시골에서 농사를 짓던 분 들이 아주 작은 텃밭이라도 가꾸게 되면 소일거리도 되고 일이 있어 동네의 몇 집을 왔다 갔다 하여도 활동량이 많을 텐데 도시 생활이란 것이 좁은 공간에서 갇힌 생활을 하다 보니 활동량이 상대적으로 적을 수밖에. 더군다나 옛날 같지 않아 섭취하는 열량이 넘치다 보니 상체는 비대하고 하체는 빈약해지는 것이 당연지사일 것이다. 요즈음에는 관주도의 문화 체육시설이 많이 운영되고 있어 본인의 의지만 있다면 적은 경비로도 자신의 건강과 즐거운 삶을 유지하는데 어려움이 없을 것이라 믿는다. 오래전에 어느 노모가 아들의 퇴근 시간이 되면 세수 대야에 물을 받아 놓고 가족을 위해 하루 종일 고생한 아들의 발을 씻겨주기 위해 기다리는 것이 낙이라는 말을 듣고 다소 의아해 한 적이 있었다. 아들은 집에 들어서면서 당당하게 노모에게 발을 씻겨 달라고 요구하고 어찌 생각하면 나쁜 아들이라 손가락질을 받을 수 있겠지만 아들은 개의치 않는단다. 이유인즉 60넘은 아들이 밖에 일보러 나가려고 인사를 하면 80넘은 노모는 얘야 길조심 하고 일찍 집에 들어오라고 당부 한다는 이야기가 있듯이 나이를 많이 먹었어도 부모에게는 어린 자식일 뿐이다.

그들의 삶이 평생을 자식을 위해 희생하며 살아 왔듯이 남은 삶 또한 그러하고 싶은 마음인데 나이가 들어 생활력이 없는 상태에서 오히려 자식에게 짐이 되어 도움을 받는 상황 이다보니 부모의 마음인들 편하겠는가? 그래도 노모가 자식을 위해 고생한 발이라도 씻겨줄 수 있는 일이라도 있다는 것이 노모에게는 하루의 일이며 즐거움 이라는 것을 알면서 어찌 거절 할 수 있냐는 것이었다.

## 10. 건강하게 젊게 산다는 것은?

옛말에 공인된 3대 거짓말이란 것이 있었다. 노처녀 시집 안 간다는 말과 장사꾼 밑지고 판다는 말, 그리고 노인들의 빨리 죽어야겠다는 말들을 일컬어서 3대 거짓말이라 하였다. 아무리 비싸고 좋은 물건이라고 할지라도 쓰지 않고 놔두게 된다면 금 새 녹슬어 못

쓰게 되는 것과 같다. 항상 닦고 조이고 기름을 치다 보면 기계는 길이 들어 제 성능을 발휘하게 된다. 사람 또한 이와 같이 활동을 하면서 건강관리를 해 주어야만 늘어난 평균 수명까지 아픔 없이 건강하게 살게 될 것이다.

80년대 초에 40대 후반의 성인이 입관하여 운동을 시작하게 되었다. 평균수명이 늘어나고 건강과 운동에 대한 시각들이 많이 변한 요즈음에는 한참 나이에 당연한 일이겠지만 당시만 해도 주위로부터 많은 비아냥을 받았던 모양이었다. 늙어서 주책이라느니 얼마를 더 살려고 하느냐 느즈막에 운동을 배워 누구를 패 주려고 하느냐는 등 지금생각하면 황당하다고 하겠지만 그 사람은 그런 소리가 듣기 싫어 한동안 운동하는 것을 주위에 감추었단다. 또한 같은 시기에 중학교 2학년의 여학생이 입관하여 운동을 시작하였다. 여학생의 어머니는 무남독녀인 딸이 남자 못지않게 당당하게 자라주었으면 하는 마음으로 딸을 무용이나 음악을 가르칠 것이지 시집가서 남편을 패라고 합기도를 시키냐는 남편의 반대에도 불구하고 운동을 시키게 되었다. 그 여학생은 체육관의 홍일점으로 관심의 대상이 되고 또래 학생들은 여학생의 운동시간에 몰리게 되는 현상도 있었지만 수줍음에 구석에서 운동하던 여학생은 유단자가 되어 후배들의 군기반장이 되기도 하였다.

이후 90년대와 2000년도에 들어서면서 운동을 하는 여성들이 늘어나게 되고 수줍어 구석에서 운동을 하던 여학생들은 체육관의 중앙을 차지하고 남학생들은 기세에 눌려 점차 구석으로 밀려나게 되어 여성상위시대를 실감나게 하고 있다. 성인들 또한 건강에 대한 관심이 높아지면서 늙었다던 40대를 제치고 50대와 60대가 청소년들보다 운동을 배우는 수가 많아지게 된 세상이 되었다.

2002년도엔 69세의 어른이 가족들의 걱정 속에 운동을 시작하여 3단을 승단하게 되었다. 젊어서부터 건축현장에서 노동일을 하면서 운동을 배우고 싶었으나 생활이 여의치 않아 미루다 보니 많은 세월이 지나게 되어 자식들이 모두 장성하고 생활에 여유는 생겼으나 주위의 시선을 의식하게 되어 오랫동안 체육관 계단을 오르내리며 문 앞까지 왔다가 돌아가곤 하였단다. 그 어른 운동을 시작한 후 밤길을 가도 뒤를 돌아다보거나 두리번거리지 않고 당당하다며 젊은 사람 못지않게 활력을 가지고 사시는 모습을 보면 나이든 제자이지만 존경스러운 마음에 머리가 숙여진다.

## 11. 스스로를 지켜라

20여년전 운수업(개인택시)에 종사하는 왜소한 나이 든 일반인이 입관하여 운동을 시작한 일이 있었다. 후에 안 일이었지만 늦은 밤에 손님을 태우고 재개발 동네를 가게 되었는데 개발이 진행 중이었는지 군데군데 집들이 허물어져 있고 전깃불마저 많지 않아 어두운 것이 왠지 기분이 좋지 않았지만 그렇다고 승차거부를 할 수도 없고 하여 목적지를 여러 번 확인하며 갔으나 결국 손님은 돈이 없다며 요금을 지불하지 않고 내리더란다. 깜깜한 밤에 속으로는 무섭기도 하였지만 그래도 상대가 마른편이라 해 볼만 하여 손님을 붙잡고 요금을 지불하던지 그렇지 않으면 무임승차로 파출소까지 가자고 하니 손님 왈 돈이 없다면 그렇게 알고 갈 것이지 조그만 게 까분다며 주먹과 발이 날라 오더란다. 결국 돈도 못 받고 얻어터지기까지 하였으니 분통한 마음이 어떻겠었는가?

한동안 산 아래 불빛을 쳐다보며 울분을 삭이다가 호신술을 배우기로 결심하고 내려왔단다. 그러나 이러한 사정을 모르는 부인은 영업시간 중에 운동을 하게 되고 수련비마저 지출하다보니 자연히 수입이 줄어들게 되자, 부인의 의심과 함께 바가지가 시작되고 평소 안 도와주던 세차를 도와준다며 보물찾기를 하듯이 차 안을 뒤지다 그동안 모아두었던 체육관에 낼 수련비를 발견하여 결국 압수당하게 되었단다. 어디 영원한 비밀이 있겠는가? 자존심이 상한 일이지만 부인에게 이실직고하고 부인의 후원아래 당당하게 운동을 하게 되었단다. 그 동안 운동하는 것을 감추기 위해 몰래 세탁소에 맡기던 도복을 집에서 세탁하게 되니 세탁비가 안 들어 좋다며 진작에 이실직고 할 것을 그랬다는 말을 듣고 실소를 금치 못하였으나 한참 뒤 연말 계원들의 부부동반 회식자리에서 평소에도 꼬마야 부르며 툭툭 치던 계원이 부인 앞에도 꼬마야 부르며 머리를 치기에 앉은자리에서 꺾기를 하였단다. 결국 그 계원은 넘어지게 되고 갑작스런 반격에 놀라기도 하였겠지만 그 뒤 꼬마라는 말도 툭툭 치던 행동도 안하더란다.

맹금류나 맹수들과는 달리 사슴이나 꿩 등은 물을 먹거나 먹이를 먹을 때에도 항상 주위를 살피면서 경계를 하다가 부스럭 소리에도 놀라 혼비백산하는 모습을 볼 수가 있다. 비단 이러한 일들이 그들에게만 일어나는 일들일까? 차이는 있겠으나 국가나 사회는 물론 사람들에게 있어서도 스스로를 지킬 능력을 가질수록 당당함을 우리는 쉽게 볼 수가 있을 것이다.

## 12. 공교육의 정상화

한 때 상아탑을 우골탑이라 부르던 시절이 있었다. 시골의 부모님들이 재산목록 1호라고 하던 소를 팔고 뼈가 빠지도록 일을 하여 마련한 돈을 수업료로 납부하고 다녀서 그런지 학문의 전당인 대학교를 자조적인 말로 표현한 것이었겠지만 그래도 스승의 그림자라도 밟아서는 안 된다는 사제지간의 존경과 사랑이 넘쳐나던 곳이었다.

학생들 간에도 동문이나 동기의식이 내재되어 끈끈한 정이 흐르곤 하였는데 학교폭력, 성폭력, 금품갈취까지 일어나 문제가 되고 있는 지금의 현실이 안타깝기만 하다

또한 교육의 주체가 되어야 할 학교는 그 자리를 사교육에 내어주고 어린 학생들은 방과 후에도 선행학습이다 뭐다 하여 A학원 B학원 등으로 숨 가쁘게 돌아다니는 현실이다 보니 혹자는 저렇게 다 배우면 교사들은 수업시간에 무엇을 가르치는지 궁금하다 라는 말이 나오고, 더욱이 한때는 한반에 60~70명이 되는 학생들을 가르치면서 빨간 색연필로 채점을 하고 주판으로 계산을 하여 수작업으로 성적처리를 하던 교사의 모습이 존경스럽기도 하였는데 대학교 수업정원 보다 적은 30명이 안 되는 한반의 학생을 가르치면서 전산화된 업무처리 속에서도 사건이 발생하면 몰랐다느니, 과밀학급이니, 과중한 업무 때문이니, 열악한 교육환경 탓으로 돌리는 모습이 안쓰럽기도 하다.

하지만, 스스로 노동자가 되고 올바른 교육을 시켜야할 교사들이 스스럼없이 자신을 높여 존칭하는 모습을 볼 때면 이건 정말 아닌데 라는 말이 저절로 나온다. 어느 위정자가 사교육비 절감과 아울러 사교육을 줄이고자 여러 가지 대책을 이야기 하는 것을 보던 어느 사설학원 원장이 자기네들은 생업이 걸린 문제라 목숨 걸고 매진하는데 교사들은 정년이 보장되기 때문에 서비스나 관리 등 모든 면에서 경쟁자체가 안된다고 말하는 것을 듣고 순간 망연자실한 적이 있었다. 과일 망신은 모과가 시킨다고 하지만 그래도 많은 교사들이 사명감을 가지고 묵묵히 스승의 자리를 지키면서 학생들을 가르치고 있기에 오늘의 공교육이 지탱되고 있지 않은가 하는 생각이다. 핵가족화 되고 맞벌이 부부가 늘어나는 현실에서 부족한 가정교육까지 떠맡아야 하는 어려움도 있겠지만 어찌하겠는가? 그나마 믿고 의지할 곳은 공교육인 학교요 교사들인데 하루빨리 공교육이 제 역할을 다해주고 옛날과 같이 존경하는 스승이 넘쳐나는 학교가 되었으면 하고 바라는 마음 간절하다.

# 제2장

# 가정폭력 범죄

## Ⅰ. 가정폭력의 정의

폭력은 사람이 불법부당한 방법으로 물리적인 강제력을 행사하는 일이며 폭행은 난폭한 행동으로써 폭행죄는 남에게 폭행을 가하였으나 상해를 입히지 않았을 때의 죄를 의미하는 것으로 정의하고 있다.(국어대백과사전 1991)

가정폭력은 가정폭력 범죄의 처벌 등에 관한 특례법에 가정구성원 사이의 신체적, 정신적 또는 재산상 피해를 수반하는 행위를 말하며(제2조(정의)1) 가정구성원이란 배우자(사실혼 관계에 있는 사람을 포함한다) 또는 배우자였던 사람, 자기 또는 배우자와 직계 존비속관계(사실상의 양친관계를 포함)에 있거나 있었던 사람, 계부모와 자녀관계 또는 적모와 서자의 관계에 있거나 있었던 사람, 동거하는 친족이라고 정의하고 있다.(제2조의 2)

또한 가정폭력의 범죄란 상해, 유기, 학대, 아동혹사, 체포, 감금, 협박, 강간 및 추행, 명예훼손, 모욕, 강요, 공갈, 주거 및 신체수색, 재물손괴(제2조3) 등 형법상 폭행의 개념보다 포괄적으로 명시하고 있다. 따라서 가정폭력은 구성원의 유형에 따라 부부폭력,아동학대, 노인학대 등으로 대별하여 볼 수가 있다.

# II. 인간의 본성과 범죄

유교에서 공자는 인간은 본성적으로 선하기 때문에 측인지심(惻隱之心)을 갖게 되고 이로인해 수치심과 사양심 그리고 정의심들이 생겨난다는 성선설을 주장하였으며 사람들이 악을 행하는 것은 생활여건이 나빠서 그렇게 되는 것으로 이를 개선함으로써 해결할 수 있다고 보았다.

그러나 순자는 인간의 본성은 이기적인 존재로써 악한 것으로 보고 성악설을 주장하였으며 인간은 교육과 훈련을 통하여 선행을 하는 것으로 교육과 훈련이 부족할수록 쉽게 악에 기울게 된다고 보았다.

한편 불교에서는 인간은 탐(탐욕), 진(노여움), 치(어리석음)의 삼욕에 빠져있어 자신의 존재상대와 사물의 진상을 올바르게 보지 못하고 선업을 쌓는 일보다 쉽게 악업을 쌓게 된다고 보았다. 기독교에서는 아담과 이브가 원죄를 범한 후 인간은 육체적 욕정과 시기, 질투, 욕심, 성냄 등으로 쉽게 나쁜 행위를 한다고 보았다.

# III. 범죄 원인론

## 1. 사회학적 범죄 원인론

범죄행동의 원인 규명에 있어서 범죄자의 사회적 환경에 초점을 맞춘 이론으로 사회구조 이론과 사회화 과정 이론으로 나누어 볼 수 있다. 사회 구조 이론은 지역이나 계층과 같은 사회구조에 따라 범죄의 유형이 다양해지는 이유를 구명하고자 하는 이론으로 급변하는 도시지역이 사회의 불안정을 야기하고, 이것은 그 사회를 해체시키며 해체된 사회에서는 지배적인 가치와 규범이 하류계층의 비합법적인 가치와 규범들과 대립하며 범죄가 증가 한다는 생태학적 범죄학과 개인이 합법적인 사회적 성공을 성취하는 것에 실패한 경험에 대하여 갖는 울분과 좌절의 결과로 비행이나 범죄를 보는 긴장이론, 그리고 사회적 성공을 위한 승인된 수단으로부터 소외되기 쉽고 이로 인하여 그들이 성공적이고 중요하다고 느끼는 자신들만의 하위문화를 개발한다고 보는 하위문화 이론 등이 있다.

그리고 사회의 구성원이 어떻게 범죄자가 되는지에 관하여 초점을 맞추는 사회 과정이론에는 범죄자의 친밀한 접촉을 통해 범죄 기술을 학습한다는 사회 학습이론과 모든 사람들이 범죄를 저지를 수 있는 잠재력을 가지고 있으나 대부분의 사람들은 사회적 유대를 통하여 통제를 받지만 유대가 약화 되어 통제가 느슨해진 사람들이 범죄를 저지른다고 주장하는 사회통제 이론과 사회가 범죄자라고 낙인을 찍기 때문에 범죄자가 생긴다고 보는 낙인 이론 등이 있다. (이수정 2010)

## 2. 생물학적 범죄 원인 론

롬브르조 (Cesare Lombroso 1836~1909)은 사형이 집행된 383명의 범죄자들의 두개골과 5,907명의 범죄인들의 체격을 측정한 결과 범죄자는 일정한 신체적, 정신적, 특징을 가지고 있으며 이러한 특징을 지닌 사람은 선천적으로 범죄인이 될 수밖에 없다는 격세유전설(Atavism)을 주장하여 형법학에 실증주의적 방법론을 도입하였다. 또한 독일의 정신 의학자인 크레취머(Emst Kretschmer)는 그의 저서 신체구조와 성격(Korperball and charakter 1922)은 인간의 체형을 세장형, 투사형, 비만형, 발육부전형 으로 구분하고 또한 기질을 통한 구분을 하여 체형과 기질과의 연관성을 연구하였다. 그 결과 범죄자들 중 폭력범죄는 투사형이 많고 세장형에는 단순 강도와 사기 또는 중대 범죄를 저지르는 경우가 많으며 비만형은 사기범죄가 많다고 주장하였다. 미국의 심리학자이자 내과 의사인 William H. sheldon은 인간의 체형을 결정하는 구성요소로서 내배엽(endomorphy), 중배엽(mesomorphy), 외배엽(ectomorphy)의 세 가지를 지적하고 중배엽은 정상적인 소년보다 비행소년이 두 배나 더 높다는 것이다. (이윤호 2011)

## 3. 심리학적 범죄 원인론

인간은 사회적 동물로써 사회생활을 하면서 다른 사람들의 말과 행동이나 사고를 보고 따라하는 경향이 있으며 어떤 행동의 결과가 좋은 대가를 얻었다면 그 행동은 앞으로 반복하게 되나 처벌이나 제재를 받게 된다면 그와 같은 행동은 더 이상 하지 않는다고 본다. 반두라 (Alber Bandura)는 사람이 살아가는 과정에서 범죄적, 비행적, 반사회적인 학습을 한다고 보았다. 사회 학습이론을 기초로 범죄 현상을 연구하는 학자들은 범죄자들의 폭력성이 행동의 모형 화라는 과정을 통해 형성 된다고 주장을 하고 모형 화가 이루어지는 대상으로 반두라는 가족가운데 폭력이나 폭행을 상습적으로 하는 경우 폭력의 모델로 삼는 경향이 강하다고 보았다. 또한 주변 환경이나 매스미디어 등에 의해 폭력적인 장면이 친숙해져 폭력의 기준이 무너져 있는 것 등 사회적 경험을 통해 폭력을 학습한 사람은 자기에게 모욕적인 행동을 하거나 자존심을 건드리는 행동을 하였을 경우 특히 본인이 가지고 있는 지위나 사회적 명예를 실추 시킨다고 생각될 경우 학습을 통해 가지고 있던 폭력적인 방법으로 이에 대한 응징을 하게 되며 사회적으로 성공을 하지 못하였거나 그 과정에서 좌절과 고통을 사용하는데 망설이지 않는 다고 보고 있다.

## 4. 정신 분석학적 범죄 원인론

지그문트 프로이트 (sigmund Freud 1860~1939)는 자아개념을 성욕이나 식욕과 같이 인간의 본능적인 충동적 자아(id)와 본능적인 충동과 사회의 균형 사이에서 합리적인 사고를 하는 자아(ego) 그리고 선과 악을 판단하고 사회의 규범을 내면화 하는 사회적인 양심인 초자아 (Super ego)로 나누어 생각하고 원만한 성격 형성과 행동을 위해서는 자아(ego)의 균형 발달이 필요하다고 하였다. 또한 프로이트는 성품발달의 단계를 구강기, 항문기, 음경기, 잠복기, 사춘기로 구분하고 매 단계에서 욕구 충족의 정도에 따라 계속 발달 한다고 보았으며 특히 음경기 때에는 외디프스 콤플렉스와 일렉트라 콤플렉스가 형성되기 때문에 부모가 부드럽고 다정하게 대해주면 성의 사회화가 원만하게 이루어져 정상적인 남 · 여로 성장한다고 보았다. 초기 심리학자들은 많은 범죄자 중 상당수가 충동적 자아(id)를 억제하기 못하고 즉각적으로 반응을 함으로 써 범죄 행위를 저지른다고 보았으며 자아(ego)가 정상적으로 형성되어 있지 못하는 경우 대부분 인격이 성숙되어 있지 못하고 타인에 대하여 의존 적이거나 배타적인 경향이 강하며 반사회적이고 기존의 가치관이나 기준에 대하여 일탈적인 집단에 쉽게 동화되는 경향을 보인다고 한다.

# Ⅳ. 가정 폭력의 유발요인과 특성

## 1. 가정폭력의 유발요인

가정 폭력은 사람에게 있어 안식처이자 보금자리인 가정이라는 울타리 안에서 일어나는 폭력으로 이는 사회적 폭력문화가 팽배하거나 폭력을 용인하는 분위기가 높을수록 또는 권위적인 가부장 제도에서나 성 역할 에 있어서 남녀 간 지위의 차이가 많이 날수록 폭력이 발생할 가능성은 크다고 하겠다.

또한 빈곤이나 실업 등으로 낮은 사회 경제 계층의 가정일수록 그리고 실패와 좌절과 스트레스 등을 해소 할 수 없는 가정에서 폭력이 발생할 가능성은 그렇지 않은 가정보다 높다고 할 수 있을 것이다. 또한 과거 성장기에 부모로부터 폭력을 경험하였거나 부부간 의사소통이 부족한 경우와 의견 대립과 논쟁이 잦은 경우 부부간 공격성이 높은 경우 또한 가정 내 폭력이 발생 할 가능성은 크다고 할 수 있다.

## 2. 가정폭력의 특성

가정폭력은 가족이라는 특수한 관계로 인하여 어떤 폭력 범죄보다도 지속적이고 반복적이며 가정을 파괴하고 폭력 성향을 대물림하는 무서운 결과를 초래하는 범죄이다. 가정폭력은 주로 남성 가정 구성원의 범죄 행위가 다수를 이루고 있으나 여성 가정 구성원의 범죄 행위 또한 급격하게 증가하고 있는 현실이다. 가정폭력은 일반적인 폭력과 구별되는 폭력의 은폐성, 폭력의 순환성, 폭력의 강화성 등의 특성을 가지고 있다고 볼 수가 있다.

### 1) 폭력의 은폐성

가정 내 대소사의 문제 즉 부부간의 성격문제, 경제적 문제, 음주 문제, 시가와 처가의 문제, 자녀문제 등으로 대부분이 발생되고 있으나 폭력의 피해 시에는 폭력이 심각하지 않다고 생각하거나 배우자이기 때문에 또는 아이들 때문에, 집안 일이 알려지는 것이 창피 하거나 자존심이 상해서 주위에 도움요청을 하지 않고 참고 인내하며 무 대응 하는 경우가 대부분이다. 주위 또한 일반적으로 남의 가정 일에 개입하기를 꺼리는 사회적 분위기 이다 보니 가정 폭력은 폭력의 피해가 오랜 기간 누적되어 심각한 상황에 이르러서야 외부에 알려지게 되는 경우가 많아 상처의 치료 또한 어려움을 겪게 되는 경우가 많다.

## 2) 폭력의 강화성

사람이 살다보면 몸이 아파 피치 못하게 장기간 약을 복용하게 되는 경우 약에 대한 내성이 생겨 복용하는 약의 양을 늘리거나 함량을 높여 복용하는 경우를 어렵지 않게 주위에서 발견 할 수가 있다. 폭력 피해자 역시 폭력에 대해 여러 가지 사정과 이유로 인해 관용이나 방관으로 그러려니 하거나 이를 참고 인내하다 보면 가랑비에 옷 젖는 줄 모른다는 말과 같이 본인도 모르는 사이에 폭력에 대한 무감각과 면역이 생겨 이를 문제 삼지 않거나 대수롭지 않게 대처 하는 경우를 목격하게 된다.

오래전 초등학교에 갓 입학한 딸아이가 학교에 다녀오겠다고 인사를 하고 집을 나선지 얼마 지나지 않아 골목이 떠나갈 듯이 소리를 지르며 울면서 돌아온 일이 있었다. 이유인즉 학교 가는 길목에 개 한 마리가 딸아이를 보면 으르렁 거리며 덤벼든다는 것이었다. 딸은 그 개가 무서워 다른 골목으로 돌아 학교에 다니곤 하였는데 그날따라 골목에서 기다리던 개와 마주치게 되어 사건이 일어났던 것이었다. 요즈음 같으면 동물 학대를 한다고 시비가 일겠지만 그 개가 무서워 피하게 되면 그 개는 만만하게 보고 너만 보면 더 할 것 이니 피하지 말고 혼내주라고 딸아이의 손에 나무를 쥐어 주게 되었던 기억이 난다. 그 뒤 딸에게 혼이 난 문제의 개는 그 짓을 안 하였지만 말이다.

옛 말 에 바늘도둑이 소도둑 된다는 말이 있다. 폭력의 가해자는 본인의 권위나 지위를 위하거나 계속적인 군림을 하기 위해서 또는 피해자를 종속시키기 위해서 등의 사유로 폭력을 행사하게 되고 피해자가 초기에 현명하게 해결 방법을 강구하거나 대처를 하지 못하고 폭력에 대해 관용이나 방관을 하거나 면역이 되어가는 경우 일수록 폭력의 강도는 초기 언어적, 심리적인 폭력에서부터 점차 강화되어 피해자의 행동을 간섭하거나 구속시키려 하고 나아가 단순한 손찌검이나 구타행위가 강화되어 심각한 상해에 이르는 폭력을 휘두르게 되는 경우가 발생 할 수 있게 된다.

### 3) 폭력의 연속성

결혼과 혈연의 관계로 맺어진 가족은 일반적으로 구성원들이 가정이라는 한 공간에서 생활을 하면서 자녀들은 교육되고 건강하게 성장을 하게 된다. 따라서 가정은 서로를 보호하고 감싸주는 화기애애한 삶의 공간이 되어야 할 것이다.

그러나 이러한 삶의 공간이 공포와 위협적인 분위기가 감돌고 폭력이 발생하는 가정이라면 생각만 하여도 끔찍할 것이다. 더욱이 폭력의 가해자와 함께 생활을 할 수 밖에 없는 특성상 가정폭력은 반복적이며 지속적으로 습관화 되어 발생할 수 있기 때문에 이러한 폭력상황에서 독립할 수 없는 미성년자이거나 사회적 경제적으로 약자인 피해자들에게는 그야말로 숨쉬기조차 힘든 생지옥이라 할 수 있을 것이다.

옛말에 씨도둑은 못한다는 말이 있다. 어린 시절 친구 집을 방문하거나 어른들을 처음 만나 인사를 드리게 되면 본관(시조 할아버지께서 처음 자손을 퍼뜨리기 시작한 곳) 및 관향(윗대 조상들이 오래도록 살아온 곳)과 고향이 어디며 부친의 직업이나 형제에 관해 물으시던 일이 생각이 난다. 요즈음 젊은이들은 고루하다고 하겠지만 어떠한 가정환경에서 교육되고 자라나는지를 알아보려는 것 아니겠는가?

유년기에 부모로부터 폭력을 경험한 사람은 그렇지 않은 사람보다 공격성이 상대적으로 높아 가정내에서 폭력을 보다 많이 행사하는 것으로 밝혀지고 있다.

## 3. 가정폭력 가해자와 피해자의 특성

### 1) 가해자의 특성

일반적으로 공격성이 높을수록 폭력을 보다 많이 행사한다고 보며 특히 아내의 공격성이 높은 경우에는 남편으로 하여금 폭력을 유발토록 하는 요인이 되기도 한다. 또한 과거 유년기에 폭력의 피해를 받았었거나 폭력적인 환경에서 성장한 경우 그렇지 않은 경우보다 공격성이 높아 폭력을 더 많이 행사한다고 보기 때문에 폭력은 계속해서 순환된다고 하겠다.

그랜트 마틴(Grant L. Martin)은 폭력의 가해자와 피해자의 특성에 대하여 폭력의 가해자는 자기행동을 정당화 시키고 합리화시키며 피해자를 지배하고 통제를 하고자하며 폭력을 행사한 후에는 용서를 빌거나 선물이나 애정공세를 펴기도 한다. 또한 가해자는 분노조절능력이나 표현능력의 결핍으로 자신의 생각이나 느낌을 표현하는 능력이 부족하고 갈등을 해결하는 대안적 방법으로 폭력을 사용하기도 한다. 그리고 가해자는 정서적 의존도가 높고 강한 질투심과 소유욕을 가지고 있으며 배우자를 잃을까봐 두렵고 가족과 친구들을 불신하기 때문에 힘을 과시하고 자신의 약함을 부정하기 위해서 통제력을 행사한다고 보았다.

## 2) 피해자의 특성

피해자들은 유년시절 학대를 받은 경험이 있거나 자존감이 낮은 경향이며 특히 자신감의 결여로 피해자 스스로가 진취적인 사고보다는 자괴감과 무력감 등으로 자포자기하게 된다.

이러한 자괴감과 독립심의 부족은 피해자로 하여금 새로운 변화나 자립을 위협적이거나 두려움 등을 느끼게 하여 주어진 생활환경에서 안주하게 만들고 가해자에게 더욱 의존할 수 밖에 없는 상황에 이르게 한다. 또한 폭력 피해 시에는 가해자의 잘못 이라기보다는 자신의 잘못으로 책임을 돌리고 자책을 하면서 괴로워하며 남편에게 자신은 필요한 존재로써 보살펴 주어야 한다는 측은지심의 모성애로 책임감을 가지고 있는 경우도 있다.

그리고 피해자는 폭력피해사실이 주위에 알려지는 것이 두렵거나 창피하게 생각하여 대인관계를 멀리하게 되고 특히 남편의 통제와 구속 등으로 대외활동을 꺼리게 되어 고립된 삶을 살게 되기도 한다.(김연 역 2002)

# 제3장
# 부부폭력

청춘남녀가 만나 마음이 통하여 사랑을 나누다 결혼을 하여 가정을 꾸리고 부부로서 공동생활을 영위하다 보면 서로가 볼 것, 못 볼 것을 보게 되고 미처 몰랐던 습관까지 알게 되다 보면 연애시절의 달콤함에서 깨어나 내 눈에 콩깍지가 끼였었나 보다고 실망 아닌 실망을 하기도 하지만 어찌하랴. 호불호와 상관없이 마주하게 될 시가와 처가의 식구들과 돈독한 관계를 유지하고 그들의 문화를 이해하고 받아들이면서 자식까지 낳아 살다 보면 육아문제 등으로 어찌 의견충돌과 부부싸움 한 번 없겠는가?

서로가 배려하여 상처를 주지 않는 현명한 방법으로 대처하여야 할 것이다.

## Ⅰ. 폭력범죄 실태

경찰청의 자료를 보면 폭력범죄의 발생에 대한 폭력범죄자는 1995년 325,064명(남 284,649명, 여 40,415명) 2000년 517,621명(남 444,644명, 여 72,977명) 2005년 435,765명(남 365,178명, 여 70,587명) 2010년 399,184명(남 337,711명, 여 61,473명) 2015년 372,723명(남 313,477명, 여 59,226명)이었으며 전체 범죄유형에서 폭력범죄가 차지하는 비중은 매년 증가하고 있음을 알 수가 있다.

## 1. 연도별 폭력범죄자 성별 및 연령

[표1-35]의 년도별 폭력 범죄자 연령 구성비를 살펴보면 총 폭력범죄자의 수는 1995년 325,064명에서 2000년 517,621명으로 증가되었다가 이후 2005년 435,765명 2010년 399,184명 2015년 372,723명 2017년 363,511명으로 범죄자 수가 감소되고 있음을 알 수가 있다.

또한 년도별 폭력 범죄자의 연령별 구성비는 1995년 ①20대 33.1%(107,541명) ②30대 31.4%(102,068명) ③10대 14.4%(46,941명) ④40대 14.1%(45,911명) 순이었으나 2000년에는 구성비의 순위가 바뀌어 ①30대 31%(160,411명) ②20대 26.7%(138,271명) ③40대 22.3%(115,597명) ④10대 10.4%(53,825명) 순이었으며

2005년에는 ①40대 29.7%(129,421명) ②30대 26.5%(115,537명) ③20대 21.5%(93,578명) ④50대 10.4%(45,322명) 순으로 40대가 1위를 그리고 50대가 4위를 차지하는 변화를 보이고 있다. 그리고

2010년에는 ①40대 28.5%(113,638명) ②30대 21.7%(86,543명) ③20대 19.5%(77,874명) ④50대 16.1%(64,286명) 순으로 구성비의 순위는 2005년과 변함이 없으나 20대, 30대, 40대의 구성비(범죄자수)는 감소를 하였으나 50대는 오히려 증가를 하고 있음을 알 수가 있으며

2015년에는 ①40대 25.3%(94,482명) ②50대 21.2%(79,018명) ③30대 19.6%(72,937명) ④20대 18%(67,029명) 순으로 50대의 구성비(범죄자수)는 1995년 5.4%(17,638명) 2000년 7.2%(37,136명) 2005년 10.4%(45,322명) 2010년 16.1%(64,286명) 2015년 21.2%(79,018명)으로 계속된 증가세를 보이고 있으며 61세 이상 또한 노령인구의 증가에 따른 영향도 있겠으나 1995년 1.3%(4,341명) 2000년 2.1%(10,695명) 2005년 3.9%(16,930명) 2010년 5.4%(21,599명) 2015년 8.3%(31,090명) 2017년 9.9%(35,896명)으로 구성비(범죄자수)의 증가를 보이고 있다.

그리고 폭력 범죄자의 성별 연령별 구성비를 살펴보면 남성의 경우에는 앞서 설명한 폭력 범죄자의 연령별 구성비와 같은 순위의 분포를 보이고 있으나 여성의 경우에는 차이를 나타내고 있음을 알 수가 있다. 즉 여성의 총 폭력범죄자 중

1995년에는 ①30대 36.8%(14,872명) ②40대 22.6%(9,134명) ③20대 18.9%(7,659명) ④10대 9.9%(4,001명) 순이었으며

2000년 또한 ①30대 29.9%(21,819명) ②40대 29.3%(21,363명) ③20대 17.6%(12,839명) ④10대 10.6%(7,761명) 순으로 연령분포의 순위는 변함이 없으나 범죄자수는 증가되었음을 알 수가 있다.

2005년에는 ①40대 33.1%(23,377명) ②30대 22.4%(15,817명) ③20대 19%(13,363명) ④50대 12%(8,444명) 순으로 30대와 40대의 여성폭력범죄자의 연령 구성비 순위가 바뀌게 되었음을 알 수가 있으며

2010년에는 ①40대 28.3%(17,398명) ②20대 18.1%(11,104명) ③50대 17.6%(10,801명) ④30대 17.4%(10,714명) 순으로 30대의 여성 폭력 범죄자 수가 감소되어 구성비에 있어 4위를 차지하고 있다. 그리고

2015년에는 ①40대 23.5%(13,927명) ②50대 21.2%(12,538명) ③20대 19.4%(11,518명) ④30대 17.4%(10,555명) 순으로 30대와 40대의 여성폭력 범죄자 수는 2005년 이후 감소되고 있으나 50대의 경우에는 남성폭력 범죄자와 마찬가지로 1995년 9.1%(3,675명) 2000년 9.4%(6,839명) 2005년 12%(8,444명) 2010년 17.6%(10,801명) 2015년 21.2%(12,538명)으로 오히려 증가하고 있으며 또한 61세 이상 여성폭력 범죄자 역시 1995년 2.4%(972명) 2000년 2.9%(2,134명) 2005년 4.5%(3,210명) 2010년 6.3%(3,904명) 2015년 9.6%(5,670명) 2017년 10.3%(6,195명)으로 증가하고 있음을 알 수가 있다.

## [표1-35] 년도별 폭력범죄자 성별 및 연령 구성비(1995년~2015년)

(단위:명,%)

| 연도 \ 연령 | | 14세 미만 | 14~19세 | 20~30세 | 31~40세 | 41~50세 | 51~60세 | 61세 이상 | 미상 | 총계 |
|---|---|---|---|---|---|---|---|---|---|---|
| 1995 | 남 | 296<br>(0.1) | 42,940<br>(15.1) | 99,882<br>(35.1) | 87,196<br>(30.6) | 36,777<br>(12.9) | 13,963<br>(4.9) | 3,369<br>(1.2) | 226<br>(0.1) | 284,649<br>(100.0) |
| | 여 | 80<br>(0.2) | 4,001<br>(9.9) | 7,659<br>(19.0) | 14,872<br>(36.8) | 9,134<br>(22.6) | 3,675<br>(9.1) | 972<br>(2.4) | 22<br>(0.1) | 40,415<br>(100.0) |
| | 계 | 376<br>(0.1) | 46,941<br>(14.4) | 107,541<br>(33.1) | 102,068<br>(31.4) | 45,911<br>(14.1) | 17,638<br>(5.4) | 4,341<br>(1.3) | 248<br>(0.1) | 325,064<br>(100.0) |
| 2000 | 남 | 262<br>(0.1) | 46,064<br>(10.4) | 125,432<br>(28.2) | 138,592<br>(31.2) | 94,234<br>(21.2) | 30,297<br>(6.8) | 8,561<br>(1.9) | 1,202<br>(0.3) | 444,644<br>(100.0) |
| | 여 | 91<br>(0.1) | 7,761<br>(10.6) | 12,839<br>(17.6) | 21,819<br>(29.9) | 21,363<br>(29.3) | 6,839<br>(9.4) | 2,134<br>(2.9) | 131<br>(0.2) | 72,977<br>(100.0) |
| | 계 | 253<br>(0.0) | 53,825<br>(10.4) | 138,271<br>(26.7) | 160,411<br>(31.0) | 115,597<br>(22.3) | 37,136<br>(7.2) | 10,695<br>(2.1) | 1,333<br>(0.3) | 517,621<br>(100.0) |
| 2005 | 남 | 292<br>(0.1) | 20,139<br>(5.5) | 80,215<br>(22.0) | 99,720<br>(27.3) | 106,044<br>(29.0) | 36,878<br>(10.1) | 13,720<br>(3.8) | 8,170<br>(2.2) | 365,178<br>(100.0) |
| | 여 | 136<br>(0.2) | 6,068<br>(8.6) | 13,363<br>(18.9) | 15,817<br>(22.4) | 23,377<br>(33.1) | 8,444<br>(12.0) | 3,210<br>(4.5) | 172<br>(0.2) | 70,587<br>(100.0) |
| | 계 | 428<br>(0.1) | 26,207<br>(6.0) | 93,578<br>(21.5) | 115,537<br>(26.5) | 129,421<br>(29.7) | 45,322<br>(10.4) | 16,930<br>(3.9) | 8,342<br>(1.9) | 435,765<br>(100.0) |
| 2010 | 남 | 64<br>(0.0) | 23,176<br>(6.9) | 66,770<br>(19.8) | 75,829<br>(22.5) | 96,240<br>(28.5) | 53,485<br>(15.8) | 17,695<br>(5.2) | 4,452<br>(1.3) | 337,711<br>(100.0) |
| | 여 | 69<br>(0.1) | 7,449<br>(12.1) | 11,104<br>(18.1) | 10,714<br>(17.4) | 17,398<br>(28.3) | 10,801<br>(17.6) | 3,904<br>(6.4) | 34<br>(0.1) | 61,473<br>(100.0) |
| | 계 | 133<br>(0.0) | 30,625<br>(7.7) | 77,874<br>(19.5) | 86,543<br>(21.7) | 113,638<br>(28.5) | 64,286<br>(16.1) | 21,599<br>(5.4) | 4,486<br>(1.1) | 399,184<br>(100.0) |
| 2015 | 남 | 18<br>(0.0) | 22,871<br>(7.3) | 55,511<br>(17.7) | 62,382<br>(19.9) | 80,555<br>(25.7) | 66,480<br>(21.2) | 25,420<br>(8.1) | 260<br>(0.1) | 313,497<br>(100.0) |
| | 여 | 4<br>(0.0) | 4,909<br>(8.3) | 11,518<br>(19.4) | 10,555<br>(17.8) | 13,927<br>(23.5) | 12,538<br>(21.2) | 5,670<br>(9.6) | 105<br>(0.2) | 59,226<br>(100.0) |
| | 계 | 22<br>(0.0) | 27,780<br>(7.5) | 67,029<br>(18.0) | 72,937<br>(19.6) | 94,482<br>(25.3) | 79,018<br>(21.2) | 31,090<br>(8.3) | 365<br>(0.1) | 372,723<br>(100.0) |

자료 : 경찰청 범죄분석 1995, 2000, 2005 범죄통계 2010, 2015를 재구성

## 2. 폭력범죄 피해자

[표1-36]은 1995년부터 2015년까지 발생한 폭력범죄 피해자의 성별 연령분포로서 불상을 제외한 총범죄 피해자는 1995년 186,490(남성 149,814 여성 36,676명) 2000년 336,630(남성 274,796 여성 58,834명) 2005년 285,363(남성 206,348 여성 79,015명) 2010년 292,347(남성 206,432 여성 85,915명) 2015년 272,066(남성 174,071 여성 97,995)명으로 여성폭력 피해자는 꾸준히 증가되고 있음을 알 수가 있다. 그리고 폭력피해자들의 연령대는

1995년 ①30대 26.4%(49,682명) ②61세이상 24.6%(45,917명) ③20대 19.3%(36,045명) 2000년 ①30대 17.1%(57,125명) ②40대 14.6%(48,731명) ③20대 10.5%(35,156명) 2005년 ①40대 22%(62,680명) ②30대 17.3%(49,394명) ③20대 12.7%(360,30명) 2010년 ①40대 23.1%(67,551명) ②30대 16.7%(48,846명) ③50대 15.3%(44,848명) 2015년 ①40대 23.2%(63,234명) ②50대 22.2%(60,349명) ③30대 18.4%(50,154명) 순으로 나타나고 있다.

그리고 61세 이상의 폭력피해자는 2005년 4.6%(13,206명) 2010년 6.2%(18,104명) 2015년 16.5%(28,457명)으로 피해자가 증가되고 있으며 또한 12세 이하 아동폭력 피해자는 1995년 0.4%(676명) 2000년 0.2%(769명) 2005년 0.3%(807명) 2010년 0.5%(1,464명) 2015년 0.5%(1,243명)으로 아동학대와 노인학대의 우려를 자아내게 하고 있다.

## [표1-36] 폭력범죄 피해자 성별 및 연령 분포(1995년~2015년)

(단위:건,%)

| 연도 | | 6세 이하 | 12세 이하 | 15세 이하 | 20세 이하 | 30세 이하 | 40세 이하 | 50세 이하 | 60세 이하 | 61세 이상 | 미상 | 총계 |
|---|---|---|---|---|---|---|---|---|---|---|---|---|
| 1995 | 남 | 122<br>(77.7)<br>(0.1) | 422<br>(81.3)<br>(0.3) | 3,872<br>(85.9)<br>(2.6) | 9,549<br>(82.8)<br>(6.4) | 28,832<br>(80.0)<br>(19.2) | 36,411<br>(73.3)<br>(24.3) | 19,350<br>(71.0)<br>(12.9) | 7,736<br>(71.1)<br>(5.2) | 43,520<br>(94.8)<br>(29.0) | | 149,814<br>(80.3)<br>(100.0) |
| | 여 | 35<br>(22.3)<br>(0.1) | 97<br>(18.7)<br>(0.3) | 638<br>(14.1)<br>(1.7) | 1,987<br>(17.2)<br>(5.4) | 7,213<br>(20.0)<br>(19.7) | 13,271<br>(26.7)<br>(36.2) | 7,891<br>(29.0)<br>(21.5) | 3,147<br>(28.9)<br>(8.6) | 2,397<br>(5.2)<br>(6.5) | | 36,676<br>(19.7)<br>(100.0) |
| | 계 | 157<br>(100.0)<br>(0.1) | 519<br>(100.0)<br>(0.3) | 4,510<br>(100.0)<br>(2.4) | 11,536<br>(100.0)<br>(6.2) | 36,045<br>(100.0)<br>(19.3) | 49,682<br>(100.0)<br>(26.4) | 27,241<br>(100.0)<br>(14.6) | 10,883<br>(100.0)<br>(5.8) | 45,917<br>(100.0)<br>(24.6) | | 186,490<br>(100.0)<br>(100.0) |
| 2000 | 남 | 188<br>(78.7)<br>(0.1) | 389<br>(73.4)<br>(0.1) | 2,264<br>(74.4)<br>(0.8) | 9,074<br>(73.2)<br>(3.3) | 25,488<br>(72.5)<br>(9.3) | 38,612<br>(67.6)<br>(14.1) | 31,752<br>(65.2)<br>(11.6) | 11,824<br>(69.7)<br>(4.3) | | 155,205<br>(97.3)<br>(56.5) | 274,796<br>(82.4)<br>(100.0) |
| | 여 | 51<br>(21.3)<br>(0.1) | 141<br>(26.6)<br>(0.2) | 778<br>(25.6)<br>(1.3) | 3,330<br>(26.8)<br>(5.7) | 9,668<br>(27.5)<br>(16.4) | 18,513<br>(32.4)<br>(31.5) | 16,979<br>(34.8)<br>(28.9) | 5,141<br>(30.3)<br>(8.7) | | 4,233<br>(2.7)<br>(2.7) | 58,834<br>(17.6)<br>(100.0) |
| | 계 | 239<br>(100.0)<br>(0.1) | 530<br>(100.0)<br>(0.2) | 3,042<br>(100.0)<br>(0.9) | 12,404<br>(100.0)<br>(3.7) | 35,156<br>(100.0)<br>(10.5) | 57,125<br>(100.0)<br>(17.1) | 48,731<br>(100.0)<br>(14.6) | 16,965<br>(100.0)<br>(5.1) | | 159,438<br>(100.0)<br>(47.8) | 333,630<br>(100.0)<br>(100.0) |
| 2005 | 남 | 42<br>(51.9)<br>(0.0) | 492<br>(67.8)<br>(0.2) | 2,199<br>(69.6)<br>(1.1) | 6,138<br>(64.7)<br>(2.0) | 22,894<br>(63.5)<br>(11.1) | 30,185<br>(61.1)<br>(14.6) | 36,211<br>(57.8)<br>(17.5) | 17,643<br>(66.2)<br>(8.6) | 8,510<br>(64.4)<br>(4.1) | 82,034<br>(97.7)<br>(39.8) | 206,348<br>(72.3)<br>(100.0) |
| | 여 | 39<br>(48.1)<br>(0.0) | 234<br>(32.2)<br>(0.3) | 960<br>(30.4)<br>(1.2) | 3,346<br>(35.3)<br>(4.2) | 13,136<br>(36.5)<br>(16.6) | 19,209<br>(38.9)<br>(24.3) | 26,469<br>(42.2)<br>(33.5) | 8,993<br>(33.8)<br>(11.4) | 4,696<br>(35.6)<br>(5.9) | 1,933<br>(2.3)<br>(2.5) | 79,015<br>(27.7)<br>(100.0) |
| | 계 | 81<br>(100.0)<br>(0.0) | 726<br>(100.0)<br>(0.3) | 3,159<br>(100.0)<br>(1.1) | 9,484<br>(100.0)<br>(3.3) | 36,030<br>(100.0)<br>(12.6) | 49,394<br>(100.0)<br>(17.3) | 62,680<br>(100.0)<br>(22.0) | 26,636<br>(100.0)<br>(9.3) | 13,206<br>(100.0)<br>(4.6) | 83,967<br>(100.0)<br>(29.4) | 285,363<br>(100.0)<br>(100.0) |
| 2010 | 남 | 75<br>(62.0)<br>(0.0) | 911<br>(67.8)<br>(0.4) | 4,730<br>(70.4)<br>(2.3) | 11,323<br>(74.1)<br>(5.5) | 26,894<br>(68.9)<br>(13.0) | 33,520<br>(68.6)<br>(16.2) | 43,539<br>(64.5)<br>(21.1) | 31,234<br>(69.6)<br>(15.1) | 12,642<br>(69.8)<br>(6.1) | 41,564<br>(82.3)<br>(20.1) | 206,432<br>(70.6)<br>(100.0) |
| | 여 | 42<br>(38.0)<br>(0.0) | 432<br>(32.2)<br>(0.5) | 1,993<br>(29.6)<br>(2.3) | 3,952<br>(25.9)<br>(4.6) | 12,149<br>(31.1)<br>(14.1) | 15,326<br>(31.4)<br>(17.8) | 24,012<br>(35.5)<br>(27.9) | 13,624<br>(30.4)<br>(15.9) | 5,462<br>(30.2)<br>(6.4) | 8,919<br>(17.7)<br>(10.4) | 85,915<br>(29.4)<br>(100.0) |
| | 계 | 121<br>(100.0)<br>(0.0) | 1,343<br>(100.0)<br>(0.5) | 6,723<br>(100.0)<br>(2.3) | 15,275<br>(100.0)<br>(5.2) | 39,043<br>(100.0)<br>(13.4) | 48,846<br>(100.0)<br>(16.7) | 67,551<br>(100.0)<br>(23.1) | 44,858<br>(100.0)<br>(15.3) | 18,104<br>(100.0)<br>(6.2) | 50,483<br>(100.0)<br>(17.3) | 292,347<br>(100.0)<br>(100.0) |
| 2015 | 남 | 170<br>(62.3)<br>(0.1) | 679<br>(70.6)<br>(0.4) | 3,156<br>(71.6)<br>(1.8) | 15,441<br>(74.1)<br>(8.9) | 28,841<br>(66.6)<br>(16.6) | 30,873<br>(61.6)<br>(17.7) | 37,064<br>(58.6)<br>(21.3) | 38,788<br>(64.3)<br>(22.3) | 18,957<br>(66.6)<br>(10.9) | 102<br>(81.6)<br>(0.0) | 174,071<br>(64.0)<br>(100.0) |
| | 여 | 103<br>(37.7)<br>(0.1) | 283<br>(29.4)<br>(0.3) | 1,252<br>(28.4)<br>(1.3) | 5,387<br>(25.9)<br>(5.5) | 14,435<br>(33.4)<br>(14.7) | 19,281<br>(38.4)<br>(19.7) | 26,170<br>(41.4)<br>(26.7) | 21,561<br>(35.7)<br>(22.0) | 9,500<br>(33.4)<br>(9.7) | 23<br>(18.4)<br>(0.0) | 97,995<br>(36.0)<br>(100.0) |
| | 계 | 273<br>(100.0)<br>(0.1) | 962<br>(100.0)<br>(0.4) | 4,408<br>(100.0)<br>(1.6) | 20,828<br>(100.0)<br>(7.7) | 43,276<br>(100.0)<br>(15.9) | 50,154<br>(100.0)<br>(18.4) | 63,234<br>(100.0)<br>(23.2) | 60,349<br>(100.0)<br>(22.2) | 28,457<br>(100.0)<br>(10.5) | 125<br>(100.0)<br>(0.0) | 272,066<br>(100.0)<br>(100.0) |

* 주: 성별 불상자는 제외하고 분석함

자료 : 경찰청 범죄분석 1995, 2000, 2005 범죄통계 2010, 2015를 재구성

## 3. 폭력범죄 가해자와 피해자와의 관계

[표1-37] 폭력범죄 성별 피해자와의 관계1995년~2015년)

(단위:건, %)

| 구분 \ 년도 | 1995년 | 2000년 | 2005년 | 2010년 | 2015년 |
|---|---|---|---|---|---|
| 동거 기타 친족 | 7,450<br>(2.3) | 26,139<br>(5.1) | 22,634<br>(5.2) | 14,285<br>(3.6) | 32,589<br>(12.9) |
| 친구 · 애인 | 10,382<br>(3.2) | 17,417<br>(3.4) | 20,192<br>(4.6) | 19,608<br>(4.9) | 18,397<br>(7.3) |
| 이웃 · 지인 | 42,899<br>(13.2) | 67,751<br>(13.1) | 44,674<br>(10.2) | 33,650<br>(8.4) | 27,371<br>(10.8) |
| 직장동료 | 9,160<br>(2.8) | 10,962<br>(2.1) | 10,743<br>(2.5) | 9,172<br>(2.3) | 8,604<br>(3.4) |
| 고용. 피고용자<br>거래 상대방 | 8,698<br>(2.7) | 12,625<br>(2.4) | 8,640<br>(2.0) | 7,235<br>(1.8) | 5,960<br>(2.4) |
| 타 인 | 190,378<br>(58.5) | 292,142<br>(56.4) | 228,848<br>(52.5) | 183,673<br>(46.0) | 146,312<br>(58.0) |
| 기타<br>(국가.공무원 등) | 56,157<br>(17.3) | 90,585<br>(17.5) | 100,034<br>(23.0) | 131,561<br>(33.0) | 13,132<br>(5.2) |
| 계 | 325,064<br>(100) | 517,621<br>(100) | 435,765<br>(100) | 399,184<br>(100) | 252,365<br>(100) |

자료 : 경찰청 범죄분석 1995, 2000, 2005 범죄통계 2010, 2015 재구성
주 : 미상을 제외하였음

폭력범죄의 가해자와 피해자의 관계(표1-37)에 있어 기타를 제외한 관계를 살펴보면 1995년에는 ①타인(58.5%) ②이웃 · 지인(13.2%) ③직장(5.5%) 순으로 구성비를 나타내고 있으며 또한 2000년 ①타인(56.4%) ②이웃 · 지인(13.1%) ③친족(5.1%) 2005년 ①타인(52.5%) ②이웃 · 지인(10.2%) ③친족(5.2%) 2010년 ①타인(46.0%) ②이웃 · 지인(8.4%) ③친구 · 애인(4.9%) 2015년 ①타인(58.0%) ②친족(12.9%) ③이웃 · 지인(10.8%) 순으로 나타나고 있어 주로 타인과 이웃 · 지인 및 친족에 의한 폭력의 피해를 입고 있음을 알 수가 있다.

## 4. 존속폭행 및 살인

[표1-38] 년도별 존속폭행 및 살인(2002년~2018년)

(단위 : 건)

| 구분 \ 연도 | 2002년 | 2007년 | 2012년 | 2018년 |
|---|---|---|---|---|
| 존속살해 | 42 | 54 | 32 | 46 |
| 존속살해미수 | – | – | 18 | 28 |
| 존속상해치사 | 10 | 6 | 3 | 4 |
| 존속상해 | 566 | 476 | 349 | 456 |
| 존속폭행치사 | 9 | 1 | 2 | 2 |
| 존속폭행 | 391 | 552 | 548 | 1,920 |
| 존속체포강금치사 | 2 | – | – | – |
| 존속체포강금 | 7 | 8 | 11 | 28 |
| 존속협박 | 31 | 31 | 43 | 227 |

주) 1. 자료 : 경찰청 범죄분석 2002, 2007 범죄통계 2012, 2018

[표1-38]는 2002년 이후 2018년까지 존속폭행 및 존속살해건수를 나타낸 것으로 존속폭행은 2002년 391건에서 2018년 1,920건으로 증가되었으며 존속살해는 상해치사와 폭행치사 및 체포강금치사 등을 합산하여 보면 2002년 63건 2007년 61건 2012년 37건으로 감소되는 듯 하다가 2018년 52건으로 증가 되었음을 알 수가 있다.

# II. 부부폭력의 실태

## 1. 부부폭력의 발생

[표1-39] 연도별 부부폭력 발생률(2010년~2016년)

(단위: %, (명))

| 구 분 | 부부 폭력률 | 신체적 폭력 | | | 정서적 폭력 | 경제적 폭력 | 성학대 | 방임 · 통제 |
|---|---|---|---|---|---|---|---|---|
| | | 경한 폭력 | 중한 폭력 | (경+중) 폭력 | | | | |
| 2010 | 53.8 | 16.3 | 3.3 | 16.7 | 42.8 | 10.1 | 10.4 | 30.5 |
| 2013 | 37.5 | 7.0 | 0.7 | - | 36.1 | 5.0 | 4.9 | - |
| 2016 | 41.5 | 3.6 | 0.4 | - | 12.5 | 2.5 | 2.2 | 37.7 |

자료 : 여성가족부 2010, 2016 가정폭력 실태조사

[표1-39]은 여성가족부에서 조사한 가정폭력 실태조사의 부부폭력 발생률을 나타낸 것이다. 표에서 나타난 조사 자료에 의하면 부부폭력의 발생은 2010년 53.8%, 2013년 37.5%, 2016년 41.5%를 나타내고 있으며 2016년도 폭력의 유형별로는

방임 · 통제 37.7%로 높게 나타나고 있으며 다음으로 정서적폭력이 12.5%와 신체적폭력 3.7% 경제적폭력 2.5% 성적폭력 2.2% 순으로 나타나고 있음을 알 수가 있다.

## 2. 유형별 부부폭력 발생

2016년 가정폭력 실태조사에 나타난 유형별 부부폭력의 발생률을 살펴보면[표1-40] 부부폭력률에 있어 피해를 입었다는 응답은 아내는 12.1%이었으며 남편은 8.6%였다. 가해를 하였다는 응답은 아내가 9.1% 남편이 11.6%였으며 상호폭력을 하였다는 대답은 아내가 6.5% 남편은 6.2%였다. 또한 사회적 관계로부터 고립시키거나 이성문제를 의심하는 등의 통제를 당했다는 응답은 아내가 29.7% 남편이 30.4%이며 통제를 가했다는 응답은 아내가 29.8% 남편이 31.8%였고 상호통제를 하였다는 응답은 아내가 22.8% 남편이

23.5%로 나타내고 있다.

[표1-40] 유형별 부부폭력 발생률

(단위: %, (명))

| 구 분 | | 부부폭력률 | 신체적 폭력 | | | 정서적 폭력 | 경제적 폭력 | 성폭력 | 통제 |
|---|---|---|---|---|---|---|---|---|---|
| | | | 경한 폭력 | 중한 폭력 | 신체적 폭력 | | | | |
| 아내 응답 | 피해 | 12.1 | 3.2 | 0.5 | 3.3 | 10.5 | 2.4 | 3.2 | 29.7 |
| | 가해 | 9.1 | 1.8 | 0.2 | 1.9 | 8.4 | 1.1 | 0.4 | 29.8 |
| | 상호폭력 | 6.5 | 0.9 | – | 0.9 | 6.2 | 0.3 | 0.1 | 22.8 |
| 남편 응답 | 피해 | 8.6 | 1.6 | 0.1 | 1.6 | 7.7 | 0.8 | 0.5 | 30.4 |
| | 가해 | 11.6 | 2.1 | – | 2.1 | 10.5 | 1.5 | 2.5 | 31.8 |
| | 상호폭력 | 6.2 | 0.6 | – | 0.6 | 5.9 | 0.4 | 0.1 | 23.5 |

자료 : 여성가족부 2016 가정폭력 실태조사
주1) 경한폭력 : ① 배우자에게 물건을 집어 던지는 행위
② 어깨나 목 드을 움켜잡는 행위
③ 손바닥으로 빰이나 신체를 때리는 행위
2) 중한폭력 : ① 목을 조르는 행위
② 칼이나 흉기등으로 위협하거나 다치게 하는 행위
③ 사정없이 마구 때리는 행위 등
3) 가중치 부여한 분석 결과임

정서적 폭력에 있어 모욕적인 이야기 또는 때리려고 위협을 하거나 물건을 파손하는 등의 피해를 입었다는 응답은 아내가 10.5% 남편은 7.7%였으며 가해를 하였다는 응답은 아내가 8.4% 남편은 10.5%이며 상호 정서적 폭력은 아내가 6.2% 남편은 5.9%이다. 물건을 던지거나 신체를 움켜잡는 행위 또는 손바닥으로 뺨 등을 때리는 경한 폭력과 목을 조르거나 흉기로 위협 또는 부상을 입히는 경우와 몽둥이로 때리거나 구타 등의 신체적 폭력에 있어 피해를 입었다는 응답은 아내가 7% 남편은 3.3%이며 가해를 하였다는 응답은 아내가 3.9% 남편이 4.2%이고 상호폭력은 아내 1.8% 남편 1.2%를 나타내고 있다.

경찰청 자료에 의하면 가정폭력사건으로 경찰의 출동건수 중 아내에게 매를 맞아 출동한 건수는 2006년 299건 2007년 345건 2008년 353건 2009년 470건 2010년 367건이었다. 2016년 성 학대에 있어 상대방의 동의 없이 성관계를 갖거나 원치 않는 형태의 성관계를 강요당한 경우 아내는 3.2% 남편이 0.5%이며 강요를 하는 경우는 아내가 0.4% 남편은 2.5%를 보이고 상호 성 학대를 하였다는 응답은 아내와 남편이 각각 0.1%를 나타내고 있다.

## 3. 부부폭력의 발생원인

[표1-41] 부부폭력의 발생원인

단위: %, (명)

| 구분 | | 계 | 경제적 문제 | 성격 문제 | 시,처가 문제 | 음주 문제 | 자녀 문제 | 이성 (외도) | 이유 없음 | 기타 |
|---|---|---|---|---|---|---|---|---|---|---|
| 아내 응답 | 가해 | 100 (238) | 22.6 | 45.3 | 11.0 | 12.7 | 3.1 | 1.7 | 2.9 | 0.8 |
| | 피해 | 100 (315) | 25.7 | 45.3 | 9.3 | 14.0 | 1.8 | 1.5 | 2.2 | 0.3 |
| 남편 응답 | 가해 | 100 (147) | 24.0 | 49.5 | 2.3 | 12.3 | 3.7 | 0.7 | 6.3 | 1.3 |
| | 피해 | 100 (111) | 22.4 | 47.5 | 4.4 | 12.9 | 4.5 | 2.1 | 6.3 | - |

자료 : 여성가족부 2016 가정폭력 실태조사
주 : 1) 부부폭력 경험자만을 대상으로 분석함
2) 무응답은 분석에서 제외함
3) 가중치 부여하여 분석한 결과임

[표1-41]의 부부폭력 발생 원인을 살펴보면 성격문제와 경제적 문제 음주문제 양가문제 순으로 나타나고 있다. 문제는 사랑의 미명아래 서로를 소유물로 착각하고 자기의 눈높이에 맞춰 구속시키려 하면서 전쟁 중인 군인들처럼 상대를 이기고 제압하려 하는데서부터 불행의 싹이 움트지 않나 생각된다. 사랑은 서로 마주 보는 것이 아니라 같은 방향을 바라보는 것이란 말과 같이 수십 년을 다른 환경에서 성장한 인격체로서 성인군자가 아닌 다음에야 부족한 점 없이 완벽할 수가 있겠는가? 톱니바퀴의 암수 나사가 서로 맞물려 돌면서 기계를 작동하듯이 서로의 부족한 점을 보완해 가면서 가정이란 큰 기계를 원활하게 돌려야 하지 않겠는가?

옛말에 안에서 호랑이 잡는 사람치고 밖에서 큰 소리 치는 사람 못 봤다는 말이 있다. 결혼한다고 찾아오는 제자들에게 꼭 들려주는 말이기도 하다.

## 4. 개인적 특성에 따른 부부폭력 가해

[표1-42] 개인적 특성에 따른 부부폭력 가해율

(단위: %, (명))

| 구분 | | 부부 폭력 | 신체적 폭력 | | | 정서적 폭력 | 경제적 폭력 | 성학대 | 방임 | 통제 | 분석 대상수 |
|---|---|---|---|---|---|---|---|---|---|---|---|
| | | | 경한 폭력 | 중한 폭력 | (경+중)폭력 | | | | | | |
| 사회 스트레스 | 유 | 66.6 | 11.8 | 1.5 | 12.1 | 42.0 | 7.1 | 5.8 | 32.7 | 47.1 | 1,704 |
| | 무 | 50.9 | 6.9 | 0.6 | 6.9 | 29.0 | 4.0 | 2.6 | 19.4 | 34.7 | 821 |
| 폭력허용도 | 상 | 68.1 | 18.1 | 5.3 | 18.1 | 50.2 | 24.5 | 24.9 | 26.5 | 46.7 | 53 |
| | 중 | 62.6 | 12.0 | 2.1 | 12.3 | 38.5 | 6.2 | 6.9 | 28.9 | 42.9 | 1,304 |
| | 하 | 60.3 | 8.9 | 0.7 | 8.9 | 35.4 | 5.6 | 3.8 | 24.6 | 41.2 | 1,206 |
| 성장기 학대경험 | 유 | 69.6 | 14.3 | 2.0 | 14.4 | 44.9 | 8.0 | 7.1 | 33.1 | 49.0 | 1,429 |
| | 무 | 50.8 | 5.7 | 0.7 | 5.8 | 26.6 | 3.5 | 3.9 | 18.4 | 32.9 | 1,107 |
| 성장기 폭력경험 | 유 | 72.6 | 15.7 | 2.1 | 15.9 | 49.7 | 9.8 | 9.1 | 36.7 | 48.6 | 770 |
| | 무 | 56.2 | 8.1 | 1.0 | 8.2 | 31.0 | 4.0 | 3.7 | 22.1 | 39.5 | 1,450 |
| 음주여부 | 예 | 64.8 | 11.8 | 1.8 | 12.0 | 40.6 | 7.0 | 6.6 | 29.2 | 44.5 | 1,894 |
| | 아니오 | 51.6 | 7.5 | 0.8 | 7.6 | 26.4 | 3.5 | 3.8 | 19.1 | 34.8 | 660 |

자료 : 여성가족부 2010 가정폭력 실태조사

주 : 1) 폭력허용도 집단 구분은 '상'의 경우 평균+1표준편차 초과집단을 의미하며, '중'의 경우 평균±1 표준편차 집단을 의미하며, 마지막으로 '하'의 경우 평균-1표준편차 미만 집단을 의미함

[표1-42]에 나타난 개인 특성에 따른 부부폭력 가해율을 보면 사회스트레스를 경험한 집단과 폭력허용도가 높은 집단, 그리고 성장기 학대경험이나 부모간 폭력을 목격한 경우 가해율이 높게 나타나고 있는 것을 알 수가 있다. 전체적인 부부폭력은 성장기 폭력경험이 있는 경우가 72.6%로 높게 나타났으며 신체적 폭력이나 정서적, 경제적 폭력과 성학대에서는 폭력허용도가 높게 나타나있다. 방임은 성장기 폭력경험이 있는 경우가 통제는 성장기 학대경험과 사회스트레스가 있는 경우가 높게 나타나고 있다. 생업에 종사하다 보면 매일 좋은 일만 있겠는가? 상사에게 질책을 받거나 거래처 사람들이나 주위 사람들로부터 안 좋은 일이 일어 날 수도 있으니 스트레스가 쌓일 수 밖에. 그렇다고 사랑하는 남편과 아빠의 퇴근을 기다리는 가정에서 스트레스가 쌓였다고 힘없는 그들에게 화풀이를

해댄다면 그 집안의 분위기는 어떠하겠는가? 아마도 그러한 일들이 반복된다면 아빠의 퇴근이 기다려지는 것이 아니라 아빠의 퇴근시간이 다가올수록 그들에게는 저승사자가 찾아오는 공포의 시간이 될 것이고 가정은 행복이 아닌 전운이 감돌 것이다.

그래서 결혼하는 제자들에게 당부 아닌 무도인으로 약속을 하게 하는 것이 퇴근 후 현관문을 만지는 순간 밖에서 있었던 모든 일은 잊고 가장으로서 가족의 품으로 들어서라는 것이다.

## 5. 부부폭력의 대응

### 1) 폭력피해자의 대응

[표1-43] 폭력피해자의 대응 방법

(단위: %, (명))

| 구 분 | | 그냥 당하고 있었다 | 자리를 피하거나 집밖으로 도망 | 함께 폭력행사 | 주위에 도움요청 | 기 타 | 계 |
|---|---|---|---|---|---|---|---|
| 폭 력 피해자 | 아내 | 63.9 | 24.7 | 10.0 | 1.1 | 0.2 | 100.0 |
| | 남편 | 70.7 | 23.2 | 5.2 | 0.9 | · | 100.0 |

자료 : 여성가족부 2016 가정폭력 실태조사

폭력피해자의 대응방법을 보면[표1-43] 그냥 당하고 있었다는 응답은 아내가 63.9% 남편이 70.7%로 높게 나타나고 있다. 또한 자리를 피하거나 집 밖으로 도망하였다는 아내가 24.7% 남편이 23.2%이며 함께 폭력을 행사하였다는 아내가 10.0% 남편은 5.2%로 나타나고 있다.

## 2) 폭력피해시 무대응 이유

[표1-44] 폭력피해시 무대응 이유

(단위: %, (명))

| 구 분 | | 무서워서 | 대응하면 폭력이 심해져서 | 내가 잘못한 것이므로 | 배우자 이기 때문 | 창피, 자존심 상해서 | 그순간만 넘기면 되어서 | 아이들 때문에 | 기 타 | 계 |
|---|---|---|---|---|---|---|---|---|---|---|
| 폭 력 피해자 | 아내 | 7.5 | 22.9 | 8.1 | 33.3 | 34.6 | 47.7 | 23.7 | 2.2 | 100.0 |
| | 남편 | 0.7 | 14.8 | 33.0 | **48.1** | 29.8 | 49.6 | 10.1 | - | 100.0 |

자료 : 여성가족부 2016 가정폭력 실태조사

폭력피해 시 무 대응을 한 이유[표1-44]를 그 순간만을 넘기면 되어서가 아내 47.7% 남편 49.6%로 가장 높았으며 다음으로 아내는 창피와 자존심이 상해서가 34.6%였으며 남편은 배우자이기 때문에가 48.1%를 차지하고 있다.

그리고 아내는 배우자이기 때문이 33.3%였으며 남편은 내가 잘못한 것이므로 33.0%를 나타내고 있음을 알 수가 있다.

# 6. 폭력피해자의 증상

## 1) 신체적 증상

[표1-45] 폭력피해자의 신체적 증상

(단위: %, (명)

| 구 분 | | 코피 | 고막이 터지거나 이가부러짐 | 눈의상처 멍 | 가벼운상처 멍드는정도의 타박상 | 골절상 | 기 타 | 계 |
|---|---|---|---|---|---|---|---|---|
| 신체적 폭 력 피해자 | 아내 | 8.5 | 3.2 | 16.5 | **62.6** | 2.6 | 6.6 | 100.0 (226) |
| | 남편 | 0 | 9.1 | 6.1 | **81.3** | 0 | 3.5 | 100.0 (21) |

자료 : 여성가족부 2010 가정폭력 실태조사
주1) 신체적 폭력 히해가 있었다고 응답한 사례만 분석함
2) 무응답은 분석에서 제외함
3) 중복읍답 결과임
4) 가중치 부여한 분석 결과임

폭력피해자의 신체적 증상을 살펴보면[표1-45] 피해자가 아내인 경우 신체적 증상으로는 가벼운 상처 또는 타박상이 62.6%로 많았으며, 다음으로 눈의 상처와 멍이 16.5%였으며 그리고 코피 8.5%, 고막이 터지거나 이가 부러짐 3.2%, 골절상 2.6%, 순이며 남편이 피해자인 경우에는 가벼운 상처 또는 타박상이 81.3%로 높게 나타났으며 다음으로 고막이 터지거나 이가 부러짐 9.1%, 눈의 상처와 멍 6.1%, 순으로 나타나고 있다.

## 2) 정신적 증상

[표1-46] 폭력피해자의 정신적 증상

(단위: %, (명))

| 구 분 | | 자신에 대한 실망, 무력감 자아상실 | 매사에 불안 우울 | 폭력으로 죽을 것 같은 생각 | 폭력 행위자에 대한 적대감, 분노 | 계속 그 생각이 난다 | 죽고 싶다는 생각 | 사람 만나는 것을 기피 | 기 타 | 계 |
|---|---|---|---|---|---|---|---|---|---|---|
| 정신적 폭 력 피해자 | 아내 | 27.2 | 12.4 | 4.9 | 24.3 | 13.6 | 10.8 | 4.9 | 1.4 | 100.0 (529) |
| | 남편 | 21.3 | 20.4 | 0 | 19.9 | 22.3 | 2.5 | 2.7 | 10.9 | 100.0 (23) |

자료 : 여성가족부 2010 가정폭력 실태조사

폭력피해자의 정신적 증상으로는[표1-46] 피해자가 아내인 경우 자신에 대한 실망이나 무력감·자아상실이 27.2%였으며 다음으로 가해자에 대한 적대감이나 분노가 24.3%,로 나타났다. 그리고 계속 그 생각이 난다가 13.6%, 매사에 불안 우울이 12.4%, 죽고 싶다는 생각이 10.8%순이며, 피해자가 남편인 경우에는 계속 그 생각이 난다가 22.3%, 자신에 대한 실망 무력감 자아상실이 21.3%, 매사에 불안  우울은 20.4%, 가해자에 대한 적대감이나 분노가 19.9%, 순으로 나타나고 있다. 부부싸움은 칼로 물 베기라고 하지만 폭력에 의한 서로의 감정이 이러한데 부부로서 사랑이나 행복을 이야기 할 수 있겠는가? 가정의 분위기는 어떠할 것이며 또한 함께 생활하며 지켜보는 가족들은 어떠하겠는가?

# 제 Ⅱ 부

# 학교폭력

제1장 국민의 학력 및 공교육

제2장 학교폭력의 개요

제3장 학교폭력의 실태

# 제1장

# 국민의 학력과 공교육

## Ⅰ. 학력 및 경제

### 1. 국민의 학력구성비

일제 강점기에 선각자들은 아는 것이 힘이다. 배워야 산다는 외침과 함께 문맹퇴치를 위해 각고의 노력을 기울였던 일들을 우리는 역사를 통하여 알 수가 있다. 우리나라 25세 이상 국민의 학력구성비[표2-1]를 살펴보면

[표2-1] 국민의 학력 구성비(25세 이상)(1955년~2015년)

(단위:%)

| 구 분 | 초졸이하 | | | 중 졸 | | | 고 졸 | | | 대졸이상 | | |
|---|---|---|---|---|---|---|---|---|---|---|---|---|
| | 전체 | 남 | 여 | 전체 | 남 | 여 | 전체 | 남 | 여 | 전체 | 남 | 여 |
| 1955 | 91.8 | 86.0 | 97.1 | 5.3 | 8.9 | 2.0 | 1.7 | 2.7 | 0.7 | 1.3 | 2.4 | 0.3 |
| 1970 | 73.4 | 61.2 | 84.7 | 11.5 | 15.1 | 8.2 | 10.2 | 15.2 | 5.5 | 4.9 | 8.5 | 1.6 |
| 1980 | 55.3 | 42.8 | 67.0 | 18.1 | 19.8 | 16.5 | 18.9 | 25.4 | 12.9 | 7.7 | 12.0 | 3.6 |
| 1990 | 33.4 | 23.3 | 43.0 | 19.0 | 17.6 | 20.3 | 33.5 | 38.9 | 28.4 | 14.1 | 20.1 | 8.3 |
| 2000 | 22.9 | 15.1 | 30.4 | 13.3 | 12.3 | 14.3 | 39.4 | 41.5 | 37.3 | 24.3 | 31.0 | 18.0 |
| 2010 | 17.1 | 10.9 | 22.9 | 10.2 | 9.5 | 10.8 | 36.9 | 38.3 | 35.6 | 35.8 | 41.4 | 30.6 |
| 2015 | 14.3 | 8.7 | 19.7 | 9.3 | 8.5 | 10.0 | 35.7 | 37.2 | 34.3 | 40.7 | 45.6 | 36.1 |

자료 : 경제기획원, 사회지표 1990
통계청, 사회지표 2000, 2010, 2017

1955년 초등학교 졸업이하의 학력은 25세 이상 전체 인구 중 91.8%(남자 86% 여자 97.1%)였으며 2015년에는 25세 이상 전체 인구 중 14.3%(남자 8.7% 여자 19.7%)로 줄었음을 알 수가 있다. 이는 국민의 학력이 높아졌다는 것을 의미하며 고령자를 제외한다면 초졸 이하의 학력이 차지하는 비율은 훨씬 낮아질 것이다. 중졸의 학력 또한 1955년 25세 이상 전체 인구 중 5.3%(남자 8.9% 여자 2.0%)에서 2015년에는 25세 이상 전체 인구중 9.3%(남자 8.5% 여자 10.0%)로 높아졌으며 고졸 또한 1955년 25세 이상 전체 인구 중 1.7%(남자 2.7% 여자 0.7%)에서 2015년에는 25세 이상 전체 인구 중 35.7%(남자 37.2% 여자 34.3%)로 1955년 이후 고졸학력자의 수가 매년 증가되어 오다가 2000년 이후 낮아지는 대신 대졸이상자의 수가 증가되는 추세이다.

대졸이상의 학력은 1955년 25세 이상 전체 인구 중 1.3%(남자 2.4% 여자 0.3%)에서 2015년에는 25세 이상 전체 인구 중 40.7%(남자 45.6% 여자 36.1%)로 높아졌다. 따라서 고졸이상의 학력은 1955년 25세 이상 전체 인구중 3.0%(남자 5.1% 여자 1%)에서 2015년 25세 이상 전체 인구중 76.4%(남자 81.3% 여자 70.4%)로 25세 이상 국민의 학력이 향상되었음은 물론 남녀 간의 학력격차 또한 줄어들었음을 알 수가 있다.

## 2. 국민의 평균교육 연수

[표2-2] 국민 평균교육 년수(1960년~2015년)

(단위:년)

| 구 분 | 1960 | 1970 | 1980 | 1990 | 2000 | 2010 | 2015 |
|---|---|---|---|---|---|---|---|
| 전체 | 3.69년 | 5.74년 | 7.6년 | 9.5년 | 10.5년 | 11.6년 | 12.1년 |
| 남 | 4.64년 | 6.86년 | 8.7년 | 10.6년 | 11.5년 | 12.4년 | 12.8년 |
| 여 | 2.79년 | 4.72년 | 6.6년 | 8.6년 | 9.8년 | 10.9년 | 11.4년 |

자료 : 1) 경제기획원, 총인구 및 주택조사보고 1970
2) 경제기획원, 인구센세스보고 1966
3) 통계청, 인구주택 총조사보고서 1980, 1990, 2000, 2010, 2017

[표2-1]의 국민의 학력구성비(25세 이상)에서 알 수 있듯이 1955년 이후 국민의 학력수준은 많은 향상을 이루었다. 따라서 국민의 평균 교육 년수[표2-2] 또한 국민의 학력수준의 향상과 비례하여 증가되었으며 1960년에는 평균 3.69년(남자 4.64년 여자 2.79년)이었으나 2010년에는 전체 11.6년(남자 12.4년 여자 10.9년)과 2015년 전체 12.1년(남 12.8년, 여 11.4년)으로 늘어났음을 알 수가 있다. 이러한 증가현상은 국민의 교육열이 높은 현실을 감안한다면 앞으로도 계속될 것으로 보여 진다.

## 3. 학력별 성별 임금

신분제도가 엄격 하였던 조선 시대에서는 태어나면서부터 주어진 신분의 굴레에서 벗어나기란 백사장에서 바늘 찾기보다 힘든 일이었지만 신분제도가 무너진 시대에서는 신분 상승의 방법이 보다 확실한 길은 교육이었을 것이다.

그래서인지 죽도 배불리 먹지 못하였던 시절 빚을 얻다 못해 온 가족의 생명줄이라 할 수 있는 소를 팔아 아들 하나 서울로 보내 대학공부를 시켜가면서 다른 형제들은 희생양이 되어 학업을 포기하고 어린나이에 살기 위해 생업에 매달리는 경우가 우리들 주변에서도 쉽게 찾아볼 수가 있었다.

졸업 후 잘돼서 형제들을 돌봐주고 집안을 일으켜 주길 바라면서 집중투자를 한 60년대에 대학을 상아탑이라 부르지 않고 부모의 노동으로 등골을 뽑아 벌은 돈과 소를 팔아 모은 돈을 등록금으로 받아 세워지는 대학이라는 자조적인 말로 우골탑이라는 말을 사용하기도 하였지만 어찌 되었든 대학을 나온 아들이 그 기대에 부응을 하였다면 오늘날 형제들 간에 존경을 받으면서 우애 있는 집안으로 살고 있겠지만 간혹 연속극의 소재로 등장하였던 것처럼 환경이 좋은 신부를 만나다 보니 남자의 집안이 초라하여 부모 형제와 의절하고 고아라 속이고 결혼하여 살아왔거나 나 먹기도 부족한데 부모 형제를 만나면 도와 달랄까봐 외면하거나 갖은 궁상을 떨어대며 살아 왔다면 굳이 설명하지 않아도 우리들 주변에 어렵지 않게 목격할 수 있는 한 시대의 아픔일 것이다.

[표2-3] 학력별 성별 임금(1980년~2018년)

(단위:천원)

| 구 분 | 중졸이하 | | 고 졸 | | 초대(전문대)졸 | | 대졸이상 | |
|---|---|---|---|---|---|---|---|---|
| | 남 | 여 | 남 | 여 | 남 | 여 | 남 | 여 |
| 1995 | 619 | 388 | 657 | 473 | 747 | 557 | 944 | 753 |
| 2000 | 796 | 582 | 896 | 674 | 995 | 798 | 1,425 | 1,071 |
| 2005 | 1,032 | 794 | 1,220 | 952 | 1,396 | 1,162 | 2,096 | 1,551 |
| 2010 | 1,257 | 1,031 | 1,449 | 1,130 | 1,644 | 1,345 | 2,446 | 1,737 |
| 2015 | 1,508 | 1,087 | 1,722 | 1,290 | 2,044 | 1,555 | 2,770 | 1,966 |
| 2018 | 1,766 | 1,253 | 2,015 | 1,576 | 2,321 | 1,820 | 3,043 | 2,261 |

주: 임금은 정액급여만을 대상으로 함
자료 : 1. 노동부, 「임금구조 기본통계 조사보고서」 원자료
2. 한국노동연구원 KLI 노동통계 1997, 2000, 2007, 2013, 2019

[표2-3]은 1995년도 이후 1년 미만 근로자의 학력 및 성별 임금을 나타내고 있다. 1995년 고졸자의 임금은 남자 65.7만원 여자 47.3만원 정도였으며 대졸이상의 임금은 남자 94.4만원, 여자 75.3만원 정도로 대졸이상의 임금은 고졸학력의 임금보다 남자는 18.7만원, 여자는 28만원 정도 임금이 많았다. 2018년에는 고졸자의 임금은 남자가 201.5만원, 여자는 157.6만원 정도였으며 대졸이상의 임금은 남자가 304.3만원, 여자는 226.1만원 정도로 고졸학력자 보다 대졸이상 학력자의 임금은 남자는 102.8만원, 여자는 68.5만원 많았다.

또한 같은 학력에서 남녀 간의 임금격차는 1995년 고졸자 간의 임금은 184,000원(28.0%)의 차이가 났었으나 2018년에는 439,000원(21.8%)의 차이가 있으며 초대졸에서는 1995년 남녀 간의 격차는 190,000원(25.4%)에서 2018년에는 501,000원(21.6%)의 차이가 대졸 이상의 학력에서는 1995년 191,000원(20.2%)에서 2018년 782,000원(25.7%)의 격차가 있음을 알 수가 있다. 이러한 같은 학력에서의 남녀 간 성별에 의한 임금의 간극이 크고 더욱이 학력 간 임금의 격차는 물론 회사 내 승진 등의 기회에 있어서도 엄연한 차이가 존재하는 현실 속에서 개선의 노력이 필요하다 하겠다.

## 4. 혼인상태별 경제활동

[표2-4] 혼인상태별 경제활동(1990년~2010년)

(단위:%)

| 성별 / 년도 | 여 성 | | 남 성 | | 남녀차이(남-여) | |
|---|---|---|---|---|---|---|
| | 기 혼 | 미 혼 | 기 혼 | 미 혼 | 기 혼 | 미 혼 |
| 1990 | 46.8 | 45.6 | 88.2 | 43.2 | 41.4 | -2.4 |
| 1995 | 47.6 | 50.4 | 88.8 | 49.6 | 41.2 | -0.8 |
| 2000 | 48.7 | 47.0 | 84.3 | 50.2 | 35.6 | 3.2 |
| 2005 | 49.0 | 53.6 | 83.8 | 53.6 | 34.8 | 0.0 |
| 2010 | 49.1 | 50.5 | 83.0 | 51.3 | 33.9 | 0.8 |

자료 : 통계청 경제활동 인구연보 2010

[표2-4]는 1990년부터 2010년까지 혼인상태별 경제활동을 나타낸 것으로서 기혼여성이 경제활동을 하는 경우는 1990년 46.8%에서 매년 증가하여 2010년에는 49.1%를 차지하고 있다. 이는 기혼여성들이 육아와 가사노동은 물론 경제활동까지 병행하게 되는 이중고를 겪게 되는 것이라 할 수 있을 것이다. 이러한 부담과 더불어 남녀의 임금차이 및 보육시설의 부족과 지출은 이들 젊은 부부들로부터 자녀의 출산을 미루거나 기피하게 되어 매년 출산율이 저하되는 현상이 지속되고 자녀들의 가정교육 또한 남에게 의존 할 수 밖에 없는 현실이 되고 있다.

# II. 교육환경

## 1. 남녀공학과 분리학교

[표2-5] 전국 중고의 남 · 녀 공학학교와 분리학교수(1985년~2015년)

(단위 : 학교수)

| 연 도 / 학교별 | 중학교 | | | 고등학교 | | |
|---|---|---|---|---|---|---|
| | 남녀공학 | 여중 | 남중 | 남녀공학 | 여고 | 남고 |
| 1985 | 1,241 | 543 | 587 | 542 | 518 | 542 |
| 1990 | 1,343 | 535 | 596 | 651 | 490 | 542 |
| 1995 | 1,536 | 548 | 599 | 814 | 505 | 511 |
| 2000 | 1,689 | 495 | 547 | 1,018 | 496 | 443 |
| 2005 | 2,091 | 399 | 445 | 1,223 | 462 | 410 |
| 2010 | 2,347 | 368 | 415 | 1,402 | 445 | 406 |
| 2015 | 2,450 | 356 | 398 | 1,508 | 431 | 405 |

자료 : 교육과학기술부 교육통계연보 2012 ; 교육부 교육통계연보 2016
주) : 고등학교 수치는 1985년부터 2010년까지 각 년도의 일반계고와 전문계고의 자료를 합산한 것임

[표2-5]는 전국의 중 · 고등학교의 남녀공학 학교와 분리학교수를 나타낸 것으로 남녀공학 중학교는 1985년 1,241개 학교에서 2015년 2,450개 학교로 매년 증가되고 있는 추세인 반면에 여중과 남중의 수는 1995년 이후 매년 감소되고 있다. 고등학교 또한 중학교와 마찬가지로 남녀공학 고등학교 수는 1985년 542개 학교에서 2015년 1,508개 학교로 매년 증가되고 있으며 여고와 남고의 수는 1995년 이후 매년 감소추세를 보이고 있다.

옛 말에 남녀칠세부동석이란 말이 있다. 혹자는 본인을 고루하다고 할 수도 있겠지만 어떠한 근거에 의하여 또한 어떠한 효과를 얻기 위하여 이러한 현상이 일어나고 있는지 관련부서에 질의를 하여 보았으나 뚜렷한 답을 얻지 못하였다. 경제성장과 더불어 청소년들의 체위가 향상되고 조숙하여 초경이나 몽정의 연령이 낮아지고 있는 현실에서 사춘기의 어린 청소년들을 한데 모아놓았으니 교내 성폭력사건이 증가하고 있는 것이 아닌가 하는 생각이 든다.

## 2. 학급당 학생 수

[표2-6] 년도 별 학급당 학생 수(1960년~2018년)

(단위 : 명)

| 학교별 \ 연 도 | 1960 | 1970 | 1980 | 1990 | 2000 | 2010 | 2018 |
|---|---|---|---|---|---|---|---|
| 초등학교 | 57.4 | 62.1 | 51.5 | 41.4 | 35.8 | 26.6 | 22.3 |
| 중등학교 | 48.3 | 62.1 | 62.1 | 50.2 | 38.0 | 33.8 | 25.7 |
| 일반계고 | 45.7 | 60.1 | 59.9 | 53.6 | 44.1 | 35.5 | 27.1 |
| 실업계고 | 33.8 | 56.1 | 59.6 | 51.5 | 40.3 | 29.1 | 23.0 |

자료 : 문교부 교육기본통계 1975
경제기획원 사회지표 1978
교육부 교육통계분석 2010, 2018
주 : 학급당 학생 수 = 재적학생수/학급수

[표2-6] 는 연도별 학급당 학생 수를 나타낸 것으로 학급당 학생 수는 1953년 6.25 전쟁이 휴전 된 후 베이비 붐 시대들의 취학시기인 1970년도를 전 후하여 콩나물 교실이라는 별칭을 얻게 되고 80년대엔 교실이 부족하여 오전반과 오후반으로 나뉘어 2부제 수업을 하였던 시절도 있었지만 이후 취학아동이 매년 감소함과 아울러 시설의 증설 등으로 학급당 학생수는 매년 감소되는 추세를 보이고 있다. 초등학교는 1970년 학급당 평균 62.1명에서 2010년 26.6 명과 2018년 22.3명으로 줄었으며 중학교는 1970년 62.1 명에서 2010년 33.8명과 2018년 25.7명으로 일반계고는 1970년 60.1명에서 2010년 35.5명과 2018년 27.1명으로 줄었음을 알 수가 있다.

## 3. 교사 1인당 학생 수

[표2-7] 년도별 교사 1인당 학생수(1960년~2018년)

(단위 : 명)

| 학교별 \ 연 도 | | 1960 | 1970 | 1980 | 1990 | 2000 | 2010 | 2018 |
|---|---|---|---|---|---|---|---|---|
| 초등학교 | | 58.64 | 56.87 | 47.5 | 35.6 | 28.7 | 18.7 | 14.5 |
| 중등학교 | | 40.50 | 42.26 | 45.1 | 25.4 | 20.1 | 18.2 | 12.1 |
| 고등학교 | 일반 | 0 | 32.0 | 33.9 | 25.4 | 20.9 | 16.5 | 11.5 |
| | 실고 | 28.40 | 27.5 | 32.6 | 23.4 | 18.2 | 13.1 | 9.8 |
| 대학 | | 26.84 | 28.82 | 34.2 | 41.1 | 39.7 | 36.2 | 30.4 |

주 : 교원 1인당 학생 수 = 재적학생 수 /교원 수
자료 : 문교부 교육기본통계 1975
경제 기획원 사회지표 1978
교육과학기술부 교육통계분석 2010
교육부 교육통계연보 2018

교사 1인당 학생 수는 학급당 학생 수 [표2-6]과 비례하여 [표2-7]에 나타난 바와 같이 1960년 초등학교 교사는 1인당 58.64명의 학생에서 2010년 18.7명과 2018년 14.5명이며 중학교 교사는 1960년 40.5명의 학생에서 2010년 18.2명과 2018년 12.1명의 학생이었다. 그리고 일반 고등학교 교사는 1970년 32명에서 2018년 11.5명으로 줄었으나, 대학교 교수는 1960년 26.84명에서 1990년 44.1명으로 증가되어 오다가 이후 감소되어 2018년 30.4명으로 감소되었다. 이와 같은 감소현상은 저 출산 등의 영향으로 계속 이어질 것으로 보여 진다.

2011년도 주요 OECD국가의 교원 1인당 학생 수를 보면 초등학교 교사는 한국 19.6명, 영국 19.9명, 프랑스 18.4명, 일본 18.1명, 미국 15.3명이었으며 중등학교 교사는 한국 18.8명, 미국 15.2명, 영국 15.2명, 프랑스 14.8명, 일본 14.2명이었다. 고등학교 교사는 영국 17.3명, 한국 15.8명, 미국 15.3명, 일본 12.2명, 프랑스 10.0명 순으로 나타났다.(자료 : OECD 2013,Education at Glance)

간혹 불미스러운 사건이 일어 날 때마다 과중한 업무 탓과 함께 국민 소득이 월등히 많은 선진국의 학생 수를 들먹이며 변명을 하기 보다는 사명감을 가지고 교육자로서, 참 스승으로서 국가와 어린자녀들의 미래를 열어 가는데 주춧돌이 되는 존경받는 스승이 되어 주길 바라는 마음이다.

## 4. 학생의 학교생활 만족도

[표2-8] 학생의 학교생활 만족도

(단위: %)

| 구 분 | 만족 | | 보통 | | 불만족 | | 계 | |
|---|---|---|---|---|---|---|---|---|
| | 남 | 여 | 남 | 여 | 남 | 여 | 남 | 여 |
| 전반적인 학교생활 | 53.6 | 50.9 | 40.6 | 43.0 | 5.8 | 6.2 | 100 | 100 |
| 교육 내용 | 49.1 | 48.0 | 41.4 | 43.3 | 9.5 | 8.7 | 100 | 100 |
| 학교시설 및 설비 | 43.0 | 38.9 | 42.4 | 43.8 | 14.6 | 17.2 | 100 | 100 |
| 교우 관계 | 69.8 | 67.7 | 26.7 | 27.5 | 3.5 | 4.8 | 100 | 100 |
| 교사와의 관계 | 54.0 | 52.3 | 39.7 | 41.1 | 6.3 | 6.7 | 100 | 100 |
| 학교 주변 환경 | 40.5 | 39.2 | 42.3 | 43.3 | 17.3 | 17.5 | 100 | 100 |

주) 1. 자료 : 통계청, 사회조사보고서 2017

[표2-8] 의 2016년도 학생의 학교생활 만족도를 살펴보면 만족도에 있어서는 교우관계 69.8% 교사와의 관계 54.0% 전반적인 학교생활 53.6% 교육 내용 49.1%순으로 나타나고 있으며 학교시설 및 설비(43.0%)와 학교 주변환경(46.5%)은 낮은 만족도를 보이고 있다. 따라서 불만족 또한 학교 주변환경(17.3%) 학교 시설 및 설비(14.6%) 교육내용(9.5%)순으로 나타나고 있어 적극적인 개선 방안이 강구 되어야 할 것이다.

# 제2장

# 학교폭력의 개요

## Ⅰ. 학교폭력의 개념

학교폭력의 개념에 있어 폭력 장소에 따라 교내에서 발생하는 폭력을 학교폭력으로 보는 견해와, 학교 내와 학교 주변 및 등하교 길에서 발생하는 폭력을 학교폭력으로 보는 견해가 있는가 하면 폭력의 주체에 따라 학생들 간의 폭력뿐만 아니라 교사에 의한 폭력까지를 포함하여야 한다는 견해가 있다.

또한 가해자의 중심으로 학생에 의해 이루어지는 폭력을 학교폭력으로 보아야 한다는 주장과, 피해자의 입장에서 학생이 학교내외에서 받는 모든 폭력을 학교폭력으로 보는 견해가 있다.

우리나라의 학교폭력 예방 및 대책에 관한 법률에는 학교폭력이란 학교내외에서 학생간에 발생한 상해, 질병, 감금, 협박, 약취, 유인, 명예훼손, 모욕, 공갈, 강요 및 성폭력, 따돌림, 정보통신망을 이용한 음란.폭력정보 등에 의하여 신체나 정신 또는 재산상의 피해를 수반하는 행위라고 규정하고 있다.

# II. 소년 범죄의 발생

## 1. 소년 강력(흉악)범 인원 및 현황

[표2-9] 연도별 소년 강력사건(1995년~2018년)

(단위: 명, %)

| 구분 \ 년도 | 1995년 | 2000년 | 2005년 | 2010년 | 2015년 | 2018년 |
|---|---|---|---|---|---|---|
| 살인 | 84<br>(2.2) | 54<br>(1.7) | 32<br>(2.1) | 34<br>(0.8) | 10<br>(0.6) | 5<br>(0.5) |
| 강도 | 2,965<br>(78.4) | 2,619<br>(80.1) | 1,032<br>(67.3) | 1,448<br>(34.9) | 538<br>(34.9) | 214<br>(19.8) |
| 강간 | 665<br>(17.6) | 511<br>(15.6) | 323<br>(21.1) | 2,471<br>(59.6) | 876<br>(56.8) | 752<br>(69.6) |
| 방화 | 66<br>(1.8) | 84<br>(2.6) | 146<br>(9.5) | 193<br>(4.7) | 119<br>(7.7) | 109<br>(10.1) |
| 계 | 3,780<br>(100.0) | 3,268<br>(100.0) | 1,533<br>(100.0) | 4,146<br>(100.0) | 1,543<br>(100.0) | 1,080<br>(100.0) |

자료 :경찰청 범죄분석 1995, 2000, 2005, 범죄통계 2010, 2017 재구성
주: 1. 19세 미만의 강력(흉악) 범죄자를 기준함
2. 2010년과 2015년 및 2018년도의 유사강간과 강제추행 및 기타 강간; 강제추행 등의 인원을 제외하였음.

[표2-9]은 1995년부터 2015년 까지 발생한 강력사건의 검거된 미성년(19세미만) 범죄자 수를 나타내고 있다.

년도별 총 강력 사건의 범죄자 중 미성년 강력사건의 범죄자는 1995년 11,466명 중 3,780명(33%)이었으며 2000년에는 총 14,402명 중 3,268명(22.7%) 2005년 14,545명 중 1,533명(10.5%) 2010년 25,986명 중 4,146명(16%) 2015년 25,821명 중 1,543명(6%) 2018년 28,302명 중 2,267명(8.0%)이었다.

그리고 소년의 강력 범죄자 중 2015년 까지는 강도 범죄가 많은 구성비를 차지하고 있었으나 이후 2010년부터는 그 구성비의 순위가 바뀌어 강간 범죄가 많은 구성비를 차지하고 있음을 알 수가 있다.

## 2. 소년 강력(흉악)범의 연령별 현황

[표2-10] 소년 강력(흉악)범의 연령별 현황(1995년~2015년)

(단위: 명)

| 년도＼구분 | 14세 미만 | 14세 | 15세 | 16세 | 17세 | 18세 | 19세 | 계 |
|---|---|---|---|---|---|---|---|---|
| 1995년 | 40<br>(1.1) | 273<br>(7.2) | 557<br>(14.7) | 784<br>(20.7) | 820<br>(21.8) | 685<br>(18.1) | 621<br>(16.4) | 3,780<br>(100.0) |
| 2000년 | 42<br>(1.3) | 176<br>(5.4) | 409<br>(12.5) | 607<br>(18.6) | 756<br>(23.1) | 705<br>(21.6) | 573<br>(17.5) | 3,268<br>(100.0) |
| 2005년 | 18<br>(1.2) | 157<br>(10.2) | 295<br>(19.2) | 318<br>(20.8) | 268<br>(17.5) | 244<br>(15.9) | 233<br>(15.2) | 1,533<br>(100.0) |
| 2010년 | 17<br>(0.4) | 246<br>(5.9) | 680<br>(16.4) | 828<br>(20.0) | 812<br>(19.6) | 845<br>(20.4) | 718<br>(17.3) | 4,146<br>(100.0) |
| 2015년 | 3<br>(0.1) | 265<br>(9.0) | 462<br>(15.6) | 501<br>(16.9) | 554<br>(18.7) | 592<br>(20.0) | 582<br>(19.7) | 2,959<br>(100.0) |

주) 1. 자료 : 경찰청 범죄분석 1995, 2000, 2005 ; 범죄통계 2010, 2015 재구성
2. ( )은 분포백분율

[표2-10]는 1995년부터 2015년까지 발생한 강력 사건 중 검거된 소년 강력(흉악) 범죄자의 범행시 연령별 현황을 나타내고 있다.

소년 범죄자의 연령별 비율을 살펴보면 1995년에는 ①17세 820명(21.8%) ②16세 784명(20.7%) ③18세 685명(18.1%)순이었으며 2000년에는 ①17세 756명(23.1%) ②18세 705명(21.6%) ③16세 607명(18.6%)순이었다. 그리고 2005년에는 ①16세 318명(20.8%) ②15세 295명(19.2%) ③17세 268명(1.75%)순이었으며 2010년은 ①18세 845명(20.4%) ②16세 828명(20.0%) ③17세 812명(19.6%)순이며 2015년에는 ①18세 592명(20.0%) ②19세 582명(19.7%) ③17세 554명(18.7%)순으로 나타나고 있다.

소년 강력(흉악) 범죄자는 1995년 3,780명, 2000년 3,268명, 2005년 1,533명으로 감소되다가 2010년 4,146명으로 증가되었으나 2015년 2,959명으로 감소가 되고 2017년 또한 2,911명으로 약간의 감소를 나타내고 있다.

## 3. 소년범죄의 성별 현황

[표2-11] 소년 범죄의 성별 현황(1995년~2015년)

(단위: 명, %)

| 구분 / 년도 | 1995년 | 2000년 | 2005년 | 2010년 | 2015년 |
|---|---|---|---|---|---|
| 남 | 94,956 (92.9) | 97,994 (87.2) | 46,466 (86.6) | 75,407 (84.0) | 60,535 (85.2) |
| 여 | 7,288 (7.1) | 14,448 (12.8) | 7,164 (13.4) | 14,369 (16.0) | 10,500 (14.8) |
| 계 | 102,244 (100.0) | 112,442 (100.0) | 53,630 (100.0) | 89,776 (100.0) | 71,035 (100.0) |

주) 1. 자료 : 대검찰청 범죄분석 1996, 2001, 2006, 2011, 2016
2. ( )은 분포백분율
3. 범죄 소년의 연령을 19세 미만(18세까지)으로 산정하였음

[표2-11]에서 나타나고 있는 것과 같이 소년 범죄자는 증감을 반복하는 경향을 보이고 있으며 남녀 구성비율은 남자 소년 범죄자는 평균 87.2%를 여자 범죄자는 평균 12.8%를 차지하고는 있으나 남자 범죄자는 1995년 92.9%에서 2016년 83,917명 83.9%로 구성비가 낮아지고 있으나 여자 범죄자의 경우는 1995년 7.1%에서 2016년 12,223명 16.1%로 증가되는 추세를 보이고 있다.

# 4. 미성년 범죄자 범행동기

[표2-12] 미성년 범죄자 범행동기(1995년-2015년)

(단위: 명(피의자통계원표), %)

| 구분<br>년도 | 계 | 이욕 | 사행심 | 보복 | 가정불화 | 호기심 | 유혹 | 우발적 | 현실불만 | 부주의 | 기타 |
|---|---|---|---|---|---|---|---|---|---|---|---|
| 1995 | 123,372<br>(100.0) | 22,917<br>(18.6) | 1,132<br>(0.9) | 1,563<br>(1.3) | 131<br>(0.1) | 12,867<br>(10.4) | 1,301<br>(1.1) | 31,644<br>(25.6) | 1,149<br>(0.9) | 16,732<br>(13.6) | 33,936<br>(27.5) |
| 2000 | 143,018<br>(100.0) | 23,082<br>(16.1) | 820<br>(0.6) | 1,594<br>(1.1) | 159<br>(0.1) | 9,196<br>(6.4) | 1,644<br>(1.2) | 39,833<br>(27.9) | 1,022<br>(0.7) | 23,346<br>(16.3) | 42,322<br>(29.6) |
| 2005 | 83,477<br>(100.0) | 6,406<br>(7.7) | 963<br>(1.2) | 664<br>(0.8) | 75<br>(0.1) | 10,680<br>(12.8) | 1,082<br>(1.3) | 23,076<br>(27.6) | 430<br>(0.5) | 6,722<br>(8.1) | 33,379<br>(40.0) |
| 2010 | 94,862<br>(100.0) | 19,668<br>(20.7) | 24<br>(0.0) | 1,103<br>(1.2) | 45<br>(0.0) | 11,397<br>(12.0) | 1,832<br>(1.9) | 27,011<br>(28.5) | 635<br>(0.7) | 5,995<br>(6.3) | 27,152<br>(28.6) |
| 2015 | 79,342<br>(100.0) | 14,293<br>(20.3) | 912<br>(1.3) | 25<br>(0.0) | 187<br>(0.3) | 7,897<br>(11.2) | 1,275<br>(1.8) | 20,498<br>(29.1) | 454<br>(0.6) | 4,751<br>(6.7) | 20,138<br>(28.6) |

자료: 경찰청 범죄분석 1995, 2000, 2005; 범죄통계 2010, 2015
주 : 미상은 제외함

[표2-12] 미성년 범죄자 범행동기(이욕)(1995년-2015년)

(단위: 명(피의자통계원표), %)

| 구분<br>년도 | 이욕 | | | | | | |
|---|---|---|---|---|---|---|---|
| | 계 | 생활비 | 유흥비 | 도박비 | 허영사치 | 치부 | 기타 |
| 1995 | 22,917<br>(18.6) | 1,719<br>(1.4) | 9,642<br>(7.8) | 34<br>(0.0) | 1,791<br>(1.5) | 358<br>(0.3) | 9,373<br>(7.6) |
| 2000 | 23,082<br>(16.4) | 2,044<br>(1.4) | 8,429<br>(5.9) | 11<br>(0.0) | 792<br>(0.6) | 585<br>(0.4) | 11,221<br>(7.8) |
| 2005 | 6,406<br>(7.7) | 1,961<br>(2.3) | 3,941<br>(4.7) | 12<br>(0.0) | 238<br>(0.3) | 157<br>(0.2) | 97<br>(0.1) |
| 2010 | 19,668<br>(20.7) | 4,203<br>(4.4) | 5,749<br>(6.1) | 18<br>(0.0) | 357<br>(0.4) | 186<br>(0.2) | 9,155<br>(9.7) |
| 2015 | 14,293<br>(18.0) | 3,903<br>(4.9) | 3,023<br>(3.8) | 142<br>(0.2) | 118<br>(0.1) | 25<br>(0.0) | 7,082<br>(8.9) |

자료: 경찰청 범죄분석 1995, 2000, 2005; 범죄통계 2010, 2015
주 : 미상은 제외함

미성년 범죄의 범행 동기에 있어 기타부분을 제외한 구성비를 살펴보면(표2-12) 1995년과 2000년에는 ①우발적(25.6%, 27.9%) ②부주의(13.6%, 16.3%) ③호기심(10.4%, 6.4%)순이었으나 2005년과 2010년 및 2015년에는 순위가 바뀌어 ①우발적(27.6%, 28.5%, 29.1%) ②호기심(12.8%, 12.0%, 11.2%) ③부주의(8.1%, 6.3%, 6.8%)순으로 나타나고 있다.

이욕에 있어서는 1995년에는 ①유흥비(7.8%) ②허영과 사치(1.5%) ③생활비(1.4%)순이었으나 200년과 2005년 및 2010년에는 ①유흥비(5.89%, 4.7%, 6.1%) ②생활비(1.4%, 2.3%, 4.4%) ③허영과 사치(0.55%, 0.3%, 0.4%)순으로 나타나고 2015년에는 ①생활비(4.9%) ②유흥비(3.8%) ③도박비(0.2%)순으로 나타나고 있다.

그리고 범죄 종목별 미성년 범죄자의 범행 동기를 살펴보면 강도는 1995년(2,965명), 2000년(2,619명), 2005년(1,032명), 2010년(1,198명), 2015년(423명, 미상 18명을 제외)의 기타 부분을 제외한 구성비의 순위는 ①유흥비(41.8%, 44.1%, 29.2%, 29.3%, 27.0%) ②우발적(10.4%, 10.4%, 14.2%, 21%, 18.2%) ③생활비(5.2%, 4%, 9.4%, 13%, 16.8%)순으로 나타나고 있으며 강간범의 범행 동기 또한 1995년(665명), 2000년(511명), 2005년(323명), 2010년(2,029명), 2015년(611명, 미상 127명을 제외)의 기타 부분을 제외한 구성비의 순위는 ①우발적(33.7%, 34.8%, 39.9%, 29.6%, 30.1%) ②호기심(20.3%, 15.7%, 17.0%, 19.6%, 18.6%) ③유혹(6.9%, 7.1%, 2.8%, 5.3%, 5.6%)순으로 나타나고 있다.

또한 절도범의 범행 동기는 1995년(30,181명), 2000년(32,668명), 2005년(27,367명), 2010년(37,069명), 2015년(25,278명, 미상 636명을 제외)의 기타 부분을 제외한 구성비의 순위는 1995년과 2000년 및 2005년에는 ①호기심(21.6%, 18.4%, 29.6%) ②우발적(15.2%, 16.1%, 22.1%) ③유흥비(14.6%, 15.1%, 7.9%)순이었으나 2010년에는 ①우발적(28.4%) ②호기심(18.4%) ③유흥비(8.7%)순으로 ①, ②위가 바뀌었으며 2015년 또한 ①우발적(26.4%) ②호기심(15.8%) ③생활비(7.9%)순으로 ③위가 바뀌었다.

그리고 폭력범의 범행 동기는 1995년(47,317명), 2000년(54,178명), 2005년(26,635명), 2010년(24,578명), 2015년(16,718명, 미상 3,318명을 제외)의 기타 부분을 제외한 구성비의 순위는 1995년과 2000년 및 2005년에는 ①우발적(48.4%, 57.3%, 53.2%) ②유흥비(7.9%, 3.4%, 3.7%) ③보복(3.1%, 6.2%, 2.3%)순이었으나 2010년에는 3위의 순위가 바뀌어 2010년 ①우발적(56.1%) ②유흥비(4.5%) ③생활비(2.0%)순이며 2015년에는 ①우발적(59.2%) ②호기심(1.9%) ③유흥비(1.7%)순으로 순위(구성비)의 변화를 나타

내고 있으며 범죄에 따라 범행동기 또한 차이가 있음을 알 수가 있다.

따라서 청소년들의 건전한 여가문화의 생활화와 더불어 인성교육에 좀 더 많은 노력과 배려가 필요하다고 하겠다.

## 5. 소년 범죄자의 부모관계

[표2-13] 소년 범죄자(형법, 재산, 흉악, 폭력)의 부모 관계(1995년~2015년)

(단위 : 명, %)

| 구분 / 년도 | 계 | 실(양)부모 | 계부모 | 실부 계모 | 실부 부모 | 계부 실모 | 무부 실모 | 계부 무모 | 무부 계모 | 무부 무모 | 기혼 |
|---|---|---|---|---|---|---|---|---|---|---|---|
| 1995 | 77,403<br>(100.0) | 56,282<br>(72.7) | 254<br>(0.3) | 1,037<br>(1.3) | 5,030<br>(6.5) | 580<br>(0.8) | 6,291<br>(8.1) | 78<br>(0.1) | 99<br>(0.1) | 2,221<br>(2.9) | 5,531<br>(7.2) |
| 2000 | 83,894<br>(100.0) | 59,353<br>(70.8) | 258<br>(0.3) | 1,414<br>(1.7) | 7,160<br>(8.5) | 710<br>(0.9) | 6,724<br>(8.0) | 88<br>(0.1) | 59<br>(0.1) | 3,231<br>(3.9) | 4,891<br>(5.8) |
| 2005 | 100,049<br>(100.0) | 70,723<br>(70.7) | 367<br>(0.4) | 1,194<br>(1.2) | 8,450<br>(8.4) | 810<br>(0.8) | 7,217<br>(7.2) | 154<br>(0.2) | 90<br>(0.1) | 3,043<br>(3.0) | 8,001<br>(8.0) |
| 2010 | 89,758<br>(100.0) | 63,211<br>(70.4) | 584<br>(0.7) | 995<br>(1.1) | 6,635<br>(7.4) | 733<br>(0.8) | 5,932<br>(6.6) | 114<br>(0.1) | 136<br>(0.2) | 2,144<br>(2.4) | 9,274<br>(10.3) |
| 2015 | 97,214<br>(100.0) | 73,297<br>(75.4) | 373<br>(0.4) | 1,516<br>(1.6) | 9,047<br>(9.3) | 1,122<br>(1.1) | 8,774<br>(9.0) | 130<br>(0.1) | 73<br>(0.1) | 2,678<br>(2.8) | 204<br>(0.2) |

주) 1. 자료 : 대검찰청 범죄분석 1996, 2001, 2006, 2011, 2016
2. ( )은 분포백분율
3. 미상은 제외함
4. 소년 범죄자 중 형법범과 재산범(절도, 장물, 사기, 횡령, 배임, 손괴) 및 흉악범(살인, 강도, 방화, 강간)과 폭력범(폭행, 상해, 협박, 공갈, 약취•유인, 체포•감금, 폭력행위 및 폭처법 위반)의 부모관계임

[표2-13]의 소년 범죄자들의 부모 관계를 살펴보면 어머니와 아버지 모두가 있는 경우(실부모)는 70%~75.4%대의 구성비를 나타내고 있으며 아버지만 있는 경우(실부, 무모)는 6.5%~9.3%를 어머니만 있는 경우(무부, 실모)에는 6.6%~9.0%대의 구성비를 나타내고 아버지와 어머니 모두가 없는 경우(무부, 무모)는 2.4%~3.9%대의 구성비를 나타내고 있다.

그리고 아버지와 계모인 경우(실부, 계모)는 1.1%~1.7%를 어머니와 계부인 경우(계부, 실모)는 0.8%~1.1%를 나타내고 계부나 계모만 있는 경우는 0.1%~0.2%의 구성비를 모두가 계부와 계모인 경우는 0.3%~0.7%대의 구성비를 나타내고 있다. 이러한 구성비율은 다소의 증감은 있으나 매년 비슷한 비율을 보이고 있다.

## 6. 폭력범죄의 발생

[표2-14] 폭력범죄 발생현황(1995년~2018년)

(단위: 건)

| 연도 / 구분 | 1995년 | 2000년 | 2005년 | 2010년 | 2015년 | 2018년 |
|---|---|---|---|---|---|---|
| 전체폭력범죄 | 325,064 | 517,621 | 435,765 | 399,184 | 372,723 | 348,969 |
| 소년폭력범죄 | 38,262 | 40,829 | 20,482 | 18,721 | 20,036 | 20,617 |
| 학생폭력범죄 | 32,053 | 44,006 | 28,824 | 31,667 | 25,234 | 24,421 |

주) 1. 2008년 소년법 개정으로 범죄소년의 연령이 19세 미만으로 변경되어 2009년도 통계부터는 19세부터는 성인으로 분류되어 수치에서 제외됨
2. 학생폭력 범죄는 범죄통계의 자료 중 19세 이상은 제외하였음
3. 자료 : 검찰청 범죄분석 1995, 2001, 2006;, 경찰청 범죄통계 2011, 2016, 2018

[표2-14]은 1995년부터 2018년 사이 발생한 전체 폭력범죄 중 소년폭력 범죄와 학생폭력범죄를 나타내고 있다. 소년폭력범죄는 1995년 38,262건이 발생되었으나 매년 증감이 반복되어오다가 2018년에는 범죄발생이 20,617건이 발생되었다. 그리고 학생폭력범죄는 1995년 32,053건이 발생되었으나 증감을 반복하여 발생되는 경향을 보이고 있으며 2018년에는 24,421건이 발생되었음을 알 수가 있다.

이 땅에 동물은 물론 인간이 생존을 하게 되면서 이들은 생존경쟁에 있어 자신의 권익을 보호하거나 영역을 지키기 위해 또는 지위나 높은 서열을 지키거나 차지하기 위하여 부단히 노력하고 투쟁하여 왔다고 보아도 무방할 것이다.

물론 싸우지 않고 평화롭게 해결하는 것이 최상의 방법이겠지만 사회는 물론 국가 간에 있어서도 그렇게 간단한 문제는 아닐 것이다. 특히 스스로를 지킬 힘이 없을수록 상대는 여지없이 침략을 하거나 조공을 요구하고 심지어는 세자책봉 문제까지 승낙을 받아야 하는 수모를 겪게 되는 일들은 세계사를 들추지 않더라도 우리나라의 역사를 돌이켜 보아도 쉽게 알 수 있을 것이다.

위정자들은 폭력과의 전쟁이니 발본색원을 한다고 당당하게 선포를 하면서 국민을 기만하고 있지만 그들에게 묻고 싶은 것이 전쟁은 어떻게 되었는가? 몇 십년이 지났는데 아직도 전쟁 중인지 아니면 승리를 하거나 패배를 하였는지 아무런 설명도 없이 새로운 책임자는 큰 일이 난 것처럼 또다시 전쟁을 선포하고 있는지 궁금하기도 하다.

학교폭력 역시 당연히 일어나서는 안 되는 일이지만 그렇다고 야단법석을 떨어야 할 문제도 아니라고 본다. 성장기 청소년들의 문제점을 파악하고 그들에게 올바른 성장을 하도록 조용히 인내심을 가지고 이끌어 주어야 할 것이다.

# 7. 학생범죄의 연도별 현황

[표2-15] 학생범죄의 연도별 현황(1995년~2015년)

(단위 : 명, %)

| 구분 \ 연도 | 1995년 | 2000년 | 2005년 | 2010년 | 2015년 |
|---|---|---|---|---|---|
| 계 | 83,652<br>(100.0) | 109,282<br>(100.0) | 85,722<br>(100.0) | 110,071<br>(100.0) | 95,639<br>(100.0) |
| 소년범죄<br>(18세 미만) | 59,639<br>(71.3) | 66,462<br>(60.8) | 48,850<br>(57.0) | 65,338<br>(59.4) | 58,473<br>(61.1) |
| 성인범죄<br>(18세 이상) | 23,979<br>(28.7) | 42,591<br>(39.0) | 36,327<br>(42.4) | 44,523<br>(40.4) | 37,138<br>(38.8) |
| 미상 | 34<br>(0.0) | 229<br>(0.2) | 545<br>(0.6) | 210<br>(0.2) | 28<br>(0.0) |

주) 1. 2008년 소년법 개정으로 2009년도 통계부터 18세 이하로 계산된 자료를 1995년도부터 적용하였음
2. 자료 : 경찰청 범죄분석 1995, 2000, 2005; 범죄통계 2010, 2015 재구성

[표2-15]는 학생 범죄의 년도별 현황으로써 1995년에는 총 83,652명 중 소년 학생 5,963명(71.3%)과 성인 학생 23,979명(28.7%)으로 이들 중 소년 15세(14,087명 16.8%)와 성인 23세(3,665명 4.4%)가 높은 비율을 차지하고 있으며 2000년은 총 109,282명 중 소년 학생 66,462명(60.8%)과 성인 학생 42,591명(39.0%)으로 이들 중 소년 17세(15,523명 14.2%)와 성인 23세(6,013명 5.5%)가 높은 비율을 나타내고 있다.

그리고 2005년에는 총 85,722명 중 소년 학생 4,885명(57.0%)과 성인 학생 36,327명(42.4%)으로 이둘중 소년은 15세(11,789명 13.8%)와 성인 23세(5,739명 6.7%)가 높은 비율을 나타내고 있으며 2010년은 총 110,071명 중 소년 학생 65,338명(59.4%)과 성인 학생 44,523명(40.4%)으로 이둘중 소년은 15세(16,482명 15.0%)와 성인 21세~25세(24,128명 21.9%)가 높은 비율을 차기하고 있고 2015년에는 총 95,639명 중 소년 학생 58,473명(61.1%)과 성인 학생 37,138(38.8%)으로 이둘중 소년은 16세(13,557명 14.2%)와 성인 21~25세(20,538명 21.5%)의 높은 구성비를 나타내고 있음을 알 수가 있다.

## 8. 소년(미성년)폭력범 인원 및 현황

[표2-16] 소년 폭력범 인원 및 현황(2014년~2018년)

(단위:명, %)

| 구분 \ 년도 | 2014년 | 2015년 | 2016년 | 2017년 | 2018년 |
|---|---|---|---|---|---|
| 상 해 | 2,517<br>(12.6) | 2,566<br>(12.8) | 3,079<br>(15.1) | 3,149<br>(14.4) | 2,778<br>(13.5) |
| 폭 행 | 5,390<br>(26.9) | 6,589<br>(32.9) | 7,753<br>(38.0) | 8,492<br>(38.7) | 8,112<br>(39.4 |
| 체포·감금 | 10<br>(0.0) | 40<br>(0.2) | 82<br>(0.4) | 133<br>(0.6) | 133<br>(0.6) |
| 협 박 | 142<br>(0.7) | 196<br>(1.0) | 366<br>(1.8) | 470<br>(2.1) | 565<br>(2.7) |
| 약취유인 | 13<br>(0.1) | 16<br>(0.1) | 11<br>(0.1) | 23<br>(0.1) | 13<br>(0.1) |
| 폭력행위 | 10,472<br>(52.4) | 9,118<br>(45.5) | 7,316<br>(35.9) | 7,707<br>(35.1) | 6,993<br>(33.9) |
| 공 갈 | 754<br>(3.8) | 630<br>(3.1) | 817<br>(4.0) | 1,022<br>(4.7) | 1,086<br>(5.3) |
| 손 괴 | 703<br>(3.5) | 881<br>(4.4) | 979<br>(4.8) | 952<br>(4.3) | 937<br>(4.5) |
| 계 | 20,001<br>(100.0) | 20,036<br>(100.0) | 20,403<br>(100.0) | 21,948<br>(100.0) | 20,617<br>(100.0) |

주) 자료 :경찰청 범죄통계2013, 2014, 2015, 2016, 2018 재구성

[표2-16]은 2014년부터 2018년까지 5년간 소년(미성년) 폭력 범죄자의 범죄 현황을 나타내고 있다. 내용을 살펴보면 2014년과 2015년은 폭력 행위 등에 관한 범죄가 가장 높은 비율을 차지하였으며 2016년과 2017년 및 2018년에는 그 순위가 폭행으로 바뀌었다. 그러나 평균적으로는 ①폭력행위 등(40.6%) ②폭행(35.2%) ③상해(13.6%) ④공갈(5.0%)과 손괴(4.3%)순으로 구성비를 차지하고 있음을 알 수가 있다.

# 9. 학생폭력 범죄자 범행시 연령

[표2-17] 학생폭력범죄자 범행시 연령별 현황(1995년~2015년)

(단위 : 명, %)

| 연령<br>년도 | 14세 미만 | 14세 | 15세 | 16세 | 17세 | 18세 | 19세 | 20세 이상 | 미상 | 계 |
|---|---|---|---|---|---|---|---|---|---|---|
| 1995 | 187<br>(0.6) | 3,206<br>(10.0) | 5,642<br>(17.6) | 5,576<br>(17.4) | 5,496<br>(17.2) | 3,681<br>(11.5) | 1,833<br>(5.7) | 6,419<br>(20.0) | 13<br>(0.0) | 32,053<br>(100.0) |
| 2000 | 162<br>(0.4) | 3,339<br>(7.6) | 5,364<br>(12.2) | 5,583<br>(12.7) | 6,886<br>(15.6) | 5,938<br>(13.5) | 3,926<br>(8.9) | 12,719<br>(28.9) | 89<br>(0.2) | 44,006<br>(100.0) |
| 2005 | 393<br>(1.4) | 2,493<br>(8.7) | 3,719<br>(12.9) | 3,139<br>(10.9) | 2,947<br>(10.2) | 2,967<br>(10.3) | 2,375<br>(8.2) | 10,490<br>(36.4) | 301<br>(1.0) | 28,824<br>(100.0) |
| 2010 | 125<br>(0.4) | 2,358<br>(7.4) | 4,644<br>(14.7) | 3,837<br>(12.1) | 3,292<br>(10.4) | 3,607<br>(11.4) | 2,834<br>(9.0) | 10,873<br>(34.3) | 197<br>(0.3) | 31,667<br>(100.0) |
| 2015 | 21<br>(0.1) | 1,736<br>(6.9) | 2,767<br>(11.0) | 2,837<br>(11.2) | 3,304<br>(13.1) | 3,344<br>(13.2) | 2,447<br>(9.7) | 8,799<br>(34.8) | 5<br>(0.0) | 25,234<br>(100.0) |

주) 자료 :경찰청 범죄분석 1995, 2000, 2005, 범죄통계 2010, 2015 재구성

[표2-17]은 1995년부터 2015년 까지 학생폭력 범죄자의 범행 당시 연령분포로서 20세 미만의 연령층을 살펴보면 1995년에는 ①15세(17.6%) ②16세(17.4%) ③17세(17.2%)순이었으며 2000년에는 ①17세(15.6%) ②18세(13.5%) ③16세(12.7%)순이었다. 그리고 2005년에는 ①15세(12.9%) ②16세(10.9%) ③18세(10.3%)순이며 2010년에는 ①15세(14.7%) ②16세(12.1%) ③18세(11.4%)순이었으며 2015년에는 ①18세(13.2%) ②17세(13.1%) ③16세(11.2%)순이며 2017년은 ①17세(14.5%) ②18세(13.8%) ③16세(13.1%)순으로 나타나고 있어 2010년 까지는 15세의 학생이 높은 비율을 나타내고 있었으나 이후에는 17세와 18세의 학생이 높은 비율을 나타내고 있음을 알 수가 있다.

# 제3장

# 학교폭력의 실태

## Ⅰ. 학교폭력의 발생

### 1. 학교폭력의 피해율, 가해율, 심각성 인식도

[표2-18] 학교폭력 피해율, 가해율, 심각성 인식도

| 구 분 | 피해율(%) | 가해율(%) | 심각성인식도(%) |
|---|---|---|---|
| 2007년 | 16.2% | 15.1% | - |
| 2008년 | 10.5% | 8.5% | 28.6% |
| 2009년 | 9.4% | 12.4% | 32.8% |
| 2010년 | 11.8% | 11.4% | 38.1% |
| 2011년 | 18.3% | 15.7% | 41.7% |

주)자료 : 교과부 2012

[표2-18]은 2007년 이후 2011년 사이의 학교폭력의 피해율과 가해율 및 학교폭력의 심각성 인식도를 나타내고 있다. 피해율은 2007년 이후 감소되는 듯하다가 2010년부터 증가하였다. 가해율은 매년 증감을 반복하는 추세이며 심각성의 인식도는 매년 증가하고

있다. 2011년 피해율(18.3%)과 가해율(15.7%)은 물론 심각성(41.7%) 모두가 지난 5년 중 최고치를 나타내고 있어 우려를 자아내게 한다.

학교폭력은 폭력의 가해이유가 장난이 34.3%를 차지하고 있으며 또한 1회성으로 가해진 것이 7.5%를 차지하고 있지만 가정의 구조적 측면과 아울러 부모의 양육태도, 학교의 구조적 물리적 측면과 사회 환경적인 원인 등에 의해 학습되었거나 모방으로 이루어질 수 있기 때문에 원인을 제거하고 개선하는데 당사자들 모두가 함께 노력을 기울여야 할 것이다.

## 2. 폭력 피해로 인한 자살 또는 복수충동

[표2-19] 학교폭력으로 인한 자살·복수충동 여부

단위:명,%

| 구 분 | 자살생각 여부 | | 복수충동 여부 | |
|---|---|---|---|---|
| | 빈도(명) | 비율(%) | 빈도(명) | 비율(%) |
| 전혀없다 | 1148 | 68.6 | 441 | 26.4 |
| 1년에 1~2번 | 258 | 15.4 | 390 | 23.3 |
| 한달에1~2번 | 97 | 5.8 | 223 | 13.3 |
| 일주일에1~2번 | 66 | 4.0 | 217 | 13.0 |
| 10회 이상 | 104 | 6.3 | 401 | 24.0 |
| 전 체 | 1,673 | 100.0 | 1,672 | 100.0 |

주) 1. 무응답 : 7,502명
2. 자료 : 교과부 학교폭력실태조사 2012

[표2-19]는 학교폭력의 피해로 인한 자살생각 여부와 복수충동 여부를 나타낸 것으로 **"자살을 1년에 1~2번 생각을 하였다"**가 15.4%, 10회 이상이 6.3%, 한 달에 1~2번이 5.8%의 비율을 보이고 있다.

또한 가해자에 대한 **복수충동은 10회 이상이 24.0%로 큰 비율**을 차지하고 있으며 다음으로 "1년에 1~2번 하였다"가 23.6%의 비율을 나타내고 있다. 피해학생들의 보호는 물론 전문적인 심리 상담과 함께 치료에 힘을 기울여야 할 것이다.

## 3. 학교폭력의 피해 및 가해경험

[표2-20] 1년간 학교폭력피해 및 가해경험

단위:명,%

| 구 분 | 피해경험 | | 가해경험 | |
|---|---|---|---|---|
| | 빈도(명) | 비율(%) | 빈도(명) | 비율(%) |
| 1회 있다 | 763 | 8.3 | 688 | 7.5 |
| 2~3회 있다 | 478 | 5.2 | 490 | 5.4 |
| 4~5회 있다 | 179 | 2.0 | 98 | 1.1 |
| 5회이상 있다 | 257 | 2.8 | 152 | 1.7 |
| 당한적 없다 | 7,474 | 81.7 | 7,688 | 84.3 |
| 전 체 | 9,151 | 100.0 | 9,116 | 100.0 |

주)1. 무응답 : 23명
2. 자료 : 교과부 학교폭력실태조사 2012

[표2-20]은 학교폭력의 가해경험과 피해경험의 횟수를 나타내고 있다. **피해경험의 경우 18.3%중 1회가 8.3%의 비율**을 차지하고 있지만 2회 이상이 10%를 차지하고 있다. **가해경험 역시 15.7%중 1회가 7.5%**를 나타내며 2~3회가 5.4%의 비율을 차지하고 있으며 5회 이상이 1.7%의 비율을 나타내고 있어 상습적인 폭력이 가해지고 있다고 볼 수 있다. 또한 학교폭력의 피해경험과 가해경험 모두가 있는 학생이 10.3%로 폭력의 악순환이 이루어지고 있다. 무심코 또는 장난삼아 연못에 던진 돌에 의해 물고기나 개구리들이 맞아 죽을 수 있다는 것을 간과해서는 안 될 것이다.

## 4. 최초 피해 및 가해경험 시기

[표2-21] 최초 학교폭력피해 및 가해경험 시기

단위:명,%

| 구 분 | 피해경험 | | 가해경험 | |
|---|---|---|---|---|
| | 빈도(명) | 비율(%) | 빈도(명) | 비율(%) |
| 초1 | 251 | 8.9 | 124 | 5.8 |
| 초2 | 201 | 7.3 | 98 | 4.6 |
| 초3 | 298 | 10.5 | 186 | 8.7 |
| 초4 | 411 | 14.5 | 310 | 14.5 |
| 초5 | 499 | 17.6 | 466 | 21.8 |
| 초6 | 401 | 14.1 | 410 | 19.2 |
| 중1 | 355 | 12.5 | 252 | 11.8 |
| 중2 | 253 | 8.9 | 143 | 6.7 |
| 중3 | 75 | 2.6 | 73 | 3.4 |
| 고1 | 60 | 2.1 | 53 | 2.5 |
| 고2 | 30 | 1.0 | 21 | 1.0 |
| 전 체 | 2,834 | 100.0 | 2,136 | 100.0 |

주) 자료 : 교과부 학교폭력실태조사 2012

[표2-21]는 처음 학교폭력을 당한 시기와 가해를 한 시기를 나타내고 있다. **처음 피해를 당한 시기는 5학년(17.6%)**, 4학년(14.5%), 6학년(14.1%), 중1(12.5%)순으로 나타나고 있으며, 전체 피해경험 중 초등학교 때가 72.9%를 차지하고 있고 이중 4~6학년 때가 46.1%의 비율을 나타내고 있다. 가해경험 역시 5학년(21.8%), 6학년(19.2%), 4학년(14.5%), 중1(11.8%) 순으로 나타나고 있으며 전체 가해경험 중 74.6%가 초등학교 때 이루어지고 이중 4~6학년 때가 55.5%의 비율로 나타나고 있어 학교폭력의 최초 발생연령이 낮아지고 있는 추세를 보이고 있다.

학교폭력의 발생비율은 최초 3년간 학교폭력대책 자치위원회의 총 심의건수 중 중학교가 차지하는 비율이 전체의 69%로 나타났으며 국민신문고에 신고 된 학교폭력관련 민원이 2009년 2,017건, 2010년 3,237건, 2011년 4,269건으로 지속적인 증가를 보이고 있다.

# 5. 폭력가해자 유형

[표2-22] 폭력 가해자 유형

(단위 :명 %)

| 구 분 | | 사례수 (명) | 학교 동료 또는 선후배 | 다른 학교 친구/선후배 | 잘 알지 못하던 사람 | 기타 |
|---|---|---|---|---|---|---|
| 전 체 | | 598 | 79.2 | 7.1 | 8.5 | 5.1 |
| 성 별 | 남 자 | 256 | **80.6** | 5.5 | 10.0 | 3.9 |
| | 여 자 | 342 | **78.2** | 8.3 | 7.4 | 6.0 |
| 교 급 | 중학생 | 327 | **76.3** | 8.1 | 8.7 | 6.8 |
| | 고교생 | 270 | **82.8** | 5.9 | 8.3 | 3.0 |
| 학년 | 중1 | 129 | 74.4 | **13.0** | 4.5 | 8.0 |
| | 중2 | 98 | 77.1 | 6.7 | 9.3 | 6.9 |
| | 중3 | 100 | 78.1 | 3.2 | **13.5** | 5.3 |
| | 고1 | 101 | **85.9** | 8.2 | 5.2 | 0.6 |
| | 고2 | 105 | 82.4 | 4.8 | 9.5 | 3.4 |
| | 고3 | 64 | 78.4 | 4.1 | 11.4 | 6.2 |

자료 : 여성가족부, 2012 청소년 유해환경접촉 종합실태조사

[표2-22]에 나타난 폭력을 행사한 가해자를 살펴보면 학교 동료 또는 선후배가 79.2% (남자 80.6%, 여자 78.2%)로 제일 많았으며 다음으로 잘 알지 못하는 사람이 8.5% (남자 10.0%, 여자 7.4%)를 다른 학교 친구 또는 선후배가 7.1% ( 남자 5.5%, 여자 8.3%)순으로 나타내고 있다. 학년별로는 학교 동료나 선후배 외에 중1학생이 타학교 동료나 선후배에게 폭력 피해를 입은 경우가 13.0%로 높았으며 잘 알지 못하는 사람에게 폭력을 당한 경우에는 중3학생이 13.5%로 제일 많은 것으로 나타나고 있음을 알 수가 있다.

## 6. 폭력 가해이유

[표2-23] 학교폭력 가해이유

(단위:명,%)

| 항목 | 1순위 | | 2순위 | | 3순위 | | 가중치 점수 | 순위 |
|---|---|---|---|---|---|---|---|---|
| | 빈도 (명) | 비율 (%) | 빈도 (명) | 비율 (%) | 빈도 (명) | 비율 (%) | | |
| 이유없음 | 237 | 17.7 | 60 | 5.7 | 70 | 8.2 | 901 | 3순위 |
| 장난 | 459 | 34.3 | 194 | 18.6 | 68 | 7.9 | 1,833 | 1순위 |
| 오해와 갈등 | 112 | 8.4 | 188 | 18.0 | 201 | 23.5 | 913 | - |
| 친구들이나 선배 등이 시켜서 | 66 | 4.9 | 63 | 6.1 | 23 | 2.7 | 347 | - |
| 보복 | 35 | 2.6 | 85 | 8.1 | 106 | 12.4 | 381 | - |
| 화가 나서 | 123 | 9.3 | 165 | 15.8 | 159 | 18.6 | 858 | - |
| 상대학생이 잘못해서 | 265 | 19.8 | 225 | 21.5 | 148 | 17.3 | 1,393 | 2순위 |
| 스트레스 때문에 | 40 | 3.0 | 65 | 6.2 | 82 | 9.4 | 332 | - |
| 전 체 | 1,337 | 100.0 | 1,045 | 100.0 | 857 | 100.0 | - | - |

주) 자료 : 교과부 학교폭력실태조사 2012

[표2-23]는 **학교폭력의 가해이유**를 나타내고 있는 것으로 **장난이34.3%로 가장 높은 비율**을 차지하고 있으며, 다음으로 상대학생이 잘못해서가 19.8%, 이유없음이 17.7%를 나타내고 있다.

물론 가해하는 학생의 입장에서는 단순히 장난으로 한 행동이라 생각하지만 당하는 학생의 입장에서는 폭력으로 받아들이고 있기 때문에 좀 더 세심한 배려와 주의가 필요하다고 하겠다. 더욱이 아무런 죄의식 없이 행해지는 폭력에 대하여 올바른 예방교육이 절실하다고 하겠다.

## 7. 폭력 유형별 피해경험

[표2-24] 폭력 유형별 피해 경험

(단위 :명 %)

| 구 분 | | 사례수(명) | 폭력 피해 경험 (%) | | | |
|---|---|---|---|---|---|---|
| | | | 구타 | 욕설/폭언 | 돈/금품 갈취 | 집단 따돌림 |
| 전 체 | | 608 | 28.1 | 56.2 | 29.6 | 38.2 |
| 성 별 | 남 자 | 259 | 45.6 | 60.2 | 29.5 | 27.9 |
| | 여 자 | 349 | 15.2 | 53.3 | 29.6 | 45.9 |
| 교 급 | 중학생 | 332 | 22.0 | 55.8 | 27.2 | 40.4 |
| | 고교생 | 276 | 35.5 | 56.7 | 32.4 | 35.6 |
| 학년 | 중1 | 130 | 14.7 | 54.1 | 27.8 | 45.5 |
| | 중2 | 99 | 22.4 | 61.0 | 28.0 | 35.6 |
| | 중3 | 103 | 31.0 | 52.9 | 25.7 | 38.6 |
| | 고1 | 102 | 34.1 | 52.3 | 29.6 | 40.1 |
| | 고2 | 106 | 35.2 | 59.0 | 31.8 | 29.5 |
| | 고3 | 68 | 37.9 | 59.9 | 37.7 | 38.4 |

자료 : 여성가족부, 2012 청소년 유해환경접촉 종합실태조사

[표2-24]에 나타난 폭력 유형별 피해 경험을 살펴보면 욕설이나 폭언이 56.2%(남자 60.2%, 여자 53.3%)로 제일 많았으며 다음으로 집단 따돌림이 38.2% (남자 27.9%, 여자 45.9%) 돈이나 금품 갈취는 29.6%(남자 29.5%, 여자 29.6%) 구타는 28.1% (남자 45.6%, 여자 15.2%) 순으로 나타나고 있다. 남녀 간의 차이에 있어 남자는 구타가 여자는 집단 따돌림이 상대적으로 많은 차이를 보이고 있으며 학년별로는 욕설이나 폭언은 중2학생이(61.0%), 집단따돌림은 중1학생이(45.5%), 돈이나 금품갈취 (37.7%)와 구타(37.9%)는 고3학생이 제일 많은 것으로 나타내고 있음을 알 수가 있다.

## 8. 폭력피해 이유

[표2-25] 폭력 피해의 이유

(단위 :명 %)

| 구 분 | | 사례수(명) | 특별한 사유가 없다 | 몸이 작거나 힘이 약해서 | 내가잘못 했기 때문에 | 외모나 장애 때문에 | 성격 때문에 | 금품을 요구했을 때 주지 않아서 | 기타 |
|---|---|---|---|---|---|---|---|---|---|
| 전 체 | | 593 | 51.8 | 9.5 | 9.6 | 3.7 | 12.4 | 2.4 | 10.5 |
| 성 별 | 남 자 | 253 | 54.1 | 16.1 | 7.0 | 2.3 | 7.7 | 2.7 | 10.2 |
| | 여 자 | 340 | 50.2 | 4.7 | 11.6 | 4.8 | 15.8 | 2.2 | 10.7 |
| 교 급 | 중학생 | 326 | 51.1 | 10.0 | 9.7 | 2.2 | 12.1 | 2.1 | 12.7 |
| | 고교생 | 267 | 52.7 | 9.0 | 9.5 | 5.5 | 12.7 | 2.8 | 7.8 |
| 학년 | 중1 | 128 | 53.7 | 14.5 | 6.5 | 4.3 | 8.2 | 4.3 | 8.5 |
| | 중2 | 98 | 45.6 | 12.9 | 7.5 | 0.9 | 13.8 | 0.9 | 18.5 |
| | 중3 | 100 | 53.2 | 1.3 | 16.2 | 0.9 | 15.4 | 0.6 | 12.4 |
| | 고1 | 101 | 51.5 | 7.3 | 9.6 | 4.6 | 18.3 | 2.3 | 6.4 |
| | 고2 | 104 | 54.2 | 5.8 | 8.3 | 7.4 | 8.6 | 4.3 | 11.4 |
| | 고3 | 62 | 52.1 | 17.0 | 11.4 | 3.9 | 10.4 | 1.3 | 3.9 |

자료 : 여성가족부, 2012 청소년 유해환경접촉 종합실태조사

[표2-25]에 나타난 폭력 피해를 당한 이유를 살펴보면 ①특별한 이유 없이 51.8% (남자 54.1% 여자 50.2%) ②성격 때문에 12.4% (남자 7.7% 여자 15.8%) ③ 내 잘못 때문에 9.6% (남자 7.0% 여자 11.6%) ④몸이 작거나 힘이 약해서 9.5% (남자 16.1% 여자 4.7%) ⑤외모나 장애 때문에 3.7% (남자 2.3% 여자 4.8%) ⑥금품 요구 시 주지 않아서 2.4% (남자 2.7% 여자 2.2%) 순으로 나타나고 있다.

남자는 특별한 이유 없이 와 몸이 작거나 힘이 없어서 성격 때문에의 항목에서, 여자는 내 잘못 때문에 와 외모나 장애 때문, 성격 때문의 항목에서 상대적으로 높은 차이를 보이고 있다. 학년별로는 특별한 이유 없이 와 외모나 장애 때문, 금품 요구 시 주지 않아서의 항목에서는 중1학생과 고2학생이, 내가 잘못했기 때문에는 중3학생과 고3학생이, 성격 때문의 항목에서는 중3학생과 고1학생이, 몸이 작거나 힘이 약해서는 중1학생과 고3학생이 높게 나타내고 있음을 알 수가 있다.

## 9. 가해행동을 않게 된 이유

[표2-26] 가해행동을 않게 된 이유

(단위:명,%)

| 항목 | 1순위 | | 2순위 | | 3순위 | | 가중치 점수 | 순위 |
|---|---|---|---|---|---|---|---|---|
| | 빈도(명) | 비율(%) | 빈도(명) | 비율(%) | 빈도(명) | 비율(%) | | |
| 스스로 나쁜 행동임을 알게 되어서 | 776 | 64.5 | 100 | 11.4 | 65 | 9.1 | 2,593 | 1순위 |
| 피해학생 부모님이 연락을 해서 꾸지람을 들었다 | 54 | 4.5 | 148 | 16.9 | 40 | 5.6 | 498 | 3순위 |
| 학교 담임선생님이 아셔서 꾸지람을 들었다 | 138 | 11.5 | 172 | 19.7 | 162 | 22.8 | 920 | 2순위 |
| 학교에서 처벌을 받았다 | 61 | 5.1 | 79 | 9.0 | 38 | 5.3 | 379 | - |
| 경찰서에 신고 되어 조사를 받아 처분을 받았다 | 24 | 2.0 | 16 | 1.8 | 48 | 6.8 | 152 | - |
| 함께 때리고 괴롭히던 친구를 멀리했다 | 45 | 3.7 | 113 | 12.9 | 100 | 14.1 | 461 | - |
| 학교폭력 예방교육을 받고 생각이 변했다 | 31 | 2.6 | 130 | 14.9 | 110 | 15.5 | 463 | - |
| 외부기관의 특별교육이나 심리치료 등을 통해 생각이 변했다 | 10 | 0.8 | 27 | 3.1 | 32 | 4.5 | 116 | - |
| 학년이 올라갔거나 학교졸업 등으로 환경이 바뀌었다 | 40 | 3.3 | 65 | 7.6 | 84 | 11.8 | 334 | - |
| 이전과 같이 가해행동을 지속하고 있다 | 24 | 2.0 | 24 | 2.7 | 32 | 4.5 | 152 | - |
| 전 체 | 1,203 | 100.0 | 874 | 100.0 | 711 | 100.0 | - | - |

주) 자료 : 교과부 학교폭력실태조사 2012

[표2-26]는 학교폭력 가해행동을 하지 않게 된 이유를 나타내고 있다. **스스로 나쁜 행동임을 알게 되어서가 64.5%로 높은 비율**을 차지하고 있으며, 다음으로 담임선생님의 꾸지람이 11.5%, 학교에서의 처벌과 피해학생 부모로부터 꾸지람 순으로 나타나고 있다. 따라서 가해학생의 인지교정교육을 통해 스스로 교정을 할 수 있게 하는 것이 중요하다고 하겠다.

## 10. 폭력피해장소

[표2-27] 폭력피해장소

(단위:명,%)

| 구 분 | | 사례수(명) | 학교의 교실 안 | 학교의 교실 밖 | 학교주변 공터/골목 | 동네주변 공터/골목 | 상가 또는 지하도 안 | 시내 유흥가 번화가 | 인적드문 공원/야산 등 | 기 타 |
|---|---|---|---|---|---|---|---|---|---|---|
| 전 체 | | 597 | 51.5 | 12.7 | 9.9 | 10.6 | 2.8 | 3.0 | 2.3 | 7.2 |
| 성 별 | 남 자 | 256 | 51.4 | 14.8 | 7.7 | 12.4 | 2.1 | 3.1 | 3.2 | 5.3 |
| | 여 자 | 341 | 51.6 | 11.1 | 11.6 | 9.3 | 3.3 | 2.9 | 1.5 | 8.6 |
| 교 급 | 중학생 | 326 | 51.3 | 11.2 | 8.8 | 12.6 | 3.4 | 2.4 | 2.0 | 8.3 |
| | 고교생 | 271 | 51.9 | 14.4 | 11.2 | 8.2 | 2.0 | 3.7 | 2.6 | 5.9 |
| 학년 | 중1 | 129 | 58.4 | 7.4 | 9.6 | 9.1 | 2.2 | 1.7 | 0.0 | 11.5 |
| | 중2 | 97 | 45.5 | 12.9 | 10.6 | 14.2 | 5.4 | 2.5 | 1.5 | 7.3 |
| | 중3 | 100 | 47.5 | 14.5 | 6.1 | 15.6 | 3.1 | 3.2 | 5.0 | 5.1 |
| | 고1 | 101 | 52.9 | 14.9 | 7.7 | 12.5 | 1.8 | 3.2 | 0.9 | 6.0 |
| | 고2 | 104 | 50.7 | 14.4 | 15.2 | 6.2 | 1.6 | 2.1 | 4.4 | 5.2 |
| | 고3 | 129 | 58.4 | 7.4 | 9.6 | 9.1 | 2.2 | 1.7 | 0.0 | 11.5 |

자료 : 여성가족부, 2012 청소년 유해환경접촉 종합실태조사

[표2-27]의 폭력피해 장소를 살펴보면 폭력피해의 주된 장소로 학교교실 안(51.5%)과 교실 밖(12.7%)에서 전체 폭력의 64.2%가 이루어지고 있는 것으로 나타나고 있다. 그 밖의 폭력장소로는 남학생은 동네 주변의 공터나 골목에서 12.4%와 학교주변의 공터나 골목에서 7.7%가 폭력이 가해지고 있으나 여학생의 경우에는 남학생과 달리 학교주변의 공터나 골목에서 11.6%와 동네주변 공터나 골목에서 9.3%가 폭력이 가해지고 있는 것으로 나타나고 있다.

또한 학년별로는 학교주변에서는 고2학생이 15.2%로 높았으며 동네 주변에서는 중3학생이 15.6%로 높게 나타나고 있음을 알 수가 있다.

따라서 학생들의 등하교시 집중적인 지도단속이 요구되며 특히 교실 안은 물론 교내의 순찰 및 지도 등 교사들의 적극적인 예방대책이 강구되어야 할 것이다.

# 11. 폭력 피해기간

[표2-28] 학교폭력 피해기간

(단위:명,%)

| 구 분 | 빈 도 (명) | 비 율 (%) |
|---|---|---|
| 하루~2주 미만 | 824 | 53.9 |
| 2주 이상~3개월 미만 | 240 | 15.7 |
| 3개월 이상~6개월 미만 | 248 | 16.2 |
| 6개월 이상~1년 미만 | 217 | 14.2 |
| 전 체 | 1,529 | 100.0 |

주) 1. 무응답 : 7,645명
2. 자료 : 교과부 학교폭력실태조사 2012

[표2-28]은 학교폭력의 피해기간을 나타낸 것으로 **하루에서 2주 미만이 53.9%로 높은 비율**을 차지하고 있지만, 2주 이상 장기적이고 지속적인 폭력피해 또한 높은 비율을 차지하고 있다.

학교 내의 닫힌 공간에서 하루일과의 대부분을 가해자와 함께 보내야 하는 피해학생의 입장에서는 참으로 곤혹스러울 것이다. 따라서 피해 학생에 대한 대책은 물론 세심한 배려와 주의가 필요하다고 하겠다.

# 12. 폭력 피해 신고

[표2-29] 폭력 피해 신고

(단위 :명%)

| 구 분 | | 사례수 (명) | 신고 율 (%) | 신고한 대상 (%) | | | | | |
|---|---|---|---|---|---|---|---|---|---|
| | | | | 가족 | 선생님 | 친구 | 전문기관 | 경찰 | 기타 |
| 전 체 | | 608 | 73.4 | 36.9 | 23.6 | 29.1 | 4.0 | 5.3 | 4.3 |
| 성 별 | 남 자 | 259 | 67.4 | 28.7 | 21.8 | 20.6 | 2.1 | 4.1 | 3.2 |
| | 여 자 | 349 | 77.8 | 43.1 | 24.9 | 35.3 | 5.4 | 6.1 | 5.1 |
| 교 급 | 중학생 | 332 | 77.2 | 40.8 | 26.4 | 28.7 | 3.4 | 4.7 | 5.1 |
| | 고교생 | 276 | 68.7 | 32.4 | 20.2 | 29.5 | 4.7 | 5.9 | 3.3 |
| 학년 | 중1 | 130 | 82.3 | 43.2 | 32.5 | 32.2 | 2.5 | 2.8 | 6.4 |
| | 중2 | 99 | 79.6 | 44.1 | 28.3 | 28.7 | 3.4 | 6.7 | 5.1 |
| | 중3 | 103 | 68.5 | 34.4 | 16.8 | 24.2 | 4.4 | 5.3 | 3.6 |
| | 고1 | 102 | 71.1 | 36.3 | 16.9 | 34.0 | 3.4 | 3.9 | 2.3 |
| | 고2 | 106 | 72.1 | 30.3 | 24.3 | 29.9 | 3.7 | 6.7 | 3.6 |
| | 고3 | 68 | 59.7 | 29.6 | 18.7 | 22.2 | 8.1 | 7.6 | 4.3 |

자료 : 여성가족부, 2012 청소년 유해환경접촉 종합실태조사

[표2-29]는 폭력피해 사실을 다른 사람이나 기관에 신고한 사례를 나타낸 것으로서 신고율은 73.4%(남자 67.4% 여자 77.8%)였으며 중학생이(77.2%) 고교생(68.7%)보다 높은 신고율을 나타내고 있다.

신고 대상은 가족이 36.9%(남자 28.7% 여자 43.1%)로 제일 많았으며 다음으로 친구 29.1%(남자 20.6% 여자 35.3%)와 선생님 23.6% (남자 21.8% 여자 24.9%) 경찰 5.3%(남자 4.1% 여자 6.1%)순이었다. 신고율은 중1학생이 제일 높았으며 신고대상별로는 가족에게는 중2학생이, 친구에게는 고1학생이, 선생님에게는 중1학생이, 경찰이나 전문기관에는 고3학생의 신고율이 높은 것으로 나타내고 있다.

# 13. 폭력 피해신고 도움정도

[표2-30] 폭력피해 신고의 도움정도

(단위 :명%)

| 구 분 | | 사례 수 (명) | 많은 도움이 됐다. | 별로 도움이 되지 않았다. | 알리지 않은 것과 차이가 없었다. | 오히려 더 피해를 보게 되었다. |
|---|---|---|---|---|---|---|
| 전 체 | | 335 | 50.7 | 25.2 | 15.6 | 8.5 |
| 성 별 | 남 자 | 121 | 54.3 | 26.5 | 11.1 | 8.1 |
| | 여 자 | 214 | 48.7 | 24.4 | 18.2 | 8.7 |
| 교 급 | 중학생 | 195 | 50.1 | 23.0 | 16.6 | 10.3 |
| | 고교생 | 140 | 51.7 | 28.2 | 14.2 | 6.0 |
| 학년 | 중1 | 85 | 48.1 | 25.7 | 15.7 | 10.5 |
| | 중2 | 64 | 53.1 | 22.3 | 14.5 | 10.0 |
| | 중3 | 46 | 49.4 | 19.0 | 21.4 | 10.3 |
| | 고1 | 52 | 54.4 | 28.8 | 14.0 | 2.8 |
| | 고2 | 58 | 51.7 | 25.9 | 17.5 | 4.8 |
| | 고3 | 31 | 46.8 | 31.3 | 8.3 | 13.6 |

자료 : 여성가족부, 2012 청소년 유해환경접촉 종합실태조사

[표2-30]에 나타난 폭력피해 신고에 따른 도움 정도를 살펴보면 많은 도움이 됐다가 50.7% (남자 54.3% 여자 48.7%)이며 별로 도움이 안됐다가 25.2%(남자 26.5% 여자 24.4%)와 알리지 않은 것과 차이가 없었다가 15.6% (남자 11.1% 여자 18.2%), 오히려 더 피해를 보게 되었다가 8.5%(남자 8.1% 여자 8.7%)로 나타나고 있다.

학년별로는 많이 도움이 됐다는 중2학생(53.1%)과 고1학생(54.4%)이 높은 비율을 나타내고 있으며 별로 도움이 되지 않았다는 중1학생(25.7%)과 고3학생(31.3%)이, 알리지 않은 것과 차이가 없었다는 중3학생(21.4%)과 고2학생(17.5%)이, 오히려 더 피해를 보게 되었다는 중1학생(10.5%)과 고3학생(13.6%)이 높게 나타나고 있어 신고한 것이 도움이 됐다(50.7%)와 도움이 안됐다(49.3%)가 큰 차이를 보이지 못하고 있다. 따라서 피해 신고에 따른 보다 적극적이고 실질적인 도움이 될 수 있도록 많은 노력이 요구된다 하겠다.

# 14. 폭력피해 미신고 이유

[표2-31] 폭력 피해의 미신고 이유

(단위 :명 %)

| 구 분 | | 사례 수 (명) | 알려봐야 소용없을 것 같아서 | 알린 후에 보복 당할까 두려워서 | 어떻게 해야 될지 몰라서 | 별로 심각한 일이 아니라고 생각해서 | 기타 |
|---|---|---|---|---|---|---|---|
| 전 체 | | 152 | 45.5 | 22.2 | 10.8 | 19.4 | 2.2 |
| 성 별 | 남 자 | 79 | 49.1 | 26.0 | 6.7 | 15.1 | 3.1 |
| | 여 자 | 73 | 41.7 | 18.0 | 15.1 | 24.0 | 1.1 |
| 교 급 | 중학생 | 70 | 39.5 | 28.4 | 12.8 | 15.0 | 4.4 |
| | 고교생 | 83 | 50.6 | 16.9 | 9.1 | 23.1 | 0.3 |
| 학년 | 중1 | 22 | 23.9 | 28.4 | 19.4 | 24.1 | 4.2 |
| | 중2 | 18 | 48.2 | 32.0 | 5.7 | 14.1 | 0.0 |
| | 중3 | 30 | 45.5 | 26.2 | 12.3 | 8.9 | 7.1 |
| | 고1 | 27 | 33.7 | 17.6 | 20.2 | 28.5 | 0.0 |
| | 고2 | 28 | 45.1 | 23.0 | 4.8 | 26.2 | 0.8 |
| | 고3 | 27 | 73.5 | 10.0 | 2.1 | 14.3 | 0.0 |

자료 : 여성가족부, 2012 청소년 유해환경접촉 종합실태조사

[표2-31]에 나타난 폭력피해 사실을 신고하지 않은 이유를 살펴보면 알려봐야 소용이 없을 것 같아서가 45.5%(남자 49.1% 여자 41.7%) 알린 후에 보복우려가 22.2% (남자 26.0% 여자 18.0%) 별로 심각하지 않아서가 19.4%(남자 15.1% 여자 24.0%)순으로 나타났으며 항목별로는 알려봐야 소용없을 것 같아서는 중2학생(48.2%)과 고3학생(73.5%)이, 보복의 우려는 중2학생(32.0%)과 고2학생(23.0%)이, 방법을 몰라서는 중1학생(19.4%)과 고1학생(20.2%)이, 별로 심각하지 않아서는 중1학생(24.1%)과 고1학생(28.5%)이 높은 비율을 나타내고 있음을 알 수가 있다.

# 15. 가해학생의 조치

[표2-32] 학교폭력 가해학생 조치현황(2009년~2012년 1학기)

(단위:명)

| 구 분 | 2009년도 | 2010년도 | 2011년도 | 2012년도 1학기 |
|---|---|---|---|---|
| 계 | 14,276 | 19,553 | 24,085 | 17,970 |
| 서면사과 | 947 | 1,849 | 4,329 | 3,752 |
| 접촉, 협박. 보복행위 금지 | 410 | 816 | 2,846 | 1,722 |
| 학교봉사 | 5,731 | 7,211 | 2,472 | 1,737 |
| 사회봉사 | 2,758 | 3,488 | 3,779 | 3,076 |
| 특별교육이수 또는 심리치료 | 2,209 | 3,437 | 2,811 | 2,615 |
| 출석정지 | 1,130 | 1,395 | 1,278 | 1,331 |
| 학급교체 | 52 | 135 | 3,968 | 2,089 |
| 전 학 | 911 | 1,129 | 2,497 | 1,520 |
| 퇴 학 | 128 | 93 | 105 | 128 |

주) 자료 : 강은희 보도자료 2013

[표2-32]은 2009년부터 2012년 1학기 사이의 학교폭력 가해학생의 조치현황을 나타내고 있다. 2012년의 조치현황을 살펴보면 총 17,970명중 서면사과가 3,752명으로 제일 많았으며, 다음으로 사회봉사 3,076명, 특별교육이수 또는 심리치료가 2,615명, 학급교체가 2,089명 순으로 나타나고 있다.

# 16. 폭력 예방교육

[표2-33] 폭력 예방교육의 효과

(단위: 명 %)

| 구 분 | | 사례 수 (명) | 도움이 되었다[1] | 그저 그렇다 | 도움이 되지 않았다[2] | 평균값[3] |
|---|---|---|---|---|---|---|
| 전 체 | | 2,834 | 45.4 | 39.0 | 15.6 | 3.34 |
| 성 별 | 남 자 | 1,335 | 48.2 | 35.5 | 16.2 | 3.39 |
| | 여 자 | 1,499 | 42.8 | 42.1 | 15.2 | 3.29 |
| 교 급 | 중학생 | 1,509 | 52.6 | 34.6 | 12.8 | 3.50 |
| | 고교생 | 1,325 | 37.0 | 44.0 | 18.9 | 3.16 |
| 학년 | 중1 | 541 | 57.0 | 31.1 | 11.9 | 3.60 |
| | 중2 | 500 | 49.9 | 37.6 | 12.4 | 3.44 |
| | 중3 | 468 | 50.5 | 35.3 | 14.2 | 3.45 |
| | 고1 | 472 | 39.0 | 44.8 | 16.3 | 3.23 |
| | 고2 | 596 | 37.0 | 44.4 | 18.7 | 3.16 |
| | 고3 | 257 | 33.8 | 41.8 | 24.4 | 3.03 |

주1) "매우 도움이 되었다"와 "도움이 되었다"를 합산한 수치
2) "전혀 도움이 되지 않았다"와 "도움이 되지 않았다"를 합산한 수치
3) "전혀 도움이 되지 않았다"(1)~ "매우 도움이 되었다" (5)의 평균 값

자료 : 여성가족부, 2012 청소년 유해환경접촉 종합실태조사

[표2-33]는 폭력예방 교육의 도움 정도를 나타낸 것으로 도움이 되었다는 45.4 %(남자 48.2% 여자 42.8%)였으며 그저 그렇다가 39.0%(남자 35.5% 여자 42.1%) 도움이 되지 않았다가 15.6%(남자 16.2% 여자 15.2%)로서 항목별로는 도움이 되었다는 중1학생(57.0%)과 고1학생(39.0%)이, 그저 그렇다는 중2학생(37.6%)과 고1학생(44.8%)이, 도움이 되지 않았다는 중3학생(14.2%)과 고3학생(24.4%)이 높은 비율을 나타내고 있다. 폭력예방 교육이 청소년들이 공감하고 실질적인 도움이 될 수 있도록 교육의 내용 및 방법들에 대한 연구와 개선이 필요하다고 하겠다.

# II. 청소년의 유해환경

## 1. 유해매체 이용경험

[표2-34] 청소년의 유해매체 이용경험(2009년~2012년)

(단위:명,%)

| 구 분 / 연도 | | 사례수 (명) | 성인용 간행물 | 성인용 영상물 | 지상파TV 성인용 프로그램 | 케이블TV 성인용 프로그램 | 컴퓨터 성인물 | 휴대폰 성인물 | 온라인 사행성 게임 | 성인용 게임 | 이성만남 전화번호 |
|---|---|---|---|---|---|---|---|---|---|---|---|
| 2009 | | 15,225 | 35.9 | 28.7 | 30.8 | 16.1 | 36.6 | 7.3 | 37.2 | 36.2 | 1.1 |
| 2010 | | 16,572 | 38.3 | 27.8 | 29.4 | 14.8 | 38.3 | 7.5 | 46.1 | 49.5 | 1.4 |
| 2011 | | 15,954 | 41.1 | 32.0 | 25.3 | 14.8 | 37.3 | 12.3 | 41.2 | 47.4 | 1.5 |
| 2012 | | 15,487 | 40.0 | 27.5 | 23.5 | 26.9 | 45.5 | 20.5 | 21.5 | 32.3 | 1.8 |
| 성별 | 남자 | 8,221 | 50.3 | 33.7 | 26.6 | 31.5 | 60.2 | 26.6 | 25.8 | 48.4 | 2.3 |
| | 여자 | 7,266 | 28.3 | 20.5 | 20.0 | 21.7 | 29.0 | 13.7 | 16.7 | 14.2 | 1.3 |
| 교 급 | 중학생 | 7,622 | 28.5 | 17.8 | 13.7 | 15.4 | 30.3 | 16.0 | 17.5 | 29.7 | 1.3 |
| | 고교생 | 7,865 | 51.1 | 36.9 | 33.1 | 38.1 | 60.3 | 24.9 | 25.4 | 34.9 | 2.3 |

주) 무응답을 포함한 전체 사례수
자료 : 여성가족부, 2012 청소년 유해환경접촉 종합실태조사

[표2-34]는 2012년 청소년의 유해매체 유형별 이용경험을 나타낸 것으로 컴퓨터 성인물이 45.5%로 이용 경험률이 제일 높았으며 다음으로 성인용 간행물(40.0%), 성인용 게임(32.3%), 성인용 영상물(27.5%), 케이블 TV 성인용 프로그램(26.9%)순으로 나타나고 있다. 초등학교 5~6학년의 경우에는 1,514명의 사례자 중 성인용 게임(17.9%), 온라인 사행성 게임(6.4%), 지상파TV 성인용 프로그램(5.7%), 케이블TV 성인용 프로그램(5.2%) 순으로 나타났다. 연도별 이용경험률의 경향을 보면 컴퓨터 성인물은 2009년 이후 비율의 순위에서 떨어지다가 2012년 제일 많은 비율을 나타내고 있으며 성인용 간행물 역시 2009년 4위권에서 2012년 2위권으로 나타나있다.

반면 성인용 게임은 2010년과 2011년 제일 높은 경험률을 보이다가 2012년 3위권으로 낮아졌으며 휴대폰 성인물과 이성만남 전화번호는 매년 이용경험율이 높아지고 있어 청소년들이 유해매체 이용유형이 변화를 보이고 있음을 알 수가 있다.

## 2. 유해매체 이용빈도

[표2-35] 유해매체 연간 이용 빈도

(단위: 명,%)

| 구 분 | 사례수 (명) | 연간 이용빈도(%) | | | | | 평균값 |
|---|---|---|---|---|---|---|---|
| | | 한번도 없다 | 1년에 1~2번 | 한달에 1~2번 | 1주일에 1~2번 | 1주일에 3번이상 | |
| 성인용 간행물 | 6,092 | 21.4 | 30.4 | 28.6 | 12.7 | 6.9 | 2.53 |
| 성인용 영상물 | 4,156 | 18.0 | 35.2 | 29.6 | 11.1 | 6.2 | 2.52 |
| 지상파TV 성인용 프로그램 | 3,586 | 24.0 | 43.1 | 22.2 | 6.5 | 4.1 | 2.24 |
| 케이블TV 성인용 프로그램 | 4,083 | 24.9 | 41.6 | 23.0 | 6.6 | 3.9 | 2.23 |
| 컴퓨터 성인물 | 6,957 | 18.6 | 29.3 | 31.2 | 14.2 | 6.7 | 2.61 |
| 휴대폰 성인물 | 3,123 | 11.4 | 30.5 | 31.8 | 16.6 | 9.7 | 2.83 |
| 온라인 사행성 게임 | 3,267 | 32.0 | 31.1 | 19.2 | 8.2 | 9.5 | 2.32 |
| 성인용 게임 | 4,898 | 17.9 | 19.6 | 24.2 | 15.3 | 23.1 | 3.06 |
| 이성만남 전화번호 | 275 | 23.3 | 26.6 | 18.4 | 7.2 | 24.4 | 2.83 |

주) "한번도 없다"(1)~"1주일에 3번 이상"(5)의 평균값
자료 : 여성가족부 2012 청소년 유해환경 접촉 종합실태조사

2012년도 청소년들의 유해매체 이용 빈도를 살펴보면 [표2-35] 1년에 1~2번이용 사례의 경우 지상파TV 성인용 프로그램이(43.1%) 제일 높으며 다음으로 케이블TV 성인용 프로그램(41.6%)과 성인용 영상물(35.2%)순으로 나타나고 있다.

한 달에 한 두 번이용의 경우에는 휴대폰 성인물(31.8%), 컴퓨터 성인물(31.2%), 성인용 영상물(29.6%)순이며 1주일에 1~2번이용의 경우에는 휴대폰 성인물(16.6%), 성인용 게임(15.3%), 컴퓨터 성인물(14.2%)순으로 나타났다. 1주일에 3번 이상 이용의 경우에는 이성만남 전화번호가(24.4%) 성인용 게임(23.1%) 휴대폰 성인물(9.7%)순으로 나타나고 있어 유해매체의 이용 빈도에 따라 유해매체 이용유형이 차이를 보이고 있다. 또한 같은 조사에서 유해매체를 처음 이용한 시기로는 휴대폰 성인물을 제외한 유형에서 초등학교 시절이 40% 전후의 경험이 있었으며 중1을 포함한다면 60% 이상이 경험을 한 것으로 나타났다.

## 3. 신분증 도용

[표2-36] 주민등록번호 도용방법

(단위 :명 %)

| 구 분 | | 사례수(명) | 허락받고 가족번호 이용 | 몰래 가족번호 이용 | 다른사람으로부터 번호입수 | 인터넷을 통해 번호입수 | 주민번호 생성기 이용 | 기 타 |
|---|---|---|---|---|---|---|---|---|
| 전 체 | | 930 | 30.4 | 61.8 | 2.5 | 1.2 | 2.1 | 2.0 |
| 성 별 | 남 자 | 699 | 29.9 | 61.8 | 2.2 | 1.3 | 2.4 | 2.4 |
| | 여 자 | 230 | 31.8 | 62.0 | 3.4 | 1.0 | 1.2 | 0.6 |
| 교 급 | 중학생 | 319 | 37.9 | 58.1 | 1.0 | 1.2 | 0.9 | 0.9 |
| | 고교생 | 611 | 26.4 | 63.8 | 3.3 | 1.2 | 2.7 | 2.6 |
| 학년 | 중1 | 85 | 45.8 | 49.2 | 1.3 | 1.1 | 0.0 | 2.5 |
| | 중2 | 93 | 39.6 | 55.7 | 1.0 | 1.0 | 1.9 | 0.7 |
| | 중3 | 140 | 31.8 | 65.2 | 0.7 | 1.5 | 0.8 | 0.0 |
| | 고1 | 237 | 27.0 | 64.3 | 2.1 | 0.4 | 3.8 | 2.5 |
| | 고2 | 213 | 25.6 | 63.7 | 3.7 | 1.1 | 2.4 | 3.4 |
| | 고3 | 162 | 26.8 | 63.0 | 4.6 | 2.5 | 1.5 | 1.5 |

자료 : 여성가족부, 2012 청소년 유해환경접촉 종합실태조사

타인의 주민등록번호를 도용한 경험이 있는 청소년들의 주민등록번호 도용방법을 보면 [표2-36] 몰래 가족의 번호를 이용한 경우가 61.8% (남자 61.8%, 여자 62.0%)로 제일 많았으며 다음으로 가족의 허락을 받고 이용한 경우가 30.4 (남자 29.9% 여자 31.8%)다른 사람으로부터 번호를 입수한 경우는 2.5% (남자 2.2% 여자 3.4%) 순이었다. 또한 동 조사에서 집에서 사용하는 컴퓨터에 인터넷 사용제한 프로그램을 설치한 경우는 36.3% (남자 34.7% 여자 38.1%)였으며 설치를 하지 않은 경우는 63.7% (남자 65.3% 여자 61.9%)로 나타나고 있어 많은 주의가 필요할 것이다.

# 4. 아르바이트(성인업소) 경험

[표2-37] 성인용 업소 아르바이트 경험

(단위 :명 %)

| 구 분 | | 사례 수 (명) | 아르바이트 경험(%) | | |
|---|---|---|---|---|---|
| | | | 있다 | 전에 한 적 있다 | 지금하고 있다 |
| 전 체 | | 5,035 | 8.3 | 7.4 | 0.8 |
| 성 별 | 남 자 | 2,566 | 10.4 | 9.0 | 1.4 |
| | 여 자 | 2,470 | 6.1 | 5.8 | 0.3 |
| 교 급 | 중학생 | 2,470 | 5.8 | 5.2 | 0.6 |
| | 고교생 | 2,565 | 10.6 | 9.6 | 1.0 |
| 학년 | 중1 | 821 | 5.4 | 5.0 | 0.4 |
| | 중2 | 782 | 4.9 | 4.7 | 0.2 |
| | 중3 | 868 | 7.0 | 5.8 | 1.2 |
| | 고1 | 827 | 11.9 | 11.0 | 0.9 |
| | 고2 | 910 | 8.4 | 7.6 | 0.8 |
| | 고3 | 828 | 11.7 | 10.3 | 1.4 |

자료 : 여성가족부, 2012 청소년 유해환경접촉 종합실태조사

청소년의 고용이 금지된 만화방, PC방, 노래방, 전자오락실, 성인용 주점, 성인용무 도장 등의 업소에서 아르바이트를 한 경험[표2-37]에 대하여 사례 수 5,035명중 8.3%가(남자 10.4% 여자 6.1%) 경험이 있으며 현재 하고 있다는 0.8%(남자 1.4%, 여자 0.3%)이었다. 또한 같은 조사에서 신종 퇴폐업소 이용 경험은 사례 수 5,159명중 성인용 PC체험방 1%(남자 1.6% 여자 0.4%) 안마시술소 0.6% (남자 1.0% 여자 0.2%), 전화방, 휴게텔, 화상 채팅방은 0.5%(남자 0.8% 여자 0.2%) 스트립 방, 누드 카페 0.5%(남자 0.8% 여자 0.2%), 대딸 방, 키스 방 0.5%(남자 0.8% 여자 0.2%), 티켓 다방 0.4% (남자 0.6% 여자 0.2%)순으로 이용 경험이 있는 것으로 나타났다.

# III. 학교폭력의 사례

2012년 11월 7일 부산시 교육청에 의하면 11월5일 부산 해운대구에 소재한 모 중학교 2학년 교실에서 여교사 A(46세)씨가 수업 중에 떠드는 이모(14세)군 에게 조용히 하라고 하자 이군은 여교사 A씨에게 화를 내며 욕설을 하면서 뺨을 때리려고 했으나 여교사 A씨가 이 모 군의 손을 잡으며 이를 막자 이 모 군 은 다시 발로 여교사의 배를 세 차례나 차서 쓰러뜨린 사건이 발생하였다.

학급 반장이 달려 나와 제지를 하였지만 화를 참지 못한 이 모 군은 교사를 향해 걸상을 집어 던지는 등 행패를 부렸으나 수업을 함께 받던 30여명의 다른 학생들은 놀라서 지켜보기만 한 것으로 알려졌다. 학교 측은 이군에게 등교정지를 통보한 상태이며, 폭행을 당한 교사는 정신적 충격과 부상 때문에 치료를 받고 있는 상태이다.

그리고 2012년 7월 15일 서울 동대문 경찰서는 지역 내 일진회 후배들인 중학생 B(15세)군 등을 땅에 묻고 소변을 손으로 받게 하는 등의 혐의로 고등학생 A(17세)군 등 5명을 입건 조사 중이라고 밝혔다. 이들의 범행은 지난 4월 이번사건의 피해자들인 B군등 10명이 1년 후배인 C(14세)군 등 후배 15명을 땅에 묻기도 하고 무릎을 꿇게 한 뒤 선배들의 소변을 두 손 으로 받아내게 하며 담뱃불로 지지기도 하고 중량 천에 야구공을 던지고는 강제로 건져오라고 떠밀기도 하는 등 후배들을 괴롭혔던 사건을 조사하던 중 드러나게 되었다.

다른 사건으로는 2013년 3월 14일 학교폭력을 당하다 11일 유서를 남기고 투신자살한 경산시 소재 고등학교학생 최 모(15세)군 사건을 수사 중인 경찰은 최 군의 유서에는 권모(15세)군 등 5명의 가해학생이 지목되어 있었지만 3명의 가해학생과 피해학생 8명을 추가로 확인하고 수사를 확대하고 있다고 밝혔다.

경찰에 의하면 중학교 동창이자 고교 기숙사 룸메이트인 박 모(15세)군은 중2때 최 군을 비롯해 유서에 지목된 가해 학생 김 모(15세), 유 모(15세), 이 모(15세)군 등과 자주 어울렸다. 김 군은 우리 집에 자주 모여 놀았는데 힘이 센 박 군이 4명을 돌아가며 때리고 욕했다고 말했다. 박 모 군은 최 군이 자살하기 4일 전인 지난 7일 저녁 9시쯤 기숙사

복도에서 최 군의 배를 걷어차기도 하였다.

경찰은 같은 왕따 처지여서 친해졌다는 단짝 김 군 역시 학교 목욕탕에서 다른 친구들과 목욕을 하던 중 최 군에게 자위행위를 해 보라고 강요하기도 하고 수시로 돈을 뺏고 때리기도 했으며 최 군의 중학교 시절 짱 이었던 윤 모(15세)군과 함께 일진 그룹이었던 권 군 등 7~8명이 몰려다니며 또래들의 돈을 뺏거나 폭력을 휘두른 정황도 잡았다. 특히 권 군은 중2때(2011년 7월) 숨진 최 군을 교실 안으로 끌고 들어가 학생들이 보는 앞에서 팬티를 벗겨 놀렸으며 윤 군은 수시로 교실과 화장실 등에서 최 군을 때렸다고 한다.

한편 2013년 4월 23일 구로경찰서는 구로구 소재 모 초등학교 6학년에 재학 중인 일진 조 모(11세)양을 학교 인근에서 친구 A양(11세)을 8시간에 걸쳐 폭행한 혐의로 수사에 착수했다고 밝혔다. 조 양은 지난 6일 오후 2시쯤 같은 학교 남학생 1명과 함께 학교주변 놀이터에 나타나 B양등 친구2명과 놀고 있던 A양에게 네가 내 욕을 하고 다닌다고 들었다며 주먹을 휘둘렀고 바닥에 발로 머리를 밟기도 하였다.

이때 같이 놀던 B양(11세) 도 조양과 함께 폭행에 가담하였으며 남학생과 또 다른 친구는 옆에서 폭행을 지켜보며 휴대전화로 폭행 장면을 촬영 했던 것으로 전해졌다. 조양은 이후에도 분이 다 풀리지 않았다며 인근 공중 화장실로 A양을 데리고 가 세면대에 머리를 대라고 지시하고 A양의 머리에 흙탕물이 묻었으니 감겨 주겠다며 락스를 뿌리고 지켜보던 학생들과 A양에게 싸움을 하라고 지시하는 등 밤 10시까지 폭행 및 가혹 행위를 지속한 것으로 알려졌다.

다른 사건으로는 2013년 4월 22일 수서 경찰서는 2012년 10월 강남권 9개 학교 일진들이 만들어 함께 몰려다니면서 2012년 12월부터 최근까지 모두 42차례에 걸쳐 금품 1200만원 상당을 빼앗은 혐의로 강모(17세)군 등 10대 일진 35명을 검거하여 강군 등 9명을 불구속 입건하고 14세 미만인 김 모(13세)양 등 7명은 소년부로 송치했으며 윤 모(13세)군 등 19명은 훈방했다고 밝혔다.

이들은 강남 구 역삼동의 한 놀이터를 아지트삼아 인근 학원가 등에서 일부로 부딪쳐 시비를 걸고 스마트폰 2대와 현금을 빼앗는 등 모두 37명에게서 금품을 갈취하였으며 신고를 막기 위해 피해 학생의 학교와 이름을 적고 신분증까지 빼앗았다.

# Ⅳ. 학교폭력의 원인 및 대책

## 1. 학교폭력의 원인

폭력 가해청소년들은 일반적인 청소년들에 비해 충동통제력의 부족과 정서불안이나 긍정적인 자신감이 낮은 경향이며 절대빈곤 또는 상대적 빈곤 등은 무력감이나 열등감 또는 사회에 대한 반항심과 공격성을 크게 하는 요인이 될 수 있다. 또한 가족관계에 있어 부부간의 갈등이나 형제간의 우애 등은 물론 부모의 양육태도 등에 따라 많은 영향을 미치게 된다. 특히 청소년기의 가출이나 폭력·비행 등은 대부분 부모의 무관심, 일관성 없는 훈육방법, 애정결핍, 학대행위 등의 결과로 볼 수가 있다.

학교생활에 있어서 교사에 의한 폭력이나 또래집단으로부터 경험하는 폭력 등은 많은 영향을 미치게 되며, 특히 대중매체를 통한 폭력에 대한 미화나 합리화 등은 청소년들에게 죄의식을 약화시키고 폭력성을 부추기는 결과를 초래할 수 있으며 유해업소 등 청소년의 유해환경에 잦은 노출 역시 청소년 폭력을 조장하는 요인이 될 수 있다.

## 2. 학교폭력의 대책

2012년도 여성가족부가 실시한 청소년 유해환경접촉  종합실태조사를 살펴보면 청소년들의 유해매체 유형별 이용 경험률은 컴퓨터 성인용(45.5%), 성인용 간행물(40.0%), 성인용 게임(32.3%), 성인용 영상물(27.5%)순으로 나타나고 있으며 2011년도에 비해 2012년도에는 케이블TV 성인용 프로그램(14.8%→26.9%), 컴퓨터 성인물(37.3%→45.5%), 휴대폰 성인물((14.8%→26.9%), 이성만남 전화번호이용(1.5%→1.8%)의 증가추세를 나타내고 있다.

컴퓨터 채팅이나 휴대폰 등을 통한 성매매의 유혹과 더불어 성폭력 범죄가 증가되고 폭력 및 살인범죄자들이 불법 영상물 등을 통한 학습효과를 보이고 있는 현실에서 각별한 주의와 예방교육이 절실히 요구된다고 하겠다.

이러한 유해매체의 처음 이용 시기는 대체로 초등학교 6학년과 중학교 1학년 시기에 처음 이용한 것으로 나타나고 있다. 주된 이용 장소로는 자기 집에서 이용한 것으로 나타나고 있으나 집에서 사용하고 있는 컴퓨터에 인터넷 사용제한 프로그램이 설치되어있는 경우는 36.3%였으며 설치되어 있지 않는 경우가 63.7%였다.

설마 내 자식은 안 그렇겠지 하고 방심하고 있거나 부모들이 매체에 대한 접근능력이 떨어지기 때문에 일어나고 있는 현상인 것으로 보여 지므로 학부모들을 대상으로 인터넷 사용제한 프로그램을 보급하고 이에 관한 교육과 홍보를 강화할 필요가 있다고 보여 진다. 청소년들이 유해매체물의 구입을 시도한 경험이 있는 경우는 1.8%였으나 구입에 성공한 청소년은 73.7%로 매우 높게 나타나고 있으며, 청소년들이 매체 관련 업소에서 유해매체물을 구입하고자 했을 때 나이를 학인하고도 판매한 경우가 47.7%이며 나이를 확인하지 않고 판매한 경우 또한 26.0%에 이르렀고 나이를 확인하고 판매하지 않는 경우에는 26.3%에 그치고 있어 업주나 종사자들의 교육과 철저한 단속이 필요하다고 하겠다.

청소년들이 성인용 사이트에 접속하기 위해 또는 성인용 영상물이나 간행물을 구입하기 위해 타인의 주민등록번호를 도용한 경험이 있는 청소년은 20.6%였으며 신분증을 도용한 경우는 1.7%였다. 이들 중 가족의 주민등록번호를 허락 없이 이용한 경우는 61.8%로 나타나고 있어 부모들의 관심과 주의가 필요하다 하겠으며 청소년들이 유해매체의 이용과 구입을 제한하기 위한 제도보완이 뒤따라야 하겠다.

유해매체물에 대한 청소년들의 견해로는 이용해서는 안 된다(40.3%) 그저 그렇다(33.7%) 그렇지 않다(26.0%)로 나타나고 있으며 또한 최근 1년 동안 유해매체물의 이용과 관련하여 예방교육을 받은 경우가 51.9%로 나타나고 있어 좀 더 많은 예방교육이 이루어져야 할 필요가 있을 것이다.

또한 청소년들이 유해업소를 이용한 경험률은 노래방(90.9%) PC방(85.8%) 전자오락실(60.0%)순으로 나타났으며 멀티방과 룸카페는 급격히 확산되고 있다. 처음이용한 시기로는 평균적으로 PC방과 노래방은 초등학교 5학년 때에, 전자오락실, 만화방, 비디오, DVD방은 초등학교 6학년 때에 멀티방과 룸카페는 중학교 3학년 때에 많이 이용한 것으로 나타나고 있다.

유해업소이용의 주된 동반자를 보면 전자오락실, PC방, 노래방, 멀티방, 룸카페

(18.2%), 성인용 무도장(16.5%), 비디오/DVD방(13.2%)은 이성친구와 함께 간 것으로 나타났다. 업소이용과 관련하여 유해 행동으로는 성인용 주점의 경우에는 음주(40.5%), 흡연(21.7%), 싸움/폭력행사(3.7%), 성적인 접촉(3.4%)의 순으로 경험률을 보이고 있으며 성인용 무도장을 이용한 청소년의 경우에는 음주(51.9%), 흡연(42.8%), 성적인 접촉(21.0%), 싸움/폭력행사(15.5%)로 나타났다.

성인용 업소에서 아르바이트경험을 한 청소년은 8.3%(남자 10.4% 여자 6.1%)였으며 현재에도 해당업소에서 아르바이트를 하고 있는 경우가 0.8%였다.

청소년들이 성인용 업소를 이용하고자 했을 때 성공한 경우는 69.4%(여자 72.3% 남자 67.6%)였으며 성인용 간행물/영상물(73.7%) 술(73.2%) 담배(69.8%)순으로 나타났다. 업소이용 시 나이를 확인하고도 입장한 경우는 17.2%였으며 나이를 확인하지 않고 입장한 경우도 52.5%가 되고 있다. 나이를 확인하고 입장을 안 시킨 경우는 30.6%에 그치고 있으며 더욱이 입장은 고사하고 아르바이트까지 시키고 있는 현실이고 보면 좀 더 철저한 지도와 단속이 요구되며 최근 1년 동안 청소년 유해업소의 출입이나 고용에 관련된 교육을 받은 청소년은 전체의 12.2% 밖에 안 돼 다른 예방교육과 함께 이루어져야 할 것이다.

현대사회의 문명발달과 더불어 전통적인 가족제도의 변화와 함께 부부 맞벌이 가정이 늘어남에 따라 인간으로서 가장 중요한 1차적인 가정의 교육기능이 타인이나 시설에 위탁할 수밖에 없는 상황에 놓이게 된 것이 오늘날 현실이 되었다. 더욱이 초등학교에 갓 입학한 어린학생들 조차도 몇 개의 학원을 다니다 보니 정작 집에서 머무르는 시간은 그만큼 적어질 수밖에 없다. 설사 또래친구들과 놀이라도 하고 싶어도 서로의 학원시간이 다르다 보니 그야말로 바쁘다 바빠 소리가 절로 난다.

자녀 또한 예전의 몇 대 독자아들 대 끊어질라 애지중지 키우듯이 키워지다 보니 자기가 제일이요 모든 것이 우선이라. 그러한 어린이들이 학교에 한데 모여 있으니 문제소지는 항시 존재할 수밖에 없을 것이다. 학교 또한 이러한 상황을 헤아려 더 많은 역할을 해주길 기대해 보지만 공교육의 위상은 예전만 못하고 오히려 사교육에 밀려난 것 같은 상황에서 그 누구의 자 잘못을 탓하기 전에 우리 모두의 부족함이 모여 빚어낸 현상들임을 각성하여야 할 것이다.

따라서 부모는 자녀의 인성교육과 함께 가정교육에 힘을 기울여야 할 것이며, 학교폭력 예방프로그램을 확대실시하고 교사는 좀 더 분발하여 스스로를 존칭하여 대접받기 보다는 모두가 우러러 존경하는 참스승이 되었으면 하는 바람이다. 사회 및 유관기관은 학생들이 정진할 수 있는 교육환경을 조성하는데 최선을 다하여야 하며 교사가 주체가 되어 해결하고 이끌어 갈 수 있도록 충분한 뒷받침을 하여야 할 것이다.

# 제 III 부

# 성폭력

# 제1장

# 성(性)

## Ⅰ. 구애와 성

이 땅에 생명체가 출현한 이후 이들은 종의 번식이나 유지를 위하여 각고의 노력으로 진화 발전되어 오늘에 이르렀을 것이다. 현대문명이 발달된 오늘날에도 평균수명이 짧은 종족일수록 십 오세 전후의 어린 소년, 소녀들이 결혼을 하는 경우를 볼 수가 있다

다른 생명체들의 구애와 양육방식 등을 살펴보면 군함새 수컷은 가슴을 크고 빨갛게 부풀리며 구애를 하고, 공작새는 날개나 깃털 등의 아름다운 자태를 자랑하며 암컷에게 구애를 한다. 그리고 바다 새들 중에서는  먹이를 선물하고 이를 먹은 암컷이 이 정도면 먹고 사는 데는 걱정을 끼치지 않겠구나 하는 판단을 하여서인지 구애를 받아들여 짝짓기를 하기도 한다. 또한 정자 새의 수컷은 교미를 위한 집을 짓고 온갖 물건을 물어다 장식을 한 후 암컷이 나타나면 춤을 추면서 유혹을 한다. 암컷은 교미 후 자기둥지로 돌아가 혼자 새끼를 키우지만 뻐꾸기는 다른 새의 둥지에 알을 낳은 후 알아서 잘 키우라는 듯 나 몰라라 하기도 한다. 또한 학과 같이 일생을 지조와 정조를 지키며 사는 새가 있는가 하면 원앙이나 오리 류 등은 암수가 함께 있다가도 다른 암컷을 보면 암컷이 보는 앞에서도 교미를 하는 새도 있다.

어류 또한 대부분의 물고기들은 구애가 성공하여 암컷이 산란을 하면 수컷은 그 위에 정액을 뿌리는 것으로 역할이 끝나기도 하지만 연어와 같이 회귀성 어류는 태어난 곳으로 찾아와 산란을 한 후 암수가 생을 마감하기도 한다. 그러나 해마는 짝짓기를 한 후 수정란을 수컷의 배주머니로 넘겨주고 다른 수컷을 찾아 떠나가는가 하면 큰 가시고기는 둥지를 만들어 놓고 춤을 추면서 암컷을 유혹하여 교미를 한 후 수컷혼자서 알을 지키며 고군분투를 하고 시클리드 중에는 수컷이 알을 입속에 넣어 부화를 시키고 키운다.

동물에 있어서도 발정기의 암컷이 성 페르몬으로 수컷을 유혹하거나 큰 사슴과 같이 하루 종일 저음으로 울어대는가 하면 원숭이와 같이 생식기 부분이 분홍색을 띠며 부풀어 오르고 냄새를 풍겨 찾아 온 수컷들끼리 경쟁을 붙여 승자와 교미를 한다. 사자나 곰 등은 교미 후 나 몰라라 하며, 사슴이나 말 등은 일부다처제로 가장 강력한 수컷이 여러 암컷을 거느리고 생활을 하기도 한다.

인간에 있어서도 티베트의 한 부족은 형제들이 한 여인과 결혼을 하는 일처다부제를 취하는 부족이 있는 반면에 지위나 경제력이 있는 사람이 여러 명의 아내를 맞이하는 일부다처제의 부족이 있기도 하다. 또한 아마존의 여인부족은 남자아이가 태어나면 외부에 갖다 버리며, 중국 고산지대의 한 부족은 모계사회로서 태어난 아기의 아버지가 누구인지 모르며 성교를 하고 싶으면 저녁때 대문에 깃발을 꽂아 놓거나 천을 걸어놓아 두면 이를 보고 먼저 찾아 온 남자와 성교를 맺는 부족도 있다.  그리고 남태평양의 한 부족은 결혼하는 모든 신부는 결혼식 전날 밤을 족장과 동침을 하여야 하는 풍습도 있다.

이와 같이 각자가 처해진 상황과 환경 속에서 그들만의 생존의 방식에 의해 독특한 성문화를 형성하고 있음을 알 수가 있다. 또한 어류는 물론 공작이나 원앙 등의 조류를 보거나 사자의 깃털이나 사슴의 뿔 등을 보아도 분명 수컷이 암컷 보다 아름다운 자태를 지니고 있음을 알 수가 있다. 이는 암컷에게 선택을 받기 위한 즉, 성의 선택권이 암컷에게 있다는 사실이다.

수많은 생명체들이 번식기나 발정기에 종의 번식을 위해 교미를 하는 반면에 유독 인간만이 성행위 자체를 즐긴다는 것이다. 이러한 성행위 자체를 즐김으로 인하여 그릇된 성문화와 아울러 잘못된 성산업의 발달로 사회적 문제로 대두되고 있는 것이 오늘의 현실이다.

# II. 성생활

## 1. 사랑과 성행위

미국의 약리학자인 마이클 리보비츠(Michael Liebowitz)의 사랑의 화학(The chemistry of love 1983)에 따르면 사랑의 첫 단계에서는 페닐에틸아민(PEA)이 변연계를 가득 채우며 상대방에게 홀린 듯한 느낌을 갖게 되는 두 번째 단계에서는 엔드로핀(Endorphin)이 뇌 안에 흘러넘친다.

페닐에틸아민(PEA)은 신경세포의 정보교환을 촉진시키는 화학분자이며 천연의 암페타민(amphetamine)으로 중추신경을 자극하는 각성제이다. 요컨대 페닐에틸아민(PEA)은 암페타민처럼 뇌를 자극하기 때문에 연인들은 행복감에 도취되며 활기가 넘칠 뿐 아니라 밤새 마주보고 앉아 서로 지칠 줄 모르며 몇 시간이고 되풀이해서 성교를 즐기게 되는 것이다. 엔드로핀은 PEA처럼 뇌에 있는 신경전달물질이지만 PEA와는 달리 통증을 억제하며 마음을 가라앉힌다. 따라서 엔드로핀의 분비로 평온하고 안정된 느낌을 공유하기 때문에 연인들은 평화롭게 대화하고 식사하며 잠들 수 있다.

성적 자극을 받으면 뇌 안의 도파민 수치가 올라가는 동시에 쾌감이 증진되고 남성호르몬인 테스토스테론의 분비가 촉진되며 테스토스테론의 혈중농도가 높아지면 성욕도 강해진다. 또한 섹스를 하게 될 것이라는 기대만으로도 남성은 바소프레신의 혈중농도가 5~10배가량 높아진다. 바소프레신은 테스토스테론의 성욕촉진작용을 지원하며 여성의 경우에도 성적인 자극을 받으면 바소프레신의 분비가 증가되고 동시에 옥시토신이 분비되며 옥시토신의 농도가 올라가면 여성의 몸은 성관계가 용이한 상태가 된다.

옥시토신은 부드러운 근육을 자극하고 신경을 예민하게 하므로 여자들은 남자를 꼭 껴안고 싶은 충동에 사로잡히게 되며 성교를 끝낸 남자는 여자를 밀쳐 내려는 반면 여자는 계속 포옹을 요구하는 것은 옥시토신의 혈중농도가 남자보다 여자가 훨씬 높기 때문이다. 또한 옥시토신은 성적 흥분이 강렬할수록 더 많이 분비되기 때문에 성교도중에 쾌감은 더욱 증대된다. 그리고 여자들이 남자들과 달리 국부보다는 전신으로 오르가즘을 즐길 뿐 아니라 한 번의 성교로 여러 차례 오르가즘을 맛보는 까닭은 옥시토신의 혈중농도가 남자보다 훨씬 높기 때문이다.

남녀 모두 섹스를 앞두고 혈압이 올라가고 심장이 빨리 뛰기 시작하며 호흡이 빨라진다. 남자들은 성기가 발기되어 팽창하며 여자들은 여성호르몬인 에스트로겐의 분비가 증가되면서 질이 촉촉해지고 젖가슴이 커지며 유두가 단단해진다. 성행위를 하는 동안 남녀 모두 옥시토신의 혈중농도가 올라가며 옥시토신의 분비량이 최대치에 오르면 오르가즘에 이르게 된다. 남성은 성기를 자극하고 2~3분이면 오르가즘에 도달하지만 여자는 5~20분이 걸린다. 오르가즘은 남자에게 10초 정도 지속되지만 여자에게는 10~90초 이상 지속된다. 오르가즘에 도달하면 도파민과 엔드로핀 분비량이 최고조에 이르러 형언할 수 없이 황홀한 행복감을 맛보게 된다.

미국의 윌리엄 마스터스(Willaim Masters 1915~2001)와 버지니아 존슨(Virginia Johnson 1925~)은 남자 312명과 여자 382명을 대상으로 10여 년간의 성 반응을 연구하여 인간의 성 반응(Human sexual response 1966)이란 책을 내놓았다. 이들에 의하면 인간의 성 반응 주기는 흥분, 고조, 오르가즘, 해소의 단계를 거치게 되는데 성적 자극을 받으면 자율신경이 흥분하여 성기의 혈관이 충혈 되어 남자는 음경이 발기되고 여자는 질이 점액을 분비하여 축축하게 젖어들면서 입구가 확대된다. 흥분기가 지나서 고조기로 접어들면 흥분이 높은 수준에서 수분동안 지속되다가 마침내 오르가즘에 이르게 되며 남자의 경우 오르가즘이 임박하면 항문 괄약근의 수축이 0.8초 간격으로 시작되고 근육수축에 따라 발생하는 세찬 압력에 의해 정액이 단숨에 요도를 통하여 음경 밖으로 사출되고 전신에 분포되어 있는 신경이 흥분하여 근육의 경련이 일어난다.

여자는 질의 바깥쪽 3분의 1이 부풀어 오르고 오르가즘에 도달하면 이 부위의 근육이 2~4초 동안 수축을 하면서 근육경련을 일으키고 남자들 처럼 항문 괄약근과 함께 질이 0.8초 간격을 두고 수축을 거듭한다. 이러한 율동적인 수축은 오르가즘을 한번 경험할 때마다 대개 3~15회쯤 되풀이 된다.

이러한 오르가즘을 얻는 방법은 수음이나 성감대의 자극 등에 의해 획득할 수도 있으며 여러 방법의 유사 성행위들이 발달되어 온 것 또한 사실이다. 그러나 여성의 경우 질보다는 음핵의 자극에 의해 오르가즘을 느끼는 것으로 확인되고 있으며 이는 여자의 성욕을 죄악시 하고 여자를 남자의 성적 노리개로 삼는 문화에서는 여성의 성을 철저히 억압하였으며 아프리카 일부 부족에서는 음핵을 제거하거나 질과 음순봉합이 광범위하게 퍼져있다. 이와같은 여성의 성기절제는 동아프리카와 사우디아라비아반도 등지에서 널리 행해지고 있으며 일부 특정 부족들의 경우에는 사실상 보편적인 관행으로 이루어지고 있는 실정이다.(이인식 2002)

일반적으로 성욕을 항진시키고 성 능력을 강화하며 페니스의 발기력을 높이는 작용이 있다고 믿는 식품이나 물질을 최음제 또는 미약이라 하며 한의학에서는 회춘약, 보약이라고 한다. 마늘이나 인삼 녹용 웅담 물개성기 뱀탕 등 헤아릴 수 없이 많은 것이 있으며 정력에 좋다면 외국도 마다하지 않고 찾아가는 일부 한국 남성들의 추태로 국가망신에 눈살을 찌그리기도 한다.

## 2. 사정과 수정

정자는 약 0.005mm크기의 머리와 0.045mm크기의 꼬리를 가진 형태로 머리에는 남자의 23개 염색체를 담고 있으며 남자는 매시간 1,200만개 정도의 정자를 생산하여한번의 사정으로 약 2억~5억 개가 방출되어 분당 3mm의 속도로 질속을 전진하여 100만~250만대 1의 예선을 통과한 200여 마리가 난자의 세포막에 도달한 후 보통 200대 1의 결선을 통과한 한 마리만이 난자와 만나 수정을 이루게 된다.

여자는 태어날 때 난소 안에 약 200만개의 어린 난소세포를 가지고 태어나지만 사춘기에 이르는 동안 5대 1의 경쟁을 통과한 약 40만개가 남으며 이후 폐경기 까지 약 1000대 1의 경쟁 속에서 약 400여개가 난자로 성숙하게 된다. 또한 여자가 사춘기가 시작되면 뇌하수체는 난포와 그 속의 난자를 성숙시키는 호르몬을 분비하여 일반적으로 한 달에 400대 1의 경쟁을 통과한 한 개의 난포가 성숙하고 성숙한 난자 한 개가 난소표면에서 떨어져 나와(배란) 나팔관 안에서 정자와 만나 수정을 하게 된다.

2010년 우리나라의 출산율이 1.23%인 현실에서 수정되어 한 어린 생명으로 태어난다는 것은 2억에서 5억대의 1의 경쟁을 통과한 정자가 최소한 200~400대 1의 경쟁을 통과한 난자와 만나 태어난 귀중한 생명체로서 축복받고 보호받을 자격이 충분하다고 하겠다.

## 3. 성행위 효과

섹스는 혈액순환을 촉진하고 심장활동을 자극하며 특히 오르가즘은 심장박동의 속도를 두 배정도 빨라지게 한다. 따라서 일주일에 2번 이상 섹스를 하는 남자들은 한 달에 한번 미만 섹스를 하는 남자보다 심장발작을 일으킬 확률이 50%정도 줄어든다고 본다.

또한 오르가즘시 혈중 옥시토신의 농도는 5배까지 급상승한다. 옥시토신은 면역기능에 영향을 주어 섹스를 자주하게 되면 감기 같은 질병에 덜 걸리게 된다. 또한 섹스는 30분 동안 힘껏 달리기를 할 때 연소되는 열량과 맞먹는 200칼로리 정도의 에너지가 소모되기 때문에 다이어트에도 도움이 된다. 그리고 섹스를 할 때 엔드로핀이 분비되어 평온하고 안정된 느낌을 주므로 성행위에 적극적인 사람들이 우울증이나 자살충동에 휘말린 사례가 드물며 또한 진통제 역할을 하기 때문에 요통 관절염 두통 따위의 만성적 통증을 완화시킬 수 있다.

## 4. 노인과 성

모든 생명체들은 생을 유지하고 종족을 번식하기 위하여 부단한 노력을 기울이고 있다고 해도 과언이 아닐 것이다. 특히 인간에게 있어서는 종족번식을 위한 성행위와 더불어 성별이나 나이에 상관없이 건강과 주위의 제반여건이 주어지는 한 성행위 자체를 즐긴다고 볼 수가 있다. 따라서 노년기의 원만한 성 생활은 삶의 만족도를 높여 주는 동시에 자아 존중감을 높여주어 행복한 삶의 기폭제가 된다고 할 수가 있을 것이다.

우리나라의 65세 이상 노인을 대상으로 한 설문결과 성 욕구를 느꼈을 때 해소방법으로 자위행위(남성 5.8% 여자 10.3%)를 하는 것으로 조사 되었으며 (유성호, 강숙현 2003) 성관계에 대한 조사에서도 노인들은 적어도 한 달에 한 차례이상 (남성 72% 여성 75%) 관계를 맺고 있는 것으로 나타났는데 만 75세 이상 노인들 중 남성의 26%와 여성의 24%가 부부 관계를 갖고 있는 것으로 나타났다. (권명숙 2002) 2011년 경기도 가족여성연구원이 남성 9명과 여성 11명을 대상으로 심층면접을 한 조사를 보면 65세에서 80세에 이르는 면접 대상자들의 성에 대한 관념으로 남성의 성적 욕구는 여성보다 강하고 제어하기 어려운 것이어서 충족되지 않으면 안 되지만 여성의 성적 욕구는 본능적으로 자제가 가능한 것이라고 보는 성별 이중성을 보이고 있다.

또한 부부관계 에 있어서도 성생활의 의미와 중요성에 대해서 남성들은 결혼생활에서 성생활이 가장 중요한 요소로 보았으나 여성의 경우에는 교육수준과 경제적 수준이 낮은 여성들은 성적 만족은 결혼 생활을 유지하고 결혼 만족을 높이는데 중요한 요소이며 성생활이 결혼 생활에서 가장 중요한 요소로 보고 있으나, 교육수준과 경제적 수준이 높은 여성들은 그다지 중요한 것으로 보지 않고 있었다.

홀로된 남성들은 성적 욕구불만과 일상생활의 불편함을 가장 큰 애로사항으로 생각하고 재혼에 대한 생각으로는 재혼을 원하는 여성은 돈이 목적이라는 피해의식과 선입견을 가지고 있어 돈이 없기 때문에 재혼 할 가능성이 없다고 체념하고 있는 경우도 있었다. 반면 홀로된 여성의 경우에는 노년기를 자녀 양육과 교육 등 큰 의무에서 벗어나 비로소 자기만의 시간과 여가를 가질 수 있는 시기로 살고 있으며 성생활 역시 남편의 욕구 충족 중심으로 이루어져서 여성은 진정한 성적인 만족을 누린 경우가 드물고 자식의 의사나 주변의 시선에 더 민감하여 재혼에 대해 소극적인 태도를 보였다.

보건 복지부가 2011년 6월부터 12월 까지 65세 이상 노인의 성생활 실태조사를 한 결과를 보면 응답자 500명중 성생활을 한다는 노인은 331(66.2%)명 이었으며 안한다는 노인은 169(33.8%)명 이었다. 성생활을 하고 있는 노인들 331명 중 성인용품을 구입한 경험이 있다는 응답자는 65명(19.6%)으로 구입한 성인 용품의 종류로는 남성용 자위기구가 16명(23.5%)이었으며 무허가 진공음경흡입기가 16명(23.5%)으로 높은 비율을 차지하였다. 또한 발기부전치료제를 구입한 경험이 있는 노인은 168명 (50.8%)으로 정품사용이 98명( 58.3%)이었으며 비 정품사용은 40명(23.8%), 모르고 사용한 경우는 30명(17.9%) 이었다.

구입한 동기로는 성기능 향상이 94명 (55.0%) 호기심 40명(23.4%) 발기부전 치료 34명(19.9%)순으로 나타났다. 용품의 구입 경로로는 성인용품은 매장이 32명(49.2%) 신문이나 TV광고 12명(18.5%) 전단지 5명(7.7%) 인터넷 5명(7.7%) 순이었으며 발기부전 치료제의 구입경로는 약국 86명(50.3%) 성인용품 27명(15.8%) 노점 판매점 24명(14.0%) 전단지 5명(2.9%) 기타 25명(14.6%) 순으로 나타났다.

성기능향상 의료기기의 구입 경로로는 의료기기 판매점 12명(25%) 성인용품점 11명(22.9%) 노점방문판매 등(12.5%) 인터넷 쇼핑몰(14.6%) 신문광고(8.3%) 기타 (16.7%) 순이었으며 부작용의 여부는 부작용이 없었다가 18명 (42.9%) 이었으나 부작용이 있었다는 24명(57.1%)으로 나타났다. 검증되지 않은 무허가 제품이나 불법적인 구입 경로 등이 높은 비중을 차지하고 있는 상황에서 많은 피해의 예방을 위하여 개선이 필요하다 하겠다.

검찰청 범죄 분석에 의하면 61세 이상 노인의 성매매 위반 범죄자의 수는 1999년 140명에서 2009년 969명으로 10년 사이에 6.9배가 증가 하였다. 성병에 감염되는 노인의 수도 2001년 전체 성병 신규 감염자 중에서 65세 이상 노인의 비율이 0.4%였으나, 2010년에는 1.6%로 4배나 증가하였다. 실태조사에 의하면 성생활을 하고 있는 노인들의 성병 감염 빈도는 122명(36.9%)이었으며 감염된 성병의 종류로는 임질이 61명(50%) 요도염과 질염은 21명(17.2%) 사면발이가 7명(5.7%) 매독 2명(1.6%) 병명미상 16명(15.6%)으로 나타났으며 성교시 콘돔 사용 여부로 사용하지 않는다가 80명(44.7%) 가끔 사용한다가 50명(27.9%) 항상 사용한다가 49명(27.4%) 순으로 나타나고 있어 성생활에 관한 전반적인 교육이 필요하다고 하겠다.

## 5. 성매매 문제

동물이나 식물은 물론 인간에게 있어 종족번식 및 종의 유지는 가장 기본적인 욕구라 할 수 있을 것이다. 더욱이 만물의 영장이라 하는 인간에게는 사랑과 함께 성행위 자체를 즐기고 싶은 욕망 또한 간과할 수 없을 것이다. 성매매(매춘)은 필요악으로 고대 함므라비 법전이나 구약성서 등에서도 그 일면을 살펴볼 수 있듯이 시대와 종족을 불문하고 인간사회에서 존재하여 왔음을 그 누구도 부인하지 못할 것이다. 이러한 욕구들을 법으로 강제하고 단속하고 있는 것이 오늘날 우리나라의 현실이다. 물론 미성년자들의 성매매 행위나 성인이라 할지라도 공갈이나 협박과 폭력 등으로 이들을 구속하여 매매행위를 강요하거나 그들의 수입을 착취하는 일들은 그에 합당한 처벌을 요하겠지만 말이다.

풍선효과란 말이 있다. 법으로 강제한다고 해서 유사 이래 나라와 종족을 불문하고 이루어지고 있는 일들을 공권력으로 어찌 다 감당하고 방지할 수 있겠는가? 능력있는 자들은 국내나 해외로 골프나 관광을 떠나 명품을 사주거나 즐기고 아니면 사업이나 가게 운영에 도움을 주면서 즐긴다면 어찌하겠는가? 또한 오피스텔 남편과 아내라는 신조어가 회자되고 있는 현실에서 고급주점은 물론 여성전용 노래방이나 까페 등의 간판을 내세운 호스트바가 전국의 주요도시에서 새벽시간대에는 영업을 마친 술집의 마담이나 여종업원이 낮 시간대에는 주부가 저녁시간대에는 퇴근하는 여자 회사원이 주요고객으로 성업중인 현실이다.

수많은 농어촌 및 도시의 노총각들이 돈이라도 있으면 해외에서 신부를 구해 결혼생활을 할 수 있겠지만 힘없는 약자들에게는 이 또한 그림의 떡이라 할 수 밖에.

2015년도 우리나라 인구 중 20세 이상 배우자가 없는 성인 남녀의 연령별 구성을 살펴보면[표3-1] 20세 이상 성인은 39,551.6천 명(남 19,551.9천명, 여 19,999.7천명)으로 배우자가 없는 경우는 15,657천명(남 7,383.9천명, 여 8,273.1천명)으로 이들 중 미혼이 10,209.6천명(남 5,975.4천명, 여 4,234.2천명), 사별은 3,264.9천명(남 449.2천명, 여 2,815.7천명), 이혼은 2,182.5천명(남 959.3천명, 여 1,223.2천명)의 분포를 나타내고 있다. 따라서 배우자가 없는 약 15,657천 명 중 애인이 있거나 구도자 등을 제외한 신체활동이 가능한 사람들은 성폭력법이나 성매매법에 의한 범죄자가 되지 않으려면 평생 자위행위로서 만족하거나 성적욕구를 억제하는 등 스스로 구도자가 아닌 구도자 생활을 하여야 한다는 결론이다.

## [표3-1] 연령별 무배우 인구(20세이상)

(단위:천명)

| 구분 연령 | 계 | | | 미 혼 | | 사 별 | | 이 혼 | |
|---|---|---|---|---|---|---|---|---|---|
| | 계 | 남 | 여 | 남 | 녀 | 남 | 녀 | 남 | 녀 |
| 20~24세 | 3,317.6 | 1,787.0 | 1,530.6 | 1,784.5 | 1,525.0 | 1.5 | 3.9 | 1.0 | 1.7 |
| 25~29세 | 2,552.9 | 1,426.2 | 1,126.7 | 1,422.3 | 1,117.1 | 0.7 | 1.2 | 3.2 | 8.4 |
| 30~34세 | 1,746.8 | 1,052.5 | 694.3 | 1,034.3 | 658.8 | 1.0 | 2.8 | 17.2 | 32.7 |
| 35~39세 | 1,125.1 | 682 | 443.1 | 633.3 | 355.7 | 2.5 | 8.1 | 46.2 | 79.3 |
| 40~44세 | 1,026.2 | 596.2 | 430 | 480.7 | 234.9 | 6.6 | 24.6 | 108.9 | 170.5 |
| 45~49세 | 920.4 | 485.2 | 435.2 | 298.4 | 134.7 | 14.5 | 59.6 | 172.3 | 240.9 |
| 50~54세 | 837.1 | 391.4 | 445.7 | 165.7 | 76.2 | 26.4 | 121.5 | 199.8 | 248.0 |
| 55~59세 | 792 | 314.6 | 477.4 | 91.3 | 54.7 | 42.4 | 214.4 | 180.9 | 208.3 |
| 60~64세 | 610.8 | 192.6 | 418.2 | 35.5 | 30.3 | 48.9 | 275.3 | 108.2 | 112.6 |
| 65~69세 | 570.4 | 138.1 | 432.3 | 15.7 | 17.4 | 56.9 | 353.2 | 65.5 | 61.7 |
| 70~74세 | 622.9 | 114.9 | 508 | 7.8 | 11.1 | 72.1 | 463.5 | 35.0 | 33.4 |
| 75~79세 | 626.9 | 91.8 | 535.1 | 3.5 | 7.5 | 73.4 | 511.4 | 14.9 | 16.2 |
| 80세이상 | 907.4 | 110.9 | 796.5 | 2.4 | 10.8 | 102.3 | 776.2 | 6.2 | 9.5 |
| 계 | 15,657 | 7,383.9 | 8,273.1 | 5,975.4 | 4,234.2 | 449.2 | 2,815.7 | 959.3 | 1,223.2 |

주 : 20세 이상 유배우자를 제외함
자료 : 통계청 인구주택총조사 2015

# 제2장
# 성폭력

## Ⅰ. 성폭력의 개념

성폭력에 관하여 다루고 있는 「성폭력 범죄의 처벌 등에 관한 특별법」, 「아동 청소년의 성보호에 관한 법률」, 「성폭력 방지 및 피해자 보호에 관한 법률」,「형법」등의 법률에서는 성폭력의 개념을 규정하지 않고 해당 범죄를 명시하고 있으며, 강간이나 강제추행 등을 성폭력 범죄로 규정하고 있다.

강간(성폭행)은 폭행 또는 협박 및 그 밖의 불법적인 수단으로 상대방의 저항을 현저히 곤란하게 하여 부녀를 간음(부부가 아닌 남녀가 성관계를 맺는 것)하는 것으로 남성의 성기가 여성의 음부에 삽입되었을 때에만 성립되며 삽입이 없을 경우에는 강간미수 또는 강제추행으로 본다.

또한 강제추행(성추행)은 폭행 또는 협박으로 상대방에게 성욕의 흥분 또는 만족을 얻기 위해 일반사회의 건전한 도덕 감정을 해치는 행위로서 상대의 성적인 수치 감정을 심히 해치는 성질을 가진 행위를 말한다.

성희롱은 우리나라의 남녀차별 금지 및 구제에 관한 법률 제2조 2항에 업무, 고용, 기타 관계에서 공공기관의 종사자, 사용자 또는 근로자가 그 지위를 이용하거나 업무 등과 관련하여 성적 언동 등으로 성적굴욕감 또는 혐오감을 느끼게 하거나 성적언동 기타 요구 등에 대한 불응을 이유로 고용상의 불이익을 주는 것이라고 명시하고 있으며 남녀고용평등법 제2조2항에서는 직장 내 성희롱이란 사업주, 상급자 또는 근로자가 직장 내의 지위를 이용하거나 업무와 관련하여 다른 근로자에게 성적인 언어나 행동 등으로 또는 이를 조건으로 고용상의 불이익을 주거나 또는 성적 굴욕감을 유발하게 하여 고용환경을 악화시키는 것이라 명시하고 있다.

따라서 성폭력은 광의의 개념으로서 성폭행은 물론 성추행이나 성희롱 등을 망라하여 상대의 의사에 반하여 성적으로 가해지는 신체적, 언어적, 정신적 폭력이라 할 수 있을 것이다.

# II. 성폭력 이론

1973년 유엔은 강간은 폭력과 지배력을 과도하게 사용해 강간범이 희생자를 수치와 굴욕과 당혹과 자괴와 공포로 몰아넣는 행위이다. 강간의 1차적 목표는 타인에 대해 권력과 지배력을 행사하는 것이다 라고 선언 했다. 강간이라는 범죄의 성격을 규정하는 이론을 살펴보면

## 1. 보수주의 이론

강간을 특정남자의 재산을 침해하는 범죄라고 규정한다. 여자가 성교에 동의하지 않았기 때문에 강간이 범죄가 되는 것이 아니라 그 여자를 소유한 남자가 성교를 허락하지 않았기 때문에 범죄로 성립된다는 의미이다. 기원전 18세기 함무라비법전에 처녀를 강간하면 사형에 처했으나 유부녀가 강간을 당하면 강간범과 똑같은 벌을 받았다. 사건경위를 따지지 않고 간통으로 간주해서 강간범과 함께 묶어 강물 속에 내던졌다. 그러나 남편이 원하면 아내를 물속에서 건져 내도록 허용하였다. 중세 유럽에서는 강간범을 사형으로 다스렸으며 손발을 잘랐다. 성서에 약혼하지 않는 처녀와 강제로 성교하다 붙잡히면 강간범은 처녀의 아버지에게 50세겔을 물어주고 평생을 같이 살아야 한다.

약혼한 남자가 있는 처녀를 강간했을 경우 들판에서 겁탈 시에는 남자만 죽이고 성읍

안에서 사건이 발생했을 경우에는 남녀 모두를 돌로 쳐 죽인다. 처녀가 강간당하면서 소리를 질러 구원을 청하지 않았으므로 화간으로 간주한 것이다.

## 2. 자유주의 이론

강간을 신체에 대한 폭행으로 보며 권리의 침해로 규정한다.

## 3. 급진주의 이론

강간을 여성의 인격에 대한 모독으로 간주한다. 강간범들은 여자들이 은근히 강간당하기를 원한다고 믿으며 피해자가 부지불식간에 자신을 유혹했다고 강변한다. 또한 강간범들은 충동적인 성격이 강하며 자존심이 매우 낮고 여자들에게 적대감을 갖고 있다. 강간범들에게 성은 목적이라기보다 열등감이나 적대감을 해소하는 수단이 되며 열등감을 해소하기 위해 힘을 과시하는 권력형 강간의 경우 범인들은 여자가 처음에는 반항하지만 굴복하여 기꺼이 상대해 줄 것으로 기대 한다. 여자에게 평소 갖고 있던 적대감을 발산하려는 분노형 강간인 경우 범인들은 연상이거나 늙은 여자를 골라서 욕설을 하고 얼굴과 머리카락에 사정을 하거나 몸 위에 대소변을 갈기고 항문성교를 강요하거나 음부에 이물질을 삽입시킨다.

강간범들은 성인을 선호하지만 뜻대로 되지 않으면 어린아이를 선택하기도 한다. 체포되어 처벌받을 위험이 적다고 생각하는 기회주의적인 성격의 소유자 또는 변태성욕자들이 대부분이다. 어린이 성 농락은 근친강간의 형태를 띤 것이 많다.

# III. 성폭력의 발생

## 1. 연간 성폭력(강간) 범죄 발생

[표3-2] 년도별 성폭력 범죄 발생(1995년~2018년)

(단위:건)

| 년도 / 발생건 | 1995 | 2000 | 2005 | 2010 | 2015 | 2017 |
|---|---|---|---|---|---|---|
| 년간 | 4,912 | 698 | 11,757 | 19,939 | 31,063 | 32,104 |
| 1일 | 13.5 | 19.1 | 32.2 | 54.6 | 85.1 | 88.0 |
| 시간당 | 0.6 | 0.8 | 1.3 | 2.3 | 3.5 | 3.7 |

자료 : 대검찰청 범죄분석 1996, 2001, 2006, 2011, 2016, 2019

[표3-2]에 나타난 년간 성폭력(강간) 발생 건은 1995년 4,912건 2000년 6,982건 2005년 11,757건 2010년 19,939건 2018년 32,104건으로 매년 증가가 되었으며 2015년에는 1995년보다 6.3배가 증가된 31,063건이 발생하였음을 알 수가 있다.

또한 성폭력(강간) 범죄는 평균적으로 1995년에는 하루에 13.5건 한 시간당 0.6건이 발생하였으나 2000년은 하루에 19.1건 시간당 0.8건이, 2005년은 하루에 32.2건 시간당 1.3건이 2010년은 하루에 54.6건 시간당 2.3건이 2015년은 하루에 85.1건 시간당 3.5건이 그리고 2018년에는 하루에 87.96건 시간당 3.7건이 발생한 것으로 우려를 자아내고 있으나 1998년 한국형사정책 연구원의 성폭력의 실태와 원인에 관한 연구Ⅱ에 의하면 강간이나 성추행 피해를 입은 후에 고소를 하는 확률을 6.1%로 보고 있어 연간 발생하는 성폭력 범죄는 실제 일어나고 있는 범죄에 비해 빙산의 일각이라 볼 수가 있어 범죄에 대한 심각성은 더욱더 크다고 할 것이다.

## 2. 월별 성폭력범죄 발생

[표3-3] 성폭력(강간) 월별 발생빈도(1995~2015년)

(단위:건)

| 월 / 년도 | 계 | 1월 | 2월 | 3월 | 4월 | 5월 | 6월 | 7월 | 8월 | 9월 | 10월 | 11월 | 12월 |
|---|---|---|---|---|---|---|---|---|---|---|---|---|---|
| 1995 | 4,912 | 321 | 310 | 414 | 472 | 442 | 431 | 498 | 533 | 423 | 413 | 326 | 399 |
| 2000 | 6,982 | 532 | 405 | 545 | 532 | 541 | 709 | 700 | 756 | 600 | 621 | 525 | 516 |
| 2005 | 11,757 | 909 | 618 | 853 | 847 | 1,015 | 1,045 | 1,102 | 1,185 | 1,139 | 1,106 | 1,046 | 892 |
| 2010 | 19,939 | 1,168 | 1,135 | 1,567 | 1,644 | 1,934 | 1,938 | 2,211 | 2,263 | 1,868 | 1,680 | 1,221 | 1,310 |
| 2015 | 31,063 | 1,839 | 1,650 | 2,648 | 2,857 | 3,394 | 3,281 | 3,346 | 3,335 | 2,789 | 2,440 | 1,842 | 1,642 |

1. 자료 : 대검찰청 범죄분석 1996, 2001, 2006, 2011, 2016 재구성

[표3-3]에 나타난 성폭력(강간) 범죄의 월별 발생빈도를 살펴보면 주로 무더운 하절기에 범죄의 발생빈도가 높은 반면 추운 동절기에는 범죄의 발생빈도가 낮게 나타나고 있음을 알 수가 있다.

이는 여름방학과 휴가철을 맞아 들뜬 마음에 자칫 방심을 하여 우를 범하는 경우도 있을 수 있겠으며 또한 무더운 날씨에 과도한 노출이나 방범시설 등 안전에 소홀할 수 있기 때문에 더욱더 주의를 기울일 필요가 있을 것이다.

## 3. 요일별 성폭력범죄 발생

[표3-4] 요일별 성폭력 범죄발생 현황(1995년~2015년)

(단위:건수, %)

| 요일 / 연도 | 계 | 일요일 | 월요일 | 화요일 | 수요일 | 목요일 | 금요일 | 토요일 |
|---|---|---|---|---|---|---|---|---|
| 1995년 | 4,682<br>(100.0) | 626<br>(13.4) | 769<br>(16.4) | 687<br>(14.7) | 766<br>(16.3) | 640<br>(13.7) | 632<br>(13.5) | 562<br>(12.0) |
| 2000년 | 6,572<br>(100.0) | 786<br>(12.0) | 1,034<br>(15.7) | 934<br>(14.2) | 1,557<br>(23.7) | 788<br>(12.0) | 737<br>(11.2) | 736<br>(11.2) |
| 2005년 | 7,316<br>(100.0) | 1,124<br>(15.4) | 962<br>(13.1) | 1,028<br>(14.1) | 996<br>(13.6) | 1,039<br>(14.2) | 1,041<br>(14.2) | 1,126<br>(15.4) |
| 2010년 | 18,220<br>(100.0) | 2,728<br>(15.0) | 2,540<br>(13.9) | 2,512<br>(13.8) | 2,522<br>(13.8) | 2,525<br>(13.9) | 2,648<br>(14.5) | 2,745<br>(15.1) |
| 2015년 | 5,151<br>(100.0) | 875<br>(17.0) | 670<br>(13.0) | 691<br>(13.4) | 683<br>(13.3) | 629<br>(12.2) | 699<br>(13.6) | 904<br>(17.5) |

1. 자료 : 경찰청 범죄분석 1995, 2000, 2005, 범죄 통계 2010, 2015 재구성
주) 1. 미상은 제외
2. ( )은 분포백분율

[표3-4]은 1995년부터 2015년 사이 요일별 성폭력 범죄 발생 현황을 나타낸 것이다. 이 기간 범죄의 발생은 1995년에는 월요일(16.4%)에 가장 많이 발생하고 토요일(12.0%)이 가장 적게 발생하였으며 2000년에는 수요일(23.7%)이 가장 많이 발생하고 토요일(11.2%)이 가장 적게 발생하였으나 2004년 주 5일 근무제가 실시됨으로써 늘어난 여가시간을 이용하여 여행이나 레저활동 등 야외활동이 많아진 것이 범죄발생의 한 요인이 될 수도 있겠으나 2005년 이후에는 토요일과 일요일에 성폭력 범죄가 가장 많이 발생되고 있다.

# 4. 시간대별 성폭력범죄 발생

[표3-5] 강간(성폭력범 포함)범죄 발생시간대별 분포(2010년~2017년)

(단위:명, %)

| 시간 \ 년도 | 계 | 새벽 04:00~06:59 | 아침 07:00~08:59 | 오전 09:00~11:59 | 오후 12:00~17:59 | 저녁 18:00~19:59 | 밤 20:00~03:59 |
|---|---|---|---|---|---|---|---|
| 2010년 | 15,264 (100.0) | 1,982 (13.0) | 1,361 (8.9) | 1,166 (7.7) | 2,659 (17.4) | 1,218 (8.5) | 6,798 (44.5) |
| 2015년 | 30,629 (100.0) | 2,634 (8.6) | 2,481 (8.1) | 2,726 (8.9) | 7,320 (23.9) | 3,308 (10.8) | 12,160 (39.7) |
| 2017년 | 32,721 (100.0) | 3,141 (9.6) | 2,323 (7.1) | 3,043 (9.3) | 7,264 (22.2) | 3,534 (10.8) | 13,416 (41.0) |

1. 자료 : 대검찰청 범죄 분석 2011, 2016, 2018 재구성
주) 1. 미상은 제외
2. ( )은 분포 백분율

[표3-5]은 2010년부터 2017년 사이의 강간(성폭력포함)범죄 발생시간대별 분포를 나타낸 것이다. 2017년도 강간범죄의 발생은 밤(41.0%), 오후(22.2%), 저녁(10.8%)의 순으로 높게 나타나고 있다.

늦은 시간에 귀가하는 여성이나 여성들만이 거주하는 가구에서는 문단속 등 안전에 보다 많은 주의가 요구된다. 사고는 순간적인 부주의나 방심 또는 실수로 누구에게나 일어날 수 있다. 마치 쇼트트랙 경기와 같이 순간적인 빈틈만 보이게 되면 공격의 기회가 된다. 주위에 인간의 탈을 쓰고 호시탐탐 기회를 노리고 있던 늑대들의 공격대상이 될 수 있으니 말이다.

## 5. 성폭력 범죄발생 유형

[표3-6] 성폭력 범죄 발생 유형(2008년~2018년)

(단위 : 건 %)

| 구분 / 년도 | 강간 | 강제 추행 | 강간 등 | 강간 등 살인 치사 | 강간 등 상해 치상 | 특수 강도 강간 등 | 카메라 등 이용 촬영 | 성적 목적 침입 | 통신 이용 음란 | 공공 밀집 장소 추행 | 계 |
|---|---|---|---|---|---|---|---|---|---|---|---|
| 2008년 | 3,621 (22.5) | 6,080 (37.7) | 2,601 (16.1) | 17 (0.1) | 1,625 (10.1) | 368 (2.3) | 585 (3.6) | - | 378 (2.3) | 854 (5.3) | 16,129 (100.0) |
| 2010년 | 4,384 (21.3) | 7,314 (35.5) | 3,234 (15.7) | 9 (0.0) | 1,573 (7.6) | 293 (1.4) | 1,153 (5.6) | - | 1,031 (5.0) | 1,593 (7.7) | 20,584 (100.0) |
| 2012년 | 4,349 (18.6) | 10,949 (46.9) | 1,937 (8.2) | 13 (0.1) | 1,208 (5.2) | 209 (0.9) | 2,462 (10.5) | - | 917 (4.0) | 1,332 (5.7) | 23,365 (100.0) |
| 2014년 | 5,092 (16.7) | 12,849 (42.2) | 624 (2.0) | 8 (0.0) | 872 (2.9) | 123 (0.4) | 6,735 (24.1) | 470 (1.5) | 1,254 (4.1) | 1,838 (6.1) | 29,863 (100.0) |
| 2016년 | 5,412 (18.6) | 14,339 (48.8) | 192 (0.7) | 8 (0.0) | 736 (2.5) | 56 (0.2) | 5,249 (17.9) | 477 (1.6) | 1,115 (3.8) | 1,773 (6.0) | 29,357 (100.0) |
| 2018년 | 5,826 (18.1) | 15,672 (48.8) | 182 (0.6) | 8 (0.0) | 655 (2.0) | 43 (0.1) | 6,085 (19) | 646 (2.0) | 1,378 (4.3) | 1,609 (5.0) | 32,104 (100.0) |

주) 1. 강간에는 간음 포함
2. 강간 등은 강간과 강제추행이 구분되지 않은 경우(원표상)
3. ( ) 은 분포 백분율
1. 자료 : 대검찰청 범죄 분석 2009, 2011, 2013, 2015, 2019

[표3-6]에서 알 수 있듯이 성폭력 범죄는 매년 증가되고 있으며 특히 강제추행이나 스마트폰 등을 이용한 촬영 및 통신매체 등을 이용한 음란범죄의 급격한 증가는 많은 우려를 일으키게 하고 있다.

## 6. 강간범의 범행도구

[표3-7] 강간범죄의 범행 도구(1995년~2018년)

(단위:건)

| 도구 \ 년도 | 1995년 | 2000년 | 2005년 | 2010년 | 2015년 | 2018년 |
|---|---|---|---|---|---|---|
| 칼 | 82 | 50 | 83 | 451 | 202 | 145 |
| 유리병 | 17 | 8 | 9 | 40 | 12 | 32 |
| 몽둥이 | 7 | 4 | 6 | 16 | 8 | 9 |
| 공구 | 9 | 3 | 21 | 61 | 34 | 32 |
| 끈 · 테이프 | 3 | 6 | 8 | 30 | 15 | 14 |
| 도끼 · 낫 | 1 | 5 | 2 | 2 | 6 | 1 |
| 돌 | 3 | 1 | 1 | 9 | 2 | 7 |
| 마취제 | 1 | 1 | – | 1 | – | 4 |
| 총기 · 모의총기 | 1 | 4 | – | 3 | 3 | 1 |
| 독극물 | – | – | 2 | 12 | 21 | 18 |
| 컴퓨터 | – | – | 2 | 8 | 12 | 3 |
| 기타 | 112 | 114 | 821 | 880 | 1,646 | 1,421 |
| 무기소지 계 | 236 (5.1) | 196 (3.2) | 955 (14.8) | 1,513 (9.4) | 1,961 (9.6) | 1,687 (7.5) |
| 무기소지 무 | 4,437 (94.9) | 5,943 (96.8) | 5,486 (85.2) | 14,591 (90.6) | 18,564 (90.4) | 20,957 (92.5) |
| 총계 | 4,673 (100) | 6,139 (100) | 6,441 (100) | 16,104 (100) | 20,525 (100) | 22,644 (100) |

1. 자료 : 경찰청 범죄분석 1995, 2000, 2005, 범죄 통계 2010, 2015, 2018 재구성
주 : ( )은 분포 백분율

[표3-7]에 나타난 바와 같이 성폭력 범죄자 중 범행시 무기를 소지하여 이를 범행에 이용한 경우와 무기를 소지하지 않고 범행을 저지를 경우로 구별하여 살펴볼 수가 있다.

따라서 성폭력 범죄자의 범행시 무기의 소지 여부를 보면

1995년 4,673명 중 무기 소지자는 236명(5.1%) 무기 소지 무는 4,437명(94.9%)이며

2000년은 6,139명 중 무기 소지자는 955명(14.8%) 무기 소지 무는 5,486명(85.2%)이

었다. 그리고

2010년은 16,104명 중 무기 소지자는 1,513명(9.4%) 무기 소지 무는 14,591명(90.6%)이며, 2015년에는 20,525명 중 무기 소지자는 1,961명(9.6%) 무기 소지 무는 18,564명(90.4%)으로 무기를 소지하지 않고 범행을 한 경우는 2005년 85.2%를 제외하고는 평균 93.2%였으며 무기를 이용한 경우는 평균 8.4%였음을 알 수가 있다.

그리고 무기를 범행에 이용한 경우 주로 사용된 무기들로는 평균적으로 ①칼(174명) ②공구(26명) ③유리병(17명) ④끈이나 테이프(12) ⑤몽둥이(8) 순으로 구성비를 차지하고 있다.

또한 무기를 이용한 성폭력 범죄자 중 공범들을 살펴보면 1995년 무기 소지자 236명 중 단독범은 223명(94.5%) 공범 2명인 경우 8명(3.4%) 공범 3명인 경우 3명(1.3%) 공범 4명 이상인 경우 2명(0.8%)이 무기를 이용한 것으로 나타나고 있으며

2000년은 무기 소지자 196명 중 단독범이 179명(91.3%) 공범 2명인 경우 11명(5.6%) 공범 3명인 경우 2명(1.0%) 공범 4명 이상인 경우 4명(2.0%)이었다. 그리고

2005년은 무기 소지자 955명 중 단독범이 919명(96.2%) 공범 2명인 경우 27명(2.8%) 공범 3명인 경우 2명(0.2%) 공범 4명 이상인 경우 7명(10.7%)이며

2010년은 무기 소지자 1,531명 중 단독범이 1,407명(93%) 공범 2명인 경우 51명(3.3%) 공범 3명인 경우 17명(1.1%) 공범 4명 이상인 경우 38명(2.5%)이었으며

2015년은 무기 소지자 1,961명 중 단독범이 1,898명(96.8%) 공범 2명인 경우 34명(1.7%) 공범 3명인 경우 10명(0.5%) 공범 4명 이상인 경우 19명(0.1%)으로 범행에 무기를 이용한 성폭력 범죄자 중 평균 94.4%가 단독범인 것으로 나타나고 있다.

## 7. 성폭력범죄 발생 장소

[표3-8]에 나타난 성폭력 범죄 발생장소로는 평균적으로 ① 주거시설(27.9%) ② 숙박 및 목욕시설(18.4%) ③ 노상(15.7%) ④ 유흥접객시설(6.7%) 순으로 구성비를 차지하고 있음을 알 수가 있다.

그리고 학문의 전당인 학교에서도 평균적으로 64.6건(0.6%)이 발생되고 있으며 의료시설에서는 평균 57건(0.6%)이 발생되고 또한 신성한 장소라 할 수 있는 종교시설에서조차도 평균 24.6건(0.3%)이 발생되고 있어 안타까운 마음을 금할 수가 없다.

### [표3-8] 성폭력 범죄발생 장소(1995년~2015년)

(단위:건수, %)

| 년도 | 1995년 | 2000년 | 2005년 | 2010년 | 2015년 |
|---|---|---|---|---|---|
| 주거시설 | 1,426<br>(29.4) | 1,739<br>(25.4) | 1,512<br>(20.7) | 4,947<br>(27.1) | 1,902<br>(36.9) |
| 숙박 · 목욕시설 | 780<br>(16.1) | 1,031<br>(15.0) | 1,384<br>(18.9) | 2,818<br>(15.5) | 1,364<br>(26.5) |
| 노상 | 725<br>(15.0) | 1,209<br>(17.6) | 1,630<br>(22.3) | 3,429<br>(18.8) | 243<br>(4.7) |
| 유흥 · 접객시설 | 296<br>(6.1) | 413<br>(6.0) | 661<br>(9.0) | 1,360<br>(7.5) | 255<br>(5.0) |
| 산야 · 공지 | 261<br>[illegible] | 149<br>[illegible] | 44<br>[illegible] | 48<br>[illegible] | 28<br>[illegible] |
| 교통 및 유관시설 | 166<br>(3.4) | 258<br>(3.7) | 150<br>(2.0) | 1,642<br>(9.0) | [illegible]<br>(3.6) |
| 업무시설 | 159<br>(3.3) | 179<br>(2.6) | 147<br>(2.0) | 363<br>(2.0) | 70<br>(1.4) |
| 판매시설 | [illegible]<br>(2.4) | [illegible]<br>(3.2) | [illegible]<br>(2.4) | [illegible]<br>(2.0) | [illegible]<br>(1.2) |
| 흥행 · 유원지 | 69<br>(1.4) | 71<br>(1.0) | 94<br>(1.3) | 286<br>(1.6) | 31<br>(0.6) |
| 학교 | 44<br>(0.9) | 46<br>(0.7) | 43<br>(0.6) | 165<br>(0.9) | 28<br>(0.5) |
| 의료 · 종교 · 금융기관 | 34<br>(0.7) | 54<br>(0.8) | 76<br>(1.0) | 219<br>(1.2) | 41<br>(0.8) |
| 기타 | 770<br>(15.9) | 1,495<br>(21.8) | 1,403<br>(19.2) | 2,570<br>(14.1) | 945<br>(18.3) |
| 계 | 4,844<br>(100) | 6,855<br>(100) | 7,316<br>(100) | 18,220<br>(100) | 5,151<br>(100) |

1. 자 료 : 경찰청 범죄분석 1995, 2000, 2005 범죄통계 2010, 2015 재구성

주) 1. 주거시설 : 아파트, 연립주택, 단독주택
2. 판매시설 : 백화점, 슈퍼마켓, 편의점, 시장, 노점
3. 업무시설 : 사무실, 공장, 공사장, 창고, 광산
4. 교통 및 유관시설 : 지하철, 버스, 자가용, 역대합실, 주차장
5. 기타 : 해상, 부대, 공중화장실, P.C방 등
6. ( ) 은 분포 백분율

# Ⅳ. 성폭력 범죄자의 특성

## 1. 연령별 성폭력 범죄자

[표3-9] 성폭력(강간) 범죄자의 연령별 구성비(1995년~2015년)

(단위:명, %)

| 연도 / 연령 | 1995년 | 2000년 | 2005년 | 2010년 | 2015년 |
|---|---|---|---|---|---|
| 계 | 5,027<br>(100.0) | 6,218<br>(100.0) | 8,664<br>(100.0) | 17,327<br>(100.0) | 27,199<br>(100.0) |
| 18세이하 | 434<br>(8.6) | 372<br>(6.0) | 650<br>(7.5) | 2,107<br>(12.2) | 2,207<br>(8.1) |
| 19~25세 | 1,080<br>(21.5) | 1,035<br>(16.6) | 1,071<br>(12.4) | 2,203<br>(12.7) | 4,479<br>(16.5) |
| 26~30세 | 1,000<br>(19.9) | 973<br>(15.6) | 1,014<br>(11.7) | 2,253<br>(13.0) | 3,056<br>(11.2) |
| 31~40세 | 1,480<br>(29.4) | 1,832<br>(29.5) | 2,452<br>(28.3) | 3,996<br>(23.1) | 5,866<br>(21.6) |
| 41~50세 | 554<br>(11.0) | 1,005<br>(16.2) | 1,926<br>(22.2) | 3,671<br>(21.2) | 5,335<br>(19.6) |
| 51~60세 | 241<br>(4.8) | 378<br>(6.1) | 718<br>(8.3) | 1,885<br>(10.9) | 3,812<br>(14.0) |
| 61세이상 | 83<br>(1.7) | 129<br>(2.1) | 290<br>(3.3) | 821<br>(4.7) | 2,010<br>(7.4) |
| 미 상 | 155<br>(3.1) | 494<br>(7.9) | 543<br>(6.3) | 391<br>(2.3) | 434<br>(1.6) |

1. 자　　료 : 대검찰청 범죄분석 1996, 2001, 2006, 2011, 2016 재구성
주) : (　)은 분포백분율

[표3-9]에 나타난 바와 같이 성폭력(강간) 범죄자의 수는 1995년에 비해 2015년에는 5.4배가 증가되었음을 알 수가 있으며, 성폭력 범죄자의 연령대별 구성비를 살펴보면

1995년 ① 20대 1,865명(37.1%) ② 30대 1,480명(29.4%) ③ 10대 649명(12.9%)

2000년 ① 30대 1,832명(29.5%) ② 20대 1,786명(28.7%) ③ 40대 1,005명(16.2%)

2005년 ① 30대 2,452명(28.3%) ② 40대 1,926명(22.2%) ③ 20대 1,907명(22.0%)

2010년 ① 20대 4,060명(23.4%) ② 30대 3,996명(23.1%) ③ 40대 3,671명(21.2%)

2015년 ① 20대 6,452명(23.7%) ② 30대 5,866명(21.6%) ③ 40대 5,335명(19.6%)

순으로 주로 20대와 30대 및 40대가 큰 구성비를 나타내고 있으며 10대 또한 9.6%에서 12.9%대의 적지 않은 비율을 차지하고 있다.

그리고 61세 이상 성폭력 범죄자 또한 1995년 83명(1.7%)이었던 것이 2015년에는 2,010명(7.4%)으로 큰 증가를 보이고 있다.

물론 건강하고 오래산다는 것은 대부분의 사람들이 희망하는 것이겠지만 그래도 옛 어른들의 말씀이 남자는 항상 입조심, 여자조심, 아랫도리를 조심하라며 잘못하였다가는 패가망신을 당하기 십상이라고 당부를 하였는데 순간적인 욕정에 휩싸여 범죄자로 전락하는 것이 안쓰럽기도 하지만 급격한 고령화시대로 접어든 현실에서 노인들의 성문제는 고령인구의 증가와 비례하여 증가될 것이다. 따라서 노인들의 성문제에 대한 보다 많은 연구와 대책들이 필요하다 할 것이다.

## 2. 성폭력 범죄자의 성별

[표3-10] 강간 범죄자의 성별(1995년~2017년)

(단위: 명, %)

| 성별 \ 년 | 1995년 | 2000년 | 2005년 | 2010년 | 2015년 | 2017년 |
|---|---|---|---|---|---|---|
| 남 | 4,804<br>(99.6) | 5,902<br>(99.7) | 6,585<br>(98.8) | 17,286<br>[illegible] | 6,746<br>(98.6) | 14,229<br>(98.2) |
| 여 | 17<br>(0.4) | 18<br>(0.3) | 82<br>(1.2) | 360<br>(2.0) | 96<br>(1.4) | 259<br>(1.8) |
| 계 | 4,821<br>(100.0) | 5,920<br>[illegible] | 6,667<br>(100.0) | 17,646<br>(100.0) | 6,842<br>(100.0) | 14,488<br>(100.0) |

1. 자료 1) 검찰청 범죄분석 1995, 2000, 2005, 2010
2) 경찰청 범죄통계 20[illegible], 2017

주 : ( )은 분포 백분율

[표 3-10]에 나타난 강간 범죄자는 1995년 4,821명(남 4,804명, 여 17명)에서 2017년에는 3배가 증가된 14,488명(남 14,229명, 여 259명)으로 여성 강간 범죄자는 무려 15.2배가 증가되어 나타났음을 알 수가 있다.

## 3. 성추행 범죄자의 성별 및 연령

[표 3-11]에 나타난 강제추행 범죄자의 성별 및 연령 분포를 살펴보면 남자 범죄자의 경우 2013년 이후 40대(41세~50세)가 1위의 높은 구성비를 나타내다가 2018년에는 2위를 나타낸 반면, 20대(19세~30세)는 2위의 구성비를 나타내다 2017년 1위의 높은 구성비를 차지하고 50대(51세~60세)는 3위의 구성비를 차지하고 있음을 알 수가 있다.

또한 여성 범죄자의 경우에는 20대(19세~30세)가 1위와, 2위의 높은 구성비를 번갈아 나타내고 있으며, 40대(41세~50세)는 3위와 1위의 구성비를 번갈아 나타내고 30대(31세~40세)는 2위와 3위를 교차하며 높은 비율을 차지하고 있다.

[표3-11] 강제추행 범죄자의 성별 및 연령(2013년~2018년)

(단위:명,%)

| 연도 | 연령 | 14세 미만 | 14~18세 | 19~30세 | 31~40세 | 41~50세 | 51~60세 | 61세 이상 | 미상 | 계 |
|---|---|---|---|---|---|---|---|---|---|---|
| 2013 | 남 | 14 (0.1) | 804 (6.6) | 2,662 (21.7) | 2,613 (21.3) | 2,994 (24.4) | 2,101 (17.1) | 1,070 (8.7) | 7 (0.1) | 12,265 (100.0) |
| | 여 | 0 (0.0) | 50 (21.6) | 61 (26.4) | 35 (15.2) | 40 (17.3) | 34 (14.7) | 10 (4.3) | 1 (0.4) | 231 (100.0) |
| | 계 | 14 (0.1) | 854 (6.8) | 2,723 (21.8) | 2,648 (21.2) | 3,034 (24.3) | 2,135 (17.1) | 1,080 (8.6) | 8 (0.1) | 12,496 (100.0) |
| 2014 | 남 | 0 (0.0) | 866 (6.6) | 2,886 (21.9) | 2,615 (19.9) | 3,191 (24.3) | 2,351 (17.9) | 1,238 (9.4) | 8 (0.1) | 13,155 (100.0) |
| | 여 | 0 (0.0) | 17 (6.9) | 62 (25.3) | 42 (17.1) | 69 (28.2) | 48 (19.6) | 7 (2.9) | 0 (0.0) | 245 (100.0) |
| | 계 | 0 (0.0) | 883 (6.6) | 2,948 (22.0) | 2,657 (19.8) | 3,260 (24.3) | 2,399 (17.9) | 1,245 (9.3) | 8 (0.1) | 13,400 (100.0) |
| 2015 | 남 | 0 (0.0) | 830 (5.8) | 3,127 (22.0) | 2,852 (20.0) | 3,311 (23.3) | 2,588 (18.2) | 1,517 (10.7) | 4 (0.0) | 14,229 (100.0) |
| | 여 | 0 (0.0) | 29 (11.2) | 70 (27.0) | 55 (21.2) | 55 (21.2) | 41 (15.8) | 7 (2.7) | 2 (0.8) | 259 (100.0) |
| | 계 | 0 (0.0) | 859 (5.9) | 3,197 (22.1) | 2,907 (20.1) | 3,366 (23.2) | 2,629 (18.1) | 1,514 (10.5) | 6 (0.0) | 14,488 (100.0) |
| 2016 | 남 | 1 (0.0) | 928 (5.9) | 3,437 (22.0) | 3,036 (19.4) | 3,475 (22.2) | 2,989 (19.1) | 1,783 (11.4) | 8 (0.1) | 15,657 (100.0) |
| | 여 | 0 (0.0) | 53 (14.8) | 85 (23.7) | 63 (17.5) | 93 (25.9) | 44 (12.3) | 20 (5.6) | 1 (0.3) | 359 (100.0) |
| | 계 | 1 (0.0) | 981 (6.1) | 3,522 (22.0) | 3,099 (19.3) | 3,568 (22.3) | 3,033 (18.9) | 1,803 (11.3) | 9 (0.1) | 16,016 (100.0) |
| 2017 | 남 | 1 (0.0) | 912 (5.1) | 4,169 (23.4) | 3,379 (19.0) | 3,754 (21.1) | 3,384 (19.0) | 2,181 (12.3) | 5 (0.0) | 17,785 (100.0) |
| | 여 | 0 (0.0) | 54 (11.1) | 128 (26.3) | 101 (20.7) | 97 (19.9) | 83 (17.0) | 24 (4.9) | 0 (0.0) | 487 (100.0) |
| | 계 | 1 (0.0) | 966 (5.3) | 4,297 (23.5) | 3,480 (19.0) | 3,851 (21.1) | 3,467 (19.0) | 2,205 (12.1) | 5 (0.0) | 18,272 (100.0) |
| 2018 | 남 | 0 (0.0) | 923 (5.4) | 4,061 (23.8) | 3,122 (18.3) | 3,518 (20.6) | 3,313 (19.4) | 2,116 (12.4) | 15 (0.1) | 17,068 (100.0) |
| | 여 | 0 (0.0) | 49 (8.7) | 172 (30.5) | 91 (16.2) | 125 (22.2) | 92 (16.3) | 33 (5.9) | 1 (0.2) | 563 (100.0) |
| | 계 | 0 (0.0) | 972 (5.5) | 4,233 (24.0) | 3,213 (18.2) | 3,643 (20.7) | 3,405 (19.3) | 2,149 (12.2) | 16 (0.1) | 17,631 (100.0) |

1. 자료 : 경찰청 범죄통계 2013, 2014, 2015, 2016, 2018
주 : ( )은 분포 백분율

## 4. 성폭력 범죄자의 전과

강간 범죄자의 전과에 있어 전체 강간 범죄자 중 초범인 경우는 1995년 2,094명(41.6%), 2000년 1,857명(29.9%), 2005년 2,768명(31.9%), 2010년 4,993명(28.8%), 2015년 10,103명(37.1%)으로 높은 비율을 나타내고 있어 보다 적극적인 홍보와 예방교육은 물론 사회적인 인식의 전환이 필요하다 하겠으며 또한 강간 범죄자 중 4범 이상의 전과자는 1995년 882명(17.5%), 2000년 1,640명(26.4%), 2005년 2,076명(24.0%), 2010년 3,744명(21.6%), 2015년 5,708명(21.0%)이며 특히 9범 이상이 1995년 189명(3.8%), 2000년 497명(8.0%), 2005년 708명(8.2%), 2010년 1,457명(8.4%), 2015년 2,319명(8.5%)으로 많은 증가를 보이고 있어 보다 적극적인 대처 방법이 강구되어야 할 것이다.

[표3-12] 성폭력(강간) 범죄자의 전과별 구성비(1995년~2015년)

(단위: 명, %)

| 전과 \ 연도 | 1995년 | 2000년 | 2005년 | 2010년 | 2015년 |
|---|---|---|---|---|---|
| 전과 없음 | 2,094<br>(41.6) | 1,857<br>(29.9) | 2,768<br>(31.9) | 4,993<br>(28.8) | 10,103<br>(37.1) |
| 1범 | 788<br>(15.7) | 953<br>(15.3) | 1,183<br>(13.7) | 2,019<br>(11.7) | 3,576<br>(13.2) |
| 2범 | 583<br>(11.6) | 680<br>(10.9) | 743<br>(8.6) | 1,306<br>(7.5) | 2,191<br>(8.1) |
| 3범 | 335<br>(6.6) | 497<br>(8.0) | 569<br>(6.6) | 949<br>(5.5) | 1,509<br>(5.6) |
| 4범 | 236<br>(4.7) | 362<br>(5.8) | 424<br>(4.9) | 691<br>(4.0) | 1,029<br>(3.8) |
| 5범 | 178<br>(3.5) | 272<br>(4.4) | 338<br>(3.9) | 491<br>(2.8) | 840<br>(3.1) |
| 6범 | 136<br>(2.7) | 210<br>(3.4) | 244<br>(2.8) | 448<br>(2.6) | 608<br>(2.2) |
| 7범 | 89<br>(1.8) | 168<br>(2.7) | 206<br>(2.4) | 377<br>(2.2) | 523<br>(1.9) |
| 8범 | 55<br>(1.1) | 131<br>(2.1) | 156<br>(1.8) | 280<br>(1.6) | 389<br>(1.4) |
| 9범 이상 | 189<br>(3.8) | 497<br>(8.0) | 708<br>(8.2) | 1,457<br>(8.4) | 2,319<br>(8.5) |
| 미 상 | 345<br>(6.9) | 591<br>(9.5) | 1,325<br>(15.3) | 4,316<br>(24.9) | 4,112<br>(15.1) |
| 계 | 5,028<br>(100.0) | 6,218<br>(100.0) | 8,664<br>(100.0) | 17,327<br>(100.0) | 27,199<br>(100.0) |

1. 자료 : 대검찰청 1996, 2001, 2006, 2011, 2016 재구성
주 : ( )은 분포백분율

# 5. 성폭력 범죄자의 공범수

[표3-13] 강간범죄의 공범수(1995년~2015년)

단위:건(검거원표)

| 구분 \ 연도 | 1995년 | 2000년 | 2005년 | 2010년 | 2015년 |
|---|---|---|---|---|---|
| 계 | 4,673<br>(100.0) | 6,139<br>(100.0) | 6,441<br>(100.0) | 16,104<br>(100.0) | 20,525<br>(100.0) |
| 단독 | 4,387<br>(93.9) | 5,748<br>(93.6) | 6,256<br>(97.1) | 15,261<br>(94.8) | 19,974<br>(97.3) |
| 2명 | 180<br>(3.9) | 258<br>(4.2) | 132<br>(2.0) | 445<br>(2.8) | 304<br>(1.5) |
| 3명 | 50<br>(1.1) | 78<br>(1.3) | 24<br>(0.4) | 149<br>(0.9) | 92<br>(0.4) |
| 4명 | 21<br>(0.4) | 16<br>(0.3) | 3<br>(0.0) | 75<br>(0.5) | 28<br>(0.1) |
| 5명 | 16<br>(0.3) | 9<br>(0.1) | 4<br>(0.1) | 42<br>(0.3) | 13<br>(0.1) |
| 10명이하 | 10<br>(0.2) | 5<br>(0.1) | 4<br>(0.1) | 33<br>(0.2) | 24<br>(0.1) |
| 20명이하 | 4<br>(0.1) | 2<br>(0.0) | 0<br>(0.0) | 4<br>(0.0) | 3<br>(0.0) |
| 기타 | 5<br>(0.1) | 23<br>(0.4) | 18<br>(0.3) | 95<br>(0.6) | 87<br>(0.4) |

1. 자료 : 경찰청 범죄분석 1995, 2000, 2005, 범죄통계 2010, 2015 재구성
주 : ( )은 분포백분율

[표3-13]는 1995년부터 2015년 사이의 강간범죄의 공범수를 나타내고 있다. 강간범죄 중 단독범이 차지하는 비율이 93% 이상으로 높은 비율을 차지하고 있으며 다음으로 2명 또는 3명 이내인 경우가 주를 이루고 있음을 알 수가 있다.

## 6. 성폭력(강간) 범죄자의 공범관계

[표3-14] 성폭력 범죄자의 공범관계(1995년~2017년)

(단위:명, %)

| 구분 \ 연도 | 1995년 | 2000년 | 2005년 | 2010년 | 2015년 |
|---|---|---|---|---|---|
| 계 | 4,821 (100.0) | 5,920 (100.0) | 6,666 (100.0) | 17,646 (100.0) | 5,829 (100.0) |
| 학교동창 | 130 (2.7) | 61 (1.0) | 40 (0.6) | 505 (2.9) | 154 (2.6) |
| 동네친구 | 98 (2.0) | 48 (0.8) | 48 (0.7) | 581 (3.3) | 217 (3.7) |
| 고향친구 | 20 (0.4) | 22 (0.4) | 17 (0.3) | 61 (0.3) | 16 (0.3) |
| 직장동료 | 41 (0.9) | 34 (0.6) | 39 (0.6) | 86 (0.5) | 12 (0.2) |
| 애 인 | 1 (0.0) | 3 (0.1) | 6 (0.1) | 29 (0.2) | 6 (0.1) |
| 군동료 | 5 (0.1) | 0 (0.0) | 0 (0.0) | 2 (0.0) | 0 (0.0) |
| 교도소동료 | 2 (0.0) | 0 (0.0) | 0 (0.0) | 5 (0.0) | 0 (0.0) |
| 친인척 | 21 (0.4) | 14 (0.2) | 8 (0.1) | 28 (0.2) | 10 (0.2) |
| 기 타 | 266 (5.5) | 274 (4.6) | 257 (3.9) | 507 (2.9) | 122 (2.1) |
| 단독범 | 4,237 (87.9) | 5,464 (92.3) | 6,251 (93.8) | 15,842 (89.8) | 5,292 (90.8) |

1. 자료 : 경찰청 범죄분석 1995, 2000, 2005, 범죄통계 2010, 2015 재구성
주 1. ( )은 분포백분율
2. 미상은 제외

[표3-14]을 살펴보면 성폭력(강간) 범죄의 경우 단독범인 경우가 87.9%~93.8%로 평균적으로 90.9%를 차지하고 있으며, 공범자가 있는 경우 기타를 제외하면 공범자 중 친구관계 즉 학교동창, 동네친구, 고향친구들이 1995년 78%(248명), 2000년 72%(131명), 2005년 66%(105명), 2010년 88.4%(1,147명), 2015년 93.3%(397명)로 높은 구성비를 나타내고 있어 올바른 인간관계(교우관계) 형성의 중요성을 새삼 느끼게 하고 있다.

## 7. 여성 강간범죄자의 공범관계

[표3-15] 여성 강간 범죄자 공범관계별 현황(1995년~2015년)

(단위: 명(피의자 통계원표 기준)

| 공범관계 / 연도 | 계 | 단독범 | 학교 친구 | 고향 친구 | 동네 친구 | 직장 동료 | 애인 | 친인척 | 기타 |
|---|---|---|---|---|---|---|---|---|---|
| 1995년 | 17 | 5 | | | 1 | 1 | | 2 | 8 |
| 2000년 | 18 | 7 | | | | 1 | | 2 | 8 |
| 2005년 | 82 | 70 | 2 | | 2 | 1 | 1 | 2 | 4 |
| 2010년 | 360 | 246 | 18 | 1 | 22 | 2 | 12 | 8 | 51 |
| 2015년 | 50 | 39 | 1 | | 2 | | 2 | 1 | 5 |

자료 : 경찰청 범죄분석 1995, 2000, 2005. 범죄통계 2010, 2015 재구성
주 : 미상 인원 및 유사 강간은 제외함

여성 강간 범죄자 중 단독범이 차지하고 있는 비율은 1995년 29.4%, 2000년 38.9%, 2005년 85.4%, 2010년 68.3%, 2015년 78%의 구성비를 나타내고 있으며, 공범이 있는 경우에는 기타를 제외하고 친구와 애인 및 친척의 순으로 나타나고 있음을 알 수가 있다.

## 8. 성폭력 범죄자의 교육정도

[표3-16]에 나타난 바와 같이 성폭력 범죄자의 교육정도를 살펴보면 1995년도에는 ① 고졸(31.1%) ② 중졸(12.5%) 순의 구성비였으나 이후부터는 ① 고졸과 ② 대졸 이상의 학력순을 유지하고는 있으나 고졸의 구성비는 1995년 31.1%, 2000년 31.4%, 2005년 28.0%, 2010년 24.0%, 2015년 25.4%의 구성비인데 반하여 대졸 이상의 구성비는 1995년 9.2%, 2000년 12.0%, 2005년 15.7%, 2010년 15.1%, 2015년 24.2%로 증가되고 있음을 알 수가 있다.

이는 학력이 높을수록 그만큼 학교 교육을 많이 받았다는 것으로 성문제에 관한 한 그동안 학교교육이 부실하였다는 반증일 것이다. 보다 충실하고 실질적인 교육이 이루어져야 할 것이다.

[표3-16] 성폭력(강간) 범죄자의 교육정도별 구성비(1995년 ~ 2015년)

(단위:명,%)

| 교육정도＼연도 | | 1995년 | 2000년 | 2005년 | 2010년 | 2015년 |
|---|---|---|---|---|---|---|
| 계 | | 5,027<br>(100.0) | 6,218<br>(100.0) | 8,664<br>(100.0) | 17,327<br>(100.0) | 27,199<br>(100.0) |
| 무학 | | 84<br>(1.7) | 97<br>(1.6) | 80<br>(0.9) | 117<br>(0.7) | 182<br>(0.7) |
| 초등학교 | 재학 | 3<br>(0.1) | 4<br>(0.1) | 2<br>(0.0) | 13<br>(0.1) | 4<br>(0.0) |
| | 중퇴 | 144<br>(2.9) | 165<br>(2.6) | 144<br>(1.7) | 163<br>(0.9) | 302<br>(1.1) |
| | 졸업 | 552<br>(11.0) | 511<br>(8.2) | 542<br>(6.3) | 610<br>(3.5) | 946<br>(3.5) |
| 중학교 | 재학 | 60<br>(1.2) | 32<br>(0.5) | 106<br>(1.2) | 348<br>(2.0) | 478<br>(1.8) |
| | 중퇴 | 290<br>(5.8) | 288<br>(4.6) | 259<br>(3.0) | 387<br>(2.2) | 450<br>(1.7) |
| | 졸업 | 630<br>(12.5) | 606<br>(9.7) | 639<br>(7.4) | 902<br>(5.2) | 1,296<br>(4.8) |
| 고등학교 | 재학 | 168<br>(3.3) | 181<br>(2.9) | 365<br>(4.2) | 893<br>(5.2) | 1,184<br>(4.4) |
| | 중퇴 | 347<br>(6.9) | 418<br>(6.7) | 364<br>(4.2) | 592<br>(3.4) | 837<br>(3.1) |
| | 졸업 | 1,565<br>(31.1) | 1,950<br>(31.4) | 2,426<br>(28.0) | 4,150<br>(24.0) | 6,905<br>(25.4) |
| 전문대 및 일반 대학교 | 재학 | 128<br>(2.5) | 277<br>(4.5) | 342<br>(3.9) | 782<br>(4.5) | 1,715<br>(6.3) |
| | 중퇴 | 86<br>(1.7) | 144<br>(2.3) | 196<br>(2.3) | 341<br>(2.0) | 842<br>(3.1) |
| | 졸업 | 434<br>(8.6) | 683<br>(11.0) | 1,270<br>(14.7) | 2,276<br>(13.1) | 5,568<br>(20.5) |
| 대학원 | | 28<br>(0.6) | 64<br>(1.0) | 91<br>(1.1) | 346<br>(2.0) | 1,020<br>(3.7) |
| 기타 | | 38<br>(0.8) | 79<br>(1.3) | 37<br>(0.4) | 261<br>(1.5) | 388<br>(1.4) |
| 미상 | | 470<br>(9.3) | 719<br>(11.6) | 1,801<br>(20.8) | 5,146<br>(29.7) | 5,082<br>(18.7) |

1. 자료 : 대검찰청 1996, 2001, 2006, 2011, 2016

주 : ( )은 분포백분율

# V. 피해자의 특성

## 1. 성폭력 피해자의 피해시 상황

[표3-17] 강간피해자 피해시 상황(1995년~2015년)

(단위:건(발생통계원표))

| 피해시 상황 \ 연도 | 1995년 | 2000년 | 2005년 | 2010년 | 2015년 |
|---|---|---|---|---|---|
| 계 | 4,844<br>(100.0) | 6,855<br>(100.0) | 7,316<br>(100.0) | 18,220<br>(100.0) | 5,151<br>(100.0) |
| 취침중 | 518<br>(10.7) | 515<br>(7.5) | 1,116<br>(15.3) | 2,500<br>(13.7) | 906<br>(17.6) |
| 일하는중 | 192<br>(4.0) | 282<br>(4.1) | 472<br>(6.4) | 912<br>(5.0) | 119<br>(2.3) |
| 부재중 | 6<br>(0.1) | 3<br>(0.0) | 33<br>(0.5) | 85<br>(0.5) | 2<br>(0.0) |
| 담화중 | 513<br>(10.6) | 570<br>(8.3) | 956<br>(13.1) | 2,399<br>(13.2) | 1,182<br>(22.9) |
| 혼잡중 | 22<br>(0.5) | 30<br>(0.4) | 78<br>(1.1) | 1,000<br>(5.5) | 33<br>(0.6) |
| 보행중 | 403<br>(8.3) | 545<br>(8.0) | 814<br>(11.1) | 2,051<br>(11.2) | 95<br>(1.9) |
| 다른데정신잃음 | 26<br>(0.5) | 37<br>(0.5) | 79<br>(1.1) | 262<br>(1.4) | 119<br>(2.3) |
| 속아서 | 328<br>(6.8) | 253<br>(3.7) | 205<br>(2.8) | 414<br>(2.3) | 166<br>(3.2) |
| 기타 | 2,371<br>(48.9) | 3,406<br>(49.7) | 3,316<br>(45.3) | 7,548<br>(41.4) | 2,065<br>(40.1) |
| 미상 | 465<br>(9.6) | 1,214<br>(17.7) | 247<br>(3.4) | 1,049<br>(5.8) | 464<br>(9.0) |

자료 : 경찰청 범죄분석 1995, 2000, 2005. 범죄통계 2010, 2015
주 : ( )은 분포백분율

[표3-17]은 1995년부터 2015년 사이 성폭력 피해자들의 피해시 상황들을 나타내고 있다. 이들 중 기타와 미상을 제외한 구성비를 살펴보면

1995년 ① 취침중(10.7%) ② 담화중(10.6%) ③ 보행중(8.3%)

2000년 ① 담화중(8.3%) ② 보행중(8.0%) ③ 취침중(7.5%)

2005년 ① 취침중(15.3%) ② 담화중(13.1%) ③ 보행중(11.1%)

2010년 ① 취침중(13.7%) ② 담화중(13.2%) ③ 보행중(11.2%)

2015년 ① 담화중(23.0%) ② 취침중(17.6%) ③ 속아서(3.2%)

순으로 취침중이거나 이야기중 또는 보행중에 피해를 당하는 것으로 나타나고 있다.

따라서 늦은 귀가시에나 잠자리에 들기 전 문단속을 철저히 할 필요가 있을 것이다.

옛말에 아닌 밤중에 홍두깨비요 설마가 사람잡는다는 말처럼 설마 괜찮겠지 훔쳐갈 것도 없는데 오히려 도둑이 도둑질하러 왔다가 보태주고 갈판인 집인데 하는 안일한 생각으로 방심을 하여 문을 잠그지 않고 창문을 열어놓은 상태에서 잠을 잔다는 것은 마치 나 잡아 갈테면 가봐라는 것과 훔쳐갈 것이 있으면 가져가 보라고 범인을 유인하는 것과 별반 다를 것이 없을 것이다. 벼룩의 간을 먹자고 덤벼드는 것이 그들인데 항상 주의를 기울일 필요가 있을 것이다.

## 2. 성폭력(강간) 피해자의 성별 및 연령

[표3-18]의 성폭력(강간) 피해자의 성별 및 연령을 살펴보면 피해자들 중 12세 이하의 아동은 1995년 남자 22명(8.3%), 여자 353명(9.0%) 2000년은 남자 12명(4.9%), 여자 151명(3.7%) 2005년은 남자 38명(8.8%), 여자 721명(6.7%)였다. 또한 2010년은 남자 90명(12.8%), 여자 1,080명(6.0%) 2015년은 남자 174명(12.2%), 여자 1,094명(4.2%)로 나타나고 있다.

그리고 여성 피해자들의 연령은 같은 기간 ① 20대(30세 이하) ② 10대(20세 이하) ③ 30대(40세 이하) 순으로 구성비를 나타내고 있으나, 남성 피해자들의 연령별 구성비 순위는 연도마다 차이를 보이고 있다. 즉 1995년에는 ① 20대 75명(28.4%) ② 30대 54명(20.5%) ③ 10대 41명(15.5%) 순이었으나 2000년은 ① 30대 77명(31.6%) ② 40대 48명(19.7%) ③ 20대 46명(18.9%) 였으며 2005년은 ① 30대 119명(27.5%) ② 20대 117명(27.0%) ③ 10대 59명(13.6%) 였다. 그리고 2010년은 ① 20대 173명(24.6%) ② 10대 114명(16.2%) ③ 30대 109명(15.5%) 이며 2015년은 ① 20대 405명(28.5%) ② 10대 268명(18.9%) ③ 40대 159명(11.2%) 순으로 구성비를 나타내고 있음을 알 수가 있다.

[표3-2]에 나타난 바와 같이 성폭력 범죄의 증가와 아울러 그에 따른 피해자들이 증가되고 있는 것이 현실이라고는 하지만 60세 이상 피해자들 또한 1995년 59명, 2000년 63

명, 2005년 222명, 2010년 262명, 2015년 565명으로 증가되고 있어 마음을 무겁게 하고 있다.

### [표3-18] 강간범죄 피해자의 성별 및 연령별 현황(1995년 ~ 2015년)

(단위:명, %)

| 구분 \ 연도 | | 1995년도 | 2000년도 | 2005년도 | 2010년도 | 2015년도 |
|---|---|---|---|---|---|---|
| 계 | 남 | 264 (100.0) | 244 (100.0) | 433 (100.0) | 702 (100.0) | 1,422 (100.0) |
| | 여 | 3,901 (100.0) | 4,102 (100.0) | 10,780 (100.0) | 17,858 (100.0) | 26,286 (100.0) |
| 6세이하 | 남 | 5 (1.9) | 2 (0.8) | 11 (2.5) | 12 (1.7) | 33 (2.3) |
| | 여 | 111 (2.8) | 38 (0.9) | 177 (1.6) | 127 (0.7) | 149 (0.6) |
| 12세이하 | 남 | 17 (6.4) | 10 (4.1) | 27 (6.2) | 78 (11.1) | 141 (9.9) |
| | 여 | 242 (6.2) | 113 (2.8) | 544 (5.1) | 953 (5.3) | 945 (3.6) |
| 15세이하 | 남 | 31 (11.7) | 14 (5.7) | 20 (4.6) | 53 (7.5) | 124 (8.7) |
| | 여 | 410 (10.5) | 276 (6.7) | 503 (4.7) | 1,467 (8.2) | 1,900 (7.2) |
| 20세이하 | 남 | 41 (15.5) | 33 (13.5) | 59 (13.6) | 114 (16.2) | 268 (18.9) |
| | 여 | 886 (22.7) | 1,038 (25.3) | 2,137 (19.8) | 4,159 (23.3) | 5,455 (20.7) |
| 30세이하 | 남 | 75 (28.4) | 46 (18.9) | 117 (27.0) | 173 (24.6) | 405 (28.5) |
| | 여 | 1,079 (27.7) | 1,198 (29.2) | 4,209 (39.0) | 6,381 (35.7) | 10,223 (38.9) |
| 40세이하 | 남 | 54 (20.5) | 77 (31.6) | 119 (27.5) | 109 (15.5) | 156 (11.0) |
| | 여 | 747 (19.2) | 821 (20.0) | 1,496 (13.9) | 2,054 (11.5) | 3,333 (12.7) |
| 50세이하 | 남 | 33 (12.5) | 48 (19.7) | 57 (13.2) | 104 (14.8) | 159 (11.2) |
| | 여 | 269 (6.9) | 459 (11.2) | 1,208 (11.2) | 1,737 (9.7) | 2,339 (8.9) |
| 60세이하 | 남 | 7 (2.7) | 10 (4.1) | 12 (2.8) | 50 (7.1) | 97 (6.8) |
| | 여 | 99 (2.5) | 100 (2.4) | 295 (2.7) | 727 (4.1) | 1,416 (5.4) |
| 60세초과 | 남 | 1 (0.4) | 4 (1.6) | 11 (2.5) | 9 (1.3) | 39 (2.7) |
| | 여 | 58 (1.5) | 59 (1.4) | 211 (2.0) | 253 (1.4) | 526 (2.0) |

1. 자료 : 대검찰청 범죄분석 1996, 2001, 2006, 2011, 2016 재구성

주 1. ( )은 분포백분율

2. 2015년 미상 3,355명 제외(남 26명, 여 1673명 및 1656명)

# 3. 강제추행 범죄피해자의 성별 및 연령

[표3-19] 강제추행 범죄 피해자 성별 현황(2013년~2017년)

(단위: 건, %)

| 연도 / 성별 / 연령 | 2013년 | | | 2014년 | | | 2015년 | | | 2016년 | | | 2017년 | | |
|---|---|---|---|---|---|---|---|---|---|---|---|---|---|---|---|
| | 남 | 여 | 계 | 남 | 여 | 계 | 남 | 여 | 계 | 남 | 여 | 계 | 남 | 여 | 계 |
| 6세 | 23 | 115 | 138 | 27 | 148 | 175 | 28 | 125 | 153 | 22 | 132 | 154 | 20 | 117 | 137 |
| | (2.5) | (0.8) | (0.9) | (2.9) | (1.1) | (1.2) | (2.5) | (0.9) | (1.0) | (2.1) | (0.9) | (1.0) | (1.5) | (0.7) | (0.8) |
| 12세이하 | 89 | 627 | 716 | 96 | 677 | 773 | 112 | 677 | 789 | 101 | 688 | 789 | 132 | 705 | 837 |
| | (9.8) | (4.5) | (4.8) | (10.2) | (5.0) | (5.3) | (10.1) | (4.9) | (5.2) | (9.5) | (4.7) | (5.0) | (9.7) | (4.3) | (4.8) |
| 15세이하 | 98 | 963 | 1,061 | 83 | 1,127 | 1,210 | 93 | 990 | 1,083 | 86 | 834 | 920 | 73 | 791 | 864 |
| | (10.7) | (6.9) | (7.2) | (8.8) | (8.3) | (8.3) | (8.4) | (7.1) | (7.2) | (8.1) | (5.7) | (5.9) | (5.4) | (4.9) | (4.9) |
| 20세이하 | 211 | 3,361 | 3,572 | 182 | 3,102 | 3,284 | 207.0 | 2,975 | 3,182 | 193 | 2,997 | 3,190 | 247 | 3,445 | 3,692 |
| | (23.1) | (24.2) | (24.2) | (19.3) | (22.8) | (22.5) | (18.7) | (21.3) | (21.2) | (18.1) | (20.5) | (20.4) | (18.2) | (21.2) | (21.0) |
| 30세이하 | 197 | 4,903 | 5,100 | 216 | 4,712 | 4,928 | 312.0 | 4,998 | 5,310 | 321 | 5,281 | 5,602 | 433 | 6,154 | 6,587 |
| | (21.6) | (35.4) | (34.5) | (22.9) | (34.6) | (33.8) | (28.2) | (35.9) | (35.3) | (30.1) | (36.2) | (35.8) | (31.9) | (37.9) | (37.4) |
| 40세이하 | 121 | 1,606 | 1,727 | 162 | 1,499 | 1,661 | 116.0 | 1,619.0 | 1,735.0 | 111.0 | 1,786.0 | 1,897 | 181 | 1,973 | 2,154 |
| | (13.3) | (11.6) | (11.7) | (17.1) | (11.0) | (11.4) | (10.5) | (11.6) | (11.5) | (10.4) | (12.2) | (12.1) | (13.3) | (12.1) | (12.2) |
| 50세이하 | 84 | 1,201 | 1,285 | 109 | 1,238 | 1,347 | 132.0 | 1,307.0 | 1,439.0 | 123.0 | 1,419.0 | 1,542 | 142 | 1,451 | 1,593 |
| | (9.2) | (8.7) | (8.7) | (11.5) | (9.1) | (9.2) | (11.9) | (9.4) | (9.6) | (11.5) | (9.7) | (9.8) | (10.5) | (8.9) | (9.0) |
| 60세이하 | 67 | 825 | 892 | 45 | 843 | 888 | 78.0 | 891.0 | 969.0 | 78.0 | 1,043.0 | 1,121 | 91 | 1,116 | 1,207 |
| | (7.3) | (5.9) | (6.0) | (4.8) | (6.2) | (6.1) | (7.1) | (6.4) | (6.4) | (7.3) | (7.1) | (7.2) | (6.7) | (6.9) | (6.9) |
| 60세초과 | 21 | 241 | 262 | 23 | 268 | 291 | 27.0 | 327.0 | 354.0 | 30.0 | 357.0 | 387 | 37 | 461 | 498 |
| | (2.3) | (1.7) | (1.8) | (2.4) | (2.0) | (2.0) | (2.4) | (2.3) | (2.4) | (2.8) | (2.4) | (2.5) | (2.7) | (2.8) | (2.8) |
| 미상 | 1 | 24 | 25 | 2 | 17 | 19 | 0.0 | 29 | 29 | 0 | 66 | 66 | 0 | 44 | 44 |
| | (0.1) | (0.2) | (0.2) | (0.2) | (0.1) | (0.1) | (0.0) | (0.2) | (0.2) | (0.0) | (0.5) | (0.4) | (0.0) | (0.3) | (0.2) |
| 계 | 912 | 13,866 | 14,778 | 945 | 13,631 | 14,576 | 1,105.0 | 13,938 | 15,043 | 1,065 | 14,603 | 15,668 | 1,356 | 16,257 | 17,613 |
| | (100) | (100) | (100) | (100) | (100) | (100) | (100) | (100) | (100) | (100) | (100) | (100) | (100) | (100) | (100) |

1. 자료 : 대검찰청 범죄통계 2014, 2015, 2016, 2017, 2018

주 1. ( )은 분포백분율

2. 불상은 제외

[표3-19]에서 알 수 있듯이 성추행 피해는 2014년 이후 꾸준히 증가되어 오다가 2017년에는 2016년보다 11.1%(1,948건)가 증가된 17,613건이 발생되었다.

그리고 성추행 피해자의 주요 연령대는 20대가 평균 35.5%의 높은 비율을 나타내고 있으며, 다음으로는 16세에서 20세가 평균 21.9%의 높은 구성비를 나타내고 12세 이하 아동들의 피해 또한 평균 6.0%의 비율을 나타내고 있음을 알 수가 있다.

## 4. 성폭력 범죄자와 피해자와의 관계

범죄자와 피해자의 관계에 있어 일면식이 없는 타인과 직장동료나 친구 및 친척과 이웃 등 안면이 있는 지인인 경우와 기타로 대별하여 보면 1995년에는 타인 53.6%, 지인 30.8%, 기타 15.6%였으며 2000년은 타인 55.9%, 지인 28.8%, 기타 15.3%이며 2005년은 타인 51.4%, 지인 18.9%, 기타 29.7%를 나타내고 있다. 그리고 2010년에는 타인 47.9%, 지인 18.3%, 기타 33.8%였으며 2015년은 타인 49.4%, 지인 44.9%, 기타 5.7%로 타인이 큰 구성비를 차지하고 있으며 다음으로 기타를 제외하면 일면식이 있는 거래상대방이나 지인이, 그리고 이웃과 친구 및 애인 순으로 구성비를 나타내고 있음을 알 수가 있다.

[표3-20]는 1995년부터 2015년 사이 강간 범죄자와 피해자와의 관계를 나타내고 있다.

[표3-20] 성폭력(강간) 범죄자와 피해자와의 관계별 현황(1995년~2015년)

(단위: 명, %)

| 관계 \ 연도 | 1995년 | 2000년 | 2005년도 | 2010년도 | 2015년도 |
|---|---|---|---|---|---|
| 계 | 4,821<br>(100.0) | 5,920<br>(100.0) | 6,667<br>(100.0) | 17,646<br>(100.0) | 4,574<br>(100.0) |
| 직장상하동료 | 178<br>(3.7) | 220<br>(3.7) | 245<br>(3.7) | 434<br>(2.5) | 229<br>(5.0) |
| 거래상대방 및 지인 | 752<br>(15.6) | 981<br>(16.6) | 566<br>(8.5) | 1,044<br>(5.9) | 716<br>(15.6) |
| 친구•애인 | 142<br>(2.9) | 218<br>(3.7) | 270<br>(4.0) | 788<br>(4.5) | 683<br>(14.9) |
| 친족 | 75<br>(1.6) | 57<br>(1.0) | 43<br>(0.6) | 461<br>(2.6) | 297<br>(6.5) |
| 이웃 | 339<br>(7.0) | 230<br>(3.9) | 135<br>(2.0) | 492<br>(2.8) | 132<br>(2.9) |
| 타인 | 2,585<br>(53.6) | 3,310<br>(55.9) | 3,428<br>(51.4) | 8,459<br>(47.9) | 2,258<br>(49.4) |
| 기타 | 750<br>(15.6) | 904<br>(15.3) | 1,980<br>(29.7) | 5,968<br>(33.8) | 259<br>(5.7) |

1. 자료 : 경찰청 범죄분석 1995, 2000, 2005, 범죄통계 2010, 2015 재구성

주) 1. ( )은 분포백분율

2. 통계수치는 강력범죄자 처분안을 기준

# 제3장

# 아동 및 청소년의 성폭력

## Ⅰ. 성폭력의 발생

### 1. 아동 성폭력

[표3-21] 아동 성폭력 범죄 발생 현황(2005~2018년)

(단위: 명, %)

| 구분 \ 연도 | 2005년 | 2010년 | 2015년 | 2018년 |
|---|---|---|---|---|
| 13세 미만 | 713 | 1,180 | 1,272 | 1,283 |
| 13세~20세 | 2,193 | 6,218 | 7,753 | 7,308 |
| 계 | 2,904 | 7,398 | 9,025 | 8,591 |

1. 자료 : 대검찰청 2006, 2011, 2016, 2019
주 : ( )은 분포백분율

아동을 대상으로 한 성폭력 범죄에 있어 13세 미만은 2005년 713건, 2010년 1,180건, 2015년 1,272건, 2018년 1,283건으로 증가추이를 보이고 있으며 또한 13세 이상 20세 미만을 대상으로 한 성폭력 범죄 역시 2005년 2,904건에서 2018년 7,308건으로 증가 되어 발생되고 있음을 알 수가 있다.

## 2. 아동 성폭력 범죄 유형

[표3-22] 아동 대상 성폭력 범죄 발생 및 유형(2015년~2017년)

(단위: 명, %)

| 년 | 연령 \ 유형 | 강간(간음) | 강간 등 | 강간 등 살인치사 상해치사 | 특수강도 강간 등 | 강제추행 | 카메라 등 촬영 | 성적목적 침입 | 통신매체 이용 음란 | 공공밀집 장소추행 | 계 |
|---|---|---|---|---|---|---|---|---|---|---|---|
| 2015 | 13세 미만 | 202 (15.9) | 40 (3.1) | 3 (0.2) | 1 (0.1) | 945 (74.3) | 18 (1.4) | 5 (0.4) | 57 (4.5) | 1 (0.1) | 1,272 (100) |
| | 13~20세 | 1,765 (22.8) | 168 (2.2) | 147 (1.9) | 16 (0.2) | 3,849 (49.6) | 934 (12.0) | 82 (1.1) | 388 (5.0) | 404 (5.2) | 7,753 (100) |
| | 계 | 1,967 (21.8) | 208 (2.3) | 150 (1.7) | 17 (0.2) | 4,794 (53.1) | 952 (10.5) | 87 (1.0) | 445 (4.9) | 405 (4.5) | 9,025 (100) |
| 2017 | 13세 미만 | 185 (14.6) | 19 (1.5) | 6 (0.5) | 0 (0.0) | 977 (76.9) | 29 (2.3) | 3 (0.2) | 48 (3.8) | 3 (0.2) | 1,270 (100) |
| | 13~20세 | 1,740 (21.5) | 94 (1.2) | 97 (1.2) | 10 (0.1) | 4,171 (51.6) | 1,145 (14.2) | 38 (0.5) | 391 (4.8) | 393 (4.9) | 8,079 (100) |
| | 계 | 1,925 (20.6) | 113 (1.2) | 103 (1.1) | 10 (0.1) | 5,148 (55.1) | 1,174 (12.6) | 41 (0.4) | 439 (4.7) | 396 (4.2) | 9,349 (100) |

1. 자료 : 대검찰청 범죄분석 2016, 2018
주) 1. ( )은 분포백분율
2. 강간에는 간음이 포함 됨
3. 강간 등은 강간과 강제추행이 구분되지 않는 경우를 의미

[표3-22]에 나타난 2015년과 2017년도의 아동 성폭력 범죄의 유형을 살펴보면 ① 강제추행(74.3%, 76.9%) ② 강간·간음(15.9%, 14.6%) ③ 통신매체를 이용한 음란(4.5%, 3.8%)의 순으로 구성비가 나타나고 있으며 다음으로는 강간 등(3.1%, 1.5%)과 카메라 등을 이용한 촬영(1.4%, 2.3%)이 순위를 차지하고 있음을 알 수가 있다.

## 3. 아동성폭력 범죄 발생시간

[표 3-23] 아동(13세 미만) 성폭력 범죄 발생 시간(2010년~2018년)

(단위 : 건, %)

| 년도 \ 시간 | 새벽 04:00~6:59 | 아침 07:00~8:59 | 오전 09:00~11:59 | 오후 12:00~17:59 | 저녁 18:00~19:59 | 밤 20:00~03:59 | 계 |
|---|---|---|---|---|---|---|---|
| 2010년 | 23<br>(2.6) | 44<br>(5.0) | 85<br>(9.6) | 454<br>(51.2) | 124<br>(14.0) | 156<br>(17.6) | 886<br>(100.0) |
| 2015년 | 21<br>(2.6) | 30<br>(3.8) | 75<br>(9.4) | 436<br>(54.5) | 108<br>(13.5) | 130<br>(16.2) | 800<br>(100.0) |
| 2018년 | 18<br>(1.9) | 30<br>(3.2) | 82<br>(8.8) | 515<br>(55.4) | 132<br>(14.2) | 152<br>(16.4) | 929<br>(100.0) |

1. 자료 : 대검찰청 범죄분석 2011, 2016, 2019
주 : ( )은 분포백분율

경제적 성장 등에 따른 식문화의 개선과 영양공급으로 청소년들의 신체적 성장과 발달은 물론 성적성숙 또한 조숙해지고 있다. 또한 남녀공학의 증가와 함께 이성과의 만날 수 있는 기회가 증가되고 있는 현실이다. 청소년의 보호를 위하여 최소한의 제도적 장치를 마련하고 있다고는 하나 대중매체의 발달과 음란물의 범람 등은 청소년들에게 정제되지 않은 많은 정보들을 제공하게 됨으로써 올바른 문화를 왜곡시키고 있다. 특히 인터넷을 통한 채팅과 성매매 등은 심각한 문제로 대두되고 있다.

[표3-23]에 나타난 13세 미만 아동의 성폭력 범죄가 많이 발생하는 시간대는

① 오후(12:00~17:59)가 51.2%~55.4%

② 밤(20:00~03:59)이 16.2%~17.6%

③ 저녁(18:00~19:59)이 13.5%~14.2%의 순으로

구성비를 차지하고 있음을 알 수가 있다.

# 4. 아동 성범죄 유형별 범행발생 장소

[표3-24] 아동, 청소년 범죄유형별 범행발생장소

(단위: 건(%))

| 범행 장소 | 범죄유형 | | 계 |
|---|---|---|---|
| | 강간 | 강제추행 | |
| 집 | 405(51.7) | 408(32.7) | 813(40.0) |
| 피해자의 집 | 102(13.0) | 112( 9.0) | 214(10.5) |
| 범죄자의 집 | 157(20.0) | 163(13.1) | 320(15.7) |
| 다른 사람의 집 | 35( 4.5) | 17( 1.4) | 52( 2.6) |
| 피해자와 범죄자의 공동 주거지 | 108(13.8) | 115( 9.2) | 223(11.0) |
| 폐가 | 3( 0.4) | 1( 0.1) | 4(0.2) |
| 주택가 및 이면도로 | 29( 3.7) | 131(10.5) | 160(7.9) |
| 아파트 단지주변 | 5( 0.6) | 41( 3.3) | 46(2.3) |
| 다세대 연립 주택가 주변 | 2( 0.3) | 12( 1.0) | 14(0.7) |
| 단독 주택 마을 주변 | 2( 0.3) | 9( 0.7) | 11(0.5) |
| 공동주택 내부 계단, 승강기 등 | 20( 2.6) | 69( 5.5) | 89(4.4) |
| 학교 | 9( 1.1) | 75( 6.0) | 84(4.1) |
| 교실 | 0( 0.0) | 11( 0.9) | 11(0.5) |
| 복도, 계단, 옥상 | 1( 0.1) | 11( 0.9) | 12(0.6) |
| 도서관, 체육관, 강당, 매점 등 학교 내부시설 | 1( 0.1) | 12( 1.0) | 13(0.6) |
| 운동장 | 1( 0.1) | 26( 2.1) | 27(1.3) |
| 학교 뒷산, 학교담장 주변 | 4( 0.5) | 11( 0.9) | 15(0.7) |
| 기숙사 | 0( 0.0) | 1( 0.1) | 1(0.0) |
| 기타 | 2( 0.3) | 3( 0.2) | 5(0.2) |
| 범죄자가 근무하는 직장 | 10( 1.3) | 76( 6.1) | 86(4.2) |
| 사무실 또는 영업장소 | 8( 1.0) | 71( 5.7) | 79(3.9) |
| 화장실·창고·옥상·복도 등 | 2( 0.3) | 1( 0.1) | 3(0.1) |
| 기타 | 0( 0.0) | 4( 0.3) | 4(0.2) |
| 주차장 | 20( 2.6) | 17( 1.4) | 37(1.8) |
| 상업시설주차장 | 3( 0.4) | 3( 0.2) | 6(0.3) |
| 공공기관주차장 | 2( 0.3) | 1( 0.1) | 3(0.1) |
| 아파트·연립주택 단지 내 주차장 | 10( 1.3) | 8( 0.6) | 18(0.9) |
| 기타 | 5( 0.6) | 5( 0.4) | 10(0.5) |
| 공공기관 및 상업지역 | 217(27.7) | 177(14.2) | 394(19.4) |
| 의료기관 | 5( 0.6) | 4( 0.3) | 9(0.4) |
| 종교기관 | 3( 0.4) | 8( 0.6) | 11(0.5) |
| 백화점·시장가게 등 상업건물 | 3( 0.4) | 15( 1.2) | 18(0.9) |
| 식당·술집·나이트클럽·게임장 등 유흥업소 | 5( 0.6) | 31( 2.5) | 36( 1.8) |

| 범행 장소 | 범죄유형 | | 계 |
|---|---|---|---|
| | 강간 | 강제추행 | |
| 호텔, 여관, 펜션 등 숙박업소 | 188(24.0) | 47( 3.8) | 235(11.6) |
| 목욕탕, 찜질방 | 4(0.5) | 55( 4.4) | 59( 2.9) |
| 공장, 창고, 공사장 | 4(0.5) | 2( 0.2) | 6( 0.3) |
| 공공기관 및 기타상업시설 | 5(0.6) | 15( 1.2) | 20( 1.0) |
| **야외, 거리, 산야, 대중교통시설 등** | **25(3.2)** | **230(18.4)** | **255(12.5)** |
| 유원지, 공원, 산야, 공터, 체육시설, 운동장 | 18(2.3) | 49(3.9) | 67(3.3) |
| 도로 상 | 6(0.8) | 136(10.9) | 142(7.0) |
| 버스, 기차, 지하철, 택시, 항공기, 선박 등 | 0(0.0) | 24(1.9) | 24(1.2) |
| 교통시설 내부 | 0(0.0) | 1(0.1) | 1(0.0) |
| **(공중)화장실** | **10(1.3)** | **16(1.3)** | **26(1.3)** |
| 유원지, 공원·체육시설의 화장실 | 3(0.4) | 6(0.5) | 9(0.4) |
| 기타 공중화장실 | 7(0.9) | 10(0.8) | 17(0.8) |
| **자동차 안** | **40(5.1)** | **53(4.2)** | **93(4.6)** |
| 범죄자의 차 | 40(5.1) | 50(4.0) | 90(4.4) |
| 제3자의 차 | 0(0.0) | 2(0.2) | 2(0.1) |
| 기타자동차 | 0(0.0) | 1(0.1) | 1(0.0) |
| **학원 및 보육시설** | **2(0.3)** | **23(1.8)** | **25(1.2)** |
| 어린이집, 보육원(고아원), 유치원 등 | 0(0.0) | 2(0.2) | 2(0.1) |
| 학원 교실 | 1(0.1) | 10(0.8) | 11(0.5) |
| 복도, 계단, 엘리베이터, 옥상 | 0(0.0) | 1(0.1) | 1(0.0) |
| 기타 학원 및 보육시설 | 1(0.1) | 10(0.8) | 11(0.5) |
| 기타 | 17(2.2) | 42(3.4) | 59(2.9) |
| **계** | **784(100.0)** | **1,248(100.0)** | **2,032(100.0)** |

1. 자료 : 여성가족부 2011

[표3-24]은 아동 청소년 성범죄 유형별 범행발생 장소를 나타내고 있다. 범행발생 장소는 주거시설인 **집에서 강간이 405건(51.7%), 강제추행이 408건(32.7%)발생**되어 가장 많이 발생하고 있으며, 다음으로 강간은 공공기관 및 상업지역 217건(27.7%), 숙박시설 188건(24.0%)순이며 강제추행은 집 408건(32.7%) 야외, 거리, 대중교통이 230건(18.4%), 공공기관 및 상업지역 177건(14.2%), 주택가 및 이면도로 131건(10.5%) 순으로 발생되고 있다.

특히 강간(20%) 및 강제추행(13.1%)의 장소중 범죄자의 집과 피해자와 범죄자의 공동주거지(강간 13.08%, 강제추행 9.2%) 피해자의 집(강간 13%, 강제추행 9%)) 순으로 나타나고 있어 각별한 주의와 교육이 필요하다고 하겠다.

## 5. 아동 성폭력 피해자의 유인방법

[표3-25] 피해자를 범행 장소로 데려간 방법(성폭력범죄)

(단위 ;건, %)

| 피해자를 범행 장소로 데려간 방법 | 피해자 연령 | | 계 |
|---|---|---|---|
| | 13세 미만 | 13세 이상 | |
| 금 품 | 47(12.8) | 51(7.1) | 98(9.0) |
| 질 문 | 54(14.7) | 46(6.4) | 100(9.2) |
| 놀 이 | 41(11.2) | 106(14.7) | 147(13.5) |
| 애정칭찬 | 19(5.2) | 7(1.0) | 26(2.4) |
| 사칭위장 | 9(2.5) | 13(1.8) | 22(2.0) |
| 정신장애이용 | 3(0.8) | 15(2.1) | 18(1.7) |
| 위 협 | 54(14.7) | 124(17.2) | 178(16.3) |
| 폭 력 | 22(6.0) | 52(7.2) | 74(6.8) |
| 편의제공 | 56(15.3) | 158(21.9) | 214(19.6) |
| 음 주 | 4(1.1) | 50(6.9) | 54(5.0) |
| 친 분 | 27(7.4) | 50(6.9) | 77(7.1) |
| 기 타 | 31(8.4) | 51(7.1) | 82(7.5) |
| 계 | 367(100.0) | 723(100.0) | 1,090(100.0) |

주) 1. 자료 : 여성가족부 2011
2. 방법에 대한 구분은 복수자료임

[표3-25]는 2011년도 아동청소년 대상 성폭력범죄 신상정보등록자들이 피해자를 범행장소로 유인한 방법을 나타내고 있다. **13세 미만을 대상으로 한 성폭력 범죄의 유인방법으로는 편의제공 56건(15.3%)**, 질문 또는 위협이 각각 54건(14.7%), 금품 47건(12.8%) 순으로 나타나고 있으며 **13세 이상을 대상으로 한 성폭력 범죄의 유인방법으로는 편의제공 158건(21.9%)**, 위협 124건(17.2%), 놀이 106건(14.7%), 금품 51건(7.1%) 순으로 나타나고 있음을 알 수가 있다.

# II. 아동성폭력 범죄자의 특성

## 1. 아동 성폭력 범죄자와 피해자의 연령

[표3-26] 아동 성폭력 범죄자와 피해자의 연령

(단위 : 명, %)

| 피해자 연령 \ 범죄자 연령 | | 18세 이하 | 19세~30세 | 31세~40세 | 41세~50세 | 51세~60세 | 61세 이상 | 계 |
|---|---|---|---|---|---|---|---|---|
| 2015 | 13세 미만 | 221<br>(18.0) | 203<br>(16.6) | 161<br>(13.1) | 251<br>(20.5) | 200<br>(16.3) | 189<br>(15.4) | 1,225<br>(100.0) |
| | 13~20세 | 1,843<br>(23.3) | 2,742<br>(34.7) | 1,314<br>(16.6) | 1,032<br>(13.1) | 646<br>(8.2) | 325<br>(4.1) | 7,902<br>(100.0) |
| | 계 | 2,064<br>(22.6) | 2,945<br>(32.3) | 1,475<br>(16.2) | 1,283<br>(14.1) | 846<br>(9.3) | 514<br>(5.6) | 9,127<br>(100.0) |
| 2017 | 13세 미만 | 184<br>(16.5) | 183<br>(16.4) | 143<br>(12.8) | 193<br>(17.3) | 216<br>(19.4) | 194<br>(17.4) | 1,113<br>(100.0) |
| | 13~20세 | 1,541<br>(21.1) | 2,589<br>(35.4) | 1,152<br>(15.8) | 992<br>(13.6) | 648<br>(8.9) | 391<br>(5.3) | 7,313<br>(100.0) |
| | 계 | 1,725<br>(20.5) | 2,772<br>(32.9) | 1,298<br>(15.4) | 1,185<br>(14.1) | 864<br>(10.3) | 585<br>(6.9) | 8,429<br>(100.0) |

1.자료 : 대검찰청 범죄분석 2016, 2018
주 : ( )은 분포백분율

2015년과 2017년도 아동성폭력 범죄자의 연령대별 구성비를 살펴보면 [표3-26]에서 2015년에는 아동성폭력 범죄자 1,225명 중

① 40대(20.5%) ② 18세 이하(18.0%) ③ 20대(16.6%) ④ 50대(16.3%)
⑤ 61세 이상(15.4%) ⑥ 30대(13.1%)

순으로 나타났으나 2017년에는 1,113명의 아동성폭력 범죄자 중

① 50대(19.4%) ② 61세 이상(17.4%) ③ 40대(17.3%) ④ 18세 이하(16.5%)
⑤ 20대(16.4%) ⑥ 30대(12.8%)

순으로 구성비를 차지하고 있음을 알 수가 있다.

## 2. 미성년 강간범죄자 범행시 연령

[표3-27] 미성년 강간범죄자의 범행시 연령별 현황(1995년~2015년)

(단위 : 명, %)

| 시간 / 년도 | 계 | 14세 미만 | 14세 | 15세 | 16세 | 17세 | 18세 |
|---|---|---|---|---|---|---|---|
| 1995년 | 497<br>(100.0) | 14<br>(2.8) | 38<br>(7.6) | 75<br>(15.1) | 106<br>(21.3) | 126<br>(25.4) | 138<br>(27.8) |
| 2000년 | 372<br>(100.0) | 5<br>(1.3) | 20<br>(5.4) | 38<br>(10.2) | 66<br>(17.8) | 122<br>(32.8) | 121<br>(32.5) |
| 2005년 | 249<br>(100.0) | 1<br>(0.4) | 18<br>(7.2) | 41<br>(16.5) | 55<br>(22.1) | 64<br>(25.7) | 70<br>(28.1) |
| 2010년 | 2,029<br>(100.0) | 9<br>(0.4) | 140<br>(6.9) | 401<br>(19.8) | 462<br>(22.8) | 506<br>(24.9) | 511<br>(25.2) |
| 2015년 | 738<br>(100.0) | 3<br>(0.4) | 62<br>(8.4) | 138<br>(18.7) | 153<br>(20.7) | 199<br>(27.0) | 183<br>(24.8) |

자료 : 경찰청 범죄분석 1995, 2000, 2005; 범죄통계 2010, 2015 재구성
주 : ( )은 분포백분율

[표3-27]은 미성년 강간범죄자들의 범행 시 연령분포를 나타낸 것으로 전체적으로 범죄자의 수는 매년 증감을 반복하기는 하나 2010년에는 많은 증가를 보이고 있으며 연도별 연령의 구성비는 각 연도마다 18세와 17세가 경주를 하듯 순위가 뒤바뀌는 현상을 보이고 그 뒤를 이어 16세가 비중을 차지하고 있음을 알 수가 있다.

## 3. 학생 성폭력 범죄자의 공범관계

[표3-28] 학생 강간 범죄자의 공범관계(1995년~2015년)

(단위 : 명(피의자통계원표), %)

| 년도<br>공범관계 | 1995년 | 2000년 | 2005년 | 2010년 | 2015년 |
|---|---|---|---|---|---|
| 학교동창 | 60<br>(15.7) | 32<br>(6.9) | 25<br>(5.5) | 391<br>(16.4) | 109<br>(12.2) |
| 동네친구 | 14<br>(3.6) | 14<br>(3.0) | 1<br>(0.2) | 259<br>(10.9) | 98<br>(11.0) |
| 고향친구 | 5<br>(1.3) | 4<br>(0.9) | – | 26<br>(1.1) | 4<br>(0.5) |
| 직장동료 | 2<br>(0.5) | 1<br>(0.2) | – | 1<br>(0.0) | – |
| 애인 | – | – | – | 3<br>(0.1) | 2<br>(0.2) |
| 친인척 | 1<br>(0.3) | – | – | – | 1<br>(0.1) |
| 단독범 | 280<br>(73.1) | 391<br>(84.0) | 412<br>(91.2) | 1,616<br>(67.9) | 602<br>(67.6) |
| 기타 | 21<br>(5.5) | 23<br>(5.0) | 14<br>(3.1) | 85<br>(3.6) | 미상39(4.4)<br>기타35(3.9) |
| 계 | 383<br>(100.0) | 465<br>(100.0) | 452<br>(100.0) | 2,381<br>(100.0) | 890<br>(100.0) |

자료 : 경찰청 범죄분석 1995, 2000, 2005; 범죄통계 2010, 2015 재구성
주 : ( )은 분포백분율

[표3-28]에 나타난 바와 같이 학생신분의 성폭력 범죄자의 공범 관계를 살펴보면 단독범인 경우가 1995년 73.1%, 2000년 84%, 2005년 91.2%, 2010년 67.9%, 2015년 67.6%였으며 공범이 있는 경우에는 친구(학교 동창, 동네 친구, 고향 친구)가 1995년 20.6%, 2000년 10.8%, 2005년 5.8%, 2010년 28.4%, 2015년 23.7%로 높은 구성비를 차지하고 있어 청소년들의 교우관계를 중요시 하는 또래의 특성으로 보여 진다. 그렇다고 친구 따라 강남 가듯이 범죄행위까지 같이 할 필요가 있겠는가?

서울에 있는 중학교에 진학하게 되어 고향을 떠나는 나에게 불안해하시던 어머님의 당부가 "밥 굶지 말고 잘 챙겨 먹어라"와 "친구 잘 새겨라. 부모 팔아 친구 산다"는 것이었다. 이 글을 쓰면서 당시의 편지들을 읽어 보았다. 고향에서 학교를 다니던 누나들의 편지나 부모님의 편지내용의 대부분이 친구의 중요성과 아울러 "좋은 친구 많이 사귀어라"는 말과 방학 때 친구와 함께 내려오라는 내용이었다. 요즈음 젊음 부모들에게 바쁘더라도 자식의 친구들을 초대하여 만나보라고 권하고 싶다. 그러면 자식이 밖에서 행동하는 모습이 보일 테니 말이다.

# III. 아동 성폭력 피해자의 특성

## 1. 아동 성폭력 범죄 피해자의 성별 및 연령

[표3-29] 아동 성폭력 범죄 피해자의 성별 및 연령(2000년~2018년)

(단위 : 건, %)

| 년 / 연령 / 성별 | 2000년 | | | 2005년 | | | 2010년 | | | 2015년 | | | 2018년 | | |
|---|---|---|---|---|---|---|---|---|---|---|---|---|---|---|---|
| | 13세 미만 | 13-20세 | 계 | 13세 미만 | 13-20세 | 계 | 13세 미만 | 13-20세 | 계 | 13세 미만 | 13-20세 | 계 | 13세 미만 | 13-20세 | 계 |
| 남성 | 10<br>(6.2) | 47<br>(3.5) | 57<br>(3.7) | 38<br>(5.0) | 79<br>(2.9) | 117<br>(3.4) | 90<br>(7.7) | 167<br>(2.9) | 257<br>(3.7) | 174<br>(13.7) | 392<br>(5.1) | 566<br>(6.3) | 172<br>(13.5) | 465<br>(6.4) | 637<br>(7.4) |
| 여성 | 151<br>(93.8) | 1,314<br>(96.5) | 1,465<br>(96.3) | 721<br>(95.0) | 2,640<br>(97.1) | 3,361<br>(96.6) | 1,080<br>(92.3) | 5,626<br>(97.1) | 6,706<br>(96.3) | 1,094<br>(86.3) | 1,355<br>(94.9) | 8,449<br>(93.7) | 1,106<br>(86.5) | 6,808<br>(93.6) | 7,914<br>(92.6) |
| 계 | 161<br>(100) | 1,361<br>(100) | 1,522<br>(100) | 759<br>(100) | 2,719<br>(100) | 3,478<br>(100) | 1,170<br>(100) | 5,793<br>(100) | 6,963<br>(100) | 1,268<br>(100) | 7,747<br>(100) | 9,015<br>(100) | 1,278<br>(100) | 7,273<br>(100) | 8,551<br>(100) |

자료 : 대검찰청 범죄분석 2001, 2006, 2011, 2016, 2019
주 : ( )은 분포백분율

13세 미만의 아동성폭력 피해자는 [표3-29]에 나타난 바와 같이 2005년 161건(남 10건, 여 151건), 2005년 759건(남 38건, 여 721건), 2010년 1,170건(남 90건, 여 1,080건), 2015년 1,268건(남 174건, 여 1,094건)으로 증가되다가 2017년에는 39건이 감소된 1,229건(남 149건, 여 1,094건)으로 나타나고 있음을 알 수가 있다.

또한 아동피해자의 구성비에 있어서도 여성피해자는 2010년 까지는 93.8%, 95.0%, 92.3%로 나타나다가 2015년 86.3%와 2018년 86.5%로 감소된 반면에 남성피해자는 2015년 13.7%와 2018년 13.5%로 증가되어 나타나고 있다.

## 2. 성폭력 범죄자와 피해자의 관계

[표3-30] 아동 청소년 성범죄 유형별 피해자와 범죄자의 관계

(단위: 명, %)

| 피해자와 범죄자의 관계 | 범죄유형 | | 계 |
|---|---|---|---|
| | 강간 | 강제추행 | |
| 전혀모르는사람 | 220 (30.8) | 706 (58.7) | 926 (48.3) |
| 낯선 사람 | 193 (27.0) | 684 (56.9) | 877 (45.7) |
| 여성접객원인 피해자를 가해자가 상업적인 목적으로 부른 경우 | 1 (0.1) | 0 (0.0) | 1 (0.1) |
| 즉석만남 등을 통해 알게 된 사람 | 24 (3.4) | 6 (0.5) | 30 (1.6) |
| 택시기사 | 1 (0.1) | 4 (0.3) | 5 (0.3) |
| 배달원·수리원·방문판매원등 | 0 (0.0) | 5 (0.4) | 5 (0.3) |
| 숙박업소·목욕탕·음식점·주점·노래방·비디오방 주인 혹은 종업원 | 1 (0.1) | 7 (0.6) | 8 (0.4) |
| 아는사람 | 357 (49.9) | 356 (29.6) | 713 (37.2) |
| 친구 | 26 (3.6) | 7 (0.6) | 33 (1.7) |
| 애인·남자친구 | 8 (1.1) | 4 (0.3) | 12 (0.6) |
| 학교 선·후배 | 17 (2.4) | 0 (0.0) | 17 (0.9) |
| 선생님 | 0 (0.0) | 39 (3.2) | 39 (2.0) |
| 이웃·잘 알고 지내는 사람 | 67 (9.4) | 107 (8.9) | 174 (9.1) |
| 성직자 | 6 (0.8) | 5 (0.4) | 11 (0.6) |
| 직장상사·고용주 | 6 (0.8) | 16 (1.3) | 22 (1.1) |
| 직장 동료·아르바이트 동료 | 4 (0.6) | 0 (0.0) | 4 (0.2) |
| 업무관계인 | 2 (0.3) | 3 (0.2) | 5 (0.3) |
| 친구의 부모 | 7 (1.0) | 20 (1.7) | 27 (1.4) |
| 부모의 친구 | 12 (1.7) | 35 (2.9) | 47 (2.5) |
| 아파트관리인 등 | 1 (0.1) | 7 (0.6) | 8 (0.4) |
| 안면만 있는 사람 | 23 (3.2) | 24 (2.0) | 47 (2.5) |
| 병원·수용시설직원·관리사·사회복지사 | 5 (0.7) | 3 (0.2) | 8 (0.4) |
| 인터넷채팅을 통해 알게 된 사람 | 150 (21.0) | 33 (2.7) | 183 (9.5) |
| 아는 사람 기타 | 23 (3.2) | 53 (4.4) | 76 (4.0) |
| 가족및친척 | 138 (19.3) | 140 (11.6) | 278 (14.5) |
| 친부 | 49 (6.9) | 50 (4.2) | 99 (5.2) |
| 의부 | 27 (3.8) | 34 (2.8) | 61 (3.2) |
| 모의 동거인 | 17 (2.4) | 17 (1.4) | 34 (1.8) |
| 형제·자매 | 2 (0.3) | 3 (0.2) | 5 (0.3) |
| 4촌 이내의 혈족 및 인척 | 42 (5.9) | 34 (2.8) | 76 (4.0) |
| 5촌 이상의 혈족 및 인척 | 1 (0.1) | 2 (0.2) | 3 (0.2) |
| 가족 및 친족 기타 | 0 (0.0) | 0 (0.0) | 0 (0.0) |
| 계 | 715 (100.0) | 1,202 (100.0) | 1,917 (100.0) |

1. 자료 : 여성가족부 2011

[표3-30]는 2011년도 아동 청소년 대상 성범죄 신상정보등록자들의 범죄유형별 피해자와 범죄자의 관계를 나타낸 것으로 **강간은** 타인이 220명(30.8%), 지인이 357명(49.9%), 가족 및 친척이 138명(19.3%)을 차지하고 있으며 타인(30.8%)중에서 낯선 사람(27.0%) 즉석 만남 등을 통해 알게 된 사람이(3.4%)로 대부분을 차지하고 있어 좀더 신중한 행동이 요구된다.

**지인(49.9%)중 인터넷 채팅을 통해 알게된 사람(21%)**, 이웃·잘 알고 지내는 사람(9.4%), 친구(3.6%), 안면이 있는 사람(3.2%), 학교 선·후배(2.4%)순으로 나타나고 있다. **강제추**행은 타인이 706명(58.7%), 지인이 356명(29.6%), 가족 및 친척이 140명(11.6%)의 비율을 나타내고 있으며 **타인(58.7%) 중 낯선 사람이(56.9%)를 차**지하고 있으며 지인(29.6%)은 이웃·알고지내는 사람이(8.9%), 선생님(3.2%) 부모의 친구(2.9%), 인터넷 채팅(2.7%), 안면 있는 사람(2.0%)순으로 나타고 있다.

또한 강간은 강제추행에 비해 지인이 49.9%(강제추행 29.6%), 가족 및 친척이 19.3%(강제추행 11.6%)로 상대적으로 높으며 강제추행은 타인이 58.7%로 강간 30.8% 보다 높게 나타나고 있다.

## 3. 성범죄 유형별 범행의 지속성

[표3-31] 아동 청소년 범죄유형별 범행의 지속성

(단위 ; 명, %)

| 동일피해 아동청소년 대상 범행횟수 및 기간 | 범죄유형 | | 계 |
|---|---|---|---|
| | 강간 | 강제추행 | |
| 1회에 그침 | 565 (72.2) | 969 (77.6) | 1,534 (75.5) |
| 1개월 이하 | 67 (8.6) | 98 (7.9) | 165 (8.1) |
| 1-5개월 | 40 (5.1) | 65 (5.2) | 105 (5.2) |
| 6개월-1년 미만 | 23 (2.9) | 37 (3.0) | 60 (3.0) |
| 1년 이상 | 88 (11.2) | 79 (6.3) | 167 (8.2) |
| 계 | 783 (100.0) | 1,248 (100.0) | 2,031 (100.0) |

주) 1. 자료 : 여성가족부 2011
2. 결측 1건을 제외한 분석결과임

[표3-31]은 2011년도 아동 청소년 대상 성범죄 신상정보 등록자들의 범죄유형별 범행의 지속성을 나타내고 있다. 성폭력 범행의 지속여부는 강간의 경우 1회성은 565명(72.2%)이며, 1년 이상 지속은 88명(11.2%)1개월 이하(8.6%)의 순이며 강제추행은 1회성이 969명(77.6%)이며 1개월 이하(7.9%) 1년 이상이 79명(6.3%)순으로 나타났다.

문제는 강간은 27.8%가 강제추행은 22.4%가 1회에 그침이 아니라 지속성을 지니고 있어 더한 충격을 주고 있다.

# Ⅳ. 성폭력 범죄의 실화

성폭력 범죄는 친고죄로서 피의자와 피해자간의 합의에 의해 또는 주의의 이목이나 다른 이유에 의해 실제로 고발 되는 경우는 평균적으로 7% 미만인 것으로 알려져 있다. 하지만 일어나서는 안 되는 일들이 우리들의 주위에서 발생되고 있어 큰 충격을 주고 있다. 조선일보 PDF 보기 인터넷 서비스 성폭력 기사중 일부 기사를 참고하여 작성하였다.

## 1. 학교가 위험하다

옛 말에 군사부일체(君師父一體)라는 말이 있다. 즉 임금과 스승과 어버이는 한 몸과 같으니 정성껏 받들라는 뜻일 것이다. 또한 스승의 그림자도 밟아서는 안 된다고 하지 않았는가? 이러한 스승의 위상이 언제부터 무슨 이유에서인지 흔들리기 시작하더니 급기야는 학부모가 학교에 찾아가 수업중인 교사를 구타하고 제자가 스승을 구타하는 일들이 종종 일어나고 있는 현실이 되었다.

교사 또한 선각자로서 지식의 전달 뿐 아니라 정신적 지주가 되어 성장기 아동들에게 표상이 되어야 함에도 불구하고 미꾸라지 한 마리가 흙탕물을 일으키듯이 일부 몰지각한 교사들로 인하여 묵묵히 사도의 길을 걷고 있는 교사들까지 도매금으로 매도당하게 하고 있으며 한 술 더 떠 초록은 동색이라 제 식구 감싸듯이 패륜들에게 일벌백계하여 다시는 유사한 일들이 일어나지 못하게 각성하여야 함에도 불구하고 쉬쉬하며 사건을 은폐 하거나 축소하려 하고 설사 처벌을 한다 해도 솜방망이 처벌을 한다는 인상을 주고 있으니 스승에 대한 존경심은 물론 신뢰를 잃어가는 것이 아닌가 생각된다. 오죽하면 스스로를 존칭하여 선생님이라 호칭하고 있는 현실이 안쓰럽기도 하다.

2013년 8월 19일 대구지검 형사3부(부장 고민석)는 경북 관내 교육청 장학사 오 모(44세)씨를 구속기소 했다고 밝혔다. 오 모 씨는 모 초등학교 4학년 담임교사였던 2007년 7월부터 9월 사이 4학년 여학생 A양(당시9세)을 교실과 컴퓨터실, 도서관 등에서 가슴 등을 5차례 만지거나 휴대폰 카메라로 촬영한 혐의를 받고 있다.

A양은 2009년 6학년 때 담임교사에게 피해사실을 밝혔으나 조치가 이루어지지 않았으며 이후 중학교 3학년 때와 고등학교 1학년 때에도 상담교사에게 같은 내용을 상담했고 학교 측의 자체조사가 진행되면서 피해사실이 수사기관에 알려졌다.

한편 2013년 5월 23일 춘천지방법원 강릉지원 제2형사부(재판장 이성호)는 초등학교 6학년 여 제자(13세)등과 성관계를 맺은 혐의로 구속된 전 초등학교 교사 강 모(30세)씨에게 징역 8년과 80시간의 성폭력 치료프로그램이수와 10년간 신상정보 공개 및 음란물 소지에 대한 벌금 300만원을 선고했다.

재판부는 강 씨는 위력으로 하지 않았다고 주장하지만 아동의 성적 가치관 형성을 지도하고 보호해야 할 초등학교 교사가 음란 동영상을 어린 제자에게 보여주고 수차례 간음하는 등 불량하다며 이와 같이 판시했다. 강 모 씨는 2011년 강릉의 모 초등학교 교사로 부임한 후 6학년 여 제자와 육체관계를 맺은 혐의로 구속되었으며, 또한 여고생이 된 초등학교의 제자를 집으로 불러 성관계를 맺기도 한 강 모씨는 경찰조사에서 여 제자와 서로 사랑한 것이라고 진술하고 여 제자 또한 선생님을 사랑하며 선생님이 성폭행 한 것이 아니라는 취지로 진술해 논란이 되었다.

2013년 4월 29일 광주지방 경찰청 성폭력 특별수사대는 여중생 2명에게 유사 성행위 등 음란행위를 강요한 혐의로 광주 모 중학교 교사 김 모(40세)씨를 입건했다고 밝혔다. 김 모 씨는 2012년 10월 중순부터 약 2개월 동안 학교 계단과 자신의 차량에서 자신이 담임을 맡은 여 제자 2명(중2)에게 각각 10여 차례씩 구강성교와 특정부위를 만지도록 요구한 혐의를 받고 있으며 자신의 신체 일부를 찍은 사진과 함께 성관계를 요구하는 메시지를 이들 여학생에게 카카오톡으로 전송하기도 했다고 경찰은 말했다.

미래의 꿈과 희망을 키우는 학문의 전당인 학교에서 발생한 성폭력 사건들로, **동료학생들에게 교실 등에서 집단 성추행을 당한** 안산의 모 초등학교 6학년에 재학 중인 A(12세)양은 2011년 7월부터 9월 사이 6학년에 재학 중인 남학생 7명과 중학생 1명으로부터 8차례에 걸쳐 인근 아파트 옥상과 지하주차장은 물론 학교 교실 등에서 괴롭힘과 성추행을 당했다. 또한 이들 중 일부는 인근 야산에서 A양을 성폭행 하려다 주민에게 들켜 미수에 그치기도 한 사건이다.

그리고 **초등2년생을 학교운동장에서 납치하여 성폭행한 사건**으로 김 모(45세)씨는 2010년 6월 영등포구에 있는 모 초등학교 운동장에서 2학년에 재학 중인 A(8세)양을 납치하여 자기 집으로 끌고 가 무참히 성폭행 하였다. 김 모 씨는 1987년 부산의 가정집에 침입해 남편을 묶은 뒤 남편이 보는 앞에서 아내를 성폭행 하였던 전과자였다.

아울러 학생들간에 벌어진 사건으로 경기도 가평군 모 중학교 3학년에 재학 중인 B(14세)군은 2007년 1월 같은 동네에 살고 있는 A(14세)양을 할 말이 있다며 놀이터로 불러내 성추행을 한 후 B군 등 6명의 남학생들은 이를 약점 삼아서 A양을 화장실과 체험학습장에서 2~3명씩 많게는 4명이 함께 성폭행과 성추행을 하다가 3월 15일에는 이 둘중 3명이 점심시간에 A양을 특별활동실로 불러 집단 성폭행을 한 후 교실로 들어가 수업을 받기 까지 한 경악을 금치 못할 사건들이다.

## 2. 잘못된 채팅으로 몸을 망처버린...

채팅으로 인한 강간은 지인이 차지하고 있는 49.9% 중 21.0%로서 그 피해는 날로 증가되고 있다. 그 예로 **채팅으로 알게 된 학생을 2시간 간격으로 만나 성폭행을 한** 천안시 J고교에 재학 중인 A군(17세)은 2012년 9월 휴대폰 채팅을 통해 알게 된 중학교 2학년에 재학 중인 B(14세)양을 협박하여 불러내 주변 남자화장실에서 성폭행을 하고 달아난 뒤 이어 2시간 뒤인 오후 5시쯤 오전에 휴대폰 채팅을 통해 알게 된 초등학교 6학년에 재학 중인 C양(11세)을 잠깐 얼굴 좀 보자고 졸라 M읍 N서부지점 옥상에서 성폭행을 했다.

또 다른 사건으로는 문 모(34세)씨는 2002년 1월쯤 인터넷 채팅사이트에서 중학교 2학년에 재학 중이던 A양을 만나 성관계를 맺은 후 8년 동안 이 사실을 학교와 부모에게 알리겠다고 협박해 전북 익산에 살고 있던 A양을 수원까지 불러 관계를 맺어왔으며 A(23세)양은 대학교 1학년 여름방학이 되는 6월까지 만나주면 깨끗하게 놓아주겠다는 문 씨의 말을 믿고 견뎌왔으나 대학을 졸업한 지난달까지 범행이 계속 되었으며 오히려 A양을 계속 잡아두기 위해 휴대전화로 폰섹스를 강요해 녹음을 하고 성관계 장면을 찍은 동영상 12개를 만드는 등의 수법으로 협박해 왔다는 것이다.

또한 동창들 사이에 벌어진 파렴치한 사건으로 2006년 8월 광주광역시의 모중학교 3학년에 재학 중이던 B(14세)양은 같은 동네에 사는 A군과 인터넷 채팅을 하면서 A군으로부터 성관계를 요구받았으나 거절하자 채팅 대화 내용을 다른 친구들에게 알리겠다는 협박에 못 이겨 A군을 만나러 나갔다가 화장실에서 처음 성폭행을 당했다.

A군은 2006년 11월 수차례에 걸쳐 친구들과 B양을 성폭행 하였으며 이 같은 소문을 들은 같은 동네 C군도 B양에게 접근하여 B양의 집에서 친구 2명과 함께 B양을 성폭행 하였으며 B양은 2006년 8월부터 2007년 2월까지 7개월간 대부분 같은 동네에 사는 초등학교 동창 들인 A군과 B군, 그리고 그들 친구 등 모두 25명으로부터 학교화장실, 가해학생의 집, 빈 건물의 화장실 등에서 11차례에 걸쳐 성폭행을 당했다는 것이다.

또한 서울 중랑경찰서는 2013년 3월 19일 인터넷 조건만남으로 남성 3명을 모텔에서 10대 소녀와 성관계를 갖게 한 후 그들로부터 1,690만원을 빼앗은 혐의로 신모(18세)군 등 남학생 3명과 성관계를 한 김 모(17세)양을 구속하고 피해남성을 유인한 주모(16세)양 등 가출소녀 2명을 불구속 하였으며 달아난 정모(15세)양의 행방을 쫓고 있다고 밝혔다.

신모(18세)군 등 남학생 3명은 김 모(여17세), 주모(여16세), 정 모(여15세)양과 강북구 일대 모텔에서 2013년 1월말부터 합숙을 하며 2월 중순부터 3월 초까지 3차례에 걸쳐 인터넷 조건만남으로 최 모(27세)씨 등 성 매수 남성들을 모텔로 끌어들여 정양 등과 성관계를 맺게 한 후 회칼로 협박하여 1,690만원을 빼앗아 명품구입이나 유흥비로 쓴 것으로 드러났다.

그리고 경기도 파주경찰서는 유 모(여25세)씨를 인터넷 채팅을 통해 알게 된 김 모(16세)양을 꾀어 성매매를 알선하고 화대를 가로챈 혐의로 입건하였으며 김 양과 성매매를 한 손 모(41세)씨 등 성 매수자 95명도 같은 혐의로 입건하였다.

유씨는 2010년 8월부터 2012년 6월까지 인터넷 채팅으로 알게 된 김 모(당시 14세)양에게 조건만남을 하면 돈을 많이 벌 수 있다고 유혹하여 인천에 소재한 자신의 집에서 함께 생활하며 채팅으로 만난 남성에게 15만원에서 20만원을 받고 모텔 등에서 성매매를 하도록 알선하고 2년여 동안 김 양이 성매매로 벌어들인 2억여 원을 한 푼도 주지 않고 자신의 유흥비와 생활비로 탕진한 것으로 알려졌다.

## 3. 가출에 의한 성매매

서울 송파경찰서는 2013년 2월 20일 거북이파 조직원인 곽모(25세)씨와 내연녀 정모(22세 대학생)씨를 고등학교 1학년 때 가출한 A모(여21세)씨에게 2009년부터 2012년까지 성매매를 강요하여 이 씨가 받은 화대 3억여 원을 뜯어낸 혐의로 구속했다고 밝혔다. 이들은 가출한 A씨에게 집에서 머물게 해 주겠다고 유인하여 3년 동안 매달 20여 차례정도 성매매의 화대를 받았으며 A씨의 휴대전화를 위치 찾기 서비스에 가입하여 수시로 감시하고 도망시 협박하기 위하여 만취상태로 술을 먹인 후 후배와 성관계를 갖는 장면을 촬영하기도 하였다.

또한 후배와의 성관계로 인하여 임신한 상태에서도 계속 성매매를 강요하였으며 출산 후에는 아이에게 물을 많이 먹여 죽이겠다고 하면서 아이를 볼모삼아 협박을 하기도 하였다.

또한 대구지검 형사3부(부장 고민석)는 2013년 7월 조직폭력단 압량파 소속 조직원인 특수절도전과 4범 송 모(19세)씨를 2012년 8월부터 2013년 2월까지 대구시와 경북 경산일대 모텔에서 가출소녀 A양(14세) 등 3명을 감금하고 매일 화대 100만~150만원을 빼앗은 혐의로 구속했다. 송 모 씨는 가출소녀들에게 매일 3~5회씩 회당 10만~15만원씩의 화대를 받고 성매매를 하게 하였으며 매일 화대(100만~150만원)를 채우지 못하면 잠을 재우지 않고 폭행을 하는 등 가혹행위를 하였다. 또한 탈출을 시도한 소녀들을 잡아와 야구방망이로 때리기도 하였으며 성매매 소녀들에게는 최소한의 밥값만 준 것으로 알려지고 있다.

그리고 부천 소사경찰서는 2013년 10월 28일 노모(여 24세)씨를 초등학교 6학년생을 가출시켜 70여 차례에 걸쳐 성매매를 시키고 1,000여 만 원을 받아 챙긴 혐의로 구속했다.

노 모씨는 인터넷 채팅으로 알게 된 이혼한 이모(여 39세)씨와 종종 만나면서 언니.동생사이가 되었다. 부모의 이혼으로 어머니 이 모 씨와 별거를 하게 된 초등학교 6학년생인 정 모(14세)양은 어머니를 만날 때 몇 차례 노모(24세)를 함께 만나게 되어 알게 되었으며 노 모씨는 2012년 7월 돈을 많이 벌게 해 줄 테니 아버지와 함께 살고 있는 집에서 나오라고 정양을 꾀어 가출을 시킨 뒤 2012년 9월까지 인터넷 채팅창을 통해 연락이 오는 성 매수자들이 원하는 서울과 인천 및 부천 등의 모텔로 정양을 데리고 다니면서 성매매를 시키고 한 차례에 15만~20만원씩을 70여 차례에 걸쳐 1,000여 만 원을 받아 쓴 것으로 조사됐다.

또 다른 사건으로 성북경찰서는 2012년 6월 1일 가출한 최 모(여16세)양과 박 모(15세), 김 모(12세)군 등 같은 또래 남학생 3명은 평소 안면이 있는 A양(16세)이 가출을 하자 거처를 제공해 줄 테니 함께 놀자고 유인하여 2012년 10월부터 약 한달 동안 인터넷 채팅을 통해 구한 성 매수 남성들에게 성매매를 강요하여 회당 6만~12만원을 받고 10여 차례 성매매를 시킨 뒤 70여 만 원의 화대를 빼앗은 혐의로 조사 중이라고 밝혔다.

또한 성매매를 피해 도망가려는 A양을 집단으로 폭행을 하고 얼굴에 멍이 들자 화장품을 발라 멍든 부위를 가린 뒤 성 매수 남자를 만나게 했다. 이들은 성 매수의 수입으로 찜질방이나 빈집을 전전하며 숙식을 해결하였다.

## 4. 옛 말이 되어 버린 이웃사촌

범죄자와의 관계에 있어서 이웃 및 알고 지내는 사람들에 의해 강간은 49.9%중 9.4%가 강제추행은 29.6%중 8.9%가 일어나고 있다. 참으로 안타까운 현실이다.

**지적장애여성을 성폭행한 동네 노인들** A(63세)씨와 B(71세)씨, C(73세)씨는 지적장애 3급인 이모(42세)씨를 2004년부터 2008년 사이에 각각 2~3차례씩 8차례에 걸쳐 성폭행한 것으로 알려졌다.

이들은 이 씨에게 놀러 가자, 밥 먹으러 가자며 모텔이나 자기 집으로 유인하여 성폭행을 한 혐의이며, 이들 외에 70대 노인 2명과 60대 노인 1명 등 마을노인 3명은 비슷한 시기에 이 씨를 성폭행한 혐의로 불구속 기소되어 이미 재판을 받고 있다.

**초등 1년생을 성폭행한 이웃집 아저씨** 고 모(23세)씨는 2012년 8월 30일 오전 1시 30

분경 집에서 잠을 자던 나주시 모 초등학교에 재학 중인 A(7세)양을 이불 채 납치를 하여 300미터 가량 떨어진 영산대교 밑 둔치로 데려가 성폭행을 하였다.

A양은 이후 11시간 동안 태풍 덴빈의 비바람을 맞으며 젖은 이불속에 방치되어 있다가 경찰에 의해 발견되었다. 고 모 씨는 29일밤 동료들과 소주 5~6명을 나눠 마신 뒤 A양 집에서 70미터 가량 떨어진 PC방에 갔다가 몇 년 전부터 PC방에 드나들며 알고 지내던 A양의 엄마 조 씨를 만나 아이들은 잘 있느냐며 안부를 묻기도 하였으며, A양 엄마인 조 씨 보다 먼저 새벽 1시 13분쯤 게임을 끝내고 PC방을 나온 고 모 씨는 집으로 가서 잠을 자던 A양을 납치하였던 것이다.

그리고 **등교하던 이웃마을 초등학생을 살해 한** 산양읍 S마을에 사는 김 모(45세)씨는 2012년 7월 16일 등교를 하기 위해 버스를 기다리던 J마을에 사는 초등학교 4학년에 재학중인 H(10세)양을 집으로 데리고 가 성폭행하려 하였으나 반항하자 목을 졸라 살해한 뒤 시신을 J마을에서 10km쯤 떨어진 K대 해양과학대학 부근에 암매장하였다.

발견 당시 H양은 알몸상태로 두 손이 뒤로 묶인 채 자루에 들어 있었다고 경찰은 전했다. 또 다른 사건으로 **옆집 여성을 성폭행 살해 후 입사면접을 보러 간** 서울에 사는 김 모(29세)씨는 2005년 8월 새벽 현관문이 잠겨 있지 않은 옆집에 몰래 들어갔다가 혼자 살고 있는 A(30세)씨의 놀러온 친구 B(29세)씨에게 들키자 B씨를 흉기로 5번 찔렀다. 김 모 씨는 기절한 B씨를 죽은 것으로 알고 침대 한 쪽에 밀어 둔 채 다른 한쪽에서 A씨를 성폭행하였다. 김 모 씨는 A씨에게 몸을 씻게 한 후 목 졸라 살해하였으며, 살해 후 김 모 씨는 머리카락 등을 치우고 침대 시트도 오려내는 등 증거를 인멸하고 흉기 등 증거물들을 가방에 담아 한강으로 가서 던져버렸다. 그리고 몇 시간 뒤 김 모 씨는 입사면접 시험까지 보러 갔었다.

오피스텔의 CCTV와 A씨의 몸 속에 있는 정액의 DNA를 분석한 결과 범인으로 밝혀져 구속된 김 모 씨에게 법원은 무기징역을 선고했다.

장애인은 신체적 정신적 장애로 인하여 장기간에 걸쳐 일상생활 또는 사회생활에 상당한 제약을 받는 자로 정의(장애인복지법 제2조) 하고 있으며, 장애인의 유형으로는 크게 신체장애와 정신장애로 구분하고 신체장애는 외부 신체장애와 내부기관장애로 구분한다. 또한 외부 신체기능장애는 지체장애, 뇌 병변장애, 시각장애, 청각장애, 언어장애, 안면장애로 구분하며 내부 기관장애는 신장장애, 심장장애, 간 장애, 호흡기장애, 장루, 요루장애, 간질장애로 구분한다. 그리고 정신장애는 정신지체(지적장애), 정신장애, 발달(자폐증)장애로 구분된다.

2013년 9월 11일 제주 동부경찰서는 아파트단지에 사는 지적장애 이웃 여성 3명을 2010년 6월부터 2013년 6월까지 자신의 집 등에서 6차례에 걸쳐 성폭행 및 성추행한 혐의로 제주시 모 아파트 입주자 대표 박 모(53세)씨 등 아파트 주민 4명을 구속하고 고 모(38세)씨 등 아파트 주민 2명에 대해서는 특수강간혐의로 구속영장을 신청했다.

경찰에 따르면 입주자 대표 박 모 씨는 단지 내 장애인들의 주거를 파악해 2010년부터 혼자 거주하는 지적 장애인 3명의 집을 찾아가 성폭행 하였으며 자신의 집과 모텔 등으로도 피해자들을 유인해 범행을 저지른 혐의를 받고 있다. 또한 구속된 이 모(58세)씨는 2011년 4월경 자신의 집에서 지적장애여성 2명을 4회에 걸쳐 성폭행한 혐의이며 또 다른 구속자 추 모(66세)씨는 2013년 3월 한 차례, 고 모(39세)씨는 2012년 7월과 2013년 3월에 2회에 걸쳐 이웃에 사는 지적장애여성을 성폭행한 혐의를 받고 있다. 구속영장이 청구된 또 다른 고모(38세)씨와 이 모(38세)씨는 2002년 3월 지적장애여성 1명을 대상으로 집단 성폭행한 혐의를 받고 있다.

## 5. 믿는 도끼에 발등 찍힌다.

아동 청소년 성범죄에 있어서 범죄자와의 관계를 살펴보면 가장 안전해야 할 가정에서 어린이들을 보호하고 지켜 주어야 할 가족 및 친척들이 오히려 검은 마수가 되어 강간(19.3%), 강제추행(11.6%)을 벌이고 있다. 정 모(58세)씨는 한집에 함께 살고 있는 친조카(15세)를 초등학생이던 2005년 9월부터 2012년 7월까지 7년 동안 상습적으로 성폭행하거나 추행한 혐의로 지난 9월에 기소되어 45년을 구형받았다.

정양은 지난 7월 사내아이를 출산했으며, 친자 확인 결과 생부가 큰 아버지 정 모(58

세)씨로 확인되었다. 큰 아버지 정씨는 출산 2주밖에 지나지 않는 조카를 다시 성폭행한 혐의도 받고 있으며, 또한 임신사실을 알게 되자 조카가 재학하고 있는 고교를 찾아가 자퇴하도록 한 사실도 드러나 충격을 주고 있으며, 40대 김 모 씨는 2003년 11월 중순 방에서 자고 있는 조카 김(12세)양에게 안 벗으면 죽인다고 위협해 성폭행을 한 후 2004년 11월까지 김양과 김양의 언니(14세)를 번갈아 가며 성폭행과 성추행을 해오다가 당시 성폭력범죄처벌법 위반으로 5년형을 선고받고 교도소에 수감되었다.

2009년 11월 5년간 복역한 삼촌이 마산교도소에서 오전 6시에 출감하여 5년 전 몸을 빼앗긴 여고생 조카 김 모(17세)양이 자고 있는 곁으로 다가가 김양을 뒤에서 양팔로 껴안았다. 그 뒤 11월 30일까지 삼촌은 시간과 장소를 가리지 않고 10여 차례 김양을 껴안거나 만지는 등 추행을 하다가 2009년 12월 3일 김양이 아르바이트를 하는 곳까지 찾아와 일을 마친 김양에게 널 데리러 왔다, 집에 가자고 하고 삼촌을 따라가지 않겠다는 김양과 승강이를 벌이다 김양의 신고로 삼촌은 검거되었다. 또한 정 모(46세)씨는 1993년 중학교 3학년에 재학 중이던 처제 이모(26세)씨를 아내 몰래 성폭행한 후 6차례나 임신과 낙태를 시켜왔으며 1998년에는 문신을 하면 이제 놓아주겠다며 처제 이 모 씨의 음부에 문신까지 새기게 하고 처제가 성관계를 거부할 때마다 폭력을 휘둘렀으며, 2003년 5월 29일 오후 6시경 부평구 모 빌라에서 처제 이 모 씨가 전날 다른 남자를 만났다는 이유로 소주병과 쇠파이프로 온몸을 마구 때린 뒤 승용차로 끌고 가 성폭행을 한 혐의로 구속되는 일들이 일어나고 있다.

2013년 4월 14일 광주 서부경찰서는 여자조카 3명에게 10년간 성폭행을 한 혐의로 김 모(42세)씨를 구속했다. 김 모 씨는 2002년부터 2011년 전남 보성군 소재 친형의 집에서 첫째 조카(26세)와 둘째 조카(24세), 셋째 조카(18세)를 초등학교 3학년 때부터 고등학생 때까지 주로 형과 형수가 집을 비운 사이 어린조카들에게 성교육을 시켜준다며 용돈을 주고 꼬드겨 모두 300여 차례에 걸쳐 성폭행과 성추행을 한 혐의이다.

이러한 범행은 두 언니가 학교를 졸업하고 고향을 떠나면서 혼자 성폭행을 당하는 날이 많아졌던 막내조카가 최근에 경찰에 신고를 함으로써 밝혀지게 됐다.

# 제4장

# 아동 청소년의 성 실태

## 1. 아동청소년의 성고민 상담

[표3-32] 성고민 상담 상대

(단위:%)

| 구 분 | | 사례수(명) | 혼자서 해결 | 아버지 | 어머니 | 형제/자매 | 친구나 선배 | 학교 선생님 | 전문 상담기관 | 기 타 |
|---|---|---|---|---|---|---|---|---|---|---|
| 전 체 | | 4,907 | 38.4 | 3.9 | 16.5 | 2.6 | 24.9 | 1.0 | 2.0 | 10.6 |
| 성 별 | 남 자 | 2,480 | 48.4 | 6.0 | 5.6 | 1.4 | 22.0 | 1.3 | 2.5 | 12.8 |
| | 여 자 | 2,427 | 28.2 | 1.8 | 27.7 | 3.8 | 27.8 | 0.8 | 1.5 | 8.4 |
| 중 학 생 | | 2,380 | 35.7 | 5.1 | 21.7 | 2.6 | 19.8 | 1.6 | 2.3 | 11.2 |
| 고 교 생 | | 2,527 | 41.0 | 2.8 | 11.7 | 2.5 | 29.7 | 0.5 | 1.7 | 10.1 |
| 초등학생(5~6학년) | | 1,456 | 25.4 | 7.4 | 38.9 | 2.5 | 7.1 | 4.4 | 2.5 | 11.7 |

자료 : 여성가족부, 2012 청소년 유해환경접촉 종합실태조사

청소년들의 성관련 고민이나 문제에 있어 주로 상담을 하는 상대를 살펴보면[표3-32] 초등학생은 어머니(38.9%), 혼자서 해결(25.4%), 아버지(7.4%)순이며 중학생은 혼자서 해결(35.7%), 어머니(21.7%), 친구나 선배(19.8%)순으로 나타나고 있다. 고등학생은 혼자서 해결(41%), 친구나 선배(29.7%), 어머니(11.7%)순으로 학년이 올라갈수록 어머니와의 상담이 적어지는 반면에 혼자서 해결하는 경우가 많아지는 경향이다. 남녀 중고등학생들이 어머니와의 상담은 남학생(5.6%)보다 여학생(27.7%)이 많게 나타나고 있으며 학생

들이 문제나 고민을 어른이나 전문가가 아닌 혼자서 해결하거나 친구나 선배들과 상담하는 경우가 많게 나타나고 있어 자칫 잘못되거나 부정확한 정보나 지식의 전달로 인하여 피해를 입지 않을까 우려스럽기 하다.

## 2. 아동청소년의 성관련 태도

[표3-33] 성관련 태도

(단위:명,%)

| 구 분 | 사례수(명) | 그렇지 않다(1) | 그저 그렇다 | 그렇다(2) |
|---|---|---|---|---|
| 남자는 결혼을 하기 전까지 순결을 지켜야 한다 | 4,935 | 25.9 | 33.6 | 40.4 |
| 여자는 결혼을 하기 전까지 순결을 지켜야 한다 | 4,934 | 20.5 | 30.8 | 48.6 |
| 사랑한다면 결혼하기 전에 성 관계를 맺을 수 있다 | 4,927 | 37.2 | 33.3 | 29.5 |
| 이성친구와 포옹/키스 등의 성적 접촉을 할 수 있다 | 4,927 | 19.1 | 34.6 | 46.2 |
| 애정 없이도 결혼 전에 성관계를 맺을 수 있다 | 4,925 | 67.5 | 22.8 | 9.7 |
| 성인과 성매매(원조교제)를 해도 무방하다 | 4,922 | 79.5 | 15.5 | 5.0 |
| 성인과 관계없이 돈을 받고 데이트하는 것은 문제가 없다 | 4,919 | 75.7 | 16.7 | 7.6 |

주1) "전혀 그렇지 않다"와 "그렇지 않다"를 합산한 수치
2) "그렇다"와 "매우 그렇다"를 합산한 수치
자료 : 여성가족부, 2012 청소년 유해환경 접촉실태조사

청소년들의 성관련 의식을 살펴보면[표3-33] 남녀 혼전순결에 있어 남자의 혼전순결(찬성 40.4%, 반대 25.9%)보다 여자의 혼전순결(찬성 48.6%, 반대 20.5%)이 많게 나타나고 있으며, 키스나 포옹 등의 성접촉에 대해서는 찬성(46.2%)이 반대(19.1%)보다 많았으나 혼전 성관계는 찬성(29.5%)보다 반대(37.2%)가 많게 나타나고 있다.

성인과의 성매매는 찬성(5.0%)보다 반대(79.5%)가 많았으며 성관계 없는 대가성 데이트 또한 찬성(7.6%)보다 반대(75.7%)가 많게 나타나고 있다. 이러한 경향은 남학생보다 여학생이 그리고 고등학생보다 중학생이 보수적인 경향을 나타내고 있다.

## 3. 청소년의 성접촉 및 성관계 경험

[표3-34] 청소년의 성접촉 및 성관계 경험

(단위:명,%)

| 구 분 | | | 성적인 접촉 | | 성관계 | |
|---|---|---|---|---|---|---|
| | | | 사례수(명) | 경험률(%) | 사례수(명) | 경험률(%) |
| 2009 | | | 14,793 | 14.5 | 15,223 | 3.9 |
| 2010 | | | 16,572 | 14.5 | 16,572 | 3.2 |
| 2011 | | | 15,954 | 12.7 | 15,954 | 3.1 |
| 2012 | | | 15,254 | 13.3 | 15,170 | 3.1 |
| | 성별 | 남자 | 8,057 | 14.5 | 8,009 | 4.4 |
| | | 여자 | 7,197 | 12.0 | 7,161 | 1.7 |
| | 교급 | 중학생 | 7,513 | 5.5 | 7,452 | 1.5 |
| | | 고교생 | 7,741 | 20.9 | 7,718 | 4.7 |

자료 : 여성가족부, 2012 청소년 유해환경접촉 종합실태조사

[표3-34]이 나타내고 있는 청소년의 성 접촉 및 성관계 경험 중 2012년을 살펴보면 키스나 애무 등의 성 접촉은 초등학교 5~6학년생의 경우 사례 수 1,509명중 2.0%가 중학생은 사례 수 7,513명중 5.5% 고등학생은 사례 수 7,741명중 20.9%가 경험이 있는 것으로 나타나고 있으며 성관계는 초등학생 1,504명중 1.6%가 중학생은 7,452명중 1.5% 고등학생은  7,718명중 4.7%가 성관계 경험이 있으며 성경험이 있는 중고등학생 중 21.7%가 금품이나 편의제공 등의 대가성 성관계를 한 것으로 나타나고 있다. 또한 성관계 경험에 있어 남자는 8,009명 중 4.4%로 여자 7,161명중 1.7%보다 경험이 많은 것으로 나타나고 있으며 성적인 접촉 또한 남자가 8,057명 중 14.5%로 여자7,197명중 12.0%보다 경험이 많은 것으로 나타나고 있다.

## 4. 성적접촉 및 처음 성관계 경험시기

[표3-35] 성적인 접촉 및 성관계 처음 경험 시기

(단위:명, 나이,%)

| 구 분 | 사례수(명) | 처음경험시기(%) | | | | | | | 평 균 | | | |
|---|---|---|---|---|---|---|---|---|---|---|---|---|
| | | 초등1) | 중1 | 중2 | 중3 | 고1 | 고2 | 고3 | 학년 | 연령2) | 학년 | 연령2) |
| 성적인 접촉 | 2,004 | 17.7 | 14.0 | 18.0 | **20.6** | 17.7 | 8.8 | 3.1 | 중2 | 13.7 | 중3 | 14.4 |
| 성관계 | 464 | 7.6 | 11.8 | 17.4 | 20.1 | **20.3** | 15.7 | 7.0 | 고1 | 15.2 | 중3 | 14.7 |

주1) 초등 : 초등학교 1~6학년을 합산한 수치임
2) 연령 : 학년의 평균나이를 기준으로 환산한 수치임
자료 : 여성가족부, 2012 청소년 유해환경접촉 종합실태조사

청소년들이 처음으로 성적인 접촉을 경험한 시기는[표3-35] 남자는 평균 중2때인 13.7세에 여자는 평균 중3때인 14.7세로 나타나고 있으며 성관계 경험은 남자가 고1때인 15.2세에 여자는 중3때인 14.7세로 나타나고 있어 성적인 접촉은 남자가 성관계는 여자가 빠른 것으로 나타나고 있음을 알 수가 있다.

특히 초등학생시기에 성적인 접촉경험이 17.7%와 성관계 경험이 7.6%를 나타내고 있어 간과할 수 없는 문제라 하겠다. 이는 경제성장과 더불어 생활환경과 영양섭취 등이 개선됨에 따라 청소년들의 신체발달이 향상되어 초경은 물론 몽정의 연령이 낮아지고 있는 현실에서 보다 적극적인 예방교육이 필요하다 하겠다.

## 5. 성적접촉 및 성관계 경험빈도

[표3-36] 성적인 접촉 및 성관계 경험 빈도

(단위:명,%)

| 구 분 | | 사례수(명) | 성적인 접촉 경험빈도(1년) | | | | |
|---|---|---|---|---|---|---|---|
| | | | 없다 | 1회 | 2회 | 3~4회 | 5회이상 |
| 전 체 | | 1,997 | 32.5 | 11.9 | 12.4 | 8.7 | 34.5 |
| 성 별 | 남 자 | 1,141 | 32.1 | 12.1 | 13.0 | 8.0 | 34.8 |
| | 여 자 | 855 | 33.1 | 11.7 | 11.6 | 9.5 | 34.1 |
| 교 급 | 중학생 | 399 | 30.5 | 14.6 | 11.9 | 12.5 | 30.4 |
| | 고교생 | 1,598 | 33.0 | 11.2 | 12.5 | 7.7 | 35.5 |

| 구 분 | | 사례수(명) | 성관계 경험빈도(1년) | | | | |
|---|---|---|---|---|---|---|---|
| | | | 없다 | 1회 | 2회 | 3~4회 | 5회이상 |
| 전 체 | | 465 | 25.7 | 9.8 | 10.5 | 12.3 | 41.7 |
| 성 별 | 남 자 | 347 | 26.1 | 8.2 | 10.6 | 12.5 | 42.7 |
| | 여 자 | 119 | 24.5 | 14.4 | 10.2 | 11.9 | 39.0 |
| 교 급 | 중학생 | 109 | 35.0 | 13.1 | 5.8 | 9.2 | 36.8 |
| | 고교생 | 357 | 22.9 | 8.7 | 11.9 | 13.3 | 43.2 |

자료 : 여성가족부, 2012 청소년 유해환경접촉 종합실태조사

[표3-36]은 연간 키스나 애무 등의 성적인 접촉과 성관계 경험의 빈도를 나타내고 있는 것으로서 성적인 접촉이나 성관계 모두 5회 이상 경험자가 다수를 차지하고 있으며 다음으로 성적접촉은 남자가 2회(13%)와 1회(12.1%)순이며 여자는 1회(11.7%)와 2회(11.6%)순으로 나타나고 있다. 학교 급별로는 중학생이 1회(14.6%)와 3~4회(12.5%) 고등학생은 2회(12.5%)와 1회(11.2%)순으로 빈도를 나타내고 있다.

성관계 경험은 남자가 3~4회(12.5%)와 2회(10.6%)순으로 여자는 1회(14.4%)와 3~4회(11.9%)순으로 나타나고 있다. 학교 급별로는 중학생은 1회(13.1%)와 3~4회(9.2%)순으로 고교생은 3~4회(13.3%)와 2회(11.9%)순으로 경험의 빈도를 나타내고 있음을 알 수가 있다.

## 6. 성관계의 계기

[표3-37] 성관계의 계기

(단위:명,%)

| 구 분 | | 사례수(명) | 서로가 원해서 | 상대가 싫어 했지만 강제로 | 나는 싫었지만 상대방이 강제로 | 술 등에 취하여 나도 모르게 |
|---|---|---|---|---|---|---|
| 전 체 | | 139 | 69.7 | 14.6 | 6.3 | 9.4 |
| 성 별 | 남 자 | 108 | 69.7 | 15.2 | 5.7 | 9.4 |
| | 여 자 | 30 | 69.7 | 12.5 | 8.4 | 9.4 |
| 교 급 | 중학생 | 30 | 72.5 | 12.4 | 3.8 | 11.3 |
| | 고교생 | 109 | 69.0 | 15.2 | 6.9 | 8.8 |
| 학 년 | 중1 | 4 | 75.0 | 25.0 | 0.0 | 0.0 |
| | 중2 | 7 | 79.5 | 20.5 | 0.0 | 0.0 |
| | 중3 | 19 | 69.3 | 6.8 | 6.0 | 17.9 |
| | 고1 | 31 | 72.8 | 15.9 | 8.6 | 2.7 |
| | 고2 | 35 | 60.0 | 21.8 | 6.8 | 11.3 |
| | 고3 | 42 | 73.6 | 9.3 | 5.8 | 11.3 |

자료 : 여성가족부, 2012 청소년 유해환경접촉 종합실태조사

청소년들이 성관계를 갖게 된 계기로는[표3-37] 서로가 원해서가 69.7%로 가장 많았으며 다음으로 상대가 싫어했지만 강제로가 14.6%, 반대로 나는 싫었지만 상대방이 강제로가 6.3%로 강제적인 성관계가 20.9%를 차지하고 있다. 또한 술 등에 취하여 자신도 모르게 성관계를 갖게 된 경우가 9.4%를 나타내고 있다.

학년별로는 서로가 원해서는 중2가 79.5%, 상대가 싫어했지만 강제로는 중1이 25%, 나는 싫어했지만 상대방이 강제로가 고1이 8.6%, 술 등에 취하여 나도 모르게는 중3이 17.9%로 높게 나타나고 있다. 성관계를 가진 상대방은 이성친구가 남자는 58.7% 여자는 65.6%였으며 선배는 남자 15% 여자 15%로 같은 비율을 나타내고 있다. 또한 후배는 남자가 13.4%로 여자 1.2%보다 높았으며 반대로 20세 이상 어른인 경우는 여자가 18.3%로 남자 12.9%보다 높게 나타나고 있어 남자는 연하의 여자와, 여자는 연상의 남자와 성관계를 가진 차이를 보이고 있다.

# 7. 조건만남의 경험

[표3-38] 조건만남의 경험

(단위:명,%)

| 구 분 | | 제안받은 경험 | | | 제안한 경험 | | |
|---|---|---|---|---|---|---|---|
| | | 사례수(명) | 경험률(%) | 성매매로연결 | 사례수(명) | 경험률(%) | 성매매로연결 |
| 전 체 | | 5,107 | 2.1 | 24.7 | 4,868 | 0.9 | 58.3 |
| 성 별 | 남 자 | 2,595 | 2.4 | 35.9 | 2,455 | 1.5 | 67.6 |
| | 여 자 | 2,512 | 1.7 | 9.3 | 2,413 | 0.4 | 16.5 |
| 교 급 | 중학생 | 2,499 | 1.7 | 18.4 | 2,405 | 0.7 | **36.6** |
| | 고교생 | 2,608 | 2.4 | **28.9** | 2,463 | 1.2 | 71.2 |

자료 : 여성가족부, 2012 청소년 유해환경접촉 종합실태조사

[표3-38]에 나타나고 있는 조건만남의 경험을 살펴보면 타인으로부터 금품이나 편의제공을 대가로 한 조건만남을 제안 받은 경험이 있는 청소년은 2.1%로(중학생 1.7%, 고교생 2.4%) 남학생이 2.4%로 여학생 1.7%보다 높게 나타나고 있다. 이들 중 성매매로 연결된 경우는 24.7%로(중학생 18.4%, 고교생 28.9%) 남학생이(35.9%) 여학생(9.3%)보다 많았음을 알 수가 있다.

또한 타인에게 조건만남을 제안한 청소년은 0.9%로 (중학생이 0.7%, 고교생 1.2%) 남학생 1.5%와 여학생 0.4%로 적었지만 성매매로 연결된 경우는 58.3%(중학생 36.6%, 고교생 71.2%)로 남자가 67.6% 여자는 16.5%로 높게 나타나고 있음을 알 수가 있다.

## 8. 조건만남의 제안경로

[표3-39] 조건만남 제안경로

(단위:명,%)

| 구 분 | | 사례수(명) | 친구나 선후배의 소개 | 식당/술집 나이트 클럽 등 업소에서 | 길거리/ 공원에서 | 조건만남 매개 전화서비스 | 채팅/ 이성교제 사이트 등 | 휴대폰 채팅/문자 메지지 등 | 기 타 |
|---|---|---|---|---|---|---|---|---|---|
| 전 체 | | 105 | **26.0** | 12.0 | 16.6 | 2.1 | 15.6 | 25.9 | 1.8 |
| 성 별 | 남 자 | 62 | **31.8** | 16.7 | 12.8 | 3.6 | 10.5 | 21.5 | 3.1 |
| | 여 자 | 43 | 17.6 | 5.2 | 22.1 | 0.0 | 22.9 | **32.2** | 0.0 |
| 교 급 | 중학생 | 42 | 30.2 | 5.4 | 10.6 | 0.0 | 12.0 | **41.8** | 0.0 |
| | 고교생 | 63 | **23.2** | 16.4 | 20.5 | 3.6 | 18.0 | 15.3 | 3.0 |

자료 : 여성가족부, 2012 청소년 유해환경접촉 종합실태조사

청소년들이 조건만남을 제안 받은 경로로는[표3-39] 친구나 선후배의 소개가 26.0%(남자 31.8%, 여자 17.6%)로 제일 많았으며 다음으로는 휴대폰 채팅문자메시지 등이 25.9%(남자 21.5% 여자 32.2%)였으며 길거리 공원 등에서가 16.6%(남자 12.8% 여자 22.1%) 채팅 이성교재 사이트 등이 15.6%(남자 10.5%, 여자 22.9%)순으로 나타났으나 휴대폰이나 컴퓨터를 통한 채팅 등이 41.5%로 청소년들이 많은 유혹과 위험에 노출되어 있음을 알 수가 있다.

# 9. 아동 청소년의 성매매 경로 유형

[표3-40] 범죄유형별 성매매 경로 유형

(단위: 건,%)

| 성매매강요/알선 범죄 등 업소 유형 | 범죄유형 | | | | 계 |
|---|---|---|---|---|---|
| | 성매매 강요 | 성매매 알선 | 성매수 | 기타 | |
| 단란주점 | 0<br>(0.0) | 20<br>(29.9) | 0<br>(0.0) | 0<br>(0.0) | 20<br>(14.0) |
| 보 도 방 | 0<br>(0.0) | 10<br>(14.9) | 0<br>(0.0) | 0<br>(0.0) | 10<br>( 7.0) |
| 인터넷알선 | 2<br>(3.6) | 5<br>(7.5) | 0<br>(0.0) | 0<br>(0.0) | 7<br>( 4.9) |
| 선배·친구 등을 통한 알선 | 23<br>(41.1) | 12<br>(17.9) | 1<br>(5.3) | 0<br>(0.0) | 36<br>(25.2) |
| 조건만남(1:1채팅) | 28<br>(50.0) | 14<br>(20.9) | 18<br>(94.7) | 1<br>(100.0) | 61<br>(42.6) |
| 기 타 | 3<br>(5.3) | 6<br>(9.0) | 0<br>(0.0) | 0<br>(0.0) | 9<br>( 6.3) |
| 계 | 56<br>(100.0) | 67<br>(100.0) | 19<br>(100.0) | 1<br>(100.0) | 143<br>(100.0) |

주)1. 자료 : 여성가족부 2011
2. 결측 5건을 제외한 분석결과임

[표3-40]는 2011년도 아동 청소년 대상 성범죄 신상등록자들의 범죄유형별 성매매 경로 유형을 나타낸 것으로 **성매매 강요는 조건만남(1:1채팅)이 28건(50.0%)**, 선배. 친구 등을 통한 알선 23건(41.1%)를 차지하고 있으며, **성매매 알선은 단란주점 20건(29.9%)**, 조건만남(1:1채팅) 14건(20.9%)순이며 **성 매수는 조건만남(1:1채팅)이 18건(94.7%)**, 선배. 친구 등을 통한 알선이 1건(5.3%)를 나타내고 있다.

# 10. 성폭력 피해 및 가해경험

[표3-41] 성폭력 피해 및 가해 경험

(단위:명,%)

| 구 분 | | 사례수(명) | 성폭력 피해경험(%) | | 사례수(명) | 성폭력 가해경험 | |
|---|---|---|---|---|---|---|---|
| | | | 있다 | 없다 | | 있다 | 없다 |
| 전 체 | | 5,119 | 4.4 | 95.6 | 5,018 | 1.2 | 98.8 |
| 성 별 | 남 자 | 2,607 | 2.5 | 97.5 | 2,543 | 1.7 | 98.3 |
| | 여 자 | 2,512 | 6.3 | 93.7 | 2,475 | 0.7 | 99.3 |
| 교 급 | 중학생 | 2,508 | 3.6 | 96.4 | 2,462 | 1.1 | 98.9 |
| | 고교생 | 2,611 | 5.1 | 94.9 | 2,556 | 1.3 | 98.7 |

자료 : 여성가족부, 2012 청소년 유해환경접촉 종합실태조사 재구성

[표3-41]의 성폭력 피해 및 가해경험을 살펴보면 청소년들의 성폭력 피해경험은 5,119명중 4.4%로 남자는 2,607명중 2.5%이며 여자는 2,512명중 6.3%로 나타나고 있으며 이들 중 중학생이 2,508명중 3.6% ,고교생은 2,611명중 5.1%로 중학생보다 고교생이 높게 나타나고 있다. 성폭력 가해경험이 있다는 청소년은 5,018명중 1.2%로 남자는 2,543명중 1.7%이며 여자는 2,475명중0.7%로 나타나고 있다. 이들 중 중학생이2,462명중 1.1%이며 고교생은 2,556명중 1.3%로 가해경험이 있음을 나타내고 있다.

## 11. 성폭력 피해신고

[표3-42] 성폭력 피해신고

(단위:명,%)

| 구 분 | | 사례수(명) | 성폭력 피해신고율(%) | 부모님 인지율(%) |
|---|---|---|---|---|
| 전 체 | | 219 | 12.7 | 39.6 |
| 성 별 | 남 자 | 63 | 16.6 | 19.7 |
| | 여 자 | 156 | 11.2 | 47.6 |
| 교 급 | 중학생 | 89 | 10.8 | 33.5 |
| | 고교생 | 130 | 14.0 | 43.8 |

자료 : 여성가족부, 2012 청소년 유해환경접촉 종합실태조사

[표3-42]의 성폭력 피해자의 신고를 살펴보면 피해자의 경우 가해자가 아는 사람인 경우가 75.7%(남자 77.4%, 여자 71.1%)이었으며 모르는 사람은 24.3%로(남자 22.6% 여자 28.9%)이었다. 이러한 성폭력을 당한 사실을 부모가 알고 있는 청소년은 39.6%(남자 19.7% 여자 47.6%)로 나타났으며 이들 중 중학생(33.5%)보다 고교생(43.8%)이 높았으나 많은 부모님들이 자녀들의 성폭력 피해사실을 모르고 있는 경우가 많았다.

성폭력 피해신고 또한 12.7%로(남자 16.6% 여자 11.2%) 낮게 나타나고 있으며 이들 중 중학생(10.8%)보다 고교생(14.0%)이 신고율이 높은 편이었으나 재범방지 및 처벌을 하여 다른 피해자가 발생하지 않도록 적극적인 신고와 대처가 필요할 것이다. 반대로 자신에게 성폭력을 당한 상대방이 피해사실을 신고한 경우는 15.3%로 이들 중 남자로부터 성폭행을 당한 경우 신고율은 21.2%였으나 여자에게 성폭행을 당한 경우에는 신고한 사례가 전무하였다.

또한 중학생이 가해자인 경우 신고율은 19.4%였으며 고교생이 가해자인 경우 신고율은 11.7%였다. 가해사실을 가해자의 부모가 알고 있는 경우는 34.2%(남자 45.2% 여자 5.8%)였으며 이들 중 고교생이(37.2%) 중학생(30.7%)보다 높은 편이었음을 알 수가 있다.

## 12. 성교육의 효과

[표3-43] 성교육의 효과

(단위:명,%)

| 구 분 | | 사례수(명) | 도움정도(%) | | | 평균값[3] |
|---|---|---|---|---|---|---|
| | | | 도움이 되었다[1] | 그저 그렇다 | 도움이 되지 않았다[2] | |
| 전 체 | | 2,945 | 33.2 | 49.0 | 17.8 | 3.14 |
| 성 별 | 남 자 | 1,434 | 33.1 | 44.7 | 22.1 | 3.08 |
| | 여 자 | 1,511 | 33.1 | 53.1 | 13.7 | 3.19 |
| 교 급 | 중학생 | 1,550 | 38.1 | 48.5 | 13.4 | 3.29 |
| | 고교생 | 1,395 | 27.7 | 49.6 | 22.7 | 2.97 |
| 학 년 | 중1 | 537 | 43.8 | 43.5 | 12.8 | 3.40 |
| | 중2 | 544 | 37.3 | 50.4 | 12.2 | 3.31 |
| | 중3 | 469 | 32.5 | 51.8 | 15.6 | 3.15 |
| | 고1 | 556 | 28.7 | 52.4 | 18.9 | 3.04 |
| | 고2 | 527 | 28.4 | 48.5 | 23.0 | 2.95 |
| | 고3 | 312 | 24.6 | 46.7 | 28.7 | 2.88 |

주1) "매우도움이 되었다"와 "도움이 되었다"를 합산한 수치
2) "전혀 도움이 되지 않았다"와 "도움이 되지 않았다"를 합산한 수치
3) "전혀 도움이 되지 않았다"(1)~"매우 도움이 되었다(5)의 평균값
자료 : 여성가족부, 2012 청소년 유해환경접촉 종합실태조사

[표3-43]의 성교육의 도움정도를 보면 도움이 되었다는 33.2%로 중학생이(38.1%) 고교생(27.7%)보다 높게 나타나고 있으며 이는 중1학생들의 43.8% 이후 학년이 높아질수록 감소하여 고3학생들은 24.6%를 나타내고 있음을 알 수가 있다. 아울러 도움이 되지 않았다는 17.8%(남자 22.1% 여자 13.7%)로 학년이 높아질수록 높은 비율을 나타내고 있으며 그저 그렇다는 49.0%로 높게 나타나고 있다.

성교육의 부족한 점에 있어서는 없다가 45.2%였으며 교육 · 강의방식이 재미없었다가 31.3%, 교재내용 부실이 8.5%, 교육시간 부족 7.6%, 담당교사나 강사가 비전문직 3.0% 순으로 나타나고 있어 알찬 교육을 위해 충실한 준비와 노력이 요구된다고 하겠다.

# 제5장

# 성폭력 범죄의 주의와 방안

## Ⅰ. 성폭력 범죄의 주의 사항

노동부의 직장 내 성희롱 예방지침을 보면 언어적 행위로 음란한 농담이나 음담패설, 외모에 대한 성적인 비유나 평가, 성적 사실을 묻거나 성적인 내용의 정보를 의도적으로 유포하는 행위, 성적관계를 강요하거나 회유하는 행위, 음란한 내용의 전화통화, 회식자리 등에서 무리하게 옆에 앉혀 술을 따르도록 강요하는 행위로 규정하고 있으며, 시각적 행위로는 자신의 성기 등 특정 신체부위를 고의적으로 노출시키거나 만지는 행위, 외설적인 사진 그림 낙서 음란물 등을 고의적으로 게시하거나 보여주는 행위, 직접 또는 팩스나 컴퓨터 등을 통해 음란한 편지, 사진, 그림을 보내는 행위 등으로 규정하고 있다.

또한 육체적 행위로는 입맞춤, 포옹, 뒤에서 껴안기, 등의 신체적 접촉, 가슴 엉덩이 등 특정 신체부위를 만지는 행위, 안마나 애무를 강요하는 행위로 규정하고 있으며 기타 사회통념상 성적 굴욕감을 유발하는 것으로 인정되는 언어나 행동 등으로 규정하고 있다.

대구경찰청의 여성 대상 범죄대처 교양 안은 평소 여성들의 주의 사항을 다음과 같이 제시하고 있다.

## 1. 여성운전자 유의사항

1) 주차나 일시정지 시에도 항상 차량문은 잠금 상태로 유지한다.
2) 길을 묻거나 히치 하이킹 등 어떠한 경우에도 문을 열어주지 않는다.
3) 난폭운전자, 폭언 등 시비 시 차량 내에 있으면서 절대 대응하지 말고 112로 신고하거나 휴대폰 등으로 촬영을 하는 액션을 취한다면 더 이상 시비를 걸지 않고 도망갈 확률이 높다.
4) 야간이나 외진 곳에서의 사고 및 고장 시에는 바로 하차하지 말고 112나 보험사에 연락을 취한 후 하차하여 처리하도록 한다.
5) 차량에 전화번호, 명함, 주소가 보이는 우편물 등을 방치하여 두면 개인 신원이 노출되어 범죄에 이용될 소지가 있다
6) 안심주차 서비스를 이용(차주의 전화번호를 노출 시키지 않고 차량번호 입력 시 그 번호로 등록된 차량주인에게 바로 연결시켜주는 서비스)한다

## 2. 주차시 유의사항

1) 주차할 장소에 수상한 사람이 보이는 경우에는 주차 하지 말고 다른 곳으로 이동하여 주차를 한다.
2) 가급적 행인이 많은 출입구 가까운 곳 내지는 CCTV가 잘 보이는 곳에 주차하도록 한다.
3) 쇼핑센터마다 설치된 여성전용 주차장을 이용하고 직원들이 동행 하여 짐을 옮 겨주는 에스코트 서비스가 있다면 적극 활용토록 한다.
4) 심야 아파트 또는 대형마트 지하주차장등 으슥한 곳에 주차 하는 것은 금물이 며 승차 시 주위를 확인한 후 승차토록 한다.

## 3. 대중교통 이용 시 주의사항

1) 지하철 내 범죄시 112에 범죄 신고를 하여 호선 진행역사 호실 등을 신고를 하면 범인이 하차 시 지하철 경찰대 등이 출동하여 검거가 가능하다.
2) 성 추행범은 여성이 가만히 있거나 몸을 빼는 등의 행위는 본심이 아니라고 오해를 하는 경향을 보이므로 싫다는 의사를 분명히 하며 신고 전화를 하거나 휴대폰으로

촬영을 하는 액션을 취하는 것이 도움이 된다.

3) 가급적 심야 택시를 이용하지 말고 부득이 이용하게 될 경우에는 모범택시나 잘 알려진 브랜드 콜택시를 이용하는 것이 좋다.
4) 택시 승차시 운전자의 바로 뒷자리를 이용하여 만일의 공격에 대비토록 한다.
5) 가족들에게 도착 10분전 이라는 이야기 등 현재 위치를 알린다.

## 4. 휴대전화 활용

1) 112를 핸드폰 단축번호로 지정하여 위급 시 신속하게 연결 될 수 있도록 한다.
2) 납치 등의 피해를 당하고 있으나 통화가 불가능 한 경우 문자 메시지를 활용하여 112로 신고한다.
3) 스마트폰 소지자라면 호신용 어플리케이션을 활용하거나 가상 전화 걸기, 지정된 번호로 자동전화, 사이렌, 취명 등의 기능을 활용한다.
4) 가족들에게 자신의 위치를 알려주거나 특정위치를 벗어날 경우 즉시 통보해 주는 위치추적 서비스에 가입한다.
5) 긴급 상황 시 배터리가 떨어진 경우에는 *3370#을 차례로 누르면 긴 급 충전이 가능하여 비상으로 전화를 사용할 수 있다.

## 5. 일상생활중 범죄 대처

1) 택배 물품은 가급적 다른 식구들이 있을 때 수령 하고 혼자일 경우에는 경비실 등에 맡겨둘 것을 요구한다.
2) 엘리베이터 탑승 시 모르는 남자와 단둘이서 타는 것은 지양 하고 부득이 타게 되었을 경우 먼저 층수를 누르지 말고 기다린다.
3) 여성 혼자 거주 시에는 구두 등 남자 용품을 배치하여 혼자 거주하지 않는 다는 것을 보여줄 필요가 있다. 또한 음식배달이나 각종 수리 등은 가급적 친구 등 지인이 있을 경우에만 방문토록 한다.
4) 낯선 남성과 단둘이 있게 될 경우에는 눈을 마주보면서 날씨 등 간단한 대화를 나누도록 한다면 범죄 심리 억제를 만에 하나 피해 시에도 용의자 색출이 가능하다.
5) 보행 시 핸드백을 반드시 인도 쪽으로 향하게 하여 끈을 대각선으로 메고 손으로 핸드백을 잡으면서 걷게 되면 오토바이 날치기를 예방 할 수 있다.

# II. 성폭력 범죄의 예방 방안

## 1. 범죄의 현황

### 1) 범죄 발생시간

13세 미만 아동의 성폭행은 오후(12:00~17:59)가 40.0% 밤(12:00~03:59) 33.5%, 저녁(18:00~19:59) 14.9%로 일어나고 있다.

### 2) 피해자의 유인방법

성폭력 범죄자가 피해자를 유인하는 방법으로 13세 미만 아동의 강간은 편의 제공 15% 위협 및 질문이 각각 14.7% 놀이가 11.2%로 이루어지고 13세 이상은 편의 제공 21.9%, 위협 17.2%, 놀이 14.7%로 이루어지고 있다.

### 3) 범죄 발생 장소

범죄가 일어나는 장소는 집에서 강간(51%)과 강제추행(32.7%)이 발생되며 이중 피해자의 집에서 강간(13.0%)과 강제추행(9.0%)이 발생되고 있으며, 범인의 집에서 강간(20.0%)과 강제추행(13.1%)이 발생되고 있다. 또한 피해자와 범죄자의 공동주거지에서 강간(13.8%)과 강제추행(9.2%)이 일어나고 있다.

또한 강제 추행은 야외나 거리 및 대중교통(18.4%) 공공기관 및 상업지역(14.2%) 도로상(10.9%) 공원 및 운동장 등에서(3.9%)로 일어나고 있다.

그리고 주택가 이면도로(10.5%)와 주택내부 계단이나 승강기에서(5.5%) 아파트단지주변이나 주택주변에서(4.3%)가 일어나고 있다.

### 4) 피해자와 범죄자의 관계

범죄자와의 관계에 있어서 강간은 지인이 49.9% 중 인터넷 채팅이 21.0% 이웃 및 알고지내는 사람이 9.4% 친구 및 선후배가 6.0%를 차지하고 있으며 타인은 30.8%중 낯선사람이 27.0%, 즉석 만남이 3.4%를 차지하고 있다. 또한 가족 및 친척은 19.3%중 친부가 6.9% 사촌이내 친척이 5.9%, 의부가 3.8%를 차지하고 있다.

강제추행은 타인이 58.7% 중 낯선사람이 56.9%를 차지하고 있다. 지인은 29.6% 중

이웃이 8.9% 선생님이 3.2% 부모의 친구가 2.9% 채팅이 2.7%를 차지하고 있으며 가족 및 친척은 11.6% 중 친부가 4.2%, 의부가 2.8%를 차지하고 있다.

### 5) 학생 강간 범죄자 연령

학생 강간 범죄자의 연령은 16세가 390명으로 가장 많았으며 17세 375명 18세 345명 15세가 246명 순으로 나타나고 있다.

### 6) 학생 성매매

청소년의 성매매에 있어서도 성매매의 강요는 조건만남이 50.0% 선배·친구의 알선 41.1%, 인터넷 알선 3.6%이며 성매매의 알선은 다란주점이 29.9% 조건만남이 20.9% 선배·친구의 알선이 17.9%를 차지하고 있다.

## 2. 범죄의 예방 방안

1) 등·하교나 출퇴근 시 가급적 통행이 많은 번화한 길을 택하도록 한다.
2) 늦은 귀가 시에는 가족에게 위치를 알리고 마중을 부탁한다.
3) 설마 괜찮겠지 하는 생각은 금물이다. 평소 위험에 대처 할 수 있는 간단한 호신술을 익혀두거나 대비책을 강구하여 둔다.
4) 채팅 시 자신의 정보를 함부로 알려 주지 않는다.
5) 채팅에서 알게 된 사람을 만나는 일은 매우 신중하게 결정하여야 한다.
6) 혼자 있을 경우 이성친구나 낯선 사람은 절대 집안에 들이지 않는다.
7) 분위기나 기회를 제공하지 않는다.
8) 분명한 거부의사를 표시하고 적극적으로 대항한다.
9) 큰소리로 주위에 도움을 요청하거나 안전한 장소로 피한다.
10) 피할 수 없는 경우에는 증거물을 확보한다.
11) 주요범죄 발생시간대에 범죄 발생 다발지역에 대한 순찰강화와 예방교육을 철저히 하여야 할 것이다.
12) 성매매와 관련된 유흥업소 및 숙박업소 등의 단속을 강화하여야 할 것이다.
13) 학교 주변의 유해 환경을 철저히 차단하고 추방하여야 할 것이다.
14) 눈가리고 아웅하거나 수박 겉할기식의 형식적인 교육과 동영상 한번 보여주고 교

육하였다는 식이 아닌 실질적이고 도움이 되는 교육이 이루어져야 할 것이다.

15) 채팅과 즉석 만남 등의 위험성과 폐혜 등을 예방교육을 통하여 충분히 주지 시켜야 할 것이다.

16) 학생범죄의 연령이 낮아지고 특히 학생강간 범죄자가 증가되는 추세에서 충분한 대비책이 강구되어야 할 것이며 사전 예방활동 또한 강화되어야 할 것이다.

17) 학교와 학부모는 물론 관련기관과 유관 단체들과의 유기적이고 체계적인 관계를 형성하여 활동의 극대화를 꾀해야 할 것이다.

# 제6장
# 호신술

사람이 살아가다보면 있어서는 안 될 일이겠지만 어쩔 수 없이 불미스러운 일을 당하게 되는 경우가 발생할 수가 있다.

이럴 때 호랑이한테 잡혀가도 정신만 똑바로 차리게 되면 살아날 구멍이 있다는 말과 같이 당황하지 않고 침착하게 대처를 한다면 위기에서 벗어날 수가 있게 된다.

흔히들 상대의 덩치가 크고 힘이 쎄게 보이며 무섭게 생겼다 하여 지레 겁을 먹고 포기하지 않는다면 말이다.

호신술은 적의 공격으로부터 자신을 보호하고자 하는 술기들로써 운동을 몇 십 년한 고단자라 할지라도 또한 덩치가 크고 힘이 쎄다고 하여 급소를 단련하거나 무게 중심을 잃지 않을 수가 없기 때문에 5살 정도의 어린이의 힘이라면 이를 활용하여 적을 물리칠 수가 있다.

따라서 도움이 되었으면 하는 마음으로 몇 가지 술기 들을 제시하니 평소 익혀 둔다면 위급 상황시 많은 도움이 될 것이다.

## 1. 손목을 잡혔을 때

적이 손목이나 신체의 일부를 잡았을 때 합기도에서는 공격을 받았다 또는 당했다는 표현을 한다. 특히 손목을 잡혔을 때 빼는 방법은 특이하여 적의 힘이 강하다 할지라도 적은 힘을 가지고도 쉽게 뺄 수 있는 기법으로 이는 합기도의 술기를 연마함에 있어 가장 기초적인 것으로써 밑으로, 위로, 옆으로 빼는 방법이 있다.

### 1) 밑으로 빼기

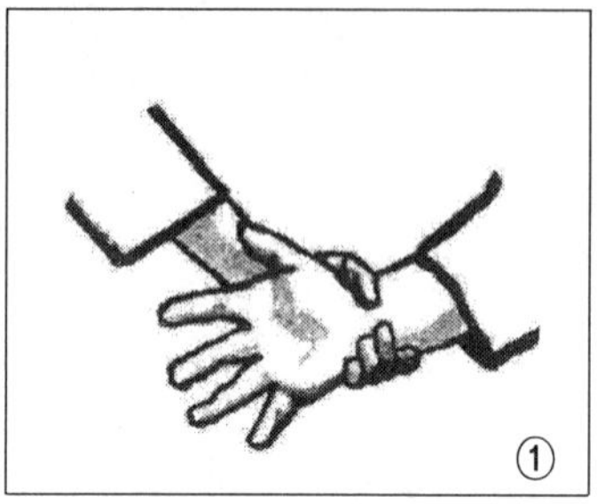

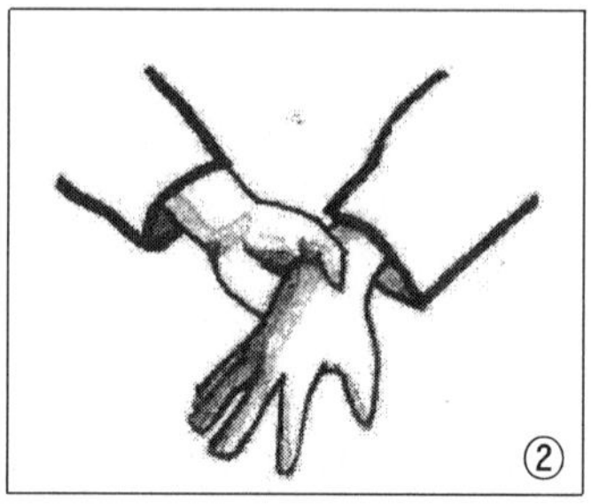

몸을 틀어 오른팔 팔꿈치를 옆구리에 붙여 몸으로 받치면서 오른발이 적의 낭심(성기) 밑으로 전진하여 적의 중심을 흐트려 주는 동시에(그림 ①, 그림 ④) 오른손 손목을 구부려 손가락이 왼발무릎을 향하게 하여(그림 ②) 밑으로 원을 그리면서 빼준다(그림 ③, 그림 ⑤) 이때 오른손 손바닥이 오른발 무릎을 스치도록 하며 오른쪽어깨와 오른발무릎이 수직이 되게 상체의 힘을 이용하여 잡힌 손목을 뺀다.

## 2) 위로 빼기

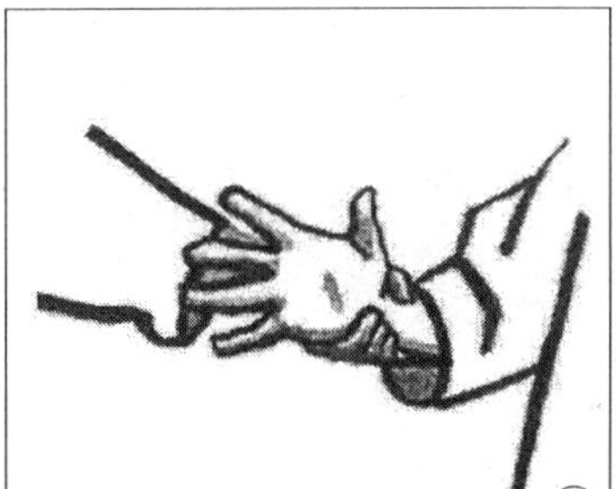
①

②

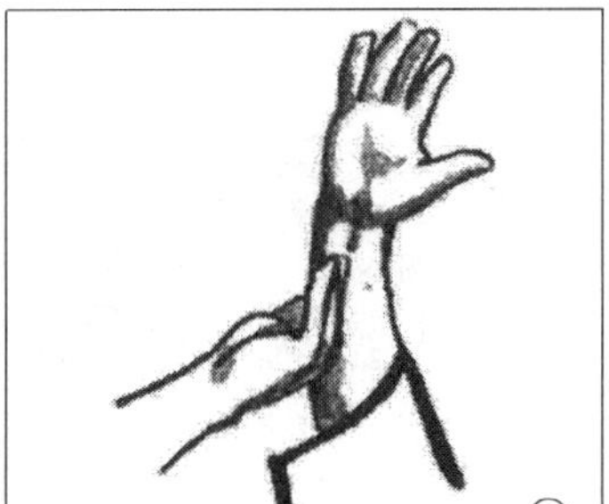
③

④

⑤

몸을 틀어 오른팔 팔꿈치를 옆구리에 붙여 몸으로 받치면서 오른발이 적의 낭심밑으로 전진하여 적의 중심을 흐트려주는 동시에(그림 ①, 그림 ④) 오른팔 팔꿈치로 적의 명치와 턱을 올려치면서 잡힌손목을 빼준다(그림 ②, 그림 ③, 그림 ⑤) 이때 오른손 엄지손가락이 오른쪽 견갑골에 닿도록 한다.

### 3) 옆으로 빼기

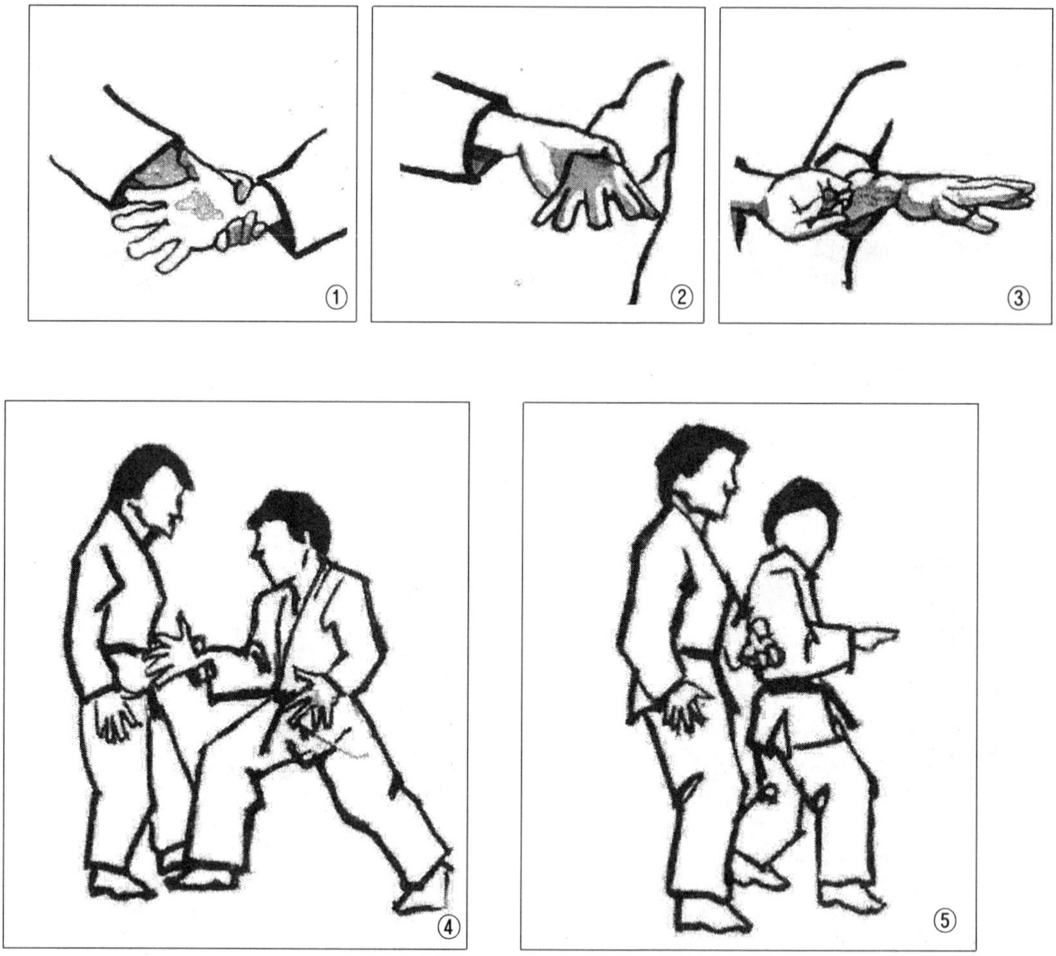


몸을 틀어 오른팔 팔꿈치를 옆구리에 붙여 몸으로 받치면서 오른발이 적의 낭심 밑으로 전진하여 적의 중심을 흐트려주는 동시에(그림 ①, 그림 ④) 왼발이 왼쪽뒤로 회전하면서 오른손 손바닥이 지면을 향하게 하여(그림 ②) 팔꿈치로 돌려치듯이 밀어 잡힌 손목을 뺀다(그림 ③, 그림 ⑤).

## 4) 때리기

①

②

1 왼발이 적의 낭심 앞으로 전진하면서 잡힌 오른손은 팔꿈치로 등뒤를 치듯이 몸쪽으로 당기는 동시에 왼손 가운데손가락마디(중지권)로 적의 목(천돌혈)을 찌른다(그림 ②).

①

②

2 왼발이 적의 낭심 앞으로 전진하면서 잡힌 오른손은 손바닥이 지면을 향하게 하여 왼손 망치로 적의 왼쪽 팔뚝(곡지혈)을 치고(그림 ①) 왼쪽 현고혈을 친다(그림 ②).

①

②

③

3 왼발이 적의 낭심 앞으로 전진하면서 오른 손 손바닥이 몸 쪽을 향하게 구부리고 왼 손 수도로 적의 왼쪽 손목관절(내관혈) 위를 치는 동시에(그림 ②) 왼쪽 목(천용혈)을 친다(그림 ③).

①

②

③

④

4 왼발이 왼쪽 뒤로 돌아 오른발 바깥쪽에 위치하면서(그림 ②) 오른손바닥이 지면을 향하게 하여 오른팔 팔꿈치로 적의 왼쪽 턱을 치듯이 돌여잡힌 오른손 손목을 빼 주고(그림 ③) 몸을 왼쪽 뒤로 돌여 왼발전굴 자세를 취하며 왼손 각권으로 적의 왼쪽 관자놀이(현고혈)를 친다(그림 ④).

### 5) 던지기

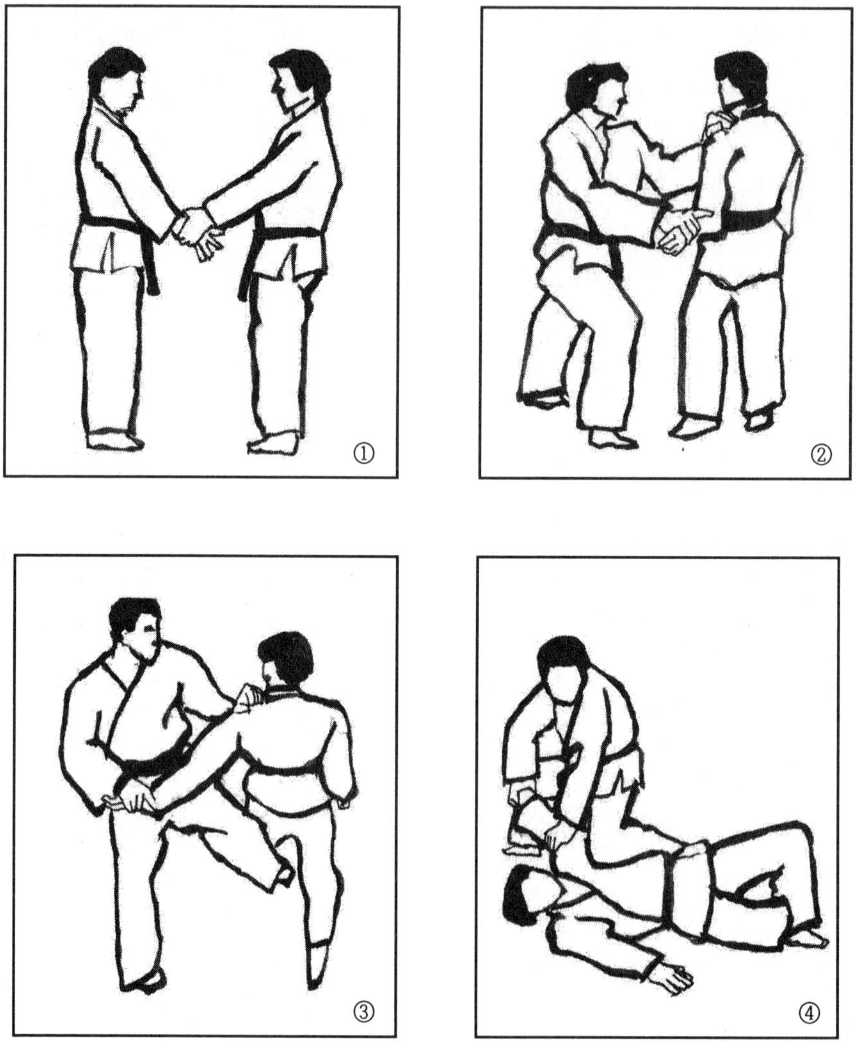

[1] 오른발이 적의 왼발 바깥쪽으로 깊숙이 전진하며 왼손으로 적의 왼쪽 어깨를 잡고 잡힌 오른손은 안에서 밖으로 돌려 적의 왼쪽 내관혈 부분의 손목을 잡아(그림 ②) 왼발로 적의 왼쪽 위중혈 이나 비양혈 등을 당겨 차는 동시에 양손으로 적의 어깨와 팔을 앞으로 밀었다 몸 쪽으로 당겨 넘기고(그림 ③) 왼발 무릎으로 적의 중부혈 이나 극천혈을 눌러 제압을 한다(그림 ④).

## 2. 적이 왼손으로 오른팔을 잡았을 때

### 1) 중간을 잡았을 때

①

②

③

④

1 왼손으로 적의 왼손 역수도 부분을 잡아 오른팔에 밀착시키면서 오른팔 팔굽을 구부려 적의 왼손을 팔굽에 껴 주고(그림 ②, 그림 ③) 오른팔 팔꿈치를 하늘을 향하게 들어 오른손 손가락이 왼발 무릎을 대주듯이 상체를 옆으로 숙으려 적의 왼손 손목 관절을 꺾는다(그림 ④).

## 2) 어깨를 잡았을 때

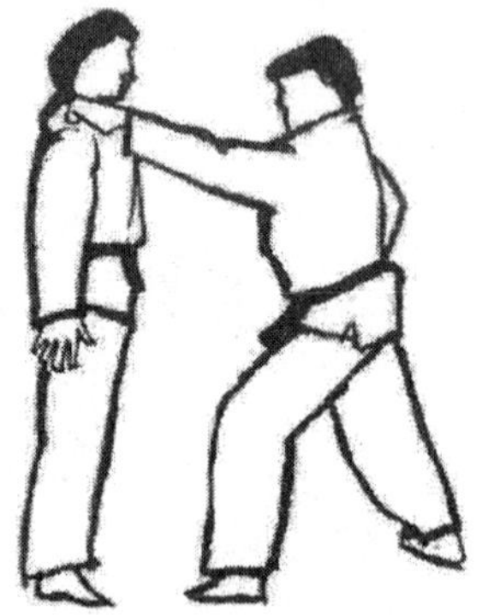

①

②

③

1 왼손 엄지손가락이 적의 왼손 엄지손가락 쪽을 향하게 하여 손등을 잡고(그림 ②) 오른발이 적의 낭심 밑으로 전진하면서 오른팔을 들어올려 적의 왼손 수도가 하늘을 향하게 고정시킨 후 중단을 막은 상태에서 팔꿈치를 내려치듯이 적의 왼손 손목 관절을 눌러 꺾는다(그림 ③).

2 왼손 엄지손가락이 적의 왼손 엄지손가락 쪽을 향하게 하여 손등을 잡으면서 오른손으로는 손목을 받쳐 잡아(그림 ①) 왼발이 왼쪽 뒤로 180도 돌아 적과 같은 방향을 향하게 서거나 오른발이 적의 낭심 밑으로 전진하면서 양손으로 적의 왼손 손목을 비틀어 오른쪽 겨드랑이 사이에 껴 주고(그림 ②) 오른팔 팔꿈치를 오른쪽 뒤로 돌려 적의 왼팔 팔굽 관절을 꺾으면서 왼발 무릎을 지면에 대준다(그림 ③).

## 3. 적이 왼손으로 목덜미를 잡았을 때

①

②

③

1 한손 또는 양손으로 어깨나 머리채 등을 잡혔을 때 손쉽게 활용하여 치명타를 줄 수 있는 술기로써 오른발이 적의 왼발 바깥쪽으로 나가면서 오른손 중지권으로 적의 왼쪽 겨드랑(극천혈)을 찌르는 동시에(그림 ②) 머리를 숙여 적의 왼쪽 겨드랑이 사이로 빠져나가면서 왼손 손바닥의 손목관절 밑부분(장저)으로 적의 왼쪽 젖가슴(유중혈)을 친다(그림 ③).

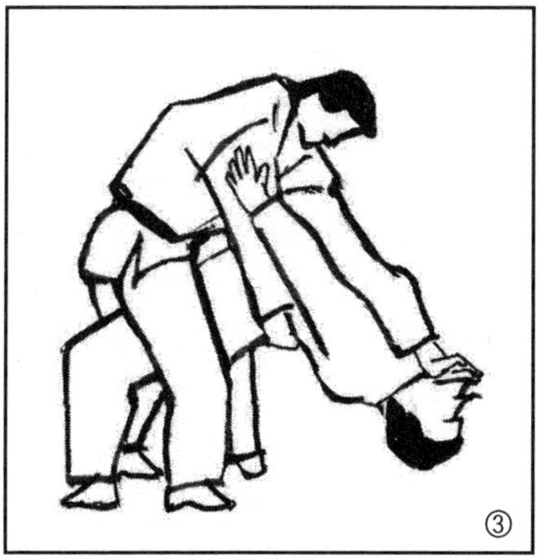

2 오른발이 적의 왼발 바깥쪽으로 전진하여 오른손으로 적의 허리를 껴안으면서(그림 ②) 왼손 장저로 적의 턱을 제껴 백회혈을 지면에 찍어 준다(그림 ③).

## 4. 적이 오른손으로 머리를 잡았을 때

①

②

③

1 적이 오른발 전굴 자세에서 오른손으로 나의 머리를 잡았을 때(그림 ①) 왼발이 적의 오른발 바깥쪽으로 전진하며 왼손 둘째손가락 이하의 손가락으로 적의 오른쪽팔뚝(곡지혈)을 잡고(그림 ②) 오른손 관수나 아귀(엄지손가락 둘째손가락을 벌린 상태)로 목(천돌혈)을 찌른다(그림 ③).

## 5. 적이 왼손으로 멱살을 잡았을 때

### 1) 똑바로 잡았을 때

①

②

③

1 왼손 아귀로 적의 왼손 역수도 부분을 잡으면서 오른손으로는 수도 부분 쪽 손목을 잡아(그림 ②) 오른발이 적의 낭심 밑으로 전진하며 오른팔 척골로 적의 왼팔 팔굽 관절을 돌려 친다(그림 ③).

## 2) 추켜올려 잡았을 때

①

②

③

④

1 적이 왼발전굴자세에서 왼손으로 나의 멱살을 추켜올려 잡았을 때(그림 ①) 왼발이 적의 낭심 밑으로 전진하며 왼손장저로 적의 턱을 받쳐 잡고 오른손으로는 머리를 잡아(그림 ②) 오른발이 오른쪽 뒤로 돌면서 적의 목을 비틀어 꺾고(그림 ③) 왼발 무릎을 지면에 대주어 제압을 한다(그림 ④).

①

②

③

④

⑤

2 오른손 인지가 적의 왼손 내관혈 쪽을 향하게 하여 손목을 잡으면서 왼발이 적의 왼발 바깥쪽으로 전진하여 왼손 어제혈 부분으로 적의 모지를 밀어 꺾고(그림 ②, ③) 오른발 전굴 자세로 전환하여 (그림 ④) 왼발 무릎으로 적의 왼팔 팔굽 관절을 눌러 꺾으면서 제압을 한다(그림 ⑤).

### 3) 비틀어 잡았을 때

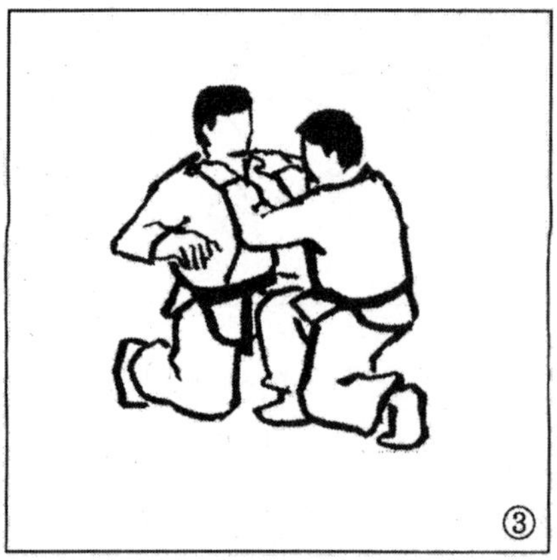

1 적이 왼발 전굴 자세에서 왼손을 틀어 나의 멱살을 잡아당기거나 끌고 갈 때(그림 ①) 오른발이 적의 낭심 밑으로 전진하면서 양손 관수로 적의 결분혈이나 기사혈을 찌르고(그림 ②) 적의 쇄골을 당겨 빼준다(그림 ③).

## 6. 적이 앞에서 껴안았을 때

①

②

③

1 기마자세를 취하면서 팔꿈치를 올려 치듯이 올린 후(그림 ②) 역수도로 늑골을 친다(그림 ③).

2 왼발이 왼쪽 뒤로 빠지는 동시에 양손 관수로 적의 양쪽 사타구니(기충혈)을 찌르고(그림 ②) 오른발 옆차기로 적의 명치를 찬다(그림 ③).

## 7. 적이 앞에서 양손을 겨드랑이 사이로 넣어 몸을 껴안았을 때

①

②

③

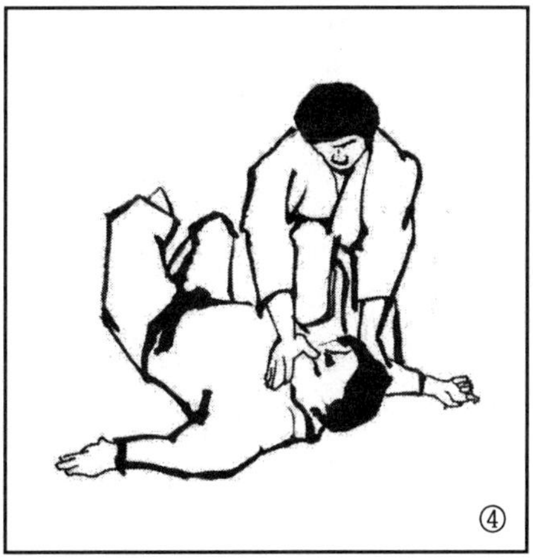
④

1 왼손으로 적의 머리를 잡으면서 오른손 장저로 적의 오른쪽 턱을 받쳐 잡아(그림 ②) 왼발이 왼쪽 뒤로 돌며 양손으로 적의 목을 비틀어 꺾고(그림 ③) 오른발 무릎을 지면에 대주면서 제압을 한다(그림 ④).

①

②

2 왼발이 적의 오른발 바깥쪽으로 깊숙이 전진하며 왼손으로 적의 허리를 껴안고 오른손 장저로 적의 턱을 뒤로 제껴 백회혈을 지면에 찍어 준다(그림 ②).

## 8. 적이 목을 조를 때

### 1) 앞에서 목을 조를 때

①

②

③

1 적이 목을 조르려고 할 때 사전에 이를 막아 술기로써 제압을 하는 것이 최상의 방법이겠으나 상황이 여의치 못할 때에는 머리를 숙여 턱을 가슴에 붙여 기도를 조르지 못하게 하는 것이 중요하다. 적이 오른발 전굴 자세에서 왼손으로 나의 왼쪽 옷깃을 잡고 오른손으로는 오른쪽 옷깃을 잡아(그림 ①) 오른팔 팔뚝(하박)으로 목을 조를 때(그림 ②) 기마자세를 취하면서 턱을 가슴에 붙이고 양손 역수도나 주먹을 쥔 상태에서 엄지손가락이 둘째손가락 마디에 지장을 찍듯이 붙여 엄지손가락 마디로 적의 양쪽 옆구리(늑골)을 친다(그림 ③).

## 2) 옆에서 목을 조를 때

①

②

③

1 양손으로 적의 낭심을 잡아 당기거나 양손을 펴 적의 허벅지에 댄 상태에서 김밥을 말 듯이 허벅지를 말아 움켜잡아(그림 ②) 왼발이 왼쪽 뒤로 빠지면서 당긴다(그림 ③).

### 3) 뒤에서 목을 조를 때

①

②

③

④

⑤

1 적이 뒤에서 목을 조르려고 할 때(그림 ①) 오른발이 오른쪽 몸과 함께 틀면서 왼손 모지로 적의 오른쪽 내관혈을 잡고 오른손으로는 적의 머리를 잡아(그림 ②) 왼발이 적의 왼발 앞으로 빠져(그림 ③) 허리치고(그림 ④) 오른발 무릎을 지면에 대주면서 제압을 한다(그림 ⑤).

## 4) 가슴 위에서 목을 조를 때

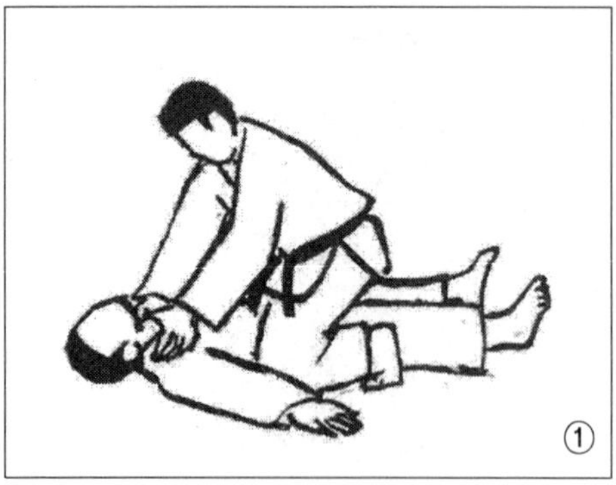

①

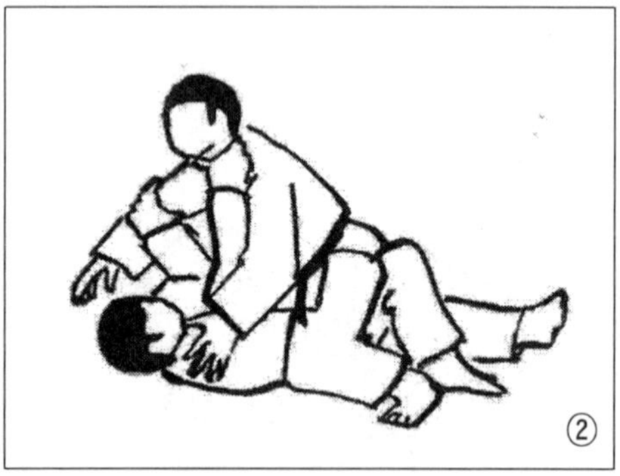

②

③

1 적이 나의 가슴 위에서 목을 조를 때(그림 ①) 오른발을 구부려 무릎을 세워 주고 양손을 적의 양팔 사이로 넣어 왼손 수도로 적의 오른 팔 팔굽(청영혈)을 치며 팔(상박)을 잡는 동시에 오른손 엄지 손가락과 둘째손가락을 벌려(아귀)로 적의 목(천돌혈)을 찌르고(그림 ②) 몸을 왼쪽으로 돌려 오른손으로 적의 목을 잡아 제압을 한다(그림 ③).

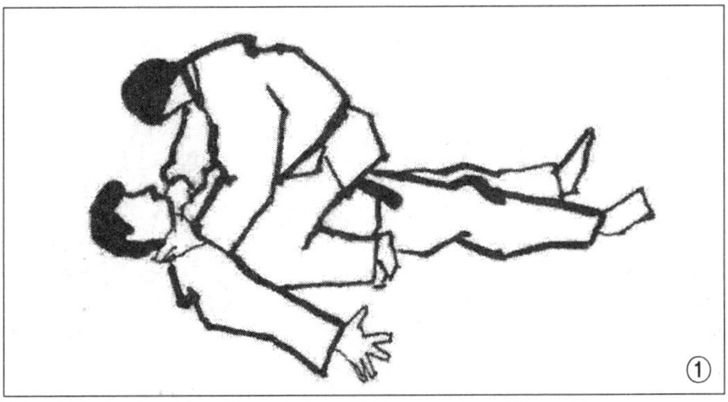

①

②

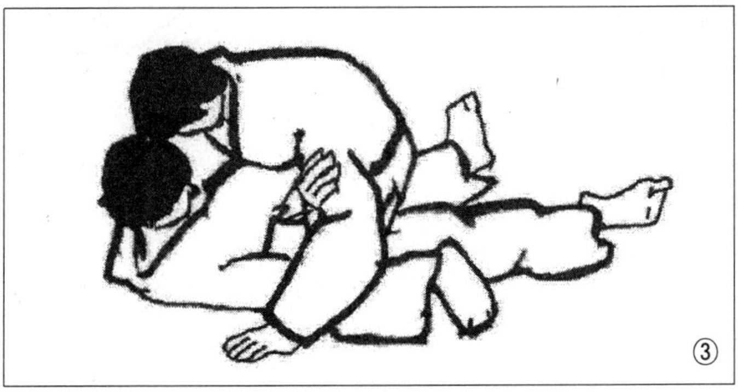

③

2 양손을 적의 양팔 사이로 넣어 양손 수도로 적의 양팔 팔굽을 치는 동시에(그림 ②) 팔을 잡아당기며 머리를 들어 적의 안면에 박치기를 한다(그림 ③).

①

②

③

④

⑤

3 적이 나의 가슴 위에서 목을 조를 때 오른손을 적의 양팔 사이에 넣어(그림 ①) 오른손 장저로 적의 턱을 치면서(그림 ②) 양발을 들어(그림 ③) 적의 목이나 상체를 껴안아 뒤로 넘기고(그림 ④) 오른손으로 낭심을 공격한다(그림 ⑤).

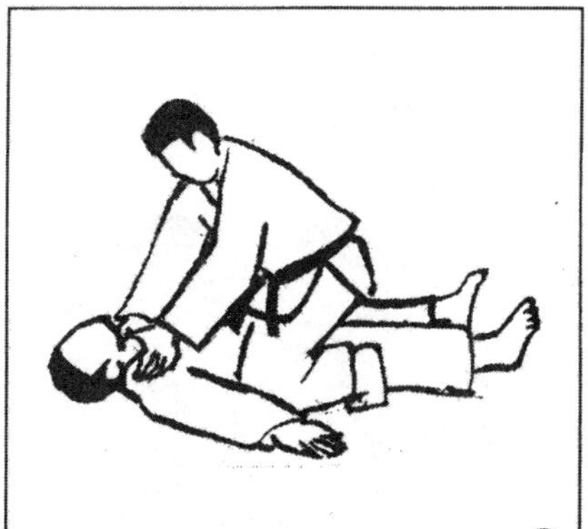
①

②

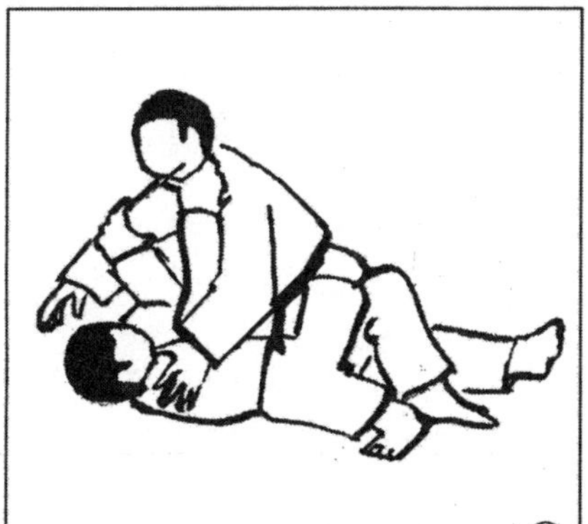
③

④

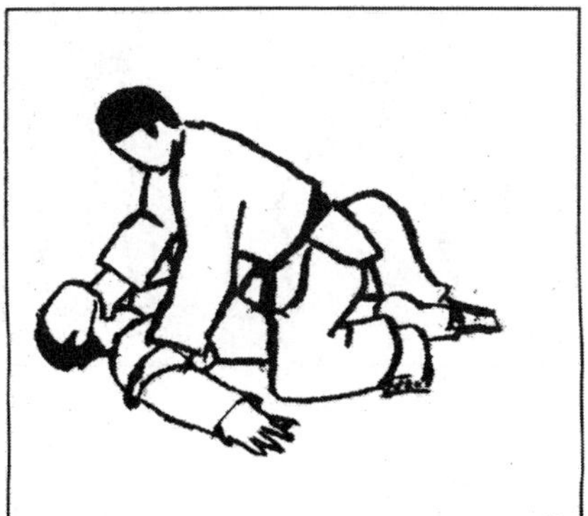
⑤

4 적이 나의 가슴 위에서 목을 조를 때(그림 ①) 오른발을 구부려 무릎을 세우주고 양손을 적의 양팔 사이에 넣어(그림 ②) 왼손 수도로 적의 오른쪽 청영혈을 치며 상박을 잡는 동시에 오른손 아귀로 적의 천도혈을 찌르고(그림 ③) 몸을 왼쪽으로 돌려(그림 ④) 오른손으로 적의 목을 잡아 제압한다(그림 ⑤).

## 9. 적이 뒤에서 뒷덜미를 잡았을 때

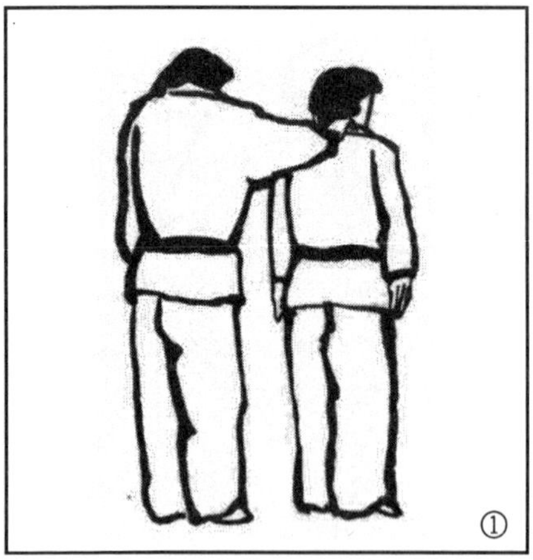
①

②

[1] 왼발이 오른발 앞으로 나아가 몸을 오른쪽 뒤로 틀어 대련 자세를 취하면서 오른손 수도로 적의 오른쪽 늑골을 친다(그림 ②).

①

②

[2] 오른발이 왼발 앞으로 나아가 몸을 왼쪽 뒤로 틀어 대련 자세를 취하면서 왼손 수도로 적의 왼쪽 목을 친다(그림 ②).

## 10. 적이 뒤에서 양손으로 팔꿈치를 잡았을 때

①

②

③

④

1 적이 등뒤에서 양손으로 나의 양쪽 팔꿈치를 잡았을 때(그림 ①) 왼발이 뒤로 빠져 적의 왼발 바깥쪽에 위치하고(그림 ②) 오른발은 오른쪽 뒤로 빠져 적의 왼발 뒤에 위치하게 하여(그림 ③) 오른팔꿈치로 적의 왼쪽 기문혈을 내려찍는다(그림 ④).

## 11. 뒤에서 껴안았을 때

1 적이 등뒤에서 양손을 나의 겨드랑이 사이로 넣어 몸을 깍지 끼어 잡았을 때(그림 ①) 오른팔 팔꿈치로 적의 얼굴을 돌려 치고(그림 ②) 오른발이 오른쪽 뒤로 돌아 오른발 전굴 자세를 취하면서 왼손 손바닥의 손목쪽 부분(장저)로 적의 오른쪽 젖가슴의 옆구리쪽 면(천계혈)을 친다(그림 ③).

2 적이 등뒤에서 양팔로 나의 몸을 껴안았을 때(그림 ①) 기마자세를 취하면서 양팔 팔꿈치를 올려 쳐 몸을 빼주는 동시에(그림 ②) 몸을 왼쪽 뒤로 틀면서 왼팔 팔꿈치로 적의 왼쪽 옆구리(늑골)를 돌려 치고(그림 ③) 이어서 몸을 오른쪽 뒤로 틀면서 오른쪽 팔꿈치로 오른쪽 옆구리(늑골)을 돌려 친다(그림 ④).

①

②

③

④

⑤

[3] 적이 등뒤에서 양손을 나의 겨드랑이 사이로 넣어 몸을 포게 잡았을 때(그림 ①) 기마자세를 취하면서 오른손 모지가 적의 오른손 손등쪽을 향하게 하여 수도 부분을 잡아 왼손 중지권으로 적의 왼손 손등을 때리고(그림 ②) 왼발이 앞으로 전진하며(그림 ③) 몸을 오른쪽 뒤로 돌려 오른발 전굴자세를 취하고 오른손으로 적의 오른손 손등을 제껴 나의 오른쪽 젖가슴에 대주면서(그림 ④) 왼쪽 하박의 척골로 적의 오른팔 팔굽관절에 칼넣기를 한다(그림 ⑤).

## 12. 앉아 있을 때 적이 앞에서 공격을 할 때

1 앉아 있을 때 적이 오른발 전굴 자세에서 공격을 하려고 할 때(그림 ①) 앉은 자세에서 또는 오른발 앞으로 나아가 왼발 무릎을 지면에 대준 상태로 일어나면서 왼손으로 적의 오른발 뒷꿈치를 잡고(그림 ②) 오른팔 팔꿈치를 돌려 치듯이 적골로 적의 오른쪽 삼음교혈에 칼넣기를 한다(그림 ③).

## 13. 적이 왼손으로 목덜미를 잡았을 때

①

②

③

④ 앉아 있을 때 적이 왼발 전굴 자세에서 왼손으로 나의 목덜미를 잡았을 때(그림 ①) 오른발이 적의 왼발바깥쪽으로 나가 왼발 무릎을 지면에 대준 상태로 일어서면서 (그림 ②) 왼팔 팔꿈치로 적의 왼쪽 기문혈을 돌려 친다(그림 ③).

# 제 Ⅳ 부

# 아동학대

# 제1장

# 아동학대

## Ⅰ. 어린이의 개념 및 특성

### 1. 어린이의개념

아동복지법(제2조1항)에는 아동을 18세 미만인자로 규정하고 있지만 일반적으로 아동 또는 어린이는 초등학교에 입학하여 재학 중인 연령의 아이들을 말하고 있다. 이들은 신체적이나 정신적으로 완성기에 이르지 못하였으며 세상에 태어나 보호되던 가정에서 한 걸음 나아가 학교라는 제도화된 교육기관에서 많은 것을 배우고 익히면서 자라나게 될 새싹과 같은 나라의 보배라 할 수 있겠다.

### 2. 어린이날의 제정과 헌장

어린이는 가정이나 사회는 물론 나라의 미래를 이끌어 갈 동력이고 보배임을 누구도 부인하지 못할 것이다. 우리나라의 어린이날의 유래를 살펴보면 1923년 5월 1일 색동회 회원과 방정환 선생이 첫 어린이날의 모임을 가진 후 1925년 5월 첫 주 일요일을 어린이 날로 정하였으나 식민통치하에서 기념식을 금지 당하였다가 해방 후 1946년 5월 5일을 어린이날로 정하였다.

1957년 5월 5일 보건사회부가 어린이 헌장을 선포하고 1973년에는 어린이날을 기념일로, 1975년에는 5월 5일을 법정공휴일로 지정되어 오늘에 이르고 있다.

1988년 개정된 어린이 헌장을 보면 다음과 같이 명시하고 있다.

모든 어린이가 차별 없이 인간으로서의 존엄성을 지니고 겨레의 앞날을 이어나갈 새사람으로 존중되며 바르고 아름답고 씩씩하게 자라도록 함을 지표로 삼는다.

1. 어린이는 건전하게 태어나 따뜻한 가정에서 사랑 속에 자라야 하며, 가정이 없는 어린이에게는 이를 대신할 수 있는 환경을 마련해 주어야 한다.
2. 어린이는 고른 영양을 취하고, 질병의 예방과 치료를 받으며, 맑고 깨끗한 환경에서 살아야 한다.
3. 어린이는 누구나 교육을 받을 수 있어야 하고, 어린이를 위한 좋은 교육시설이 마련되어야 하며, 개인의 능력과 소질에 따라 교육이 이루어 져야 한다.
4. 어린이는 빛나는 우리 문화를 이어받아, 새로운 문화를 창조하고 발전시키도록 이끌어야 한다.
5. 어린이는 즐겁고 유익한 놀이와 오락을 위한 시설과 공간을 제공받아야 한다.
6. 어린이는 예절과 질서를 지키며 서로 돕고 스스로 책임을 다하는 민주 시민으로 길러야 한다.
7. 어린이는 자연과 예술을 사랑하고 과학을 탐구하는 마음과 태도를 길러야 한다.
8. 어린이는 위험으로부터 먼저 보호되어야 하고 안전을 지킬 수 있는 지도를 받아야 한다.
9. 어린이는 학대를 받거나 버림을 당해서는 안 되고, 나쁜 일과 짐이 되는 노동에 이용되지 말아야 하며, 해로운 사회 환경으로부터 보호받아야 한다.
10. 몸이나 마음에 장애를 가진 어린이는 필요한 교육과 치료를 받아야 하고, 빗나간 어린이는 선도되어야 한다.
11. 어린이는 우리의 내일이며 소망이다. 나라의 앞날을 짊어질 한국인으로, 인류의 평화에 이바지 할 수 있는 세계인으로 키워야 한다.

## 3. 어린이의 특성

프로이트의 제자인 에릭슨(Erik Erikson)은 인간의 본능적인 측면뿐 아니라 문화적인 환경과 사회적 경험이 한 개인의 성격 발달에 중요한 영향을 미친다고 강조하고 이 시기의 어린이들은 근면성과 열등감의 단계(6~11세)로 대체로 적극적이고 능동적이며 새로운 생각을 해내고 무엇인가 일을 해야 한다고 생각하며 부지런히 일을 하는 단계라 한다. 이러한 노력이 충분히 보상받게 되면 근면성이 발달되고 반대로 핀잔을 받거나 계획했던 생각이나 행동이 좌절하게 되면 열등의식이 생긴다고 한다.

또한 피아제(Jean Piaget 1896~1980)는 한 어린이가 그의 주위의 세계를 어떻게 이해하고 종합하느냐 하는 인식성숙의 정도가 곧 아동의 지능발달의 정도를 말하며, 아동의 성품 형성에 영향을 준다고 믿었다. 피아제는 이 시기의 어린이를 구체적 조작단계(7~11세)로 단순한 이론적 사고의 단계로 사물을 감각을 통해서 보다는 나름대로의 사고를 통해서 합리적으로 이해하려고 노력을 하는 단계로 보았다.

어린이들은 앞으로 또래들과 스포츠게임이나 놀이 또는 기타의 신체활동을 통하여 대근육과 소근육의 발달을 이루게 된다. 또한 근력을 키우고 여러 기술을 습득하고 운동능력의 향상은 어린이들로 하여금 자기존재에 대한 자아존중감과 과제를 성공적으로 수행할 수 있다는 신념이며 기대 등의 자기 효능감을 높게 해 준다.

이들은 또한 게임의 규칙을 통하여 준법성을 키우고 또래들과의 관계를 돈독히 함으로써 우정과 협동심, 그리고 정서발달과 사회성발달을 꾀하면서 성장하게 될 것이다. 어린이들은 학과공부를 통하여 새로운 지식과 세상에 대하여 많은 것을 알게 될 것이며 인지발달과 언어능력을 향상시키면서 성장하게 될 것이다.

# II. 아동기의 발달

## 1. 신체 및 운동기능 발달

아동기의 신체발달은 10세경까지는 보편적으로 남자 어린이들이 큰 편이나 이후에는 여자 어린이들이 성장시기가 빨라 신장이 크고 체중 또한 많이 나가는 현상을 보이게 된다. 이러한 신체적 성장 발달은 경제적으로 상류층이거나 지능이 높은 어린이일수록 빠른 편이다. 운동능력의 발달에 있어 남자 어린이들은 대근육을 사용하는 스포츠에서 우세하며 17세까지는 운동능력이 계속적으로 발달하는 편이다. 여자 어린이들은 13세경에 최고조에 달하고 이후 쇠퇴하거나 기존의 능력을 유지하게 되며 유연성이 뛰어나 체조나 소근육을 사용하는 수공예 등의 활동에서 우세를 보이게 된다.

그리고 어린이들은 또래들과 스포츠게임이나 놀이 또는 기타의 신체활동을 통하여 대근육과 소근육의 발달을 이루게 된다. 또한 근력을 키우고 여러 기술을 습득함으로써 운동능력을 향상시켜 어린이들로 하여금 자기존재에 대한 자아존중감과 과제를 성공적으로 수행할 수 있다는 신념이나 기대 등의 자기 효능감을 높게 해 준다.

이들은 또한 게임의 규칙을 통하여 준법성을 키우고 또래들과의 관계를 돈독히 함으로써 우정과 협동심, 그리고 정서발달과 사회성발달을 꾀하면서 성장하게 된다.

## 2. 인지 및 정서발달

피아제(Jean Piaget 1896~1980)는 한 어린이가 그의 주위의 세계를 어떻게 이해하고 종합하느냐 하는 인식성숙의 정도가 곧 아동의 지능발달의 정도를 말하며, 아동의 성품형성에 영향을 준다고 믿었다. 피아제는 이 시기의 어린이를 조작단계(7~11세)로 단순한 이론적 사고의 단계로 사물을 감각을 통해서 보다는 나름대로의 사고를 통해서 합리적으로 이해하려고 노력을 하는 단계로 보았으며 수와 길이 양에 대한 보존개념(물체가 외형상 변하더라도 가감을 하지 않으면 본래의 양은 보존된다고 판단할 수 있는 능력)을 가장 먼저 획득하게 된다고 보았다. 또한 피아제는 또래와의 상호작용과정에서 생기는 갈등을 조정해 나가는 과정에서 인지발달수준이 향상된다고 보았다.

또한 프로이트의 제자인 에릭슨(Erik Erikson)은 인간의 본능적인 측면뿐 아니라 문화적 환경과 사회적 경험이 한 개인의 성격발달에 중요한 영향을 미친다고 강조하고 이 시기의 어린이들은 근면성과 열등감의 단계(6~11세)로 대체로 적극적이고 능동적이며 새로운 생각을 해내고 무엇인가 일을 해야 한다고 생각하여 부지런히 일을 하는 단계라 한다. 이러한 노력이 충분히 보상받게 되면 근면성이 발달되고 반대로 핀잔을 받거나 계획했던 생각이나 행동이 좌절하게 되면 열등의식이 생긴다고 하였다.

자아개념은 선방에서 깨달음을 얻고자 수도하는 구도자와 같이 나는 누구이며 무엇인가 또한 타인과 구별되는 존재로서 나에 대해 인지적으로 형성된 것을 의미하며 그리고 자기존재에 대한 느낌을 자아존중감이라 할 수 있다. 또한 자기 효능감은 자신에게 주어진 과제를 성공적으로 수행할 수 있다는 신념이나 기대를 의미한다(Bandura 1986, 1993).

불가에서는 어린 동자승을 생불이라 생각하기도 한다. 성철스님께서는 생전에 자신을 만나고자 하는 일반인들에게 불전에 5,000배를 하도록 하였으나 천진난만한 어린이들은 스스럼없이 만나셨다는 일화가 전해진다. 어린이들은 가식 없이 기쁘고 즐거울 때에는 깔깔대고 웃거나 뒹굴기도 하지만 불안하거나 하고 싶은 행동이나 뜻이 좌절되고 어른들께 혼이라도 나게 되면 엉엉 울거나 골이나 입이 뿌르퉁하기도 한다.

이러한 어린이들은 부모가 온정적이고 수용적인 양육을 하거나 가족이나 교사 및 친구들로부터 지지와 성원을 받는 경우 자아 존중감이 높게 나타나게 된다.

## 3. 도덕성 발달과 사회화

### 1) 인지발달이론

Piaget는 도덕성 발달에 있어 타율적 도덕성 단계와 자율적 도덕성 단계로 구분하고 타율적 도덕성 단계는 규칙은 신이나 부모와 같은 권위적 존재에 의해서 만들어진 것으로 믿으며 그 규칙은 신성하고 변경할 수 없는 것으로 이를 위반하면 벌을 받아야 한다고 생각한다. 자율적 도덕성 단계는 규칙은 사람이 만든 것이고 그 규칙은 변경할 수 있다고 생각하며 상황적 요인을 고려하는 융통성을 보인다.

### 2) 사회학습이론

법이나 사회관습에 일치하는 행동이 보상을 받으면 아동은 그 행동을 계속하게 된다고 보고 있다. 도덕성 발달에 영향을 미치는 요인으로 부모의 일관성 있는 훈육방법과 애정 지향적이고 자율적이며 개방적인 양육방법 그리고 가족구성원간의 깊은 유대관계와 일체감이나 공동체의식이 클수록 도덕성 발달수준이 높게 나타나고 있으며, 친구들은 서로간의 관심이나 흥미, 욕구 등을 이야기 하거나 정보를 교환하여 그들 나름의 규칙과 문화를 형성하게 된다. 사회화에 있어 여자아이들은 자신의 감정을 친구와 이야기 하고 나눔으로서 친밀감이 형성되며 남자아이들은 운동이나 놀이를 함께 하거나 관람을 하는 등 같은 활동을 함으로서 친밀감을 형성하게 된다.

교사의 영향에 있어 교사가 도덕적이며 창의적이고 책임감이 강한 것을 강조하면 아동은 건설적이고 집단 활동에 많이 참여하는데 비해서 교사가 처벌적이고 권위적이고 엄격하면 아동은 학교와 교사에 대해서 부정적 태도를 지니고 긴장과 공격성이 심하고 적응곤란을 초래하는 수가 많다. 어린이들은 학과공부를 통하여 새로운 지식과 세상에 대하여 많은 것을 알게 될 것이며 인지발달과 언어능력을 향상시키면서 성장하게 될 것이다.

# III. 청소년의 개념 및 특성

## 1. 청소년의 개념

청소년기는 아동기에서 성인이 되기 위한 과도기적 단계로서 청소년이라 함은 1985년 UN에서는 15세에서 24세 사이인 자를 청소년이라고 정의하고 있다. 우리나라의 아동복지법, 근로기준법, 병역법, 영화진흥법 등에서는 만 18세 미만인자를 청소년으로 정의하고 있으며, 청소년 기본법에서는 9세 이상 24세 이하인자를 청소년 보호법, 식품안전법, 공중위생법, 국민 건강증진법, 풍속영업의 규제에 관한 법률 등에서는 만 19세 미만인자를 청소년으로 정의하고 있어 법률에 따라 연령의 차이를 보이고 있다.

## 2. 청소년의 특성

청소년들은 사람마다 다소 시기의 차이는 있으나 청소년기에 신체적으로나 정신적으로 많은 변화와 아울러 성장 및 발달과 성적 성숙을 이루게 된다. 또한 그러한 과정 속에서 성숙에 대한 설레임과 성취감 등을 경험하기도 하지만 불안과 혼란 등을 경험하기도 한다. 청소년기 호르몬의 분비는 즉, 남성 호르몬 안드로겐(Androgen)과 여성호르몬인 에스트로겐(Estrogen) 및 프로게스테론(Progesterone)은 성적성숙을 주관하고 성적욕구를 지배한다. 청소년기의 여성은 초경이 이루어지며 나팔관, 자궁, 질 등이 크기와 무게가 증가된다. 또한 젖가슴의 융기가 일어나고 외음부의 발달과 엉덩이가 커지게 된다. 남성은 음경과 고환이 커지고 자위 또는 몽정으로 사정을 경험하게 되며 수염이 나고 목소리의 변성이 일어난다. 이렇듯 청소년기는 생리적으로 남자 혹은 여자로서 특성을 갖추는 시기이다.

특히, 성기관의 발달과 성충동 호르몬인 테스토스테론(Testosterone)의 분비증가는 성적 욕구가 증대되어 성에 대한 높은 관심과 호기심을 갖게 되고 이성에 대한 접촉이나 성교욕구를 느끼게 한다. 신체적 성장과 발달 그리고 성적성숙은 자신을 성인으로 인식하게 되고 성인으로 대우를 받길 원한다. 또한 변화되는 자신의 신체나 외모가 기대수준과 일치하게 되면 자아개념이나 자아존중감이 높게 나타나게 된다.

지그문트 프로이트(Sigmund Freud 1860~1939)는 인간이 자아를 발달시키고 성품이 형성되는 과정을 설명하는데 있어 인간이 생리적인 욕구를 어떻게 얼마나 충족시키는가 하는 측면에서 이론을 전개해 나갔다. 프로이트는 성품발달이 일련의 단계 1.구강기(0~1세반), 2.항문기(1세반~3세), 3.음경기(3세~5세), 4.잠복기(5세~12세), 5.사춘기(12세 이후)를 거치면서 매 단계에서 욕구충족의 정도에 따라서 계속 발달한다고 보았다. 특히 음경기 때에는 외디프스 콤플렉스와 일렉트라 콤플렉스가 형성되며 아버지나 어머니가 부드럽고 다정하게 대해주면 성의 사회화가 원만하게 이루어져 남성(남아) 또는 여성(여아) 역할을 학습하고 정상적인 남자 또는 여자로 성장한다고 보았다.

또한 프로이트는 자아개념을 성적이고 본능적인 충동적 자아와 본능적 충동과 사회의 균형사이에서 합리적인 사고를 하는 자아, 그리고 선과 악을 판단하고 사회의 규범을 내면화하는 사회적 양심인 초자아(Super ego)로 나누어 생각하고 원만한 성격 형성과 행동을 위해서는 Ego의 균형된 발달이 필요하다고 하였다. 지그문트 프로이트의 아들 안나프로이트는(Anna Freud) 청소년기에 나타나는 혼란과 방황은 그 이전에 나타났던 외디프스 콤플렉스가 다시 출현함으로써 겪게 되는 과정이라 하였다.

미드(George H, Mead 1863~1931)는 사회적 상호작용을 통한 자아발달을 사회화의 핵심으로 생각하고 욕구대로 행동하고 싶어 하는 충동적이고 본능적인 그러나 주체로서의 자아(I)와 I의 행동을 규제하고 일반화된 타 자(선과 악의 판단기준이 되는 사람)의 입장에 서서 판단하는 사회적인 자아(M)로 나누어 생각하고 사회화의 대행자와 대행기관인 가족, 친구, 학교, 대중매체 등의 중요한 역할을 강조했다.

가정은 사람이 세상에 태어나 부모 및 형제자매로부터 언어를 배우고 상징적 물리적 자극을 주고받으면서 자아 정체감이 형성되는 곳이라 할 수 있다. 따라서 부모의 양육방식 및 가정의 구조적 요인 등은 자녀들에게 지대한 영향을 미친다고 볼 수가 있다. 핵가족화가 되고 맞벌이 가정이 늘어나는 현실에서 더욱이 결손가정에서는 가족 구성원간의 상호작용이나 가정교육 등이 약화되고 있어 많은 문제가 되고 있다.

요즈음 청소년들은 가정에서 머무는 시간보다 더 많은 시간을 학교나 학원에서 보내고 있다. 따라서 교사나 또래 집단의 역할과 영향은 커질 수 밖에 없는 현실이다. 특히 청소년들에 있어 또래들 간의 부정확하고 잘못된 성지식의 정보교류는 이들에게 많은 문제를 야기하고 있다.

# Ⅳ. 청소년기의 발달

## 1. 신체 및 성적발달

청소년기 호르몬의 분비는 남성 호르몬인 안드로겐(Androgen)과 여성호르몬인 에스트로겐(Estrogen) 및 프로게스테론(Progesterone)은 성적성숙을 주관하고 성적욕구를 지배한다. 청소년기의 여성은 10세 전후에 젖가슴의 융기가 일어나고 생식기 주변과 겨드랑이에 음모와 털이 자라기 시작한다. 또한 초경이 이루어지며 나팔관, 자궁, 질 등의 크기와 무게가 증가되고 외음부의 발달과 더불어 엉덩이가 커지게 된다. 남성은 음경과 고환이 커지고 남성호르몬인 테스토스테론을 생산하여 성적인 발달을 촉진한다. 또한 음모가 자라면서 목소리의 변성이 일어나고 자위 또는 몽정으로 사정을 경험하게 되며 수염이 나기 시작한다. 이렇듯이 청소년기는 생리적으로 남자 혹은 여자로서 특성을 갖추는 시기이다.

[표4-]은 1970년부터 2018년 사이의 우리나라 초,중,고 학생들의 체격을 나타낸 것으로 11세 어린이의 신장은 1970년 남자가 134.4cm에서 2018년 149.5cm로 15.1cm가 여자는 133.2cm에서 2018년 150.1cm로 16.9cm가 성장하였으며 같은시기 14세 어린이는 남자가 152cm애서 168.7cm로 평균 16.7cm가 여자는 151cm에서 159.8cm로 8.8cm가 17세는 남자가 165.9cm에서 173.3cm로 7.4cm가, 여자는 156.5cm에서 160.7cm로 4.2cm가 지난 46년동안 더 성장하였음을 알 수가 있다.

몸무게 또한 11세 어린이 남자가 1970년 29.6kg에서 2018년 46.2kg으로 16.6kg이 더 늘었으며 여자는 1970년 29.2kg에서 2018년 44.0kg으로 14.8kg이 14세 남자어린이는 1970년 43.7kg에서 2018년 62.2kg으로 18.5kg이 여자어린이는 같은 기간 43.8kg에서 54.4kg으로 10.6kg이 증가하였다. 17세 남자는 1970년 56.6kg에서 2018년 70.2kg으로 13.6kg이 여자는 52.2kg에서 57.6kg으로 46년동안 5.4kg이 증가하였다.

가슴둘레는 2010년 이후부터는 검사하지 않았으나 11세 남자가 1970년 66.1cm에서 2000년 73.1cm로 7cm가 늘어났으며 여자는 65.2cm에서 72.4cm로 7.2cm가 증가하였으며, 같은시기 14세는 남자가 75.2cm에서 82.4cm로 7.2cm가 여자는 75.7cm에서 81.0cm로 5.3cm가 17세 남자는 86.7cm에서 89.1cm로 2.4cm가 증가하였으나 여자는 1970년 83.1cm에서 2000년 82.8cm로 0.3cm가 의외로 감소하였음을 알 수가 있다.

청소년들의 신체발달은 경제성장과 더불어 식생활이 개선되고 성장에 필요한 영양섭취가 이루어짐으로서 많은 성장과 발달을 이루게 되었으며 이러한 영향으로 청소년들의 성적성숙 또한 조숙해지고 있어 초경과 몽정 등의 연령 또한 낮아지고 있는 추세이다.

[표4-1] 년도별 초,중.고 학생 체격(1970년~2018년)

(단위:cm,kg,세)

| 구 분 | | 키 | | 몸무게 | | 가슴둘레 | |
|---|---|---|---|---|---|---|---|
| | | 남 | 여 | 남 | 여 | 남 | 여 |
| 1970 | 11세 | 134.4 | 133.2 | 29.6 | 29.2 | 66.1 | 65.2 |
| | 14세 | 152.0 | 151.0 | 43.7 | 43.8 | 75.2 | 75.7 |
| | 17세 | 165.9 | 156.5 | 56.6 | 52.2 | 86.7 | 83.1 |
| 1980 | 11세 | 139.3 | 140.3 | 32.3 | 32.9 | 67.1 | 66.9 |
| | 14세 | 156.8 | 153.8 | 45.9 | 46.3 | 76.4 | 77.8 |
| | 17세 | 167.4 | 157.2 | 58.5 | 52.4 | 86.6 | 82.3 |
| 1990 | 11세 | 144.1 | 145.8 | 37.3 | 37.9 | 70.3 | 70.5 |
| | 14세 | 162.5 | 156.6 | 51.9 | 49.6 | 79.6 | 80.0 |
| | 17세 | 170.0 | 158.6 | 61.3 | 53.5 | 87.4 | 83.1 |
| 2000 | 11세 | 148.1 | 149.2 | 42.0 | 41.8 | 73.1 | 72.4 |
| | 14세 | 167.2 | 158.9 | 57.7 | 52.5 | 82.4 | 81.0 |
| | 17세 | 173.0 | 160.5 | 65.3 | 54.9 | 89.1 | 82.8 |
| 2010 | 11세 | 150.2 | 151.2 | 46.1 | 44.4 | - | - |
| | 14세 | 168.9 | 159.6 | 61.5 | 53.2 | - | - |
| | 17세 | 173.7 | 160.9 | 68.1 | 55.6 | - | - |
| 2018 | 11세 | 149.5 | 150.1 | 46.2 | 44.0 | - | - |
| | 14세 | 168.7 | 159.8 | 62.3 | 54.4 | - | - |
| | 17세 | 173.3 | 160.7 | 70.2 | 57.6 | - | - |

주: 2006년부터 학생 건강검진 조사항목 변경으로 2010년도 가슴둘레 항목의 수치를 미 기재함
자료 : 문교부 문교통계연감 1977, 1987
교육부 교육통계연감 1999, 2009, 2010, 2018

## 2. 심리 및 정서적 특징

성기관의 발달과 성충동 호르몬인 테스토스테론(Testosterone)의 분비증가는 성적 욕구가 증대되어 성에 대한 높은 관심과 호기심을 갖게 되고 이성에 대한 접촉이나 성교욕구를 느끼게 한다. 신체적 성장과 발달 그리고 성적성숙은 자신을 성인으로 인식하게 되고 성인으로 대우를 받길 원한다. 또한 변화되는 자신의 신체나 외모가 기대수준과 일치하게 되면 자아개념이나 자아존중감이 높게 나타나게 된다.

지그문트 프로이트(Sigmund Freud 1860~1939)는 인간이 자아를 발달시키고 성품이 형성되는 과정을 설명하는데 있어 인간이 생리적인 욕구를 얼마나 충족시키는가 하는 측면에서 이론을 전개해 나갔다. 프로이트는 성품발달이 일련의 단계 1.구강기(0~1세반), 2.항문기(1세반~3세), 3.음경기(3세~5세), 4.잠복기(5세~12세), 5.사춘기(12세 이후)를 거치면서 매 단계에서 욕구충족의 정도에 따라서 계속 발달한다고 보았다.

특히 음경기 때에는 외디프스 콤플렉스와 일렉트라 콤플렉스가 형성되며 아버지나 어머니가 부드럽고 다정하게 대해주면 성의 사회화가 원만하게 이루어져 남성(남아) 또는 여성(여아)역할을 학습하고 정상적인 남자 또는 여자로 성장한다고 보았다. 또한 프로이트는 자아개념을 성적이고 본능적인 충동적 자아와 본능적 충동과 사회적 규범 을 내면화하는 사회적 양심인 초자아(Super ego)로 나누어 생각하고 원만한 성격 형성과 행동을 위해서는 Ego의 균형된 발달이 필요하다고 하였다. 지그문트 프로이트의 아들 안나프로이드는(Anna Freud) 청소년기에 나타나는 혼란과 방황은 그 이전에 나타났던 외디프스 콤플렉스가 다시 출현함으로써 겪게 되는 과정이라 하였다.

미드(George H, Mead 1863~1931)는 사회적 상호작용을 통한 자아발달을 사회화의 핵심으로 생각하고 욕구대로 행동하고 싶어 하는 충동적이고 본능적인 그러나 주체로서의 자아(I)와 자아(I)의 행동을 규제하고 일반화된 타자(선과 악의 판단기준이 되는 사람)의 입장에 서서 판단하는 사회적인 자아(M)로 나누어 생각하고 사회화의 대행자와 대행기관인 가족, 친구, 학교, 대중매체 등의 중요한 역할을 강조했다.

가정은 사람이 세상에 태어나 부모 및 형제자매로부터 언어를 배우고 상징적 물리적 자극을 주고받으면서 자아 정체감이 형성되는 곳이라 할 수 있다. 따라서 부모의 양육방식 및 가정의 구조적 요인 등은 자녀들에게 지대한 영향을 미친다고 볼 수 있다. 오늘날 핵가족화가 되고 맞벌이 가정이 늘어나는 현실에서 더욱이 결손가정에서는 가족 구성원 간의 상호작용이나 가정교육 등이 약화되고 있어 많은 문제가 되고 있다.

요즈음 청소년들은 가정에서 머무는 시간보다 더 많은 시간을 학교나 학원에서 보내고 있다. 따라서 교사나 또래 집단의 역할과 영향은 커질 수 밖에 없는 현실이다. 특히 청소년들에 있어 또래들 간의 부정확하고 잘못된 성지식의 정보교류는 이들에게 많은 문제를 야기하고 있다. 또한 남녀공학의 증가와 함께 이성과의 만날 수 있는 기회가 증가되고 있는 현실이다. 청소년의 보호를 위하여 최소한의 제도적 장치를 마련하고 있다고는 하나 대중매체의 발달과 음란물의 범람 등은 청소년들에게 정제되지 않은 많은 정보들을 제공하게 됨으로써 올바른 문화를 왜곡시키고 있다. 특히 인터넷을 통한 채팅과 성매매 등은 심각한 문제로 대두되고 있다.

## Ⅴ. 아동학대의 개념

아동학대의 개념은 캠퍼(Kempe)가 1962년 영아구타증후군(Battered Baby Sandrome)연구에서 부모나 보호자의 행위 또는 태만으로 인하여 초래되는 비 우발적인 신체적 상처로 정의하였으며 이러한 아동학대의 개념은 확대되어 신체적 학대 뿐만 아니라 정서적 학대나 방임 아동의 발달을 저해하는 행위나 환경 아동의 권리보호에 이르는 포괄적인 경우로 확대하고 있다.(김운회 2008)

우리나라의 아동복지법에는 아동이라 함은 18세 미만의 자를 말한다.(제2조 1항) 또한 아동학대라 함은 보호자를 포함한 성인에 의하여 아동의 건강, 복지를 해치거나 정서적 발달을 저해할 수 있는 신체적 정신적 성적폭력 또는 가혹행위 및 아동의 보호자에 의하여 이루어지는 유기와 방임을 말한다(제2조4항)고 정의하고 있다.

아동에 대한 금지행위로는 아동복지법 제29조에 누구든지 다음 각 호의 1에 해당하는 행위를 하여서는 아니 된다라고 명시하고 있다.

1. 아동의 신체에 손상을 주는 학대행위
2. 아동에게 성적수치심을 주는 성희롱 성폭행 등의 학대행위
3. 아동의 정신건강 및 발달에 해를 끼치는 정서적 학대행위
4. 자신의 보호감독을 받는 아동을 유기하거나 의식주를 포함한 기본적 보호, 양육및 치료를 소홀히 하는 방임행위
5. 아동을 타인에게 매매하는 행위
6. 아동에게 음행을 시키거나 음행을 매개하는 행위
7. 장애를 가진 아동을 공중에 관람시키는 행위
8. 아동에게 구걸을 시키거나 아동을 이용하여 구걸하는 행위
9. 공중의 오락 또는 흥행을 목적으로 아동의 건강 또는 안전에 유해한 곡예를 시키는 행위
10. 정당한 권한을 가진 알선기관 외의 자가 아동의 양육을 알선하고 금품을 취득하는 행위
11. 아동을 위하여 증여 또는 급여된 금품을 그 목적 외의 용도에 사용하는 행위로 규정을 하고 있다.

# Ⅵ. 아동학대의 유형

아동학대의 유형은 크게 육체적 학대와 정서적 학대, 성적 학대, 방임 등으로 나누어 볼 수가 있다.

## 1. 신체적 학대

신체적 학대는 아동에게 신체적 손상을 입히는 것을 말한다. 아동의 뇌는 미엘린이 입혀져 있지 않고 목의 근육 또한 발달되어 있지 않기 때문에 아이를 심하게 흔들게 되면 심각한 상해를 입힐 수 있으며 머리 또한 충격을 주게 되면 두개골이나 경막하 출혈을 일으켜 위험한 상태에 이르게 할 수가 있다.

또한 손과 발이나 물체를 이용한 가격으로 어린이들은 쉽게 내장의 손상이나 골절과 탈골 등이 될 수 있으며 피격부위 또한 손상을 줄 수가 있다.

## 2. 정서적 학대

켐프(kemp 2001)는 심리적 학대는 아동에게 파괴적이고 영구적인 충격을 줄 수 있는 심리적이고 학대적인 행동패턴이라고 정의하였으며, Gabarino는 심리적 학대는 성인에 의해 아동에게 가해진 정신적으로 파괴적인 행동의 패턴이며 여기에는 거부하기, 공포주기, 무시하기, 타락시키기의 형태가 있다고 하였다.

이러한 아동의 정서적 학대는 아동의 자아존중감의 형성과 아울러 내적 발달을 저해시킬 수 있게 된다(이은주 2001).

## 3. 성적학대

성적학대는 아동의 성기를 만지거나 자신의 성기에 접촉을 시키는 행위 등 신체적 접촉을 포함하여 강간, 성추행, 성기노출, 자위행위, 성놀이 등 성인의 성적만족을 위해서 아동에게 가해지는 신체적 접촉이나 상호작용을 말한다

이러한 성적학대는 어린이에게 장기적이고 지속적으로 신체적, 정서적 후유증을 남기게 된다(김운회 2006). 또한 피해어린이들에게 수치심과 죄의식을 갖게 하며 대인기피와 불신과 불안 등으로 삶을 황폐시키게 하고 있다.

## 4. 방임

방임은 아동을 적극적으로 보살피고 지켜야 할 보호자로서 책무를 등한히 하거나 소홀히 하여 어린이를 위험에 노출시키거나 방치하는 것이라 할 수가 있다.

# Ⅶ. 아동학대의 실태

## 1. 아동학대 신고현황

2000년도에 아동복지법의 개정으로 광역시도에 아동보호전문기관인 아동학대예방센터의 설립기반이 마련된 후 2001년 17개의 아동보호전문기관이 설치된 후 2017년 12월 전국 16개 광역시.도에 60개 아동보호전문기관이 설립되어 운영되고 있다.

[표4-2]연도별 신고 접수 현황(2002년~2017년)

(단위:건,%)

| 연도 \ 구분 | 아동학대 의심사례 | | 중복신고 | 일반상담 | 계 |
|---|---|---|---|---|---|
| | 응급아동학대 의심사례 | 아동학대 의심사례 | | | |
| 2002 | 310(7.6) | 2,636(64.1) | · | 1,165(28.3) | 4,111(100) |
| 2007 | 575(6.1) | 6,506(68.6) | · | 2,395(25.3) | 9,478(100) |
| 2012 | 1,368(12.5) | 7,611(69.6) | 34(0.3) | 1,930(17.6) | 10,943(100) |
| 2017 | 2,094(6.1) | 28,829(84.4) | 292(0.9) | 2,951(8.6) | 34,166(100) |

자료 : 보건복지부, 전국아동학대현황보고서 2002, 2007, 2012, 2017

[표4-2]는 아동보호전문기관에 아동학대에 대하여 연도별 신고접수된 현황 중 2002년에서 2017년까지 신고접수된 현황을 살펴 보면 응급아동학대의심사례는 2002년 310건(7.6%)에서 2017년 2,094건(6.1%)으로 증가되었으며 아동학대 의심사례 또한 2002년 2,636건(64.1%)에서 2017년 28,829(84.4%)건으로 증가되었다.

일반상담은 2002년 1,165(28.3%)건에서 2017년 2,951(8.6%)건으로 증가되고 총 신고접수된 사례 또한 2002년 4,111건에서 2017년 34,166건으로 증가되었음을 알 수가 있다.

## 2. 피해아동 보호

전국의 아동보호전문기관에 아동학대로 접수된 사례는 현장조사와 사례회의 및 사례판정위원회를 통해 아동학대사례, 잠재위험사례, 일반사례로 분류하게 된다.

[표4-3]연도별 피해아동 발견율(2002년~2017년)

(단위:명,건,%)

| 구분 / 연도 | 2002 | 2007 | 2012 | 2017 |
|---|---|---|---|---|
| 추계아동인구 (만0~17세) | 11,665,981명 | 10,704,846명 | 9,578,186명 | 8,467,386명 |
| 아동학대사례 | 2,478건 | 5,581건 | 6,404건 | 22,367건 |
| 피해아동보호율 | 0.21% | 0.52% | 0.67% | 2.64% |

주) 통계청 2002~2017 추계인구
자료 : 보건복지부 전국아동학대현황보고 2017

[표4-3]에 나타난 바와 같이 피해아동 발견율은 아동인구(0~17세) 1,000명 당 피해 아동수를 의미하며 이를 살펴보면 추계아동인구는 매년 감소하고 있는 반면에, 아동학대사례는 2002년 2,478건(보호율 0.21%) 2007년 5,581건(보호율 0.52%) 2012년 6,404건(보호율 0.67%) 2017년 22,367건(보호율 2.64%)로 증가추세를 보이고 있음을 알 수가 있다.

## 3. 피해아동 연령

2007년부터 2017년까지 아동보호전문기관에 신고 접수된 피해아동의 연령분포는(표4-4) 전반적으로 증가추세를 보이고 있다. 연령분포 중 2007년에는 10~12세의 어린이가 1,518건(27.3%)으로 제일 많았으며 2012년과 2017년은 13~15세의 어린이가 1,452건(22.7%)과 5,131건(22.9%)으로 제일 많은 피해를 입은 것으로 나타나고 있으며 다음으로 2007년은 7~9세의 어린이가 1,426건(25.6%)으로 많았으며 2012년과 2017년은 10~12세의 어린이가 1,446건(22.6%)와 4,670건(20.9%)로 많은 비중을 차지하고 있다.

그러나 자신의 의사표현이 어려운 어린이 특히 외부환경에 노출되기 어려운 영아들의 학대사례는 발견하기 어려운 현실이고 보면은 학대의 조기발견과 예방을 위하여 다양한 방법들이 강구되어야 할 것이다.

[표4-4 년도별 피해아동 연령 분포(2007년~2017년)

(단위:건,%)

| 연령 / 년도 | 1세미만 | 1~3세 | 4~6세 | 7~9세 | 10~12세 | 13~15세 | 16~17세 | 계 |
|---|---|---|---|---|---|---|---|---|
| 2007년 | 132 (2.4) | 409 (7.3) | 742 (13.3) | 1,426 (25.6) | 1,518 (27.3) | 991 (17.8) | 352 (6.3) | 5,570 (100) |
| 2012년 | 388 (5.3) | 742 (11.6) | 874 (13.6) | 1,075 (16.8) | 1,446 (22.6) | 1,452 (22.7) | 476 (7.4) | 6,409 (100) |
| 2017년 | 495 (2.2) | 2,175 (9.7) | 2,975 (13.3) | 3,942 (17.6) | 4,670 (20.9) | 5,131 (22.9) | 2,979 (13.3) | 22,367 (100) |

주) 1. 자료 : 보건복지부, 전국아동학대상황보고 2007,2012,2017 재구성
2. ( )은 분포 백분율

## 4. 학대로 인한 사망

2001년부터 2017년까지 아동보호전문기관에 신고 접수된 사례는 총 251건 중 216명의 어린이가 세상에 태어나 꿈을 펼쳐 보지도 못하고 학대로 인하여 유명을 달리한 것으로 집계되고 있다.

그러나 이러한 사망 아동의 수는 수사기관으로 직접 접수된 아동학대 사망사건이나 의료기관에서 사망한 아동의 사인이 학대로 판명된 경우 등을 가산한다면 실제로는 더 많은 어린이가 학대로 인해 사망한 것으로 추측하며 볼 수가 있다.

[표4-5] 년도별 사망아동 발생현황(2001년~2017년)

(단위:건,명)

| 년도 / 건·명 | 2001년 | 2003년 | 2005년 | 2007년 | 2009년 | 2011년 | 2013년 | 2015년 | 2017년 |
|---|---|---|---|---|---|---|---|---|---|
| 건 | 7 | 3 | 16 | 7 | 8 | 13 | 22 | 19 | 46 |
| 사망아동 | 7 | 3 | 16 | 7 | 8 | 13 | 17 | 16 | 38 |

주) 1. 자료 : 보건복지부, 전국아동학대현황보고 2017

## 5. 피해아동의 성별 학대유형

[표4-6]에 나타난 아동학대 사례를 살펴보면 전체 피해 아동사례는 2007년 8,023건(남 49.5% 여 50.5%) 2012년 9,938건(남 36.5% 여 63.5%) 2017년 34,178건(남 49.4% 여 50.6%)으로 증가되었으며 피해아동의 성별에 있어 여자 어린이들이 남자 어린이들보다 피해가 많았다.

그리고 학대유형에 있어 대체로 신체학대와 방임 및 유기 부분에서는 남자 어린이들이 피해가 높았으며 정서학대와 성학대에서는 여자 어린이들이 높게 나타나고 있음을 알 수가 있다.

**[표4-6] 피해아동의 성별 및 학대 사례 유형(2007년~2017년)**

(단위:건,%)

| 구분 \ 연도 | | 2007년 | 2012년 | 2017년 |
|---|---|---|---|---|
| 신체학대 | 남 | 1,075 (1.34) | 1,118 (11.3) | 6,934 (20.3) |
| | 여 | 1,015 (12.6) | 1,740 (17.5) | 6,266 (18.3) |
| 정서학대 | 남 | 1,168 (14.6) | 1,371 (13.8) | 7,508 (22.0) |
| | 여 | 1,246 (15.5) | 2,414 (24.3) | 7,838 (22.9) |
| 성 학 대 | 남 | 65 (0.8) | 39 (0.4) | 142 (0.4) |
| | 여 | 344 (4.3) | 407 (4.1) | 945 (2.8) |
| 방 임 | 남 | 1,609 (20.1) | 1,096 (11.0) | 2,298 (6.7) |
| | 여 | 1,409 (17.6) | 1,753 (17.6) | 2,247 (6.6) |
| 유 기 | 남 | 51 (0.6) | - | - |
| | 여 | 41 (0.5) | - | - |
| 계 | 남 | 3,968 (49.5) | 3,624 (36.5) | 16,882 (49.4) |
| | 여 | 4,055 (50.5) | 6,314 (63.5) | 17,296 (50.6) |
| | | 8,023 (100) | 9,938 (100) | 34,178 (100) |

주) 1. 자료 : 보건복지부 전국아동학대 현황보고 2007,2012,2017 재구성
2. ( )은 분포 백분율

## 6. 학대사례 유형별 피해아동 연령

[표4-7] 아동학대사례 유형별 피해아동 연령

(단위:건,%)

| 학대유형 / 연령(만) | 신체학대 | 정서학대 | 성학대 | 방 임 | 계 |
|---|---|---|---|---|---|
| 1세미만 | 130 (1.0) | 179 (1.2) | 0 (0.0) | 290 (6.4) | 599 (1.8) |
| 1~3세 | 864 (6.5) | 1,293 (8.4) | 9 (0.8) | 808 (17.8) | 2,947 (8.7) |
| 4~6세 | 1,406 (10.7) | 1,976 (12.9) | 48 (4.4) | 896 (19.7) | 4,326 (12.7) |
| 7~9세 | 2,405 (18.2) | 2,695 (17.6) | 100 (9.2) | 888 (19.5) | 6,088 (17.8) |
| 10~12세 | 2.935 (22.2) | 3,299 (21.5) | 235 (21.6) | 815 (17.9) | 7,284 (21.3) |
| 13~15세 | 3,490 (26.4) | 3,767 (24.5) | 375 (34.5) | 605 (13.3) | 8,237 (24.1) |
| 16~17세 | 1,970 (14.9) | 2,137 (13.9) | 320 (29.4) | 243 (5.3) | 4,670 (13.7) |
| 계 | 13,200 (100) | 15,346 (100) | 1,087 (100) | 4,545 (100) | 34,178 (100) |

자료 : 보건복지부 전국아동학대현황보고 2017

[표4-7]은 2017년도 아동학대 사례 유형별 피해아동연령을 나타낸 것으로 전체적인 구성비는 정서학대(15,346건 44.9%), 신체학대(13,200건 38.6%), 방임(4,545건 13.3%) 순으로 나타나고 있다. 그리고 신체학대와 정서학대 및 성학대의 연령대는 13~15세의 아동이 가장 많은 비중을 차지하고 있으며 방임은 4~6세(19.7%)가 많은 비중을 차지하고 있다. 또한 3세 미만 영유아의 학대사례에 있어 신체학대는 994건(7.5%), 정서학대 1,472건(9.6%), 성학대 9건(0.8%), 방임 1,098건(24.2%)으로 나타나고 있음을 알 수가 있다.

불과 몇 십 년 전만 해도 집안에서 상을 당하게 되면 3년 상을 치렀다. 조선시대에는 모든 관직에서 물러나 묘소 옆에 움막을 짓고 3년간 시묘살이를 하였다. 왜 1년이나 2년이 아닌 3년이었겠는가? 이는 부모가 자식을 잉태하면서 입덧으로부터 출산의 고통에 이르기까지 인내를 하여야 하는 1년과 세상에 태어나 말도 못하고 걷지도 못하며 대소변도 구별 못하는 아기의 손발이 되어야 하는 1년 그리고 돌이 지나면서 겨우 걸음마와 말을 시작하면서부터 위험을 구별 못하고 행동하는 아기들을 잠시라도 방심하였다가는 사고로 이어지기 때문에 그들의 그림자가 되어 보살펴야 하는 1년 등 보살핌을 받았던 최소한의 기간들에 대한 감사함으로 3년상을 치르게 된 이유가 아니었겠는가 생각된다. 스스로는 그 무엇도 할 수 없는 연약한 존재로서 보살핌 없이는 생명을 유지하기도 힘든 영유아의 학대는 크나큰 해악이 될 수 있기 때문에 보다 많은 주의와 관심이 필요할 것이다.

# 7. 아동학대 발생장소

[표4-8] 아동학대 발생장소(2002년~2017년)

(단위:건,%)

| 연도<br>발생장소 | 2002 | 2007 | 2012 | 2017 |
|---|---|---|---|---|
| 가 정 내 | 1,990 (80.3) | 4,445 (79.6) | 5,567 (86.9) | 17,989 (80.4) |
| 집근처 또는 길가 | 55 (2.2) | 178 (3.2) | 93 (1.5) | 405 (1.8) |
| 친 척 집 | 82 (3.3) | 56 (1.0) | 71 (1.1) | 129 (0.6) |
| 이 웃 집 | 24 (1.0) | 41 (1.1) | 31 (0.5) | 11 (0.0) |
| 어린이집 | 26 (1.1) | 72 (1.3) | 136 (2.1) | 843 (3.8) |
| 유 치 원 | 5 (0.2) | 5 (0.1) | 15 (0.2) | 269 (1.2) |
| 학 교 | 11 (0.4) | 48 (0.9) | 25 (0.4) | 1,344 (6.0) |
| 학 원 | 17 (0.7) | 13 (0.2) | 36 (0.6) | 197 (0.9) |
| 병 원 | 18 (0.7) | 34 (0.6) | 36 (0.6) | 65 (0.3) |
| 복지시설 | 27 (1.1) | 222 (4.0) | 129 (2.0) | 299 (1.3) |
| 숙박업소 | · | · | 41 (0.6) | 71 (0.3) |
| 종교시설 | · | · | 38 (0.6) | 23 (0.1) |
| 기 타 | 223 (9.0) | 382 (6.9) | 180 (2.8) | 688 (3.1) |
| 파악안됨 | · | 63 (1.1) | 6 (0.1) | 34 (0.2) |
| 계 | 2,478 (100) | 5,581 (100) | 6,403 (100) | 22,367 (100) |

주)1. 자료 : 보건복지부 전국아동학대현황보고서 2002,2007,2012,2017 재구성
2. ( ) 은 분포 백분율

[표4-8]은 2002년부터 2017년까지 아동학대가 발생된 장소를 나타내고 있다.

2017년도 자료를 살펴보면 ①가정내에서 발생한 사례가 17,989건으로 전체 발생건중 80.4$를 차지하고 있으며 다음으로 ②학교 1,344건(6.0%) ③어린이집 843건(3.8%) ④집근처나 길가 405건(1.8%) ⑤복지시설 299건(1.3%) ⑥유치원 269건(1.2%) 순으로 구성비를 차지하고 있음을 알 수가 있다.

또한 아동학대 신고의무자인 종사자들이 근무하는 장소에서 학대가 큰 폭으로 증가되었음은 매우 우려스러운 일로써 정부는 보다 적극적인 관리감독과 아울러 예방교육을 강화하여야 할 것이다.

## 8. 아동학대 발생빈도

[표4-9] 연도별 아동학대 발생빈도(2002년~2017년)

(단위:건,%)

| 발생빈도 \ 연도 | 2002 | | 2007 | | 2012 | | 2017 | |
|---|---|---|---|---|---|---|---|---|
| 거의 매일 | 966 | (39.0) | 2,815 | (53.7) | 2,614 | (40.8) | 4,195 | (18.8) |
| 2~3일에 한번 | 456 | (18.4) | 600 | (11.4) | 1,054 | (16.5) | 2,610 | (11.7) |
| 1주일에한번 | 345 | (13.9) | 401 | (7.6) | 796 | (12.4) | 2,359 | (10.5) |
| 2주일에한번 | 113 | (4.6) | 140 | (2.7) | 389 | (6.1) | 1,379 | (6.2) |
| 1개월에한번 | 82 | (3.3) | 206 | (3.9) | 438 | (6.8) | 2,873 | (12.8) |
| 2~3개월에한번 | 61 | (2.5) | 203 | (3.9) | 283 | (4.4) | 2,209 | (9.9) |
| 6개월에한번 | 23 | (0.9) | 114 | (2.1) | 125 | (2.0) | 1,345 | (6.0) |
| 1년에 한번 | 10 | (0.4) | 30 | (0.6) | 66 | (1.0) | 1,094 | (4.9) |
| 1회성 | 265 | (10.7) | 375 | (7.1) | 638 | (10.0) | 4,048 | (18.1) |
| 기타 | 157 | (6.3) | 360 | (6.9) | · | | 255 | (1.2) |
| 계 | 2,478 | (100.0) | 5,244 | (100.0) | 6,403 | (100.0) | 22,637 | (100.0) |

주1) 1. 자료 : 보건복지부 전국아동학대현황보고서 2002,2007,2012,2017 재구성
2. 파악이 안됨은 제외함
3. ( )은 분포 백분율

[표4-9]는 아동학대의 발생빈도를 나타내고 있는 것으로써 전체 발생빈도 중 거의 매일이 2002년 39.0% 2007년 53.7% 2012년 40.8% 2017년 18.8%로 2007년 이후 구성비율은 낮아지고 있으나 일주일에 한 번 이상의 학대를 당하는 피해아동이 2002년 1,767건(71.3%) 2007년 3,816건(72.8%) 2012년 4,464건(69.7%) 2017년 9,164건(41.8%)으로 높은 비율을 차지하고 있다. 이러한 상습적인 학대가 오랜 기간 지속되는 경우 피해 어린이들에게 심각한 악영향을 미치게 되는 것은 자명할 것이다.

따라서 학대행위자들의 예방교육은 물론 근본적인 문제해결의 접근이 필요하다 할 것이다.

# 9. 피해아동의 특성

[표4-10] 년도별 피해아동 특성(2002년~2017년)

(단위:건,%)

| 특성 \ 연도 | | 2002 | | 2007 | | 2012 | | 2017 | |
|---|---|---|---|---|---|---|---|---|---|
| 장애 | 신체적장애 | 23 | (0.5) | 31 | (0.2) | 68 | (0.4) | 93 | (0.3) |
| | 정신적장애 | 92 | (2.1) | 172 | (1.4) | 188 | (1.2) | 318 | (1.0) |
| | 장애의심 | | | | | 220 | (1.4) | 300 | (0.9) |
| | 소 계 | 115 | (2.6) | 203 | (1.6) | 476 | (3.0) | 711 | (2.1) |
| 정서·정신건강 | 주의산만 | 287 | (6.4) | 578 | (4.6) | 747 | (4.7) | 1,034 | (3.1) |
| | 오락 및 인터넷(게임)중독 | 43 | (1.0) | 189 | (1.6) | 210 | (1.3) | 310 | (0.9) |
| | 불안 | 659 | (14.7) | 1,545 | (12.3) | 1,140 | (7.2) | 1,557 | (4.7) |
| | 애착문제 | | | | | 597 | (3.8) | 656 | (2.0) |
| | 무력감 | | | | | 497 | (3.1) | 320 | (1.0) |
| | 우울 | | | | | 549 | (3.5) | 607 | (1.8) |
| | 낮은 자아존중감 | | | | | 674 | (4.3) | 613 | (1.8) |
| | 성격 및 기질문제 | 129 | (2.9) | 397 | (3.2) | 371 | (2.3) | 608 | (1.8) |
| | 탐식 및 결식 | 61 | (1.4) | 188 | (1.5) | 276 | (1.7) | 116 | (0.3) |
| | 과잉행동 | 141 | (3.2) | 281 | (2.2) | 350 | (2.2) | 645 | (1.9) |
| | 소 계 | 1,320 | (29.6) | 3,178 | (25.4) | 5,411 | (34.3) | 6,466 | (19.3) |
| 적응행동 | 반항 충동 공격성 | 97 | (2.2) | 278 | (2.2) | 742 | (4.7) | 1,121 | (3.4) |
| | 거짓말 | 273 | (6.1) | 484 | (3.9) | 528 | (3.3) | 834 | (2.5) |
| | 도벽 | 290 | (6.5) | 443 | (3.5) | 376 | (2.4) | 448 | (1.3) |
| | 가출 | 332 | (7.4) | 508 | (4.0) | 558 | (3.5) | 448 | (1.3) |
| | 약물 흡연 음주 | 66 | (1.4) | 194 | (1.6) | 506 | (3.2) | 669 | (2.0) |
| | 성문제 | 41 | (0.9) | 180 | (1.4) | 166 | (1.1) | 212 | (0.6) |
| | 학교 부적응 | | | 603 | (4.8) | 563 | (3.6) | 722 | (2.2) |
| | 잦은 결석 | 108 | (2.4) | 353 | (2.8) | 479 | (3.0) | 426 | (1.3) |
| | 늦은 귀가 | | | 397 | (3.2) | 349 | (2.2) | 479 | (1.4) |
| | 학습문제 | 372 | (8.3) | 882 | (7.0) | 679 | (4.3) | 555 | (1.7) |
| | 폭력행동 | | | | | 245 | (1.6) | 413 | (1.2) |
| | 비행집단행동 | | | | | 299 | (2.2) | 553 | (1.6) |
| | 대인관계 기피 | 218 | (4.9) | 780 | (6.2) | 184 | (1.2) | 273 | (0.8) |
| | 소 계 | 1,797 | (40.1) | 5,102 | (40.6) | 5,674 | (35.9) | 7,152 | (21.4) |

| 발달신체건강 | 신체발달 지연 | 167 | (3.7) | 181 | (1.4) | 219 | (1.4) | 201 | (0.6) |
|---|---|---|---|---|---|---|---|---|---|
| | 언어문제 | 150 | (3.4) | 359 | (2.8) | 461 | (2.9) | 522 | (1.6) |
| | 영양결핍 | 96 | (2.2) | 110 | (0.9) | 191 | (1.2) | 78 | (0.2) |
| | 대소변 문제 | | | 100 | (0.8) | 101 | (0.6) | 97 | (0.3) |
| | 위생문제 | | | 526 | (4.2) | 705 | (4.5) | 542 | (1.6) |
| | 틱(신체,뚜렛) | | | | | 33 | (0.2) | 68 | (0.2) |
| | 잦은 병치레 | 25 | (0.6) | | | 110 | (0.7) | 107 | (0.3) |
| | 주요병력 | | | 63 | (0.5) | 139 | (0.9) | 248 | (0.7) |
| | 소 계 | 438 | (9.9) | 1,339 | (10.6) | 1,959 | (12.4) | 1,863 | (5.6) |
| 보안 및 형사처벌 | | | | | | 8 | (0.0) | | |
| 특성없음 | | 551 | (12.3) | 1,621 | (13.0) | 1,985 | (12.6) | 6,115 | (18.3) |
| 기타(파악안됨) | | 249 | (5.5) | 1,107 | (8.8) | 281 | (1.8) | 11,129 | (32.4) |
| 합 계 | | 4,470 | (100) | 12,550 | (100) | 15,794 | (100) | 33,436 | (100) |

주) 1. 자료 : 보건복지부 전국아동학대현황보고서 2002,2007,2012,2017 재구성
2. ( ) 은 분포 백분율

[표4-10]에 나타난 2017년도 학대조사 수행시 관찰된 특성에 의해 작성된 자료를 살펴보면 ①적응행동 7,152건(21.4%) ②정서 · 정신건강 6,466건(19.3%) ③특성 없음 6,115건(18.3%) ④발달신체건강 1,863건(5.6%) ⑤장애 711건(2.1%) 순으로 구성비를 차지하고 있음을 알 수가 있다.

그리고 세부항목별로는 적응행동에서는 반항 · 충동 · 공격성 1,121건(3.4%)과 거짓말 834건(2.4%)이 정서 · 정신건강에서는 불안 1,557건(4.7%)과 주의산만 1,034건(3.1%)이 발달 · 신체건강에서는 위생문제 542건(1.6%)과 언어문제 522건(1.6%) 순으로 높게 나타나고 있다.

따라서 이러한 피해아동의 다양한 특성 등을 고려한 상담 및 심리치료 등의 서비스가 제공될 필요가 있을 것이다.

교육에는 정도가 없다는 옛말이 있지만 맹모삼천지교에서 일면을 알 수 있듯이 어린이들은 세상에 태어나 가정과 주위에서 보고 들은대로 모방하고 배우고 익히면서 성장하는 인격체라 할 수 있을 것이다.

그리고 학대와 훈육의 경계를 논하기에 앞서 이유없는 반항은 없다는 말과 같이 평소 가정과 주위에서 이들에게 모범이 되고 보다 효과적인 양육과 훈육의 방법을 강구하여야 할 것이다.

## 10. 피해아동의 가족유형

2002년부터 2017년까지의 학대피해아동의 가족유형[표4-11]중 친부모 가정에서의 아동학대는 계속된 증가 추세를 보이고 있다. 2017년의 피해아동의 가족유형을 살펴보면 친부모가족이 12,489건(55.8%), 친부모가족 외 형태가 8,078건(36.3%), 대리양육 형태 422건(1.5%), 기타 1,489건(6.6%)이었다. 친부모 가족 외 형태에서 한 부모 가족의 경우 부자가정이 2,732건(12.2%)으로 높은 비중을 차지하고 있으며 다음으로 모자가정이 2,632건(11.8%), 재혼가정 1,318건(5.9%)순으로 나타났다.

이러한 결손가정의 증가는 가사와 일의 1인 2역을 맡아야 하는 어려움 속에서 스트레스의 누적으로 학대를 유발할 가능성이 높다고 할 수 있을 것이다. 따라서 좀 더 다양하고 실질적인 사회적 지원제도가 마련되어야 할 것이며 아울러 친인척 보호와 소년소녀가정, 가정위탁 등에 있어서도 경제적 지원은 물론 심리 정서적으로 안정을 기할 수 있도록 세심한 배려와 지원이 따라야 할 것이다.

[표4-11] 학대피해아동 가족유형(2002년~2017년)

(단위:건,%)

| 구분<br>년도 | 계 | 친부모 | 친부모 가족 외 형태 | | | | | | | 대리양육형태 | | | 기타 |
|---|---|---|---|---|---|---|---|---|---|---|---|---|---|
| | | | 부자 | 모자 | 미혼부모 | 재혼 | 친인척보호 | 동거(사실혼) | 소년소녀가정 | 가정위탁 | 입양 | 시설보호 | |
| 2002 | 2,478 | 619 | 885 | 299 | 30 | 228 | 142 | 94 | 14 | 5 | 5 | 10 | 147 |
| | (100.0) | (25.0) | (35.7) | (12.1) | (1.2) | (9.2) | (5.7) | (3.8) | 0.6) | (0.2) | (0.2) | (0.4) | (5.9) |
| 2007 | 5,581 | 1,432 | 1,710 | 907 | 78 | 390 | 353 | 215 | 22 | 13 | 37 | 127 | 169 |
| | (100.0) | (25.7) | (30.6) | (16.3) | (1.4) | (7.0) | (6.3) | (3.8) | (0.3) | (0.2) | (0.6) | (2.0) | (3.0) |
| 2012 | 6,403 | 2,415 | 1,480 | 935 | 131 | 475 | 303 | 220 | 22 | 13 | 37 | 127 | 245 |
| | (100.0) | (37.7) | (23.1) | (14.6) | (2.0) | (7.4) | (4.7) | (3.4) | (0.3) | (0.2) | (0.6) | (2.0) | (3.8) |
| 2017 | 22,367 | 12,489 | 2,732 | 2,632 | 361 | 1,318 | 487 | 532 | 16 | 38 | 56 | 218 | 1,489 |
| | (100.0) | (55.8) | (12.2) | (11.8) | (1.6) | (5.9) | (2.2) | (2.4) | (0.2) | (0.2) | (0.3) | (1.0) | (6.6) |

주) 1. 자료 : 보건복지부 전국아동학대현황보고서 2002,2007,2012,2017 재구성
2. ( )은 분포 백분율

## 11. 학대행위자 특성

[표4-12] 년도별 학대행위자 특성(2002년~2017년)

(단위:건,%)

| 특성 \ 연도 | 2002 | | 2007 | | 2012 | | 2017 | |
|---|---|---|---|---|---|---|---|---|
| 양육태도 및방법부족 | 2,004 | (30.8) | 4,973 | (29.5) | 11,255 | (30.7) | 8,388 | (22.2) |
| 중독 및 질환문제 | 1,010 | (15.5) | 2,174 | (12.9) | 2,887 | (7.8) | 1,428 | (3.8) |
| 성격 및 기질문제 | 663 | (10.2) | 1,525 | (9.1) | 3,125 | (8.5) | 1,676 | (4.4) |
| 사회경제적 스트레스 및 고립 | 1,276 | (19.6) | 4,357 | (25.9) | 8,337 | (22.8) | 4,933 | (13.1) |
| 어릴적 학대경험 및 폭력성 | 581 | (9) | 969 | (5.8) | 2,586 | (7.0) | 1,299 | (3.4) |
| 성 문 제 | · | | 180 | (1.1) | 418 | (1.1) | 144 | (0.4) |
| 원치않은아 동 | 108 | (1.7) | 178 | (1.0) | 423 | (1.2) | 136 | (0.4) |
| 부부 및 가족갈등과 종교문제 | 520 | (7.9) | 1,495 | (8.9) | 3,891 | (10.6) | 2,765 | (7.3) |
| 특성없음 | 38 | (0.6) | 105 | (0.6) | 780 | (2.1) | 4,133 | (10.9) |
| 기 타 | 105 | (1.6) | · | | 2,460 | (6.7) | 1,243 | (3.3) |
| 파악안됨 | 202 | (3.1) | 874 | (5.2) | 470 | (1.3) | 11,646 | (30.8) |
| 계 | 6,507 | (100) | 16,830 | (100) | 36,632 | (100) | 37,791 | (100) |

자료 : 보건복지부 전국아동학대현황보고 2002,2007,2012,2017 재구성

[표4-12]은 2002년부터 2017년까지의 학대행위자들의 특성을 분석한 자료로서 매년 양육태도와 양육방법 부족이 제일 많은 비중을 차지하고 있으며 다음으로 사회 . 경제적 스트레스 및 고립이 차지하고 있으며 3위로 2002년과 2007년에는 중독 및 질환문제가 2012년은 부부 및 가족갈등과 종교문제가 2017년에는 성격 및 기질문제가 차지하고 있다. 이러한 현상들은 산업화와 더불어 경제 발전을 이룩하는 과정 속에서 전통적인 가족제도와 사고들이 변화되고 이로 말미암아 발생되는 여러 문제들로 인한 현상이라 할 수 있겠다.

또한 부모들의 연령이 높아질수록 보릿고개를 벗어나 좀 더 잘 살아 보고자 하는 욕망 과신분상승의 욕구 등으로 이른 새벽부터 늦은 밤 까지 공부나 생업 등에 매진하다 보니 자녀들의 가정교육이나 인성교육 등에 소홀하거나 미흡하지 않았나 생각이 된다. 따라서 부모들에 대한 역할과 양육방법 등의 교육과 정보제공 등의 기회와 사회적 지원제도가 긴밀히 이루어져야 하겠다.

# 12. 학대행위 가해자와 피해아동과의 관계

[표4-13] 학대행위 가해자와 피해아동과의관계(2002년~2017년)

(단위:건,%)

| 관계 \ 연도 | | 2002 | | 2007 | | 2012 | | 2017 | |
|---|---|---|---|---|---|---|---|---|---|
| 부모 | 친 부 | 1,432 | (57.8) | 2,788 | (50.0 | 3,013 | (47.1) | 9,562 | (42.8) |
| | 친 모 | 551 | (22.3) | 1,520 | (27.2) | 2,090 | (32.6) | 6,824 | (30.5) |
| | 계 부 | 21 | (0.8) | 50 | (0.9) | 74 | (1.2) | 401 | (1.8) |
| | 계 모 | 94 | (3.8) | 145 | (2.6) | 151 | (2.4) | 341 | (1.5) |
| | 양 부 | 5 | (0.2) | 11 | (0.2) | 23 | (0.3) | 28 | (0.1) |
| | 양 모 | 0 | (0.0) | 10 | (0.2) | 19 | (0.3) | 21 | (0.1) |
| | 소 계 | 2,103 | (84.9) | 4,524 | (81.1) | 5,370 | (83.9) | 17,177 | (76.8) |
| 친인척 | 친조부 | 24 | (1.0) | 50 | (0.9) | 74 | (1.2) | 128 | (0.6) |
| | 친조모 | 53 | (2.1) | 108 | (1.9) | 104 | (1.6) | 237 | (1.1) |
| | 외조부 | 0 | (0.0) | 12 | (0.2) | 14 | (0.2) | 61 | (0.3) |
| | 외조모 | 5 | (0.2) | 35 | (0.6) | 48 | (0.7) | 127 | (0.6) |
| | 친인척 | 54 | (2.2) | 123 | (2.2) | 175 | (2.7) | 328 | (1.5) |
| | 형제자매 | 6 | (0.2) | 26 | (0.5) | 20 | (0.3) | 186 | (0.8) |
| | 소 계 | 142 | (5.7) | 354 | (6.3) | 435 | (6.8) | 1,067 | (4.8) |
| 대리양육자 | 부모의동거인 | 37 | (1.5) | 88 | (1.6) | 75 | (1.2) | 247 | (1.1) |
| | 유치원종사자 | – | | – | | 31 | (0.5) | 281 | (1.3) |
| | 학원및교습소종사사 | 13 | (0.5) | 11 | (0.2) | 37 | (0.6) | 217 | (1.0) |
| | 아동복지시설종사자 | – | | – | | 99 | (1.5) | 317 | (1.4) |
| | 기타시설종사자 | 5 | (0.2) | 234 | (4.2) | 20 | (0.3) | 60 | (0.3) |
| | 초 · 중 · 고 교원 | 12 | (0.5) | 53 | (0.9) | 16 | (0.2) | 1,345 | (6.0) |
| | 보육교직원 | – | | – | | 110 | (1.7) | 840 | (3.8) |
| | 위탁부 | – | | 0 | (0.0) | 0 | (0.0) | 4 | (0.0) |
| | 위탁모 | – | | 3 | (0.0) | 3 | (0.0) | 17 | (0.1) |
| | 베이비시터 | – | | 6 | (0.1) | 6 | (0.1) | 15 | (0.1) |
| | 소 계 | 67 | (2.7) | 386 | (6.9) | 397 | (6.2) | 3,343 | (14.9) |

| | | | | | | | | | |
|---|---|---|---|---|---|---|---|---|---|
| 타인 | 이 웃 | 34 | (1.4) | 95 | (1.7) | 60 | (0.9) | 86 | (0.4) |
| | 낯선사람 | 20 | (0.8) | 48 | (0.9) | 48 | (0.7) | 208 | (0.9) |
| | 소 계 | 54 | (2.2) | 143 | (2.6) | 108 | (1.7) | 294 | (1.3) |
| 기 타 | | 32 | (1.3) | 90 | (1.6) | 70 | (1.1) | 441 | (2.0) |
| 파악안됨 | | 80 | (3.2) | 84 | (1.5) | 20 | (0.3) | 45 | (0.2) |
| 계 | | 2,478 | (100) | 5,581 | (100) | 6,400 | (100) | 22,367 | (100) |

주) 1. 자료 : 보건복지부 전국아동학대현황보고서 2017
2. ( )은 분포 백분율

[표4-13]에 나타난 바와 같이 학대행위자와 피해아동과의 관계를 살펴보면 가해자가 부모인 경우 2002년 84.9% 2007년 81.1% 2012년 83.9% 2017년 76.8%로 높은 구성비를 차지하고 있으며 대리양육자의 학대행위는 2002년 2.7% 2007년 6.9% 2012년 6.2% 2017년 14.9%로 2002년에 비해 많은 증가를 보이고 있음을 알 수가 있다. 그리고 2017년도에는 친부(42.8%) 모(30.5%) 다음으로 초중고 교직원(6.0%)과 보육교직원(3.8%) 순으로 나타나고 있다.

# 제 V 부

# 노인학대

# 제1장
# 노인학대

## Ⅰ. 노인의 개념

노인(老人)이란 늙은 사람 즉 나이가 많은 사람을 의미하며 늙다 는 것은 나이가 중년이 지나 기력이 줄어가는 것을 말한다. 그러나 늙었다, 나이가 많다, 노인이라는 기준에 대하여는 논란의 여지가 있어 그 개념을 명확하게 정의하기란 쉽지가 않다. 우리나라의 평균 수명이 52.4세와 63.2세였던 60~70년대만 해도 61세가 되면 환갑(회갑) 이라 하여 친지를 초청하여 축하잔치를 거하게 치렀었는데 평균수명이 80.8세인 요즈음에는 잔치는 고사하고 노인정에 갔다가는 어린애 취급을 받으면서 건방지다는 핀잔을 받는 판이다.

우리나라의 노인복지법에는 65세 이상을 노인으로 규정하고 있으며 1951년 제2회 국제노년학회에서는 노인을 인간의 노화과정에서 나타나는 생리적, 심리적, 환경적 변화 및 행동의 변화가 상호작용하는 복합형태의 과정에 있는 사람이라고 정의하고 그 특징을

1. 환경 변화에 적절히 적응할 수 있는 조직기능이 감퇴 하고 있는 사람
2. 인체의 자체 통합 능력이 쇠퇴 하고 있는 사람

3. 인체의 기관 조직 기능이 감퇴기에 있는 사람
4. 생활상의 적응력이 감퇴하고 있는 사람
5. 인체조직의 예비능력이 감퇴하여 적응력이 떨어지는 사람으로 규정하고 있다.

또한 노인에 대한 조작적 정의로는

1. 개인의 자각에 의해 스스로를 노인이라 규정 하는 것
2. 일정한 연령에 이른 사람을 노인이라 규정 하는 것
3. 정년퇴직 등으로 사회적 지위와 역할이 상실 된 상태에 있는 사람
4. 개인의 신체적 심리적 기능의 정도에 따라 규정하는 것 등으로 노인의 개념은 노화된 연령이 증가함에 따라 심리적 신체적 기능의 저하와 능력의 감소는 물론 사회적 지위와 역할이 감소 또는 상실 되어 가는 과정이라고 볼 수 있으며 사람에 따라 많은 차이를 나타낸다.(최성재, 장인협 1987)

세상에 태어난 생명체들은 성장하여 종을 번식시키다가 죽는다. 해가 뜨면 지고 봄 여름 가을 겨울의 4계절이 순환하면서 세월이 지나가듯이 인간 또한 세상에 태어나 부모와 가족의 보살핌 속에서 성장하여 결혼을 하고 자식을 낳아 키우면서 삶을 영위하다가 죽음을 맞는다. 따라서 젊고 건강하게 늙지 않고 장수하거나 영원토록 살고 싶은 것이 인간의 욕망이고 설사 죽는다 해도 좋은 곳에서 영생하고 싶은 것이 염원일 것이다.

인간들의 이러한 염원 속에서 종교가 생겨나고 사후세계 즉 내세관이 생겨난 듯하다. 이슬람교에서는 선한사람(참된 이슬람)은 낙원(천국)으로 들어가고 악한 사람은 지옥에 간다고 하며 낙원에 들어간 남자들은 낙원의 처녀들이 주는 포도주를 마시면서 많은 여자들과 결혼을 할 수 있다고 본다.

기독교 내세관은 하나님을 믿는 사람에게는 영생이 주어지고 하나님의 왕국에서 살며 회개하지 않는 자, 하나님의 사람을 거부 하는 자 등 은 지옥에 간다고 본다. 불교의 내세관은 각자의 업에 따라 인간이나 아귀, 축생 등으로 몸을 바꿔 태어난다(윤회). 또한 선한 사람은 극락으로 살생이나 투도, 절도, 음행 등의 죄를 저지른 자는 지옥으로 간다고 본다.

단군신화를 살펴보면 하늘 즉 상계에 계신 환인의 서자인 환웅이 천하를 다스릴 뜻을 가지고 3,000도중을 거느리고 태백산의 신단수 아래로 내려와 신시(神市)를 건설하고 군장이 되어 설교치세(設敎治世)하다가 단군에게 계승시키고 환인이 계신 상계의 신향으로 올라갔으며 단군왕검은 태백산의 신시에서 내려와 평양성에 도읍을 정하고 조선이라는 국호를 사용하였으며 이후 이사달로 천도하여 만대의 기틀을 잡아놓고 신선이 되었다고 전해진다.

고구려시조 동명왕 고주몽의 아버지 해모수는 천제의 태자로서 천제에 의해 부여왕의 고도(古都)로 파견되어 정사(政事)를 보다가 유화의 몸에 주몽을 잉태시키고 승천하였으며 주몽은 고구려를 창건하여 18년 동안 재위하다가 40세 되던 해 승천하였다. 고구려의 고국천왕 13년(191) 을파소(?~203)의 선인도랑제도는 교화(文)를 다루는 참전(参佺)과 무예(武)를 다루는 조의(早衣)로 되어 있으며 정사에도 고구려의 선인 관직이 나온다.

신라시대 최치원의 난랑비서(鸞郎碑序)에는 신라에는 현묘한 도가 있어 그것을 풍류라 하고 그 가르침을 마련한 근원은 선사(仙史)에 있다는 말이 나온다. 또한 예종은 1116년 5월 경진일에 내린 제서(制書)에서 신라시대의 유적을 영광되게 받들 것과 국선 즉 화랑의 일을 대관의 자손을 시켜 행할 것을 명하였으며 의종도 1168년 3월 무자일에 신령을 반포하고 선풍을 숭상하도록 명하였다.

도교는 호흡조절(調息)과 관절운동, 도인술(導引術) 등의 수련이나 불로초나 선단(仙丹)등의 복용과 남녀관계에 있어 방사의 조화 즉 방중(房中)술 등을 통하여 불로장생을 이루어 신선이 되고자 하는 종교라 하겠다.

진시황은 불로장생을 하기 위해 방사 서불(徐市 또는 徐福)을 시켜 다수의 수종인원을 거느리고 신선들이 사는 삼신산을 찾아 불로초를 찾아오라고 하였으며 당나라 말기의 신라유학생 김가기는 내단 수련에 성공하고 공행이 차서 미리 정해진 날짜에 당나라 장안 종남산에서 선계의 의장에 옹위되어 백주에 만인이 지켜보는 가운데 천상 선계로 올라갔다고 전해진다.

평균수명이 날로 늘어나는 현실에서 불로장생이나 선인의 경지에 이르는 것은 차치하더라도 건강하게 장수하는 것은 평소 운동을 통하여 자신의 건강관리에 노력을 기울인다면 많은 효과를 볼 것으로 믿는다. 보톡스나 태반주사를 맞고 건강이나 정력에 좋다면 물불을 가리지 않고 즐기다가 부작용에 돈 잃고 건강 잃어 고초를 겪게 되고 심지어는 외국에까지 원정을 가서 뱀탕 등을 즐기다가 나라망신 시키는 행위들은 하지 말고 말이다.

효경의 개종명의(開宗明義)에 공자는

신체발부는 수지부모 하니(身體髮膚는 受之父母)

불감훼상이 효지시야요(不敢毁傷이 孝之始也)

입신행도하고 양명어후세하여(立身行道하고 楊命於後世)

이현부모가 효지종야(以顯父母가 孝之終也)니라 하였다. 즉, 신체는 부모에게 받은 것이니 손상시키지 않고 잘 관리하는 것이 효의 시작이고 출세하여 후세에 이름을 날려 부모를 드러나게 하는 것이 효의 끝이라 하였다.

옛 어른들은 세월은 유수와 같다고 하였지만 요즈음에는 세월의 속도가 나이와 비례하여 지나간다고 한다. 하지만 공자의 말씀처럼 평소 몸을 소중히 관리 한다면 노화의 진행과정을 다소나마 억제하거나 줄일 수 있을 것이라 생각한다.

## II. 노화의 개념

모든 인간들은 세상에 태어나 성장과 발달을 하면서 한세상을 풍미하다 늙어 삶을 마감하게 된다. 따라서 건강하고 행복하게 오래 산다는 것은 모든 사람들의 바램이라 해도 과언이 아닐 것이다. 늙는다는 것 즉 노화에 관한 이론들은 분분하여 수 백여 개에 이르고 있으나 뚜렷한 답은 없는 상태이다. 따라서 노화의 원인 또한 어떤 단일 원인에 의해서 발생되는 것이 아닌 복합적인 원인에 의해서 일어나며 여러 원인들이 동시에 조절되고 있는 것으로 믿고 있다. 또한 평소 어떠한 환경 속에서 건강과 체력관리를 하고 있으며 어떠한 마음을 가지고 생활하는 가 등에 따라 사람마다 차이가 있을 수 있다.

# III. 신체적 노화

## 1. 노화의 이론

### 1) 소모이론(Wear and Tear Theory)

생물학적 노화의 원인에 관한 이론을 몇 가지 살펴보면 세포는 수명을 결정하기 위해 쓰이는 에너지율과 수명을 위해서 필요한 에너지 대사율을 다르게 지녔을 것이라는데 기초를 하여 오랜 활동으로 인하여 소모되고 세포의 기능 저하가 일어나 노화가 진행 된다는 개념이다.

### 2) 면역설(Immunological theory)

나이가 들어감에 따라 면역 기능이 저하되고 이로 인해 외부항원의 침범이나 자체 내에서 생성된 이물질인 경우 체내의 정상적인 생화학적 활동을 유지하는데 지장을 초래하게 되고 이러한 문제가 축적되면 세포의 불활성화를 초래하여 질병에 쉽게 걸리게 된다. 그 결과 노화가 일어난다고 하는 개념이다.

### 3) 대사 노폐물설(Metabolic waste theory)

물질대사 결과 생성된 비활성 물질의 점진적인 축적으로 세포의 정상적인 활동을방해하게 되어 노화가 일어난다는 개념이다.

### 4) 세포 과오설(Cellular error theory)

DNA가 단백질 또는 효소를 결합시키는 과정에서 잘못 전달된 유전 정보로 인하여 DNA에 포함되는 유전 정보에 맞지 않는 것을 생산하게 되고 이러한 단백질이나 효소가 축적되어 노화를 일으킨다는 개념이다.

### 5) 프로그램설(Program Theory of aging)

태어나면서부터 각종마다 나름의 평균 수명을 지니고 있기 때문에 유전자(DNA)속에 프로그램화 되어 있다가 적절한 시간이 경과함에 따라 노화의 현상이 일어난다는 개념이다.

## 2. 신체적 변화

신체적 노화는 김영곤(2007), 조추용(2009), 김인혁(2011), 김태임 외(2007)을 참조하여 재구성하였다.

### 1) 외피계의 변화

표피조직은 주로 신체내의 항산성을 돕거나 신체의 보호와 면역 기능을 담당한다. 노화와 함께

(1) 표피세포의 박피가 증가되고 세포분열 능력이 감소되어 약하게 되어 찢어지거나 감염에 의한 피부손상의 위험이 증가 된다.

(2) 멜라닌을 생성 할 수 있는 세포수의 감소로 머리카락 색깔이 탈색 되거나 백발로 변하게 되며 가늘어 지고 숱도 줄어든다.

(3) 진피의 기질과 지방 수분이 감소하여 저장물질을 확보할 수 있는 공간이 줄어들게 됨으로써 피하지방의 감소로 주름살이 생기며 피부의 탄력성이 줄어들게 된다.

(4) 땀샘이나 안드로겐 의존성 지방샘은 점점 퇴화로 인해 그 수가 감소하며 따라서 땀을 덜 흘리게 되고 피부가 건조하게 되어 피부가 벗겨지게 된다. 또한 이러한 이유로 노인들은 체온을 조절할 수 있는 능력이 떨어지게 되어 추위를 많이 느끼거나 환절기에 호흡질환이 발생하기 쉽다.

### 2) 근골격계의 변화

노화가 진행됨에 따라 뼈의 칼슘 손실과 콜라겐 섬유의 감소로 뼈의 기질은 많은 무기염류를 지니게 되며 뼈는 약해져 골절의 위험이 증가하게 된다. 그리고 치아가 빠지게 되고 추간판이 오그라듦으로써 등 모양이 변하게 되고 추간판의 뒤틀림과 척추후굴증으로

인하여 키는 줄어들게 된다. 또한 연골 조직이 얇아지거나 탄력이 약화되어 관절염을 일으키기도 한다. 뼈 조직으로부터 칼슘 손실은 남자보다 여자가 더 심하게 나타나며 여자의 경우 약 30세 이후에 손실이 나타나서 약 70세에 이르게 되면 30% 이상의 뼈 속 칼슘이 손실 된다고 본다. 이러한 칼슘의 손실은 여자 노인의 경우 일주일에 30~45분 정도의 걷기 운동으로도 칼슘 손실을 줄일 수 있다고 한다.

근섬유의 노화로 인해 근섬유수와 그 지름이 감소되어 근육의 체적이 감소된다. 따라서 근 긴장도와 근육량이 감소되어 체지방율이 증가되고  근섬유의 퇴화에 따른 운동 뉴런의 감소는 골격근 내의 운동 단위의 크기를 감소하게 된다.

### 3) 호흡기계의 변화

기관과 기관지벽의 연골은 칼슘축적과 노화함에 따라 견고하게 변화되며 기관지 벽내의 평활근 섬유는 섬유성 결체조직으로 대체되어 수축이나 확장이 어렵게 된다. 결과적으로 기관지는 탄성이 감소되어 최대 호흡능력과 생체능력을 감소시키게 된다. 폐포의 탄성은 감소되고  통기 능력은 떨어진다.

### 4) 심혈관계의 변화

심장은 피를 펌프질 하고 혈관은 수축과 이완 작용을 통하여 혈액과 신체 조직 간의 물질교환을 하게 된다. 심혈 관계의 노화는 심박출량과 심박동능력이 감소되며 동맥벽이 비대해지고 탄력성이 줄어들게 된다. 이러한 변화와 기능저하로 고혈압 동백경화 뇌졸중 등 질환의 발병 위험이 증가 된다.

### 5) 소화기계의 변화

위는 노화함에 따라 점액선이나 위선의 위축으로 점액의 분비와 염산 및 소화효소의 분비가 감소되어 소화기능이 감퇴한다. 소장은 소장 벽의 점액이 위축되고 소장 내에서 분비되는 효소 역시 감소되며 모세혈관의 흡수력도 줄어들게 된다. 대장 벽 또한 위축 되고 약해지게 되며 위에서의 염산의 분비로 말미 암아 대장 내 산도의 변화가 일어나고 박테리아의 군집조성에 변화가 일어나게 된다.

### 6) 신경계의 변화

신경 조직의 노화로 신경세포가 감소되고 말초신경 내의 축색돌기 수는 줄어들고 중추 신경 조직의 뉴런 역시 감소된다. 뉴런을 싸고 있는 유수신경의 손실과 함께 중추 신경내의 뉴런의 손실은 뇌의 양적 감소에 영향을 미치게 되어 정신기능이 저하된다. 또한 운동반응 시간이 느려지고 운동반사도 약해지며 반응행동도 느려진다.

### 7) 감각기의 변화

시각은 노화가 진행 되면서 노안이라고 불리는 원시가 나타나고 각막의 이상으로 발생하는 난시로 인하여 물체가 흐릿하게 보인다. 눈꺼풀은 탄력성을 잃게 되어 처지게 되며, 청각은 나선 기관세포와 감각신경절 세포의 탈 증식은 내이의 전정 와우각에서도 나타나는데 이곳의 주기능인 몸의 평형감각에 영향을 미쳐 평형감각이 감소하게 된다.

### 8) 비뇨생식기계의 변화

노화와 함께 신장을 둘러싸고 있는 결체 조직이 두꺼워지거나 피질부 두께가 감소되며 기관 내 세포의 일반적인 괴사 등의 현상을 포함해서 신장의 구조적 변화가 동반된다. 또한 세포의 감소로 인해 신장의 무게가 감소되고 신장의 손실은 주로 피질 내에서 일어나며 전체 사구체의 표면을 감소시키는 결과를 초래하기 때문에 사구체의 감소는 비정상적인 사구체를 증가시키게 됨으로써 사구체의 여과율을 감소시키게 된다.

그리고 노화함에 따라 신장관의 탈 증식이 증가되고 비정상적인 상태가 많아진다. 관 모양의 벽이 두꺼워지고 짧아지게 되어 신장의 요를 농축하기 위한 능력이 약간 감소된다. 사구체에 분포한 혈관의 막이 두꺼워지고 근육 조직이 손실되며 혈관 벽 내에 동맥경화성 물질의 축적이 따르게 된다. 신장에 도달되는 혈액의 감소는 사구체의 여과율을 떨어뜨리며 신장 내 다른 노화를 촉진시킨다. 또한 방광과 요도벽의 근육 또한 약해지고 탄성이 줄어들게 되어 노인의 방광은 배설 후 약 100ml 정도의 잔여 오줌을 보유하게 되고 배뇨의 신호 또한 지연되어 노인들은 배뇨 시 매우 조급하게 되며 요도괄약근이 쇠약해져서 화장실에 도착하기 전에 배뇨를 하게 되는 경우가 발생된다. 특히 여성의 경우 골반강의 통로를 형성하는 근육이 약해서 외부 요도괄약근의 효능을 감소시키게 되고 방광

내의 압력이 증가하거나 재채기나 오한이 생길 때 오줌이 새어나오게 되는 상태가 되기도 한다.

남성은 결체 조직과 관의 내강이 좁아져 세정관의 벽이 두꺼워 지므로 세정관의 탈증식이 일어나 정자수가 감소되고 정자의 운동능력 또한 감소하게 되며 생식선은 위축되어 분비능력이 감소되고 결과적으로 오르가즘 후 정자와 정액의 양 모두가 감소된다. 또한 요도를 둘러싸고 있는 생식선 부분은 종종 확장 되어 무게가 증가한다. 이러한 비대증은 요도를 수축시켜 배뇨에 어려움을 겪게 하며 음경 또한 위축 되고 작아지며 탄성이 줄어든다. 음경의 발기는 음경 내 혈액의 축적정도에 좌우되며 이것은 해면조직의 확장 능력과 탄성을 억제하고 손실 정도의 차이에 따라 달라진다.

여성은 난소에서 분비되는 에스트로겐과 프로게스트론의 양이 감소되며 이로 인해 질과 자궁 내에서 탈 증식이 동반된다. 폐경은 뇌하수체로부터 황체형성 호르몬과 여포 자극 호르몬 에 반응 할 수 없도록 난소 내에서 여포세포의 변화가 생겨서 나타나는 것으로 폐경과 함께 혈관의 불규칙한 팽창과 수축으로 인하여 열과 땀이 나고 얼굴과 가슴에 붉은 반점이 생긴다. 또한 의기소침해지고 짜증스럽고 머리가 아프며 불면증이 동반된다. 폐경기 이후 경부관의 직경은 줄어들며 자궁내막이 위축 된다. 자궁관은 얇아지며 연동성 수축도 약해진다. 질은 좁아지고 짧아지며 벽 또한 얇아지고 건조해지며 탄성이 줄어든다. 질의 분비액은 약산성이 되어 질 내 박테리아와 기타 곰팡이가 서식하기 쉬워 질병에 거리기가 쉽다.

# Ⅳ. 심리적 노화

## 1. 심리적 노화의 특성

### 1) 감각  및 지각능력의 변화

노년기에는 감각기관들의 기능이 저하되면서 시각은 수정체의 조절 능력의 저하로 인하여 돋보기를 사용하게 되며 또한 수정체에 섬유질의 증가로 백내장 등이 생기고 시야는 좁아지게 된다. 청각 또한 소리의 고저에 대한 변별력이 감소되어 보청기 등에 의지하는 등 일상생활에 많은 어려움을 가지게 되며 형태지각과 시공간 통합능력의 저하로 복잡한 정보들 속에서 형태를 찾아내거나 정보를 통합하여 이해하는데 어려움이 발생한다.

또한 감각기관이 수집한 정보를 의식적 수준에 처리하고 평가하는 지각기능의 반응속도가 저하 되어 안전사고를 유발할 가능성이 높다.

### 2) 주의집중 및 반응시간의 변화

노화에 따라 주의 집중력도 짧아져 장시간 주의를 집중하거나 두 가지를 동시에 수행하는 능력 또한 저하된다. 따라서 장거리를 운전하거나 오랜 시간 강의를 듣는 것이 힘들어진다. 또한 나이가 들면 반응 속도가 늦어지고 시간 또한 길어진다. 따라서 순발력이 느리거나 동작이 느려지게 된다.

### 3) 인지 및 정신 기능

노화에 따라 단기 기억능력이 저하 되며 심할 경우 에는 자신감의 상실과 자아개념이 손상되며 의욕을 상실하고 우울해진다. 그러나 기억력의 감퇴가 노화 과정에 일어나는 것인지 우울증 정신분열 치매 등의 질병에 의한 것인지 확인 할 필요가 있으며 노화기에 의한 기억력 감퇴는 메모의 습관을 가지거나 기억할 내용을 소리 내어 반복하여 읽어 정보를 장기 기억화 하는 것이 좋다.

### 4) 정서 및 성격의 변화

노화에 따라 호르몬 분비의 변화 등으로 남성은 자상함이나 미적성향을 보이며 여성은 공격성이나 자기중심성 성향이 높아진다. 그리고 자신이 살아오면서 경험하고 느꼈던 생각 등으로 습관적 태도와 방법을 고수 하고 좀 더 주관적이며 자기주장이 높게 나타난다.

또한 새로운 일에 도전하거나 확장하고 변화시키기 보다는 지키고 가꾸려는 좀 더 보수적인 성향을 나타나며 체력의 저하, 경제 사정 악화, 배우자 사망, 사회적 지위 악화 등으로 인하여 자신감이 낮아지면서 타인에 대한 의존성이 증가되고 또한 우울성향이 증가한다.

## 2. 노년기 심리적 적응이론

라이카드 등(Rei chard 외 1962)은 활동 혹은 은퇴이론의 활동성만 가지고 노후생활의 적응여부를 결정지을 수 없다는 전제하에 분노형, 자학형, 은둔형, 무장형, 성숙형을 제시하였다.

### 1) 분노형

자신의 과거를 절망과 실패감으로 돌아보며 실패의 원인을 불행한 시대, 경제적 사정, 부모, 형제 등 외적인 측면에서만 찾으며 원망과 질책을 남에게 돌리며 타협을 거부한다.

### 2) 자학형

젊은 시절 인생의 목표를 달성하지 못하고 늙어버린데 대해 비통해하는데 실패의 원인을 자신에게 돌리는 유형으로 늙어간다는 사실을 인정 하지 않으려 하며 나이가 들수록 점차 우울증이 깊어지고 부적응과 무가치함을 경험 하게 된다.

### 3) 은둔형

은퇴와 더불어 평생 지녔던 무거운 짐을 벗어던지고 복잡한 대인관계와 사회적 책임감에서 벗어난 것을 홀가분하게 생각하는 부류로써 손자를 돌보거나 꽃을 가꾸며 편안한 노년을 보낸다.

### 4) 무장형

늙음과 함께 오늘 소극성과 무력감, 신체적 능력의 저하를 막아보기 위해 적극적으로 활동하는 사람으로 사회적 활동이나 기능을 계속 유지하고 활동의 양이나 질에서 보람을 느끼고 생에 만족하는 유형이다.

### 5) 성숙형

자신들의 삶이 잘 보상 받았다고 느끼고 과거에 대해서 후회하지도 않으며 현재에도 별 성실감이 없이 살아가는 유형으로 많은 활동과 인간관계를 통해 참된 만족감을 얻는다(홍숙자 2006).

# Ⅴ. 사회학적 노화

## 1. 사회학적 노화 이론

### 1) 현대화 이론

현대화가 사람들의 기본 관념을 변화시키고 노인의 지위나 역할에도 영향을 미친다는 카우질과 홈즈 (Cowgill & Homes, 1972) 의 현대화이론 그리고 호만스

(Homans,1961)의 교환이론으로 타인과 물질 및 비물질적 요소의 거래에는 상호 교환 관계를 갖는데 노인은 경험, 지식, 기술이 낡고 신체 및 정신 능력이 약하여 대등한 교환 가치를 가지지 못하므로 사회의 교환관계에서 배제된다고 주장한다(김인혁 외 2011).

### 2) 역할 이론 (Role Theory)

인간은 자신이 수행하는 사회적 역할들에 의해 자신의 존재의 의미를 확인하면서 그에 상응하는 자아개념을 지켜나가게 된다. 그런데 노년기에 새로운 역할의 취득은 별로 없는데 과거에 수행하던 역할들을 상실하게 되면서 사회적 정체감과 자아존중감이 흔들리게 된다. 노년기의 역할의 불확실성 등은 노인들을 무력하게 만들고 의존적인 존재로 만든다고 주장한다. (조추용 외, 2009)

## 2. 사회학적 노화의 특성

퇴직과 배우자의 사별 자녀의 분가 등으로 인한 사회적 지위의 상실과 역할이 축소됨으로서 느끼게 되는 허탈감과 무력감, 우울 등의 경향이 높게 나타난다. 또한 경제력이 약화 되고, 질병 등으로 인한 신체 활동 능력이 저하 되고 부양자의 지위에서 피부양자의 지위로 전환되면서 가족과의 갈등이 대두하게 되고 이에 대한 욕망과 목표의 달성 등으로 느끼던 성취감이 목표를 상실함으로써 의욕의 저하된다.

# Ⅵ. 노인학대의 개념 및 유형

노인 학대라 함은 노인에 대하여 신체적, 정신적, 성적, 폭력 및 경제적 착취 또는 가혹행위를 하거나 유기 또는 방임을 하는 것을 말하는 것으로 노인복지법에 근거하여 신체적 학대, 정서적 학대, 성적학대, 방임 자기방임 등으로 분류한다.

신체적 학대는 물리적인 힘이나 도구 등을 이용하여 노인에게 신체적 혹은 정신적 손상이나 고통, 장애등을 유발하는 행위를 말하며 정서적 학대는 비난이나 모욕 또는 위협 등의 언어 및 비언어적 언행을 통하여 노인에게 정서적으로 고통을 유발시키는 행위를 말한다. 또한 성적학대는 성적 수치심을 유발하는 행위나 성폭력 등 노인의 의사에 반하여 강제적으로 행하는 모든 성적인 행위를 말하며 경제적 학대는 노인의 의사에 반하여 노인으로부터 재산 또는 권리를 빼앗는 행위로서 경제적 착취를 하거나 노인의 재산에 관한 법률 권리를 위반 또는 경제적 권리와 관련된  의사결정에서의 통제 등을 하는 행위를 말한다.

방임은 부양의무자로서의 책임이나 의무를 거부하거나 불이행 또는 포기하여 노인의 의.식.주 및 의료를 적절하게 제공하지 않는 행위를 말하며 자기방임은 노인 스스로가 의.식.주 제공 및 의료 처치 등의 최소한의 자기 보호 관련 행위를 의도적으로 포기하거나 또는 비의도적으로 관리하지 않아 심신이 위험한 상황이나 사망에 이르게 하는 행위를 말하고 유기는 보호자 또는 부양의무자가 노인을 버리는 행위를 말한다.
(노인학대 현황보고 2012)

# Ⅶ. 노인문제의 원인

## 1. 인구의 구조변화

연도별 1인당 국민소득은 1960년 9천 9백원으로 외국의 원조로 연명하던 국민에서 50여년 만에 2,424배가 넘는 성장으로 2010년 1인당 국민소득이 2천 4백만 원이 되었으며 2012년에는 1인당 GNI가 2,559만원의 국민이 되어 세계에서 유일하게 원조를 받던 나라에서 원조를 제공하는 나라의 국민이 되었다[표 5-1]. 이러한 자랑스러움은 오늘날 노인으로 소외 되어있는 그분들의 각고의 노력으로 이룩된 것임을 그 누구도 부인하지 못할 것 이다.

[표5-1 년도별 1인당 국민소득 (GNP)(1960년~2010년)

(단위 : 천원, us)

| 구분 / 연도 | | 1960 | 1970 | 1980 | 1990 | 2000 | 2010 |
|---|---|---|---|---|---|---|---|
| 1인당 GNP | 천원 | 99 | 90 | 1,010 | 4,460 | 12,770 | 24,000 |
| | $ | 79 | 255 | 1,660 | 6,303 | 11,292 | 20,759 |

자료 : 한국은행 국민계정, 통계청 한국통계연감 2012

그분들은 일제 강점기의 강제징용과 수탈을 겪었으며 해방과 더불어 혼란 속에서 자유를 누릴 틈도 없이 동족상쟁의 6.25 전쟁을 겪으면서 군인으로 또는 학도병으로 자유 대한민국을 지키고자 피를 흘리고 전쟁이 끝난 후에는 폐허 속에서 끼니 걱정을 하면서도 자식들에게는 가난을 대물림 시키지 않겠다는 신념으로 이를 악물고 산업전선에서 수출역군으로 아님 파독광부나 간호사들처럼 또는 열대 사막의 공사현장에서 땀을 흘리면서도 굴하지 않고 노력하여 오늘의 대한민국을 이룩한 진정한 나라의 1등 공신 자 들이다.

또한 이러한 많은 분들의 노력으로 산업화와 더불어 경제발전을 이룩하여 삶은 윤택해지고 평균수명은 1960년 52.4세에서 2010년 80.8세로 반세기만에 28.4세의 평균수명이 늘어나게 되었다. 그러나 급속한 경제성장과 물질문명의 발달에 따른 여러 부작용은 많은 사회문제가 되고 있어 오늘날 우리들이 지혜롭게 해결하여야 할 과제가 되고 있다.

이러한 여러 문제들 중 평균수명의 증가에 따른 인구구조의 변화를 가져왔다[표5-2].

통계청 통계연감을 보면 우리나라의 평균 수명 및 기대 수명은 2000년 여자가 80.5세 남자는 73.4세였으나 2010년에는 여자가 83.3세 남자는 76.6세였다. 2020년에는 여자는 85.1세 남자는 78.5세로 예측하고 있다. 또한 노인 인구는 1960년 907,900명 (남 38,400명, 여 523,500명)에서 2000년 3,366천명(여자 2,078천명 남자 1,287천명)으로 고령화 사회에 진입하였으며 2010년에는 5,377,000명 (여자 3,166,900명 남자 2,190,100명)으로 증가되었다. 그리고 2020년 추계로는 8,085,000명 (여자 4,633,000명 남자 3,452,000명)으로 증가되어 고령사회에 도달할 것으로 예측되어 있다.

### [표5-2] 성별, 연령별 노인인구추계(1960년~2030년)

(단위 : 천명 %)

| 구 분 | 65~69세 | | 70~74세 | | 75~79세 | | 80세 이상 | | 계 | |
|---|---|---|---|---|---|---|---|---|---|---|
| | 남 | 여 | 남 | 여 | 남 | 여 | 남 | 여 | 남 | 여 |
| 1960 | 174.2<br>(1,4) | 203.5<br>(1.9) | 120.7<br>(1.0) | 176.3<br>(1.4) | 55.6<br>(0.4) | 85.0<br>(0.7) | 33.9<br>(0.3) | 58.7<br>(0.5) | 384.4<br>(3.1) | 523.5<br>(4.5) |
| 1970 | 181.4<br>(1.1) | 253.3<br>(1.6) | 120.8<br>(0.8) | 194.6<br>(1.2) | 60.9<br>(0.4) | 114.5<br>(0.7) | 34.9<br>(0.2) | 78.9<br>(10.5) | 398.0<br>(2.5) | 641.3<br>(4) |
| 1980 | 260.6<br>(1.4) | 359.7<br>(1.9) | 161.9<br>(0.9) | 263.0<br>(1.4) | 74.2<br>(0.4) | 155.1<br>(0.8) | 42.8<br>(0.2) | 128.6<br>(0.7) | 539.5<br>(2.9) | 906.4<br>(4.8) |
| 1990 | 385.3<br>(1.8) | 539.2<br>(2.5) | 240.6<br>(1.1) | 371.3<br>(1.7) | 131.3<br>(0.6) | 258.6<br>(1.2) | 77.4<br>(0.4) | 221.3<br>(1.0) | 834.6<br>(3.9) | 1,390.4<br>(6.4) |
| 2000 | 594.0<br>(2.57) | 782.2<br>(3.41) | 348.2<br>(1.51) | 563.9<br>(2.49) | 211.4<br>(0.92) | 389.3<br>(1.70) | 133.9<br>(0.58) | 343.1<br>(1.50) | 1287.5<br>(5.58) | 2,078.5<br>(9.1) |
| 2010 | 833.6<br>(3.40) | 977.8<br>(4.02) | 658.6<br>(2.68) | 868.3<br>(3.57) | 410.6<br>(1.67) | 656.4<br>(2.70) | 287.3<br>(1.17) | 664.4<br>(2.73) | 2,190.1<br>(8.92) | 3,166.9<br>(13.02) |
| 2020 | 1,272<br>(4.96) | 1,387<br>(5.4) | 918<br>(3.57) | 1,077<br>(4.2) | 639<br>(3.46) | 888<br>(3.46) | 623<br>(2.42) | 1,281<br>(4.5) | 3,452<br>(13.5) | 4,633<br>(18.1) |
| 2030 | 1,993<br>(7.69) | 2,093<br>(8.08) | 1,674<br>(6.46) | 1,856<br>(7.17) | 1,018<br>(3.93) | 1,271<br>(4.9) | 996<br>(3.85) | 1,789<br>(6.91) | 5,681<br>(21.93) | 7,009<br>(27.06) |

자료 : 통계청 한국통계연감 1991, 2001, 2011

황혼이혼 건수 또한 매년 증가되고 있어 60세 이상 이혼 건수는 2005년 8,600건(남자 6,000건 여자 2,600건) 2010년 13,100건(남자 9,000건 여자 4,100건) 2015년 17,800건(남자 11,600건 여자6,200건) 2017년 21,700건(남자 13,600건 여자 8,100건)이었다. 1인 노인 가구[표5-3] 또한 2000년 542,690가구 (여자 463,052가구 남자 79,638가구)에서 2010년에는 1,066,365가구 (여자 850,184가구 남자 216,181가구) 2015년 1,223,169가구(남자 298,056가구 여자 925,113가구) 2018년 1,444,588가구(남자 384,670가구 여자 1,059,918가구)로 증가되었다.

[표5-3] 1인노인가구의 연령별 분포(1995년~2018년)

(단위:명)

| 구 분 | 65세~69세 | | 70세~74세 | | 75세~79세 | | 80세~84세 | | 85세 이상 | |
|---|---|---|---|---|---|---|---|---|---|---|
| | 남 | 여 | 남 | 여 | 남 | 여 | 남 | 여 | 남 | 여 |
| 1995 | 17,983 | 117,297 | 15,081 | 96,341 | 9,125 | 54,248 | 4,107 | 24,303 | 1,541 | 8,994 |
| 2000 | 30,283 | 157,399 | 22,501 | 145,972 | 15,815 | 100,322 | 7,887 | 42,481 | 3,152 | 16,878 |
| 2005 | 49,762 | 185,139 | 38,129 | 199,297 | 24,734 | 153,787 | 14,247 | 81,175 | 6,283 | 30,155 |
| 2010 | 74,973 | 198,011 | 62,728 | 237,371 | 42,589 | 220,176 | 22,963 | 133,408 | 12,928 | 61,218 |
| 2015 | 109,375 | 204,209 | 79,259 | 229,521 | 58,136 | 230,002 | 32,640 | 164,600 | 18,646 | 96,781 |
| 2018 | 141,253 | 234,145 | 97,349 | 233,548 | 74,676 | 265,324 | 45,461 | 200,705 | 25,931 | 126,196 |

자료 : 통계청, 인구주택총조사 2011, 2016, 2018

2018년 한국통계연감에는 우리나라의 65세 이상 노인인구 4,175천(남 2,588. 여 1,587)명중 미혼은 57,292명(남 25,524명, 여자 31,768명)이었으며 사별한 경우는 1,551,609명(남 236,059명, 여 1,315,550명)이며 이혼한 경우는 245,351명(남 129,000명, 여 116,351명)이었다.

따라서 배우자가 없는 노인은 총 1,854,252명(남 390,584명, 여 1,463,669명)으로 이 들 노인들은 짝 잃은 외기러기와 같이 배우자 없이 외롭게 여생을 보내고 있는 상황인 것이다. 이러한 여러 변화의 요인들로 인하여 노인부양에 따른 부담이 가족은 물론 사회적으로도 많은 문제가 되고 있는 것이 현실이다.

또한 산업화에 따른 평균 가구원수 또한 변화를 가져와 1960년 가구당 5.71명에서 2010년 2.69명으로 감소되었으며 65세 이상 1인 노인가구는 1995년 349,020명에서 2010년 1,066,365명으로 증가되었다. 이러한 변화는 전통적인 대가족제도의 붕괴와 더불어 핵가족화가 가속화되고 가족문화와 윤리관이 약화되어 여러 문제들이 발생되고 있다.

## 2. 부모부양에 대한 견해

통계청의 2018 도 사회조사보고서에 나타난 부모 부양에 대한 견해[표1-63]를 살 펴보면 부모 스스로가 해결해야 한다는 견해는 30대(25.6%) 60대(25.0%) 65세 이상(24.9%) 순으로 나타나고 있으며 가족이 해결해야 한다는 견해는 30대(52.5%) 10대(32.5%) 65세 이상(29.7%)순으로 나타나고 있다. 그리고 가족과 정부 및 사회는 40대(53.2%) 50대(51.8%) 20대(49.4%) 순으로 나타났다.

부양에 대한 전체적 견해는 가족과 정부와 사회가 48.3% 가족이 26.7% 부모 스스로가 19.4% 순으로 나타나고 있으며 정부와 사회 그리고 가족과 정부, 사회가 해결해야 한다는 견해는 54.0%로 과반 이상이 사회와 정부의 역할을 기대하고 있다고 하겠다.

[표5-4] 부모 부양에 대한 견해

(단위 : %)

| 구분 \ 연령 | 전체 | 13~19세 | 20~29세 | 30~39세 | 40~49세 | 50~59세 | 60세이상 | 65세이상 |
|---|---|---|---|---|---|---|---|---|
| 부모 스스로 | 19.4 | 17.5 | 19.2 | 25.6 | 16.9 | 17.8 | 25.0 | 24.9 |
| 가족 | 26.7 | 32.5 | 27.4 | 52.5 | 24.5 | 24.6 | 28.3 | 29.7 |
| 가족과 정부, 및 사회 | 48.3 | 45.8 | 49.4 | 4.7 | 53.2 | 51.8 | 38.8 | 37.1 |
| 정부와 사회 | 5.7 | 4.2 | 4.0 | 0 | 5.5 | 5.9 | 7.9 | 8.4 |
| 계 | 100 | 100.0 | 100.0 | 100.0 | 100.0 | 100.0 | 100.0 | 100.0 |

자료 : 통계청 사회조사보고서 2018

오늘의 자랑스러운 대한민국을 이룩한 공로자들의 고달프고 애달픈 인생의 기나긴 여정에서 노후라도 존경받고 편안하게 쉬게 하였으면 좋으련만  존경은커녕 사회나 가정에서 힘없는 안방 늙은이가 되어 소외되고 노인 학대를 염려하는 현실이 안타깝기만 하다.

허기사 60이 넘은 나이에 자칭 국가지도자가 되겠다고 허우적거리는 정당의 지도자가 민주주의의 꽃이라 할 수 있는 선거에서마저 노인들은 투표장에 나오지 말고 집에서 쉬라는 참정권마저 포기하라고 권유하는 세상이니 무슨 말이 더 필요하겠는가?

# Ⅷ. 노인학대의 실태

## 1. 노인학대 신고현황

우리나라의 노인보호 전문기관은 중앙노인보호기관을 비롯하여 지역노인보호전문기관이 전국 16개 시도에 31개의 기관이 설치되어 노인 인권 보호와 관련된 제반사항과 노인학대신고·접수·조사 및 개입 등의 노인학대 예방사업을 수행하고 있다.

[표5-5]에 나타난 바와 같이 신고 접수된 사례 중 학대의심사례와 단순시설입소나 기관안내 등의 문의 그리고 자녀간 재산갈등의 법적 분쟁 등의 상담을 요청하는 경우 또는 노인학대가 의심되지만 정보부족으로 현장조사를 실시할 수 없는 경우로 구별한 자료를 살펴보면 학대 사례는 2005년 2,038건 2007년 2,312건 2012년 3,424건 2017년 4,622건으로 증가 추세를 보이고 있으며 2017년 노인학대신고 접수현황을 월 별로 살펴보면 6월 502건 7월 488건 8월 471건 순으로 많았으며 1월(295건)과 11월(320건)이 가장 적게 신고접수된 것으로 나타나고 있다.

[표5-5] 년도별 노인학대 신고 접수현황(2005년~2017년)

(단위 : 명%)

| 구분 \ 년도 | 2005 | 2007 | 2012 | 2017 |
|---|---|---|---|---|
| 일반사례 | 1,511<br>(42.6) | 2,418<br>(51.1) | 5,916<br>(63.3) | 8,687<br>(65.3) |
| 학대사례 | 2,038<br>(57.4) | 2,312<br>(48.9) | 3,424<br>(36.7) | 4,622<br>(34.7) |
| 계 | 3,549<br>(100) | 4,730<br>(100) | 9,340<br>(100) | 13,309<br>(100) |

1. 자료 : 보건복지부 노인학대 현황보고서 2017

## 2. 노인학대 상담현황

[표5-6]을 살펴보면 년도별 전체상담 횟수는 물론 일반상담과 학대상담의 횟수가 증가되고 있으며 또한 학대상담의 경우 학대 자체의 문제해결을 위한 심층상담과 아울러 학대피해노인 및 그 가족과의 집중적인 상담으로 인하여 일반적인 사례의 상담보다 상담의 횟수가 높은 구성비를 차지하고 있음을 알 수가 있다.

[표5-6] 년도별 상담횟수(2005년~2017년)

단위 : 횟수,%

| 구분 \ 연도 | 2005 | 2007 | 2012 | 2017 |
|---|---|---|---|---|
| 학대상담 | 13,836<br>(83.5) | 27,492<br>(87.3) | 65,294<br>(86.3) | 88,919<br>(79.9) |
| 일반상담 | 2,732<br>(16.5) | 3,988<br>(12.7) | 10,378<br>(13.7) | 22,326<br>(20.1) |
| 계 | 16,568<br>(100) | 31,480<br>(100) | 75,672<br>(100) | 111,245<br>(100) |

주) 1. 자료 : 보건 복지부, 노인 학대현황 보고 2017
2. ( )은 분포 백분율

# 3. 노인학대사례 종결사유

[표5-7] 년도별 신고 접수 사례 종결 사유(2007년~2017년)

(단위 : 건 %)

| 분 류 (연 도) | | 2007 | 2012 | 2017 |
|---|---|---|---|---|
| 사망 | 피해자 | 50 (3.0) | 48 (1.6) | 101 (2.3) |
| | 학대 행위자 | 6 (0.4) | 4 (0.1) | 17 (0.4) |
| | 소계 | 56 (3.3) | 52 (1.8) | 118 (2.7) |
| 학대 피해 노인 분리 | 독립(피해자) | 71 (4.2) | 85 ( 2.9) | 214 (5.0) |
| | 타 가족 동거 | 51 (3.0) | 78 (2.6) | 150 (3.5) |
| | 시설 입소 | 134 (7.9) | 202 (6.8) | 226 (5.2) |
| | 병원 입원 | 57 (3.4) | 154 (5.2) | 183 (4.2) |
| | 소계 | 313 (18.6) | 519 (17.5) | 773 (17.9) |
| 학대 행위자 분리 | 독립(학대행위자) | 53 (3.1) | 37 (1.2) | 195 (4.5) |
| | 시설 입소(행위자) | 5 (0.3) | 3 (0.1) | 24 (0.6) |
| | 병원 입원 | 49 (2.9) | 114 (3.8) | 237 (5.5) |
| | 형사처벌 | 10 (0.6) | 20 (0.7) | 49 (1.1) |
| | 소계 | 117 (6.9) | 174 (5.9) | 505 (11.7) |
| 상황 개선 | 부양 강화 | 145 (8.6) | 298 (10.0) | 206 (4.8) |
| | 지지자원 강화 | 200 (11.9) | 557 (18.8) | 439 (10.2) |
| | 학대 행위자 태도 변화 | 365 (21.6) | 578 (19.5) | 1,385 (32.1) |
| | 소계 | 710 (42.1) | 1,433 (48.2) | 2,030 (47.1) |
| 서비스 제한 | 지지자원 거부 | 75 (4.4) | 122 (4.1) | 136 (3.2) |
| | 내담자의 무리한 요구 | 69 (4.1) | 130 (4.4) | 73 (1.7) |
| | 기타 이민, 이주 등 | 20 (1.2) | 104 (3.5) | 105 (2.4) |
| | 소계 | 164 (9.7) | 356 (12.0) | 314 (7.3) |
| 개입 거부 | 피해자 개입 거부 | 302 (17.9) | 383 (12.9) | 486 (11.3) |
| | 소 계 | 302 (17.9) | 383 (12.9) | 486 (11.3) |
| 의뢰 | 타 지역 노인 보호기관의뢰 | 7 (0.4) | 11 (0.4) | 18 (0.4) |
| | 타 기관 의뢰 | 18 (1.1) | 42 (1.4) | 64 (1.5) |
| | 소 계 | 25 (1.5) | 53 (1.8) | 82 (1.9) |
| 계 | | 1,687 (100) | 2,970 (100) | 7,308 (100) |

주) 1. 자료 : 보건복지부, 노인 학대현황 보고, 2007, 2012, 2017
2. ( )은 분포 백분율

노인보호 전문기관에 신고 접수된 노인 학대사례를 종결함에 있어 학대피해 노인 분리는 학대행위자와 동거하고 있는 곳에서 학대피해 노인이 분리하여 나가는 것을 말하며 반대로 학대행위자 분리는 학대행위자가 학대피해 노인으로부터 분리하여 나가는 것을 의미한다. 상황개선에 있어 부양강화는 학대피해 노인의 상황을 개선하기 위한 부양자(배우자, 자녀 등)의 부양의무 강화를 의미하며 지지자원 강화는 수급권 지정, 비 동거녀 자녀로부터 규칙적인 생활비 보조 및 방문, 기타 의료 및 복지 서비스 연계 등을 말한다. 지지자원 거부는 학대 행위자 및 학대 피해노인 가족 등이 개입을 거부하는 경우이며 내담자의 무리한 요구는 수급권자 자격에 해당되지 않음에도 불구하고 수급권 지정을 원하거나 거주할 곳이나 생활비 요구 등 문제의 직접적 해결을 원하거나 학대 행위자를 바로 처벌 할 수 있게 해달라는 것 들이다.

2007년부터 2017년 사이 노인보호 전문기관에 신고 접수된 노인 학대사례의 종결 사유를 살펴보면[표5-7] 피해자 사망은 2007년 50건(3.0%) 2012년 48건(1.62%) 2017년 101건(2.3%)이었으며, 학대피해노인의 분리는 2007년 318건(18.6%)에서 매년 증가되어 2012년 519건(17.47%) 2017년 773건(17.9%)으로 나타났다. 또한 학대 행위자의 분리는 2007년 117건(6.9%)에서 2012년 174건(5.86%) 2017년 505건(11.7%)으로 나타나고, 상황개선은 2007년 710건(42.1%)에서 매년 증가되어 2012년 1,433건(48.5%) 2017년 2,030건(47.1%)로 나타났다.

또한 개입거부는 2007년 302건(17.9%)에서 2012년 383건(12.9%) 2017년 486(11.3%)으로 나타났으며  서비스제한은 2007년 164건(9.7%)에서 2012년 356건(11.99%) 2017년 314건(7.3%)으로 나타났다. 의뢰는 2007년 25건(1.5%) 2012년 53건(1.78%) 2017년 82건(1.9%)으로 나타내고 있으며 현장조사 및 사례판정 [표5-8]은 신고접수된 노인학대 의심사례에 대한 학대 여부를 확인하기 위해 학대피해노인 및 학대행위자로 신고된 자의 현장조사 여부를 나타내고 있으며 [표5-9]는 그에대한 사례판정의 결과를 나타내고 있다.

표에 나타난 사례판정을 살펴보면 년도별 응급사례의 구성비는 점차 감소되는 추세이다. 비응급사례는 2005년 63.4% 2007년 62.2% 2012년 67.0% 2017년 60.6%로 증감을 반복하는 경향이며 잠재적사례 또한 2005년 26.3% 2007년 29.2% 2012년 24.5% 2017년 35.8%로 구성비가 증감이 반복되고 있음을 알 수가 있다.

[표5-8] 년도별 현장조사현황2005년~2017년)

단위 : 건,%

| 구분 \ 연도 | 2005 | 2007 | 2012 | 2017 |
|---|---|---|---|---|
| 현장조사 | 1,138<br>(55.8) | 1,395<br>(60.3) | 3,158<br>(92.2) | 4,443<br>(96.1) |
| 현장미조사 | 900<br>(44.2) | 917<br>(39.7) | 266<br>(7.8) | 179<br>(3.9) |
| 계 | 2,038<br>(100) | 2,312<br>(100) | 3,424<br>(100) | 4,622<br>(100) |

주) 1. 자료 : 보건복지부 노인 학대현황 보고서 2017
2. ( )은 분포 백분율

[표5-9] 년도별 사례판정현황(2005년~2017년)

단위 : 건,%

| 구분 \ 연도 | 2005 | 2007 | 2012 | 2017 |
|---|---|---|---|---|
| 응급 | 211<br>(10.4) | 199<br>(8.6) | 291<br>(8.5) | 165<br>(3.6) |
| 비응급 | 1,292<br>(63.4) | 1,438<br>(62.2) | 2,294<br>(67.0) | 2,803<br>(60.6) |
| 잠재 | 535<br>(26.3) | 675<br>(29.2) | 839<br>(24.5) | 1,654<br>(35.8) |
| 계 | 2,038<br>(100) | 2,312<br>(100) | 3,424<br>(100) | 4,622<br>(100) |

주) 1. 자료 : 보건복지부 노인 학대현황 보고서 2017
2. ( )은 분포 백분율

## 4. 노인학대 사례유형

노인보호 전문기관에 신고 접수된 노인 학대는 학대의 심각성과 응급성 여부에 따라 응급사례, 비 응급사례, 잠재사례, 일반사례로 분류한다. 응급사례는 노인 학대가 발생 하고 있거나 학대로 인해 즉각적인 의료조치가 필요한 경우 또는 학대 행위자로부터 즉시 격리가 요구되거나 생명이나 안전이 매우 위험하다고 판단되는 경우이다.

그 밖에 유기 및 장기간 방임으로 인하여 노인의 영양 상태 불량 등으로 생명이 위급한 경우 등이며 비 응급사례는 학대피해노인의 안전이 확보되어 응급이 아닌 경우와 노인의 피해가 경미한 경우 등이 해당된다.

잠재적 사례는 학대가 발생하고 있지 않으나 노인과 가족간의 의사소통, 기술부족, 갈등 등 학대 위험요인이 있다고 판단되는 경우가 해당된다. 2017년 노인 보호 전문기관에 신고 접수된 사례의 판정별 노인 학대유형을 보면[표5-10] 응급사례의 경우 신체적 학대 111(35.5%)건, 정서적 학대 91(29.1%)건, 방임 49(15.7%)건의 순으로 나타나고 있다. 또한 비 응급사례의 경우는 정서적 학대 1,984(42.5%)건 신체적 학대 1.835(39.3%)건 방임 321(6.9%)건의 순으로 나타났다. 그리고 잠재적 사례의 경우에는 정서적 학대 989(42.9%)건, 신체적학대 705(30.6%) 방임 279(12.1%)건의 순으로 나타났다.

[표5-10] 사례판정별 노인 학대유형(2005년~2017년)

(단위 : 건 %)

| 구분 | 유형 | 신체적 | 정서적 | 성적 | 경제적 | 방임 | 자기방임 | 유기 | 계 |
|---|---|---|---|---|---|---|---|---|---|
| 응급 | 2007 | 124<br>(30.0) | 147<br>(35.6) | 1<br>(0.2) | 32<br>(7.7) | 79<br>(19.1) | 22<br>(5.3) | 8<br>(1.9) | 413<br>(100) |
| | 2012 | 187<br>(35.0) | 184<br>(34.5) | 2<br>(0.0) | 47<br>(8.8) | 64<br>(12.0) | 39<br>(7.3) | 11<br>(2.1) | 534<br>(100) |
| | 2017 | 111<br>(35.5) | 91<br>(29.1) | 27<br>(8.6) | 10<br>(3.2) | 49<br>(15.7) | 22<br>(7.0) | 3<br>(1.0) | 313<br>(100) |
| 비응급 | 2007 | 499<br>(20.2) | 1,043<br>(42.2) | 11<br>(0.4) | 270<br>(10.9) | 588<br>(23.8) | 42<br>(1.7) | 19<br>(0.8) | 2,472<br>(100) |
| | 2012 | 938<br>(24.6) | 1,472<br>(38.6) | 41<br>(1.1) | 379<br>(9.9) | 695<br>(18.2) | 235<br>(6.2) | 51<br>(1.3) | 3,811<br>(100) |
| | 2017 | 1,835<br>(39.3) | 1,984<br>(42.5) | 102<br>(2.2) | 255<br>(5.5) | 321<br>(6.9) | 140<br>(3.0) | 30<br>(0.6) | 4,667<br>(100) |
| 잠재적 | 2007 | 116<br>(12.6) | 387<br>(42.1) | . | 120<br>(13.0) | 274<br>(29.8) | 16<br>(1.7) | 7<br>(0.8) | 920<br>(100) |
| | 2012 | 201<br>(16.4) | 478<br>(39.0) | 20<br>(1.6) | 114<br>(9.3) | 283<br>(23.1) | 120<br>(9.8) | 9<br>(0.7) | 1,225<br>(100) |
| | 2017 | 705<br>(30.6) | 989<br>(42.9) | 21<br>(0.9) | 146<br>(6.3) | 279<br>(12.1) | 129<br>(5.6) | 38<br>(1.6) | 2,307<br>(100) |
| 계 | 2007 | 739<br>(19.4) | 1,577<br>(41.4) | 12<br>(0.3) | 422<br>(11.1) | 941<br>(24.7) | 80<br>(2.1) | 34<br>(0.9) | 3,805<br>(100) |
| | 2012 | 1,326<br>(23.8) | 2,134<br>(38.3) | 63<br>(1.1) | 540<br>(9.7) | 1,042<br>(18.7) | 394<br>(7.1) | 71<br>(1.3) | 5,570<br>(100) |
| | 2017 | 2,651<br>(36.4) | 3,064<br>(42.0) | 150<br>(2.1) | 411<br>(5.6) | 649<br>(8.9) | 291<br>(4.0) | 71<br>(1.0) | 7,287<br>(100) |

주) 1. 자료 : 보건 복지부 노인 학대 현황 보고, 2007, 2012, 2017 재구성
2. ( ) 은 분포 백분율

## 5. 노인학대 발생장소

[표5-11] 년도별 학대발생장소2005년~2017년)

단위 : 건,%

| 년도 \ 장소 | 가정내 | 생활시설 | 이용시설 | 병원 | 공공장소 | 기타 | 계 |
|---|---|---|---|---|---|---|---|
| 2005년 | 1,893<br>(92.9) | 46<br>(2.3) | 5<br>(0.2) | 36<br>(1.8) | 10<br>(0.5) | 48<br>(2.4) | 2,038<br>(100) |
| 2007년 | 2,060<br>(89.1) | 58<br>(2.5) | 5<br>(0.2) | 59<br>(2.6) | 70<br>(3.0) | 60<br>(2.6) | 2,312<br>(100) |
| 2012년 | 2,909<br>(85.0) | 216<br>(6.3) | 35<br>(1.0) | 83<br>(2.4) | 86<br>(2.5) | 95<br>(2.8) | 3,424<br>(100) |
| 2017년 | 4,129<br>(89.3) | 327<br>(7.1) | 16<br>(0.3) | 27<br>(0.6) | 58<br>(1.3) | 65<br>(1.4) | 4,622<br>(100) |

주) 1. 자료: 보건복지부 노인 학대현황 보고 2017
2. ( )은 분포 백분율
3. 생활시설: 노인주거복지시설(양로시설, 노인복지주택 등)과 노인의료복지시설(요양시설 등)등
4. 이용시설: 노인여가복지시설(복지관, 경로당, 노인교실 등)과 재기노인복지시설(방문요양 및 목욕서비스, 주·야간 및 단기 보호서비스 등)등

[표5-11]에 나타난 노인학대발생장소로 기타장소를 제외하면 평균적으로 ①가정내 89.1% ②생활시설 4.6% ③병원 1.9% ④공공장소 1.8% ⑤이용시설 1.7% 순으로 가정내에서의 학대발생이 가장 많은 구성비를 차지하고 있으며 그리고 2008년 7월 노인장기요양보험법이 시행된 이후 생활시설이 2008년 2,179개소에서 2017년 5,646개소로 증가된 이유도 있겠으나 그렇다고 생활시설 내에서의 학대발생이 2008년 55건 2.3%에서 2017년 327건 7.1%로 증가되었음은 어떠한 변명의 여지가 없을 것이다.

## 6. 노인학대 발생빈도별 유형

[표5-12] 발생 빈도별 노인 학대 유형

(단위 : 건,%)

| 유형 / 형태 | 신체적 학대 | 정서적 학대 | 성적 학대 | 경제적 학대 | 방임 | 자기 방임 | 유기 | 계 |
|---|---|---|---|---|---|---|---|---|
| 매일 | 250 (23.3) | 297 (27.7) | 39 (3.6) | 55 (5.1) | 260 (24.2) | 135 (12.6) | 38 (3.5) | 1,074 (100) |
| 1주일에 한번이상 | 883 (36.1) | 1,096 (44.8) | 73 (3.0) | 137 (5.6) | 164 (6.7) | 85 (3.5) | 9 (0.4) | 2,447 (100) |
| 1개월에 한번이상 | 774 (37.8) | 966 (47.1) | 21 (1.0) | 121 (5.9) | 114 (5.6) | 45 (2.2) | 9 (0.4) | 2,050 (100) |
| 3개월에 한번이상 | 217 (40.3) | 257 (47.8) | 4 (0.7) | 35 (6.5) | 21 (3.9) | 4 (0.7) | – | 538 (100) |
| 6개월에 한번이상 | 176 (41.9) | 188 (44.8) | 3 (0.7) | 25 (6.0) | 18 (4.3) | 9 (2.1) | 1 (0.2) | 420 (100) |
| 일회성 | 351 (46.3) | 260 (34.3) | 10 (1.3) | 38 (5.0) | 72 (9.5) | 13 (1.7) | 14 (1.8) | 758 (100) |
| 계 | 2,651 (36.4) | 3,064 (42.0) | 150 (2.1) | 411 (5.6) | 649 (8.9) | 291 (4.0) | 71 (1.0) | 7,287 (100) |

자료 : 보건 복지부 노인 학대현황 보고, 2017

2017년도 학대 발생 빈도별 학대의 유형을 보면 [5-12] 일회성 학대는 ①신체적학새(46.3%)와 ②정서적학대(34.3%) 순으로 발생을 하였으며 매일 발생하는 경우는 ①정서적학대(27.7%) ②방임(24.2%) ③신체적학대(23.3%)순이었다.

그리고 1주일과 1개월, 3개월, 6개월에 한 번 이상 발생하는 경우에는 구성비의 차이는 있으나 ①정서적학대 ②신체적학대 ③방임의 순으로 나타나고 있음을 알 수가 있다.

# 7. 노인학대 유형별 행위

## [표5-13] 노인 학대 유형별 구체적 행위

(단위 : 건 %)

| 학대유형별 행위 | | 2012년 | 2017년 |
|---|---|---|---|
| 정서적 학대 | 노인과 관련된 결정사항에 대해서 의사결정 과정에서 소외 시킨다. | 52 (0.9) | 12 (0.4) |
| | 노인과의 접촉을 기피한다. | 476 (8.5) | 368 (12.0) |
| | 노인을 위협 협박하는 언어적 표현이나 감정을 상하게 하는 행동을 한다 | 1,487 (26.7) | 2,486 (81.1) |
| | 노인의 사회관계 유지를 방해한다 | 119 (2.1) | 198 (6.5) |
| | 소계 | 2,134 (38.3) | 3,064 (42.0) |
| 신체적 학대 | 노인을 제한된 공간에 강제로 가두거나 노인의 거주지 출입을 제한한다. | 92 (1.7) | 121 (1.7) |
| | 노인을 폭행한다. | 725 (13.0) | 1,913 (26.3) |
| | 노인의 신체를 강제로 억압한다. | 101 (1.8) | 3 (0.0) |
| | 노인의 신체적 생존을 위협할 수 있는 행위를 한다 | 81 (1.5) | 84 (1.2) |
| | 노인이 원치 않거나 수행하기 어려운 노동을 하게한다. | 11 (0.2) | 10 (0.1) |
| | 신체적 해를 가져올 위험성이 큰 행위로 노인을 협박하거나 위협한다. | 313 (5.6) | 519 (7.1) |
| | 약물을 사용하여 노인의 신체를 통제하거 생명을 저해한다. | 3 (0.1) | 1 (0.0) |
| | 소계 | 1,326 (23.8) | 2,651 (36.4) |
| 방임 | 거동이 불편한 노인의 의 · 식 · 주 등 일상생활 관련 보호를 제공하지 않는다. | 507 (9.1) | 297 (5.5) |
| | 경제력 능력이 없는 노인의 생존을 위한 경제적인 보호를 제공하지 않는다. | 376 (6.8) | 120 (1.6) |
| | 의료 관련 욕구가 있는 노인에게 의료적 보호를 제공하지 않는다. | 159 (2.9) | 130 (1.8) |
| | 소계 | 1,042 (18.7) | 649 (8.9) |
| 경제적 학대 | 노인의 소득 및 재산, 임금을 가로채거나 임의로 사용한다. | 388 (7.0) | 286 (3.9) |
| | 노인의 재산 사용 또는 관리에 대한 결정을 통제한다. | 82 (1.5) | 104 (1.4) |
| | 노인의 재산에 관한 법률적 권리를 침해 하는 행위를 한다 | 70 (1.3) | 21 (0.3) |
| | 소계 | 540 (9.7) | 411 (5.6) |
| 자기 방임 | 자신을 돌보지 않거나 돌봄을 거부함으로써 노인의 생명에 위협을 받는다. | 394 (7.1) | 291 (4.0) |
| | 소계 | 394 (7.1) | 291 (4.0) |
| 유기 | 의존적인 노인을 유기한다. | 71 (1.3) | 71 (1.0) |
| | 소계 | 71 (1.3) | 71 (1.0) |
| 성적 학대 | 노인에게 성적 수치심을 주는 표현이나 행동을 한다. | 50 (0.9) | 104 (1.4) |
| | 노인에게 성폭력을 행한다. | 13 (0.2) | 46 (0.6) |
| | 소계 | 63 (1.1) | 150 (2.1) |
| 계 | | 5,570 (100) | 7,287 (100) |

주) 1. 자료 : 보건복지부 노인 학대현황보고 2012, 2017 재구성
2. ( )은 분포 백분율

노인의 학대유형별 구체적인 행위(표5-13)로는 2012년과 2017년 모두 정서적학대 유형에서는 노인을 위협하거나 협박을 하는 언어적표현이나 감정을 상하게 하는 행위가 1,487견(26.7%)과 2,486건(81.1%)으로 높게 나타났으며

신체적학대로는 노인을 폭행하는 경우가 725건(13.0%)과 191건(26.3%)이

방임은 거동이 불편한 노인을 보호하지 않는 경우가 507건(9.1%)과 297건(5.5%)로 높게 나타났다.

또한 경제적학대행위로는 노인의 재산 및 소득을 가로채거나 임의로 사용하는 경우가 388건(7.0%)과 286건(3.9%)이었으며

자기방임은 자신을 돌보지 않거나 돌봄을 거부하는 경우가 294건(7.1%)과 291건(4.0%)으로 삶의 희망을 저버리는 듯한 행위가 나타났다.

그리고 노인을 유기하는 현대판 고려장과 같은 일들이 71건(1.3%)이 발생되고 성적학대는 성적수치심을 주는 표현이나 행동을 하는 경우가 50건(0.9%)과 104건(1.4%)으로 높은 구성비를 차지하고 있음을 알 수가 있다.

## 8. 노인학대 지속기간

[표5-14] 노인학대 지속기간(2007년~2017년)

(단위 : 건 %)

| 기간 / 년도 | 5년 이상 | 1년 이상 5년 미만 | 1개월이상 1년 미만 | 1개월 미만 | 일회성 및 기타 | 계 |
|---|---|---|---|---|---|---|
| 2007년 | 562 (25.4) | 896 (40.5) | 563 (25.4) | 145 (6.5) | 48 (2.2) | 2,214 (100) |
| 2012년 | 1,016 (29.7) | 1,284 (37.5) | 773 (22.6) | 127 (3.7) | 224 (6.5) | 3,424 (100) |
| 2017년 | 1,591 (34.4) | 1,508 (32.6) | 828 (17.9) | 181 (3.9) | 514 (11.1) | 4,622 (100) |

자료 : 보건 복지부 노인 학대 현황보고 2007, 2012, 2017 재구성
주) 1. 파악안됨은 제외
2. ( )은 분포 백분율

[표5-14]에 나타난 노인학대 지속기간을 살펴보면 2007년과 2012년에 1년이상 5년미만이 각각 40.5%와 37.5%로 높은 비율을 차지하고 있으며 다음으로 5년이상이 각각 25.4%와 29.7%를 차지하였으나 2017년에는 5년이상이 34.4%를 차지하고 다음으로 1년이상 5년미만이 32.6%를 차지한 것으로 나타나고 있다.

따라서 1년이상 5년미만과 5년이상이 2007년 1,458건(65.9%) 2012년 2,300건(67.2%) 2017년 3,099건(67%)로 전체 학대피해 노인들 중 65% 이상이 장기간 학대에 노출되어 있음을 알 수가 있다.

# 9. 성별 노인학대 피해유형

[표5-15] 학대 피해노인 성별 학대유형(2007년~2017년)

(단위 : 건%)

| | | 경제적 학대 | 방임 | 성적 학대 | 신체적 학대 | 유기 | 자기 방임 | 정서적 학대 | 계 |
|---|---|---|---|---|---|---|---|---|---|
| 2007 | 남 | 142<br>(12.4) | 344<br>(29.9) | - | 169<br>(14.1) | 5<br>(0.4) | 46<br>(4.0) | 444<br>(38.6) | 1,150<br>(100) |
| | 여 | 280<br>(10.5) | 597<br>(22.5) | 12<br>(0.4) | 570<br>(21.5) | 29<br>(1.1) | 34<br>(1.3) | 1,133<br>(42.7) | 2,655<br>(100) |
| | 계 | 422<br>(11.1) | 941<br>(24.7) | 12<br>(0.3) | 739<br>(19.4) | 34<br>(0.9) | 80<br>(2.1) | 1,577<br>(41.5) | 3,805<br>(100) |
| 2012 | 남 | 175<br>(10.8) | 387<br>(23.9) | 6<br>(0.4) | 278<br>(17.1) | 24<br>(1.5) | 180<br>(11.1) | 572<br>(35.3) | 1,622<br>(100) |
| | 여 | 365<br>(9.2) | 655<br>(16.6) | 57<br>(1.4) | 1,048<br>(26.5) | 47<br>(1.2) | 214<br>(5.4) | 1,562<br>(39.6) | 3,948<br>(100) |
| | 계 | 540<br>(9.7) | 1,042<br>(18.7) | 63<br>(1.1) | 1,326<br>(23.8) | 71<br>(1.3) | 394<br>(7.1) | 2,134<br>(38.3) | 5,570<br>(100) |
| 2017 | 남 | 113<br>(6.5) | 222<br>(12.7) | 19<br>(1.1) | 557<br>(31.8) | 39<br>(2.2) | 128<br>(7.3) | 672<br>(38.4) | 1,750<br>(100) |
| | 여 | 298<br>(5.4) | 427<br>(7.7) | 131<br>(2.4) | 2,094<br>(37.8) | 32<br>(0.6) | 16.3<br>(2.9) | 2,392<br>(43.2) | 5,537<br>(100) |
| | 계 | 411<br>(5.6) | 649<br>(8.9) | 150<br>(2.1) | 2,651<br>(36.4) | 71<br>(1.0) | 291<br>(4.0) | 3,064<br>(42.0) | 7,287<br>(100) |

1. 자료 : 보건 복지부, 노인 학대현황 2007, 2012, 2017 재구성
주: ( ) 은 분포 백분율

[표5-15]에 나타난 바와 같이 학대피해노인의 성별을 살펴보면 2007년 3.805건중 남성 1,150건(30.2%) 여성 2,655건(69.8%) 2012년 5,570건 중 남성 1,622건(29.1%) 여성 3,948건(70.9%) 2017년 7,287건중 남성 1,750건(24.0%) 여성 5,537건(76.0%)으로 전체 피해 건수는 크게 증가되고 있으며 구성비에 있어서 남성 노인의 피해 비율은 감소되고 있는데 반하여 여성노인의 피해율은 크게 증가되고 있음을 알 수가 있다.

그리고 학대유형에 있어 2007년에는 남·여 공히 ①정서적학대(남 38.6% 여 42.7%) ②방임(남 29.9% 여 22.5%) ③신체적학대(남 14.7% 여 21.5%)순이었으나 2012년에는 남성이 ①정서적학대(35.3%) ②방임(23.9%) ③신체적학대(17.1%)순이었으며 여성은 ①정서적학대(39.6%) ②신체적학대(26.5%) ③방임(16.6%)순으로 구성비를 차지하고 2017년에는 남·여 모두가 ①정서적학대(남 38.4% 여 43.2%) ②신체적학대(남 31.8% 여 37.8%) ③방임(남 12.7% 여 7.7%)순으로 구성비를 차지하고 있음을 알 수가 있다.

## 10. 연령대별 노인학대 피해유형

[표5-16] 연령대별 학대피해유형(2007년~2017년)

(단위 : 건 %)

| 연령및연도 | | 신체적 학대 | 정서적 학대 | 성적 학대 | 경제적 학대 | 방임 | 자기 방임 | 유기 | 계 |
|---|---|---|---|---|---|---|---|---|---|
| 60~69세 | 2007년 | 165 (22.0) | 320 (42.7) | 1 (0.1) | 90 (12.0) | 148 (19.8) | 19 (2.6) | 6 (0.8) | 749 (100) |
| | 2012년 | 298 (27.9) | 415 (38.8) | 22 (2.1) | 89 (8.3) | 148 (13.8) | 84 (7.9) | 13 (1.2) | 1,069 (100) |
| | 2017년 | 578 (40.3) | 631 (44.0) | 25 (1.7) | 64 (4.5) | 63 (4.4) | 61 (4.3) | 12 (0.8) | 1,434 (100) |
| 70~79세 | 2007년 | 338 (20.2) | 715 (42.8) | 9 (0.5) | 194 (11.6) | 380 (22.8) | 26 (1.6) | 8 (0.5) | 1,670 (100) |
| | 2012년 | 575 (23.6) | 956 (39.2) | 23 (0.9) | 240 (9.9) | 423 (7.4) | 189 (7.8) | 30 (1.2) | 2,436 (100) |
| | 2017년 | 1,276 (38.6) | 1,462 (44.2) | 55 (1.7) | 156 (4.7) | 210 (6.4) | 116 (3.5) | 30 (0.9) | 3,305 (100) |
| 80~89세 | 2007년 | 195 (17.1) | 458 (40.2) | 2 (0.2) | 116 (10.2) | 319 (28.0) | 29 (2.5) | 20 (1.8) | 1,139 (100) |
| | 2012년 | 392 (22.5) | 645 (37.0) | 16 (0.9) | 184 (10.6) | 382 (21.9) | 101 (5.8) | 23 (1.3) | 1,743 (100) |
| | 2017년 | 681 (31.5) | 847 (39.1) | 55 (2.5) | 160 (7.4) | 299 (13.8) | 97 (4.5) | 26 (1.2) | 2,165 (100) |
| 90세 이상 | 2007년 | 35 (16.1) | 75 (34.6) | – | 19 (8.8) | 86 (39.6) | 2 (0.9) | – | 217 (100) |
| | 2012년 | 57 (18.3) | 115 (37.0) | 2 (0.6) | 26 (8.4) | 86 (27.7) | 20 (6.4) | 5 (1.6) | 311 (100) |
| | 2017년 | 114 (30.3) | 121 (32.1) | 14 (3.7) | 31 (8.2) | 77 (20.4) | 17 (4.5) | 3 (0.8) | 377 (100) |
| 계 | 2007년 | 733 (19.4) | 1,568 (41.5) | 12 (0.3) | 419 (11.1) | 934 (24.8) | 76 (2.0) | 34 (0.9) | 3,775 (100) |
| | 2012년 | 1,322 (23.8) | 2,131 (38.3) | 63 (1.1) | 539 (9.7) | 1,039 (18.7) | 394 (7.1) | 71 (1.3) | 5,559 (100) |
| | 2017년 | 2,649 (36.4) | 3,061 (42.0) | 149 (2.1) | 411 (5.6) | 649 (8.9) | 291 (4.0) | 71 (1.0) | 7,281 (100) |

1. 자료 : 보건 복지부, 노인 학대 현황 보고 2007, 2012, 2017 재구성
주 : ( ) 은 분포 백분율

학대피해 노인의 연령대별 학대 유형을 살펴보면(표5-16) 연령대별 학대피해는 ①70대 ②80대 ③60대 순으로 구성비를 차지하고 있으며 학대유형으로는 ①정서적학대 ②신체적학대 ③방임 등의 순으로 학대 행위가 일어나 피해를 입는 것으로 나타나고 있다.

그리고 학대유형별 피해 연령대는 80대가 2007년 자기방임과 유기 유형에서 2017년 경제적학대와 방임에서 제일 높게 나타나고 그 외 유형에서는 70대가 높은 구성비를 차지하고 있음을 알 수가 있다.

# 11. 학대피해노인 동거자 유형

[표5-17] 학대 피해 노인 동거자 유형(2007년~2017년)

(단위 : 명%)

| 구분 \ 년도 | 2007 | 2012 | 2017 |
|---|---|---|---|
| 배우자 | 574 (19.9) | 874 (26.3) | 1,790 (36.3) |
| 아 들 | 906 (31.4) | 992 (29.9) | 1,599 (32.4) |
| 며느리 | 431 (14.9) | 332 (10.0) | 214 (4.3) |
| 딸 | 179 (6.2) | 227 (6.8) | 387 (7.8) |
| 사 위 | 73 (2.5) | 72 (2.2) | 52 (1.1) |
| 손 자녀 | 517 (17.9) | 476 (14.3) | 443 (9.0) |
| 기타, 친인척 | 102 (3.5) | 42 (1.3) | 53 (1.1) |
| 동거인 | - | 59 (1.8) | 60 (1.2) |
| 병 원 | - | 47 (1.4) | 62 (1.3) |
| 시 설 | 105 (3.6) | 201 (6.1) | 274 (5.6) |
| 계 | 2,887 (100) | 3,322 (100) | 4,934 (100) |

1. 자료 : 보건 복지부 노인 학대 현황보고 2007, 2012, 2017 재구성
주 : ( ) 은 분포 백분율

2007년부터 2017년까지 신고 접수된 노인학대 사례 중 학대 피해노인의 동거유형을 살펴보면[표5-17] 2007년과 2012년은 ①아들 ②배우자 ③손자녀 ④며느리 ⑤딸 등의 순이었으나, 2017년에는 아들과 배우자 및 며느리와 딸의 순위가 바뀌어 ①배우자(36.3%) ②아들(32.4%) ③손자녀(9.0%) ④딸(7.8%) ⑤며느리(4.3%) 등의 구성비를 나타내고 있다. 물론 우리나라의 전통 문화가 아들이 부모를 봉양하는 관습이라고는 하지만 아들과 며느리의 비율이 일치하고 있지 않는 것은 결혼을 하지 않은총각 또는 이혼이나 사별한 아들이 부모를 모시고 있다는 것을 의미하고 있다. 손 자녀 또한 부모의 이혼 등 결손가정으로 인하여 조부모와 동거하고 있는 것 또한 현실이고 보면 시사하는 바가 크다고 하겠다. 학대 피해노인 중 시설 및 병원 등에서 생활하고 있는 학대피해 노인이 2007년 105명(3.6%) 2012년 1,248명(7.5%) 2017년 336명(6.9%)으로 꾸준히 증가하고 있어 철저한 시설관리와 지도감독이 요구된다.

# 12. 학대피해노인과 가해자의 관계

[표5-18] 학대 행위자와 피해노인과의 관계(2007년~2017년)

(단위 : 명 %)

| 관계 / 년도 | 피해자 본인 | 배우자 | 아 들 | 며느리 | 딸 | 사 위 | 손자녀 | 친 척 | 타 인 | 기 관 | 계 |
|---|---|---|---|---|---|---|---|---|---|---|---|
| 2007 | 80<br>(3.0) | 200<br>(7.6) | 1,399<br>(53.1) | 328<br>(12.5) | 315<br>(12.2) | 27<br>(1.0) | 51<br>(1.9) | 46<br>(1.7) | 127<br>(4.8) | 59<br>(2.2) | 2,632<br>(100) |
| 2012 | 394<br>(10.2) | 494<br>(12.8) | 1,566<br>(41.2) | 248<br>(6.4) | 463<br>(12.0) | 27<br>(0.7) | 69<br>(1.8) | 67<br>(1.7) | 239<br>(6.2) | 267<br>(6.9) | 3,854<br>(100) |
| 2017 | 290<br>(5.7) | 1,263<br>(24.8) | 1,913<br>(37.5) | 131<br>(2.6) | 424<br>(8.3) | 27<br>(0.5) | 124<br>(2.4) | 49<br>(1.0) | 176<br>(3.5) | 704<br>(13.8) | 5,101<br>(100) |

1. 자료 : 보건복지부 노인 학대 현황보고 2007, 2012, 2017
주1. 파악 안됨은 제외
2. ( )은 분포 백분율

[표5-18]을 살펴보면 학대행위자로써 아들이 제일 많은 구성비를 차지하고 있음을 알 수가 있다. 이는 부모의 부양의무가 주로 아들에게 부여되고 이에 대한 부양 부담이 잘못된 노인학대를 야기하는 것으로 보여지며 또한 배우자의 학대가 2007년 200명(7.6%) 2012년 494명(12.8%) 2017 1,263명(24.8%)으로 증가되고 피해자 본인 스스로의 학대 또한 많은 비율을 차지하고 있음은 자신을 돌보지 않거나 돌봄을 거부하는 행위는 스스로가 생명을 위협하는 것으로 삶의 애착이나 희망 또는 즐거움 등을 포기하여 자살을 시도하는 등 극한의 상황으로 몰아가는 매우 우려스러운 일이라 할 수 있을 것이다.

특히 핵가족 시대에 노인들이 시설에 의존할 수밖에 없는 현실에서 시설기관의 기관 종사자에 의한 학대행위가 2007년 59명(2.2%)에서 2012년 267명(6.9%) 2017년 704명(13.8%)으로 증가되고 있어 보다 확실한 대비책이 강구되어야 할 것이다.

# 13. 노인학대 행위(가해)자 성별 및 연령

[표5-19] 노인학대 행위자 성별 및 연령 분포(2007년~2017년)

(단위 : 몇 %)

| 년도 및 성별 \ 연령 | | 10~19세 | 20~29세 | 30~39세 | 40~49세 | 50~59세 | 60~69세 | 70세이상 | 계 |
|---|---|---|---|---|---|---|---|---|---|
| 2008년 | 남 | 8<br>(0.4) | 40<br>(2.3) | 263<br>(15.1) | 577<br>(33.1) | 491<br>(28.2) | 197<br>(11.3) | 167<br>(9.6) | 1,743<br>(100) |
| | 여 | 3<br>(0.4) | 37<br>(4.5) | 98<br>(12.1) | 274<br>(33.7) | 227<br>(27.9) | 105<br>(12.9) | 69<br>(8.5) | 813<br>(100) |
| | 계 | 11<br>(0.4) | 77<br>(3.0) | 361<br>(14.1) | 851<br>(33.3) | 718<br>(28.1) | 302<br>(11.8) | 236<br>(9.3) | 2,556<br>(100) |
| 2012년 | 남 | 24<br>(1.0) | 44<br>(1.8) | 249<br>(10.0) | 645<br>(25.9) | 687<br>(27.6) | 325<br>(13.1) | 512<br>(20.6) | 2,486<br>100) |
| | 여 | 10<br>(0.7) | 25<br>(1.8) | 104<br>(7.6) | 348<br>(25.4) | 404<br>(29.5) | 203<br>(14.8) | 274<br>(20.0) | 1,368<br>(100) |
| | 계 | 34<br>(0.9) | 69<br>(1.8) | 353<br>(9.2) | 993<br>(25.8) | 1,091<br>(28.3) | 528<br>(13.7) | 786<br>(20.4) | 3,864<br>(100) |
| 2017년 | 남 | 24<br>(0.7) | 93<br>(2.6) | 250<br>(7.0) | 807<br>(22.5) | 823<br>(23.0) | 496<br>(13.8) | 1,092<br>(30.5) | 3,585<br>(100) |
| | 여 | 22<br>(1.5) | 22<br>(1.5) | 75<br>(4.9) | 343<br>(22.6) | 452<br>(29.8) | 331<br>(21.8) | 271<br>(17.9) | 1,516<br>(100) |
| | 계 | 46<br>(0.9) | 115<br>(2.3) | 325<br>(6.4) | 1,150<br>(22.5) | 1,275<br>(25.0) | 827<br>(16.2) | 1,363<br>(26.7) | 5,101<br>(100) |

주: 1. 자료 : 보건복지부, 노인 학대현황 2007, 2012, 2017 재구성
2. 파악이 안됨은 제외
3. ( )은 분포 백분율

노인 학대 행위자의 성별 및 연령대를 살펴보면(표5-19) 2007년 학대 행위자의 연령은 남녀 모두가 40대가 많았으며 2012년은 남녀 모두가 50대의 연령층이 높은 비율을 나타내고 2017년에는 남자 행위자 중 70세 이상이 여자 행위자는 50대가 높은 구성비를 차지하고 있음을 알 수가 있다. 그리고 60세 이상의 연령층이 42.9%의 많은 비율을 차지하고 있어 평균 수명의 연장으로 고령화 사회에서 배우자간의 학대 발생 위험과 자녀들 또한 60세 이상의 노인이 되어 노부모를 학대하는 등 노(老)-노(老)간 학대 행위가 증가되는 경향을 보이고 있다.

# 14. 노인학대 행위의 원인

[표5-20] 노인학대 행위자 원인(2007년~2017년)

(단위 : 건,%)

| 원인 \ 연도 | 2007년 | 2012년 | 2017년 |
|---|---|---|---|
| 개인의 내적 문제 | 1,426 (39.7) | 1,750 (34.3) | 2,899 (34.5) |
| 개인의 외적 문제 | 327 (9.1) | 829 (16.3) | 1,496 (17.8) |
| 경제적 의존성 | 368 (10.3) | 604 (11.8) | 924 (11.0) |
| 학대받은 경험 | - | 117 (2.3) | 150 (1.8) |
| 신체적 의존성 | 70 (2.0) | 168 (3.3) | 352 (4.2) |
| 알코올 및 약물 사용장애 | 287 (8.0) | 518 (10.2) | 1,095 (13.0) |
| 정신적 의존성 | 144 (4.0) | 399 (7.8) | 953 (11.3) |
| 피해노인 부양부담 | 967 (26.9) | 716 (14.0) | 546 (6.5) |
| 계 | 3,589 (100) | 5,101 (100) | 8,415 (100) |

1. 자료 : 보건 복지부 노인 학대 현황보고 2007, 2012, 2017 재구성
주 : ( ) 은 분포 백분율

노인학대 행위자의 원인을 살펴보면(표5-20) 평균적으로 ①개인의 내적문제가 제일 많은 비율을 차지하고 있다. 내적인 문제는 성격문제를 의미하는 것으로 충동적 · 폭력적 성격과 사회적 고립 및 정서적 욕구불만 등을 의미하는 것으로 신체적 학대와 정서적학대 및 방임 등의 학대 형태로 나타날 수가 있다. 다음으로는 ②부양 부담의 원인에 의한 것으로 이는 신체적학대와 방임 및 정서적학대의 형태로 나타날 수가 있으며 다음으로는 ③개인의 외적문제로 이는 학대 행위자의 이혼이나 부부 갈등 및 실직과 스트레스 등의 원인으로 주로 신체적학대나 정서적학대 및 방임 등의 학대 행위가 나타날 수 있으며 ④피해 노인에게 경제적으로 의존하는 경제적 의존성은 신체적학대나 정서적학대 및 방임 등의 학대 행위가 ⑤알콜이나 약물 사용 장애 등의 원인으로는 신체적학대와 정서적학대 및 자기 방임 등의 형태로 ⑥정신질환 및 우울증 등으로 피해노인에게 정신적으로 의존하는 경우의 학대행위는 주로 신체적학대나 정서적학대 및 자기 방임 등의 학대행위가 나타날 수가 있다. 또한 신체적 질환 등의 신체적 의존성의 원인은 신체적학대나 정서적학대 및 자기 방임 등의 학대 행위 형태로 ⑧과거 학대 받은 경험에 의한 원인으로는 신체적학대나 정서적학대 및 방임 등의 학대 행위가 주로 나타나는 경향을 보이고 있다.

# 15. 시설학대 발생 빈도

[표5-21] 시설학대 발생 빈도

(단위 : 건,%)

| 장소 \ 구분 | | 매일 | 1주일에 한번이상 | 1개월에 한번이상 | 3개월에 한번이상 | 6개월에 한번이상 | 일회성 | 계 |
|---|---|---|---|---|---|---|---|---|
| 생활시설 | 노인 의료 복지 시설 | 57 (19.5) | 111 (38.0) | 34 (11.6) | 4 (1.4) | 6 (2.1) | 80 (27.4) | 292 (100) |
| | 노인 주거 복지 시설 | 6 (17.1) | 8 (22.9) | 7 (20.0) | – | 1 (2.9) | 13 (37.1) | 35 (100) |
| 이용시설 | 노인 여가 복지 시설 | – | – | – | 1 (100) | – | – | 1 (100) |
| | 재가 노인 복지 시설 | 3 (20.0) | 3 (20.0) | 3 (20.0) | – | – | 6 (40.0) | 15 (100) |
| 계 | | 66 (19.2) | 122 (35.6) | 44 (12.8) | 5 (1.5) | 7 (2.0) | 99 (28.9) | 343 (100) |

1. 자료 : 보건 복지부 노인 학대 현황보고 2017
주 : ( )은 분포 백분율

[표5-21]에 나타난 2017년도 시설학대 피해노인의 학대 발생 빈도를 살펴보면 전체 시설학대중 1주일에 한 번 이상 발생한 경우가 122건(35.6%)으로 가장 높은 비율을 차지하고 있으며 다음으로는 일회성 99건(28.9%) 매일 66건(19.2%) 순으로 나타났다. 그리고 생활시설 중 노인의료복지시설의 경우 ①1주일에 한 번 이상 111건(38.0%) ②일회성 80건(27.4%) ③매일 57건(19.5%) 순으로 일주일에 한 번 이상과 매일을 합하면 168건(57.5%)으로 학대 피해 노인들에게 있어서는 학대가 상습화 되어 있다고 볼 수가 있을 것이다.

# 16. 시설학대 유형

[표5-22] 시설학대 학대 유형

(단위 : 건,%)

| 장소 \ 유형 | | 신체적 학대 | 정서적 학대 | 성적 학대 | 경제적 학대 | 방임 | 유기 | 계 |
|---|---|---|---|---|---|---|---|---|
| 생활시설 | 노인 의료 복지 시설 | 129 (33.2) | 42 (10.8) | 76 (19.6) | 20 (5.2) | 120 (30.9) | 1 (0.3) | 388 (100) |
| | 노인 주거 복지 시설 | 11 (23.9) | 11 (23.9) | 4 (8.7) | 1 (2.2) | 19 (41.3) | - | 46 (100) |
| 이용시설 | 노인 여가 복지 시설 | 1 (100) | - | - | - | - | - | 1 (100) |
| | 재가 노인 복지 시설 | 7 (36.8) | 6 (31.6) | - | - | 5 (26.3) | 1 (5.3) | 19 (100) |
| 계 | | 148 (32.6) | 59 (13.0) | 80 (17.6) | 21 (4.6) | 144 (31.7) | 2 (0.4) | 454 (100) |

1. 자료 : 보건 복지부 노인 학대 현황 보고 2017
주 : ( )은 분포 백분율

[표5-22]에 나타난 2017년도 시설 내 학대유형으로 전체 시설학대와 노인의료복지시설의 학대유형으로는 ①신체적학대(32.6%) ②방임(3.7%) ③성적학대(17.6%) ④정서적학대(13.0%) 순으로 구성비를 나타내고 있으며 노인 주거 복지시설 내 학대유형은 ①방임 19건(41.3%)과 ②신체적 · 정신적학대가 각각 11건(23.9%) ③성적학대 4건(8.7%) 순으로 구성비를 차지하고 있음을 알 수가 있다.

## 17. 시설학대 피해 노인 성별 및 연령령

[표5-23] 시설학대 피해 노인 성별 및 연령

(단위 : 건 %)

| 성별＼연령 | 59세 이하 | 60~64세 | 65~69세 | 70~74세 | 75~79세 | 80~84세 | 85~89세 | 90~94세 | 95~99세 | 100세 이상 | 계 |
|---|---|---|---|---|---|---|---|---|---|---|---|
| 남 | - | 2 (2.5) | 9 (11.3) | 13 (16.3) | 19 (23.8) | 13 (16.3) | 17 (21.3) | 4 (5.0) | 2 (2.5) | 1 (1.3) | 80 (100) |
| 여 | 1 (0.4) | 3 (1.1) | 2 (0.8) | 18 (6.8) | 32 (12.2) | 60 (22.8) | 74 (28.1) | 47 (17.9) | 23 (8.7) | 3 (1.1) | 263 (100) |
| 계 | 1 (0.3) | 5 (1.5) | 11 (3.2) | 31 (9.0) | 51 (14.9) | 73 (21.3) | 91 (26.5) | 51 (14.9) | 25 (7.3) | 4 (1.2) | 343 (100) |

1. 자료 : 보건복지부, 노인 학대현황 2017
주 : ( ) 은 분포 백분율

2017년도 시설학대 피해 노인은 여성 263건(76.7%)과 남성 80건(23.3%)로 여성이 남성보다 3배 이상 높게 나타났다.

그리고 피해 노인의 연령대는 남성이 ①70대(40.1%) ②80대(37.6%) ③60대(13.8%) 순이었으며 여성은 ①80대(50.9%) ②90대(26.6%) ③70대(19.0%) 순으로 피해를 당한 것으로 나타나고 있다.

# 18. 학대 피해 치매 노인

[표5-24] 학대 피해 노인 치매 추이

(단위 : 건 %)

| 구분 \ 년도 | 2007년 | 2008년 | 2009년 | 2010년 | 2011년 | 2012년 | 2013년 | 2014년 | 2015년 | 2016년 | 2017년 |
|---|---|---|---|---|---|---|---|---|---|---|---|
| 전체 학대사례 | 2,312 | 2,369 | 2,674 | 3,068 | 3,441 | 3,424 | 3,520 | 3,532 | 3,818 | 4,280 | 4,622 |
| 치매의심 | 174 (7.5) | 248 (10.5) | 264 (9.9) | 386 (12.6) | 389 (11.3) | 452 (13.0) | 459 (13.2) | 488 (13.8) | 561 (14.7) | 593 (13.9) | 488 (10.6) |
| 치매진단 | 102 (4.4) | 126 (5.3) | 135 (5.0) | 191 (6.2) | 233 (6.8) | 330 (9.6) | 372 (10.6) | 461 (13.1) | 469 (12.3) | 521 (12.1) | 634 (13.7) |
| 계 | 276 (11.9) | 374 (15.8) | 399 (14.9) | 577 (18.8) | 622 (18.1) | 782 (22.8) | 831 (23.6) | 949 (26.9) | 1,030 (27.0) | 1,114 (26.0) | 1,122 (24.3) |

1. 자료 : 보건복지부, 노인 학대현황 보고 2017 재구성
주 : ( ) 은 분포 백분율

[표5-24]은 년도별 전체 학대 피해 노인 중 치매가 의심이 되거나 치매 진단을 받은 피해노인을 나타내고 있는 것으로 피해노인의 수는 해마다 증가되고 있다.

2017년도 치매 의심 노인 피해 488건 중 남자 137건(28.1%) 여자 351건(71.9%)이었으며 치매 진단을 받은 노인 피해는 634건 중 남자 147건(23.2%) 여자 487건(76.8%)로 여성 노인 피해가 남성 노인 피해보다 거의 3배에 이르고 있음을 알 수가 있다.

# Ⅸ. 노인학대 사례

## 1. 인간성 추락의 끝은 어디까지일까?

2012년 11월 23일 의정부지법 형사합의 11부(안기환 부장판사)는 할머니 우 모(여 72세)씨를 살해한 손녀 박 모(여 21세)양에게 징역 20년을, 남자 친구 김 모(25세)씨에 징역 17년을 선고했다.

경기도 동두천시의 모 유흥주점에서 일하던 손녀 박 양은 1월 김 모 씨를 알게 돼 교제하며 동거생활을 하였다. 두 사람은 7월 초부터 연천군 청산면에 소재한 박 양의 친 할머니 우 모 씨의 집 별채에서 생활해 오다 7월 16일 새벽에 집에서 술을 마시면서 다투다가 박 양이 할머니에게 폭행당한 상처를 보여주며 도움을 요청했으나 할머니 우 모 씨는 진료를 받고 집을 나가라고 했다. 또한 할머니는 오전 11시경 박 양의 어머니까지 언급하며 다시 박 양에게 욕을 하자 격분한 박 양은 남자 친구 김 모 씨에게 칼과 송곳을 주면서 할머니를 죽여 달라고 요청하게 되고 김 모 씨는 곧바로 할머니 우 모 씨의 목과 얼굴 등 전신을 송곳과 칼로 70여 차례 찔렀다. 이후 박 양은 사망여부를 확인하기 위해 숨진 할머니를 찔렀으며 칼에 찔리는 할머니가 비명을 지르면서 도움을 요청하자 큰 소리로 노래를 부르면서 외면한 것으로 밝혀졌다.

이후 두 사람은 할머니의 현금 14만원과 휴대폰을 훔쳐 달아났다가 3일 만에 검거 되었다.

## 2. 삶의 고통속에 동반자살 미수에 그친 아내

2012년 6월 25일 서울 동부지방법원은 존속을 살해하려다 미수에 그친 김 모(여 46세)씨에게 징역 1년9개월에 집행유예 2년을 선고 했다. 김 모 씨는 1991년 결혼하여 낳은 아들 윤 모(20세)군은 태어나자마자 황달에 걸렸고 뇌성마비로 장애 1급이 되었다. 20년간 아들을 업고 다닌 김 씨는 허리에 철심이 박혀 있다. 설상가상으로 시어머니(69세)는 사고로 자식을 잃고 알코올 중독에 18년 전부터 치매를 앓고 있으며 남편 유 모(49세)씨는 선천성 천식이 심해져 2년 전 일자리를 잃은 상황으로 김 씨가 요양사로 버는 50만원과 시어머니 앞으로 나오는 노인연금 그리고 아들의 장애연금을 합쳐 100여 만 원으로 생활을 해왔다.

살던 집은 지난해 재개발이 결정되어 비워줘야 했으며 집은 휠체어를 타는 아들 때문에 지하나 2층 이상에서 생활이 곤란하고 어렵게 집을 찾아도 중증장애인에게는 세를 줄 수 없다는 답을 들어야 했다. 기초생활수급자가 되면 임대아파트에 들어갈 수 있다는 말을 듣고 구청에 문의를 하니 친정어머니 소유로 2억 여 원의 예금이 있어 안 된다는 통보를 받았다. 사업을 하는 친정 오빠가 세금감면을 위해 재산을 일부 돌려놓은 것이었다. 친정 오빠에게 정부지원금을 받을 수 있게 재산의 소유주를 바꿔 달라고 사정을 하였지만 거절당했다.

삶에 지친 김 씨는 나 없으면 시어머니와 아들을 누가 거두겠나 싶어 동반자살을 결심하고 2012년 2월 천호동 자택에서 시어머니와 아들에게 수면제를 먹이고 자신 또한 수면제 8알을 먹고 연탄불을 피웠다. 김 씨는 연탄불을 피운 직후 마음을 돌려 남편 윤 모 씨에게 구조를 요청하여 세 식구의 목숨은 건지게 되었다. 남편은 선처를 바라고 법정에 나온 뇌성마비장애 1급인 아들은 어머니가 약을 먹였을 때 죽을 수 있다는 것을 알았느냐는 변호인의 질문에 그렇다는 뜻으로 귀를 잡았으며, 어머니가 처벌되길 원하느냐는 물음에는 아니다 라는 뜻으로 왼손을 크게 저었다. 또한 어머니 없이 살 수 있느냐는 질문에 아들은 온 몸을 흔들었다.

## 3. 38년의 교직은퇴후 구박당한 남편 아내 살해

2012년 11월 서울고법 형사8부(재판장 이규진)는 1958년에 결혼한 아내 정 모(72세)씨를 살해한 남편 이 모(77세)씨에게 징역 5년을 선고했다.

남편 이 모 씨는 중고교 교사로 38년간 재직하다 1998년 명예퇴직을 하면서 퇴직급여 등 집안의 재산을 아내 정 모 씨에게 맡김으로써 경제권이 아내에게 넘어갔다. 또한 이 모 씨는 퇴직금 일부를 사업을 하던 큰아들(48세)에게 주었지만 큰아들은 사정이 어려우니 아버지가 좀 도와달라고 계속 부탁을 했다.

1999년에는 몇 해 전 작고한 부친이 남긴 농지로 농사를 짓던 동생에게 물려주는 것이

선친의 뜻이라 생각하고 남동생에게 넘겨주었으나 큰 아들이 이를 이해하지 못하게 되면서 부자지간의 갈등은 커지게 되었다. 이러한 갈등이 계속되면서 아내 정씨와 큰아들은 2007년 이 모 씨가 의처증과 피해망상증을 앓고 있다면서 정신병원에 강제로 입원을 시켰으며 2009년에는 큰아들이 아버지를 폭행하여 재판을 받기도 하였다.

결국 2012년 1월 27일 거실의 담요 위에 앉아 있던 이 씨에게 아내 정씨가 "나가죽어라 왜 내가 해준 밥을 먹고 XX야 "하자 남편 이씨는 "그럼 같이 죽자"는 등의 험한 말이 오가다가 격분한 남편은 부엌에 있는 밀가루 반죽용 밀대로 아내 정씨의 머리를 때린 뒤 목을 조르자 아내는 지금 놓아주면 집 나가서 살겠다고 했지만 남편은 그 말은 13년 전에 해야 했다며 계속 목을 졸라 아내를 죽음에 이르게 하였다.

재판부는 이씨가 38년간 가족을 성실하게 부양했고 아내와 큰아들에게 수시로 모욕과 학대를 당한 점 등으로 미루어 숨진 아내 정씨가 범행을 유발한 측면이 강하다며 이 씨가 피해망상증 등으로 의사결정능력이 미약한 상황인 점도 고려했다고 말했다.

## 4. 건강과 치매

2013년 1월 25일 서울 남부지법에서는 치매에 걸린 아내(73세)를 살해한 혐의로 기소된 남편 이 모(78세)씨에게 재판부는 피고인이 2년간 치매에 걸린 피해자를 헌신적으로 병간호 했고 가족이 선처를 원하고 있다면서도 점점 고령화되는 사회에서 치매로 가족 내 문제가 증가하는 상황에서 유사 범죄의 재발을 방지할 필요성이 있다면서 징역 3년을 선고했다.

남편 이 모씨는 명문 사립대를 나와 건설회사 등에 근무를 하였으며 49년 전에 결혼을 하여 두 아들을 낳았으며 대학과 고등학교에 다니는 손자도 있는 상태이다. 남편은 아내가 2008년 간 수술을 받자 병구완을 했으며 2년 전부터 치매에 걸리자 24시간 병간호에 매달려 왔으나 아내가 의부증과 폭언, 폭력 등 치매증세가 심해 함께 사는 손자들은 할머니가 할아버지를 괴롭히는 모습이 보기 싫어서 도서관에 있다가 늦게 들어오곤 했다며 남편은 아내의 폭언과 폭행을 견디다 못해 1년 전 투신자살을 시도한 적도 있다. 사건 당일에도 아내는 남편이 가장 싫어하는 말인 아버지가 돌아가시고 어머니 밑에서 배운 것

없이 자랐다는 말과 다른 여자랑 바람을 피웠다고 의심을 했다며 아내를 목 졸라 죽인 것을 시인했다.

20여 년간 함께 살아온 둘째 아들(48세)은 사건 당일 안방에서 토닥거리는 소리를 듣고 어머니가 또 아버지를 괴롭히는 구나하는 생각에 잠시 밖으로 나가지 않았다면 이런 일이 없었을 텐데 후회를 하고 있으며 사건 발생 직전 시어머니로부터 무식하다는 폭언을 들은 둘째 며느리는 잠시 친정에 내려가 있었다가 내가 집에 있었다면 막을 수 있었을 것이라는 죄책감에 정신과 치료를 받고 있다.

## X. 노인문제의 방안

젊고 건강하게 오래도록 행복하게 산다는 것은 누구나의 바램 일 것이다. 그러나 노인들에게 있어 경제적인 문제와 더불어 건강, 역할상실, 소외 및 고독, 부양 및 보호 등은 일반적으로 가질 수밖에 없는 문제들일 것이다. 이러한 문제들을 경제적인 측면과 사회적인 측면 그리고 부양 및 보호측면에서 살펴보고 그 방안을 모색해 보고자 한다.

### 1. 경제적 측면

경제성장과 더불어 물질문명의 발달로 인하여 물질적 풍요를 누리게 되었지만 한편으로는 물질만능주의와 이기주의 및 개인주의가 만연되어 부의 많고 적음이 모든 것보다 우선시되어 평가되고 존경되는 세상 속에서 살고 있는 것 같다. 사람이라면 그 누구인들 부자로 살고 싶지 않은 사람이 있겠는가? 하지만 맨몸으로 자수성가하여 내 집 마련하느라 자식교육과 출가시키랴 정신없이 살다보니 어느새 자신도 모르게 늙어 할아버지, 할머니 소리를 듣는 나이가 되어 있음을 알게 되는 것이 오늘날 살고 있는 대부분의 젊은 노인들의 모습일 것이다.

그나마 오랜 기간 직장생활을 하여 연금이라도 받게 되거나 노후대책이라도 준비되어 있다면 다행이겠지만 그렇지 못한 경우 또한 많은 수가 되다 보니 사회적 문제로 대두되고 있는 것이 현실이다. 그렇다고 한정된 재원으로 인심 좋게 연금 급여액을 증액하여 줄 수도 없는 상황이고 보면 신체건강하고 경제활동 의지가 있는 젊은 노인들이라도 새로운 직업교육을 통한 경제활동의 지원이나 과거 경륜을 살려 제2의 삶을 이룰 수 있도록 일자리의 창출과 환경을 조성하는데 있어 많은 노력과 제도개선이 필요할 것이다.

## 2. 사회적 측면

긴 병수발에 효자 없듯이 건강은 건강할 때 지키라는 말과 같이 노년기의 체력유지와 건강관리는 그것이 곧 돈이요, 삶의 원천이 된다는 사실을 자각하여야 할 것이다. 혹자는 자만하여 여러 이유와 핑계를 대며 이의 관리를 등한시 하다 건강을 잃게 된 후 후회를 하는 모습을 주위에서 어렵지 않게 찾아 볼 수가 있다. 결국엔 가족들에게 경제적 부담은 물론 이로 인한 가족구성원간의 불화와 반목의 불씨를 안겨줄 수 있으니 말이다. 다행이도 생활주변을 살펴보면 적은 경비로도 즐길 수 있는 체육시설이나 경비를 들이지 않고 할 수 있는 체육시설이 증설되어 있어 많은 주민들의 참여와 함께 동호회 또한 활성화되고 있다.

그리고 관에서 운영하는 회관이나 문화센터의 교양 및 교육프로그램을 이용하거나 봉사활동의 참여 등 본인의 의지만 있다면 젊은 시절보다 더 바쁘고 보람된 사회활동 속에서 제2의 삶을 구가할 수 있을 것이다.

## 3. 부양 및 보호

핵가족화 된 생활 속에서 자녀들 또한 부부의 경제활동으로 그들이 자녀 즉 손주들마저 다른 사람이나 시설에 위탁하고 있는 것이 일반적인 오늘의 젊은 부부들의 모습이다. 그러한 자녀들에게 부모의 수발을 요구하거나 기대한다는 것은 참으로 난감한 문제가 될 것이다. 따라서 신체활동의 유·무와 병의 경·중에 따른 돌봄과 지원 등을 모색하여 요양시설의 활용이나 재가서비스 제도의 확충과 다양화를 꾀하는 등 노인들에게 실질적인 도움을 줄 수 있는 여러 방법들이 강구되어야 할 것이다.

# 참고문헌


강용규 외  2009. 노인복지론. 서울 창지사

경기도가족여성연구원. 2011 고령화사회와 노인의 성.  제2차 경기가족여성포럼자료집

경제기획원 1960,1970. 총인구 및 주택조사보고서. 서울 경제기획원

경제기획원 1975, 1976, 1983. 한국통계연감. 서울 경제기획원

경제기획원 1978, 1980, 1990 사회지표 서울 경제기획원

경제기획원 1996. 인구센세스보고 서울 경제기획원

경찰청 1995, 2000, 2002, 2005, 2007. 범죄분석. 서울 경찰청

경찰청 2010, 2013, 2014, 2015, 2016, 2017. 범죄통계. 서울 경찰청

경향신문 1997, 1. 3. 아내도 못 지킨 비겁한 약골들

고구려 연구재단 2004. 고구려사. 서울 고구려 연구재단

고용노동부 2012. 고용형태별 근로실태조사. 고용노동부

고전연구실 역 2002. 신편 고려사2 서울 신서원

공민희 역 2011. 생명의 신비, 서울 시그마북스

교과부 2012. 학교폭력 근절 종합대책

교육과학기술부 2009, 2010. 교육통계연감. 교육과학기술부

교육과학기술부 2010. 교육통계분석. 교육과학기술부

교육과학기술부 2011, 2012. 학교폭력 실태조사. 교육과학기술부

교육과학기술부 2012. 교육통계연보. 교육과학기술부

교육부 1999, 2016, 2017. 교육통계연감. 교육부

권명숙 2002. 노인의 성에 대한 탐색적 연구.  연세대학교 박사학위 논문

권순형 2006 고려의 혼인제와 여성의 삶. 서울 도서출판 혜안

권순형 2006. 고려의 혼인제와 여성의 삶. 서울 도서출판 혜안

권영상 외 2004. 가정폭력 전문상담. 서울  시그마프레스㈜

김동춘 1989. 천부경과 단군신화. 서울 기린원

김명 역 2008. 신체발육발달론. 서울 대경북스

김민수 외 1991. 국어대백과사전. 서울 금성출판사

김상균, 이승철 2008. 한국사회와 범죄. 서울  청목출판사

김선희 외 2005. 노인학대전문상담. 서울  시그마프레스㈜

김성원 편저 2008. 격몽요결. 서울 명문당

김성진 2009. 범죄심리학. 서울 도서출판 동인

김성한역200.7섹슈얼리티의진화.경기도서출판한길사

김시습 2006. 한국인이 뽑은 한국고전소설. 서울  북앤북

김연 역 2002. 가정폭력과 학대.  서울 도서출판 두란노

김영곤 2002. 인간은 어떻게 늙어갈까. 아카데미서적
김영곤 2007. 노화방지 클리닉. 서울 도서출판 여문각
김용옥 2009. 효경한글역주. 서울 통나무
김용준 2009. 범죄피해자학. 서울 백산출판사
김욱 외 2012. 노인복지론. 경기 양서원
김운회 2006. 가정폭력범죄. 서울 백산출판사
김익수 2000. 춤추는 물고기, 서울 도서출판 다른세상
김인구 외 역 2003. 삼국유사. 서울. 이회문화사
김인혁 2011. 노인복지론. 서울 창지사
김재엽 2007. 한국의 가정폭력. 서울 학지사
김종 역 1995. 삼국사기. 서울 명문당
김종권 1995. 삼국사기 상·하. 서울 명문당
김종혁 2002. 조선의 관혼상제. 서울 도서출판 중심
김준호 2003. 청소년 비행론, 서울 청목출판사
김창현 2007. 고려의 여성과 문화. 서울 도서출판 신서원
김태임 외 2007. 성장발달과 건강. 경기 ㈜교문사
김태현 2010. 남녀노인의 세대갈등현황과 통합방안 연구. 서울 한국여성정책연구원
남만성 외 역 2009. 삼봉집. 서울 지식을 만드는 지식
노동부 2003. 임금구조 통계조사. 노동부
대검찰청 1996,2001,2006,2009,2011,2012,2013,2015,2016,2017,2018 범죄분석. 서울 대검찰청
대구지방경찰청 2013. 여성 대상 범죄 대처 교양안
동북아역사재단 2009. 후한서 외국전 역주. 서울 동북아 역사재단
문교부 1977, 1987. 문교통계연감. 서울 문교부
문교부1975, 1977, 1987.교육기본통계. 서울 문교부
문선화 외 2010. 아동학대의 이해. 경기 양서원
박경애외2010. 청소년 심리 및 상담. 경기 공동체
박만준, 강남옥 2006 성의 진화 그리고 인간의 성문화. 서울 도서출판 경문사
박미정 외 2012. 인체구조와 기능. 경기 수문사
박선태 외 2012. 노인복지론. 경기 공동체
박시형 외 역 1991. 고려사. 서울 영인여강출판사
박시형 외역 1991. 고려사. 서울 영인여강출판사
박영규 2008. 세종대왕실록. 서울 ㈜웅진씽크빅
박원구 1997. KLI 노동통계. 서울 한국노동연구원
박진훈 역 1994. 지봉유설. 서울 을유문화사
배규식 2018. KLI 노동통계. 서울 한국노동연구원
배은희 2013. 학교폭력 가해 및 피해학생 조치현황

백영자, 최해율 2004. 한국복식의 역사. 서울 도서출판 경운사

법무연수원 2007, 2009, 2010, 2011, 2012 범죄백서

보건복지부 2001, 2011 보건복지 통계연보. 서울

보건복지부 2002, 2007, 2012, 2017 전국아동학대현황보고서. 서울 중앙아동보호전문기관

보건복지부 2007, 2012, 2017 노인학대현황보고. 서울 증앙노인보호전문기관

보건복지부 2012. 노인의 성생활실태조사. 세종 보건복지부

사주당 저/ 배병철 편저 2005. 다시보는 태교신기. 경기 성보사

송재용 2007. 한국의례의 연구. 서울 제이앤씨

송호수 1989. 위대한 민족. 서울 도서출판 보림사

신재용 2012. 신동의보감. 서울 북플러스

엄기매 외 역 2011. 노인의 기능적수행. 서울영문출판사

여성가족부 2010. 2016 가정폭력 실태조사. 서울 여성가족부

여성가족부 2011, 2012 청소년 유해환경접촉 종합실태조사. 서울 여성가족부

여성가족부 2011, 2012. 청소년 백서. 서울 여성가족부

여성가족부 2016. 가정폭력 실태조사. 서울 여성가족부

유성호,강숙연 2003.유배우자노인의성생활유지여부및성생활빈도와 관련된 인구사회학전 변인. 한국노인복지학회

유정철 역 2012. 동물행동학, 서울 범문에듀케이션

이경자 2003. 우리옷의 전통양식. 서울 이화여자대학교 출판부

이도학 2003. 살아있는 백제사. 서울 휴머니스트

이성무 외 역 1986. 역주 경국대전. 서울 한국정신문화연구원

이수정 2010. 최신 범죄심리학. 서울 도서출판 북카페

이원덕 2002. KLI 노동통계. 서울 한국노동연구원

이윤호 2011. 현대사회와 범죄. 서울 박영사

이은주 2011. 가정폭력과 사회복지. 서울 청목출판사

이인식 2002. 이인식의 성과학탐사. 서울 생각의 나무

이인식 2008. 이인식의 세계신화여행. 서울 갤리온

이인식 2008. 짝짓기의 심리학. 서울 고즈원

이인재 2013. KLI 노동통계. 서울 한국노동연구원

임병주 1998. 조선왕조실록. 서울 도서출판 들녘

임상곤 2006. 범죄심리학원론. 서울 백산출판사

임선영 2006. 청소년 문제와 보호, 서울 도서출판 구상

임승국 역 1987. 한단고기. 서울 정신세계사

임장남 2008. 노인성교육프로그램의 이론과 실제. 서울 대왕사

임춘식 외 2009. 노인복지학. 서울 학현사

임춘식외 2009. 노인복지학 개론. 경기 학현사

장백일 역 삼국유사 1999. 서울 하서출판사
장석태 2007. 노화방지클리닉. 서울 도서출판 여문각
장석현외 2010 범죄심리학. 서울 청목출판사
정도전, 박진훈 역 1994. 지봉유설. 서울 을유문화사
정옥분 2009. 발달심리학, 서울 학지사
정일교 외 2011. 장애인 복지론, 경기 양서원
정재승 역 1989. 천부경의 비밀과 백두산족 문화. 서울 정신세계사
정지영 외 2012. 건강가정론. 경기 양서원
조선일보 2003~2013. PDF 인터넷 기사중 성폭력 및 학교폭력 관련기사
조옥철 2010. 범죄수사학 각론. 경기 21세기사
조추용 외 2009. 노인복지론 서울 창지사
조흥식 외 2009. 가족복지학. 서울 학지사
지영환 2013. 학교폭력학, 서울 그린
진 수 김원중 역 2007. 정사 삼국지 위서2 서울 민음사
최상헌 2002. 합기도 술기교본 2단편. 서울 (사)대한무림합기도협회
최상헌 2002. 합기도 술기교본 3단편. 서울 (사)대한무림합기도협회
최상헌 2002. 합기도 술기교본 초단편. 서울 (사)대한무림합기도협회
최상헌 2013. 성폭력 · 학교폭력예방. 서울 (사)대한무림합기도협회
최성재, 장인협 2002. 노인복지학. 서울 서울대학교 출판부
최영기 2007. KLI 노동통계. 서울 한국노동연구원
최재천 2007. 인간과 동물, 서울 궁리출판
최희석 2008. 태교신기. 서울 한국학술정보
통계청 1961, 1971, 1991, 1993, 2001, 2010, 2011, 2012, 2017 한국통계연감 대전/서울 통계청
통계청 1980, 1990, 1993, 1995, 2000, 2005, 2010. 2011, 2012, 2015, 2016, 2017, 2018 인구주택총조사보고서 서울/대전 통계청
통계청 1990, 1995 인구동태 통계연보. 서울 통계청
통계청 1995. 통계로본 한국의 발자취. 서울 통계청
통계청 1998, 2008, 2012, 2017, 2018. 사회조사보고서. 대전 통계청
통계청 1998. 통계로 본 대한민국 50년의 경제사회상변화. 서울 통계청
통계청 1999, 2000, 2001, 2005, 2010, 2011, 2012, 2013, 2015, 2017, 2018 인구통태 통계연보. 대전 통계청
통계청 2000, 2010, 2017 사회지표. 대전 통계청
통계청 2001, 2002, 2006, 2007, 2012, 2017 장래추계인구. 대전 통계청
통계청 2010 경제활동인구연보. 대전 통계청
하재청 외 역 1997. 성의 과학. 서울 도서출판 아카데미
한국도교사상연구회 1990. 한국도교사상의 이해. 문화사

한국아동학회 2002. 아동발달백서. 서울 ㈜한솔교육
한국여성정책연구원 2010. 남녀노인의 세대갈등현황과 통합방안 연구. 서울 한학문화
한국여성정책연구원 2012. 2011한국의 성인지 통계. 서울 한국여성정책연구원
한국여성정책연구원 2013. 2012한국의 성인지 통계. 서울 한국여성정책연구원
한림대학교 고령사회 연구소 편저 2010. 고령사회의 이해 노년과 사회. 서울 도서출판 소화
한상철 외 2003. 청소년 문제 행동, 서울 학지사
허준 저/ 동의학 연구소 역 1994. 동의보감. 서울 예강출판사
홍숙자 2006. 노년학개론. 서울 도서출판 하우

# 부록1. 전국아동보호전문기관 설치 현황(2018년 10월 기준, 62개소)

| 지역 | 기관명 | 관할지역 | 주소 |
|---|---|---|---|
| 중앙 | 중앙아동보호전문기관 | 중앙아동보호전문기관 | 서울특별시 강남구 논현로66길 19(135-515)중앙아동보호전문기관 |
| 경기 | 안양아동보호전문기관 | 안양시 | 안양시 만안구 안양로 119 7층 |
| 경기 | 경기광명아동보호전문기관 | 광명시 | 경기도 광명시 금하로 526 4층(14318) |
| 세종시 | 세종시아동보호전문기관 | 세종특별자치시 | 세종특별자치시 새롬로 14 새롬종합복지센터 2층 |
| 서울 | 노원구아동보호전문기관 | 노원구 | 서울특별시 노원구 노원로 331, 노원아동복지관 3층 |
| 울산 | 울산남부아동보호전문기관 | 남구, 울주군 | 울산 남구 돋질로 355번길 23(우 44709) |
| 경기 | 수원아동보호전문기관 | 수원시 | 경기도 수원시 장안구 수원천로392번길 17 (연무동 189-2) |
| 광주 | 빛고을아동보호전문기관 | 북구,남구,동구 | 광주광역시 북구 대자로 97-2(운암동) (61261) |
| 부산 | 부산남부아동보호전문기관 | 중구, 서구, 동구, 영도구, 남구, 사하구, 동래구, 연제구, 부산진구 | 부산광역시 동구 자성로141번길 11 삼환오피스텔 1503호(범일동) (48742) |
| 대구 | 대구광역시북부아동보호전문기관 | 동구,서구,북구 | 대구광역시 북구 연암로 25길 12-1 (산격동) |
| 강원 | 강원남부아동보호전문기관 | 동해시, 태백시, 삼척시, 정선군 | 강원도 동해시 부곡3길 20-9 2,3층 (25735) |
| 경기 | 경기평택아동보호전문기관 | 평택시, 안성시 | 경기도 평택시 소사1길 33 동방평택복지타운(소사동)(450-080) |
| 부산 | 부산서부아동보호전문기관 | 북구, 강서구, 사상구 | 부산광역시 북구 화명동 370-1 화명대림타운상가 4층 405,406호(616-786) |
| 경남 | 김해시아동보호전문기관 | 김해시 | 경상남도 김해시 김해대로 2385번길 8 2층 (부원동) (621-907) |
| 경남 | 경상남도 아동보호전문기관 | 청원시, 밀양시, 양산시, 거제시, 통영시, 고성군, 함안군, 합천군, 의령군, 창녕군 | 경상남도 창원시 마산회원구 무학로 558 (회원동) (630-823) |
| 경남 | 경상남도아동보호전문기관 양산사무소 | 양산시 | 경상남도 양산시 중앙로 209 (3층) |
| 경남 | 경상남도아동보호전문기관 거제사무소 | 거제시 | 경상남도 거제시 옥포로 25길 16, 2층 |

| 충남 | 충청남도서부아동보호전문기관 | 서산시, 보령시, 홍성군, 예산군, 태안군, 청양군 | 충청남도 홍성군 홍북면 상하천로 50 충남보훈회관 1층 (신경리 903) (32263) |
|---|---|---|---|
| 대구 | 대구광역시남부아동보호전문기관 | 달서구, 달성군 | 대구광역시 달서구 월배로 319 (송현동) 2층 |
| 경기 | 경기시흥아동보호전문기관 | 시흥시 | 경기도 시흥시 비둘기공원7길 83(대야동, 2층) (429-874) |
| 경기 | 경기용인아동보호전문기관 | 용인시, 이천시, 여주시 | 경기도 용인시 기흥구 강남서로9 505호(구갈동) (446-573) |
| 인천 | 인천남부아동보호전문기관 | 남동구, 연수구 | 인천광역시 남동구 남동대로 904, 4층(간석동) (405-807) |
| 서울 | 서울동남권아동보호전문기관 | 강남구, 송파구, 강동구, 서초구, 동작구, 관악구 | 서울특별시 송파구 동남로 103, 4층(가락동) |
| 전남 | 전남중부권아동보호전문기관 | 나주시, 화순군, 장성군, 영광군, 담양군, 장흥군, 함평군 | 전라남도 나주시 예향로 4073, 2층 (520-130) |
| 경기 | 안산시아동보호전문기관 | 안산시 | 경기도 안산시 상록구 예술광장로 35, 402호(월피동, 에스엘타운) (15288) |
| 제주 | 제주특별자치도아동보호전문기관 | 제주시 | 제주특별자치도 제주시 원노형로 59(노형동) (690-802) |
| 제주 | 서귀포시아동보호전문기관 | 서귀포시 | 제주특별자치도 서귀포시 일주동로 8731 2층(서귀동) (697-812) |
| 부산 | 부산광역시아동보호전문기관 | 중구, 서구, 동구, 영도구, 남구, 사하구, 동래구, 연제구, 부산진구 | 부산광역시 서구 까치고개로 183 (602-827) |
| 부산 | 부산동부아동보호전문기관 | 수영구, 해운대구, 금정구, 기장군 | 부산광역시 해운대구 좌동순환로 506 영풍리젠시 903호 (48101) |
| 울산 | 울산광역시아동보호전문기관 | 중구, 동구, 북구 | 울산광역시 중구 성안3길 21 (681-300) |
| 경남 | 경남서부아동보호전문기관 | 진주시, 사천시, 하동군, 남해군, 거창군, 함양군, 산청군 | 경상남도 진주시 모덕로 181번길 6(상대동) (660-808) |
| 전남 | 전라남도아동보호전문기관 | 순천시, 광양시, 여수시, 구례군, 곡성군, 보성군, 고흥군 | 전라남도 순천시 삼산로 92-5 (540-958) |
| 전남 | 전남서부권아동보호전문기관 | 목포시, 해남군, 영암군, 무안군, 완도군, 진도군,신안군, 강진 | 전라남도 목포시 영산로 635 3층 (530-830) |

| | | | |
|---|---|---|---|
| | | 군 | |
| 전남 | 전남서부권아동보호전문기관 분사무소 | 무안군 | 전라남도 무안군 삼향읍 남악4로 82번길 19, 4층 |
| 광주 | 광주광역시아동보호전문기관 | 서구, 광산구 | 광주광역시 서구 내방로 216 (502-860) |
| 전북 | 전라북도아동보호전문기관 | 전주시, 정읍시, 진안군, 완주군 | 전라북도 전주시 완산구 팔달로 77 (560-815) |
| 전북 | 전라북도서부아동보호전문기관 | 익산시, 군산시, 김제시, 부안군, 고창군 | 전라북도 익산시 인북로 112, 4층(갈산동 185-3) (570-030) |
| 전북 | 전라북도서부아동보호전문기관 군산분소 | 군산시 | 전라북도 군산시 월명로 209 우정빌딩 4층 |
| 전북 | 전라북도동부아동보호전문기관 | 남원시, 순창군, 임실군, 장수군, 무주군 | 전라북도 남원시 시청로 41(향교동) (590-990) |
| 대구 | 대구광역시아동보호전문기관 | 중구, 남구, 수성구 | 대구광역시 중구 태평로 302(동인동3가) (700-423) |
| 경북 | 경북남부아동보호전문기관 | 의성군, 군위군, 영천시, 경주시, 경산시, 청도군 | 경상북도 경주시 금성로395번길 24 (780-945) |
| 경북 | 경북북부아동보호전문기관 | 안동시, 영주시, 영양군, 예천군, 봉화군, 문경시 | 경상북도 안동시 밤적골길 20 (760-070) |
| 경북 | 경북동부아동보호전문기관 | 포항시, 영덕군, 울진군, 울릉군 ,청송군 | 경상북도 포항시 남구 대이로25번길 12, 3층(대잠동) (790-825) |
| 경북 | 경북서부아동보호전문기관 | 구미시, 상주시, 김천시, 성주군, 칠곡군, 고령군 | 경상북도 구미시 송정대로 121-5 3층(송정동 80-1 하나빌딩) (730-825) |
| 대전 | 대전광역시아동보호전문기관 | 동구, 중구, 서구, 유성구, 대덕구 | 대전광역시 중구 어덕마을로 156 (301-840) |
| 충북 | 충청북도아동보호전문기관 | 청주시, 증평군, 진천군, 괴산군, 음성군 | 충청북도 청주시 청원구 율봉로202번길 66-1(율량동) (360-897) |
| 충북 | 충북북부아동보호전문기관 | 충주시, 제천시, 단양군 | 충청북도 제천시 의림대로 242, 4층(청전동, 제천시보건복지센터) (390-897) |
| 충북 | 충북남부아동보호전문기관 | 보은군, 영동군, 옥천군 | 충청북도 옥천군 옥천읍 문정1길 19(옥천읍) (300-809) |
| 충남 | 충청남도아동보호전문기관 | 세종특별자치시, 천안시, 아산시, 당진시 | 충청남도 천안시 서북구 백석로 224(성정동) (330-170) |
| 충남 | 충청남도남부아동보호전문기관 | 논산시, 계룡시, 서천군, 금산군, 부여군, 공주시 | 충청남도 논산시 중앙로384번길 55(취암동) |
| 강원 | 강원도아동보호전문기관 | 춘천시, 홍천군, 철원군, 화천군, 양구군 | 강원도 춘천시 성심로 47번길 35 (200-933) |

| | | | |
|---|---|---|---|
| 강원 | 강원동부아동보호전문기관 | 강릉시, 속초시, 인제군, 고성군, 양양군 | 강원도 강릉시 솔올로 5번길 33 2층(교통, 반트스포츠센터BD) (210-924) |
| 강원 | 강원서부아동보호전문기관 | 원주시, 횡성군, 영월군, 평창군 | 강원도 원주시 남원로469번길 6 (26482) |
| 인천 | 인천광역시아동보호전문기관 | 부평구, 미추홀구, 중구, 동구, 옹진군 | 인천광역시 남구 경원대로 899(주안동) (22134) |
| 인천 | 인천북부아동보호전문기관 | 서구, 계양구, 강화군 | 인천광역시 계양구 경명대로 1074, 5층 504, 505호(계산동, 삼환1빌딩)(21050) |
| 경기 | 경기도아동보호전문기관 | 과천시, 군포시, 의왕시 | 경기도 수원시 장안구 팔달로225번길 20 (440-822) |
| 경기 | 경기북부아동보호전문기관 | 의정부시, 포천시, 양주시, 동두천시, 연천군 | 경기도 의정부시 신흥로 196 4층(도림빌딩) (480-850) |
| 경기 | 경기성남아동보호전문기관 | 수정구, 중원구, 분당구, 하남시, 경기광주시, 양평군 | 경기도 성남시 수정구 성남대로 1306 2층(태평동) (461-190) |
| 경기 | 경기고양아동보호전문기관 | 고양시, 파주시 | 경기도 고양시 덕양구 중앙로557번길 11 삼정프라자 7층 (412-835) |
| 경기 | 경기부천아동보호전문기관 | 부천시, 김포시 | 경기도 부천시 원미구 길주로279 서호빌딩 4층 405호 (중3동 1058-4)(420-849) |
| 경기 | 경기화성아동보호전문기관 | 화성시, 오산시 | 경기도 화성시 봉담읍 삼천병마로 1334, 4층(봉담읍, 송현빌딩)(445-893) |
| 경기 | 경기남양주아동보호전문기관 | 가평군, 남양주시, 구리시 | 경기도 남양주시 홍유릉로 248번길 39 다남빌딩 204호 (472-809) |
| 서울 | 서울특별시아동보호전문기관 | 강남구, 송파구, 강동구, 서초구, 동작구, 관악구 | 서울특별시 강남구 광평로34길 124 (06362) |
| 서울 | 서울특별시동부아동보호전문기관 | 동대문구, 중구, 성동구, 광진구, 중랑구 | 서울시 동대문구 답신리로 69길 106 |
| 서울 | 서울강서아동보호전문기관 | 강서구, 양천구 | 서울특별시 강서구 양천로47가길 12 (가양동, 157-200) |
| 서울 | 서울은평아동보호전문기관 | 은평구, 종로구, 강북구 | 서울특별시 은평구 은평로 210 AGM빌딩 4층(응암동) (122-905) |
| 서울 | 서울영등포아동보호전문기관 | 영등포구, 구로구, 금천구 | 서울특별시 영등포구 문래동3가 55-7 에이스테크노타워 4층 407호 (07299) |
| 서울 | 서울성북아동보호전문기관 | 성북구, 도봉구 | 서울특별시 성북구 동소문로3길 36 1층(타운힐빌딩) (136-031) |
| 서울 | 서울마포아동보호전문기관 | 마포구, 서대문구, 용산구 | 서울특별시 마포구 신수로 46, 401호 (121-856) |

# 부록2. 전국노인보호전문기관 설치 현황 (2018년 6월 현재)

| 시도 | 주소 | 전화번호 | 팩스 |
|---|---|---|---|
| 중앙 | 서울특별시 영등포구 여의도동 국회대로 76가길 14 4층(한국가정법률상담소)<br>www.noinboho.org | 02)3667-1389 | 02)2634-5023 |
| 서울남부 | 서울특별시 서초구 남부순환로 2124<br>www.seoul1389.or.kr | 02)3472-1389 | 02)523-1043 |
| 서울북부 | 서울특별시 강북구 노해로 69 대성빌딩 2층(수유3동)<br>www.sn1389.or.kr | 02)921-1389 | 02)921-1391 |
| 서울서부 | 서울특별시 은평구 역말로10길 30-1<br>www.sw1389.or.kr | 02)3157-6389 | 02)3157-6389 |
| 부산동부 | 부산광역시 동구 중앙대로 338 연합뉴스빌딩 5층<br>www.bs1389.or.kr | 051)468-8850 | 051)468-8851 |
| 부산서부 | (47600) 부산광역시 연제구 연제로 8번길 46, 제이에스빌 5층<br>1389.bulgukto.or.kr | 051)867-9119 | 051)865-0446 |
| 대구남부 | 대구광역시 남구 이천로 128, 3층<br>www.dg1389.or.kr | 053)472-1389 | 053)476-1081 |
| 대구북부 | 대구광역시 서구 달서로 284<br>www.dgn1389.or.kr | 053)357-1389 | 053)354-1389 |
| 인천 | 인천광역시 남동구 용천로 208 인천시사회복지관 204호<br>www.ic1389.or.kr | 032)426-8792~4 | 032)426-8794 |
| 광주 | 광주광역시 남구 사직안길 18<br>www.gjw.or.kr/kj1389 | 062)655-4155~7 | 062)655-4158 |
| 대전 | 대전광역시 서구 문정로 170번길 103<br>www.dj1389.or.kr | 042)472-1389 | 042)472-1392 |
| 울산 | 울산광역시 중구 오산2길 28-2, 1층<br>www.us1389.or.kr | 052)265-1389 | 052)257-1889 |
| 경기도 | 경기도 수원시 장안구 경수대로 1150 3층 | 031)268-1389 | 031)268-1389 |
| 경기남부 | 경기도 성남시 수정구 수정남로 268번길 28 수정노인종합복지관 2층<br>www.kg1389.or.kr | 031)736-1389 | 031)735-3795 |
| 경기북부 | 경기도 의정부시 가능로 136번길 7<br>www.gnnoin.kr | 031)821-1461 | 031)821-2246 |
| 경기서부 | 경기도 부천시 심중로 68 2층(심곡동 335-19)<br>www.ggw1389.or.kr | 032)683-1389 | 032)683-1388 |

| | | | |
|---|---|---|---|
| 강원도 | 강원도 춘천시 동면 소양강로 110번지 2층<br>www.1389.or.kr | 033)253-1389 | 033)242-1389 |
| 강원동부 | 강원도 강릉시 율곡로 2954, 3층<br>www.gd1389.or.kr | 033)655-1389 | 033)645-1389 |
| 강원남부 | 강원도 원주시 일산로 29 평화빌딩 2층<br>www.gwn1389.or.kr | 033-744-1389 | 033-762-0001 |
| 충북 | 충청북도 청주시 흥덕구 1순환로 438번길 39-17 (충북재활의원 3층)<br>www.cb1389.or.kr | 043)259-8120~2 | 043)259-8127 |
| 충북북부 | 충청북도 충주시 예성로 76<br>www.cbb1389.or.kr | 043)846-1380~2 | 043)846-1389 |
| 충남 | 충청남도 아산시 번영로206번길 42<br>www.cn1389.or.kr | 041)534-1389 | 041)534-9224 |
| 충남남부 | 충청남도 논산시 시민로 210번길 9-8 2층<br>www.cnn1389.or.kr | 041)734-1389 | 041-735-1489 |
| 전북 | 전라북도 전주시 덕진구 팔달로 357-23<br>www.jb1389.or.kr | 063)273-1389 | 063)273-1287 |
| 전북서부 | 전라북도 군산시 진포로 151번지 광동빌딩 3층<br>www.jbw1389.or.kr | 063)443-1389 | 070)4032-4866 |
| 전남동부 | 전라남도 순천시 저전길 84<br>www.jn1389.or.kr | 061)753-1389 | 061)742-3079 |
| 전남서부 | 전라남도 무안군 삼향읍 오룡5길 전라남도노인회관 4층<br>www.j1389.or.kr | 061)281-2391 | 061)281-2392 |
| 경북 | 경상북도 포항시 북구 삼흥로 411 기쁨의 복지관 B102<br>www.noin1389.or.kr | 054)248-1389 | 054)232-5677 |
| 경북서북부 | 경상북도 예천군 예천읍 충효로 424-21<br>www.gbnw1389.or.kr | 054)655-1389 | 054)655-1391 |
| 경북서남부 | 경북 김천시 아포읍 아포대로 981-8<br>www.gbwn1389.or.kr | 054-436-1390 | 054-436-1289 |
| 경남 | 경상남도 창원시 마산합포구문화북4길(평화동) 금강노인복지관 C동 2층<br>www.gn1389.or.kr | 055)222-1389 | 055)221-8449 |
| 경남서부 | 경상남도 진주시 문산읍 월아산로 1098 2층<br>www.gnw1389.co.kr | 055)754-1389 | 055-754-1390 |
| 제주 | 제주특별자치도 제주시 관덕로7길 3<br>www.jejunoin.org | 064)757-3400 | 064)757-1389 |
| 제주서귀포시 | 제주특별자치도 서귀포시 일주동로 8660 2층<br>www.sgpnoin.org | 064-763-1999 | 064-763-199 |

# 학대·폭력 범죄

인쇄/2020년 8월 7일
발행/2020년 8월 31일
지은이/최상헌
발행인/최상헌
펴낸곳/사단법인 대한무림합기도협회 출판부
등록번호/제6-0460호
주소/서울특별시 강북구 번동 429-67번지
전화/02-762-8600 Fax/02-900-1314
편집/광림북하우스
그림/서동화, 조승현
입력/박효제, 박한나, 박은지
정가/40,000원
ISBN/978-89-953345-7-7(03330)